中等职业学校重点建设项目系列规划教材

汽车发动机构造与维修

孙元明　王　龙　主　编
蒲光斌　黄　波　杨　昊　副主编

天津大学出版社
TIANJIN UNIVERSITY PRESS

图书在版编目（CIP）数据

汽车发动机构造与维修 / 孙元明，王龙主编 ；蒲光斌，黄波，杨昊副主编. -- 天津 ：天津大学出版社，2025. 1. --（中等职业学校重点建设项目系列规划教材）. -- ISBN 978-7-5618-7865-1

Ⅰ. U472.43

中国国家版本馆CIP数据核字第20243YL540号

出版发行 天津大学出版社
地　　址 天津市卫津路92号天津大学内（邮编：300072）
电　　话 发行部：022-27403647
网　　址 www.tjupress.com.cn
印　　刷 北京虎彩文化传播有限公司
经　　销 全国各地新华书店
开　　本 787mm×1092mm　1/16
印　　张 17.75
字　　数 454千
版　　次 2025年1月第1版
印　　次 2025年1月第1次
定　　价 49.00元

前　言

随着我国汽车产业的快速发展，电控发动机作为汽车心脏的部分，其技术含量和维修要求越来越高。为了满足汽车维修行业对高技能人才的需求，我们编写了这本书，旨在为广大汽车维修从业人员、职业院校师生以及汽车爱好者提供一本实用的电控发动机构造与维修教材。

本书在编写过程中，力求结合中等职业教育的特点，注重培养读者的实际操作能力和理论知识。全书共分为六个项目，项目之间层层递进，环环相扣。详细介绍了汽车发动机电控系统的基本结构、电控系统中燃油喷射系统、进气控制系统构造与维修、电控点火系统构造与维修、排放控制系统构造与维修、发动机技术发展趋势与展望。同时，本书还涵盖了车载自诊断系统（OBD-Ⅱ）的发展和主要内容，电控发动机检修仪器及设备的功用与使用方法，电控发动机的常见故障及诊断方法，以及电控发动机主要元件的检修。

本书具有以下特点。

1. 系统性：本书内容全面，涵盖了电控发动机的各个系统，使读者能够全面了解电控发动机的构造和原理。

2. 实用性：本书以实用为主，注重培养读者的实际操作能力，使读者能够迅速掌握电控发动机的维修技能。

3. 案例性：本书通过典型电控发动机的检修实例，帮助读者理解理论知识，提高实际维修能力。

4. 易读性：本书采用大量图片和图解，图文并茂，使读者更容易理解和掌握电控发动机的结构和原理。

5. 指导性：本书为读者提供了电控发动机维修的规范和方法，有助于提高维修质量和效率。

我们衷心希望这本书能够为广大汽车维修从业人员、职业院校师生以及汽车爱好者提供有益的帮助，为我国汽车维修事业的发展作出贡献。在此，感谢所有支持和关心本书编写的同人和朋友，也感谢出版社为本书的出版付出的辛勤努力。

由于编者水平有限，书中难免存在不足之处，敬请广大读者批评指正。

目　录

项目一 发动机电控系统维修认知

目前，汽车发动机广泛采用电子控制系统以达到发动机性能的最大化，通过电子控制系统可以实现燃油喷射控制、点火控制、怠速控制、配气正时控制、可变进气控制、废气再循环控制等。电控系统是否正常工作，直接影响发动机的运转。因此，发动机电控系统的检修是发动机维修作业的一项重要内容。

本项目主要介绍发动机电控系统基本知识，包括发动机电控系统的认识、常用检测仪器及设备的使用、电控发动机故障诊断的基本常识。

任务1　发动机电控系统的认识

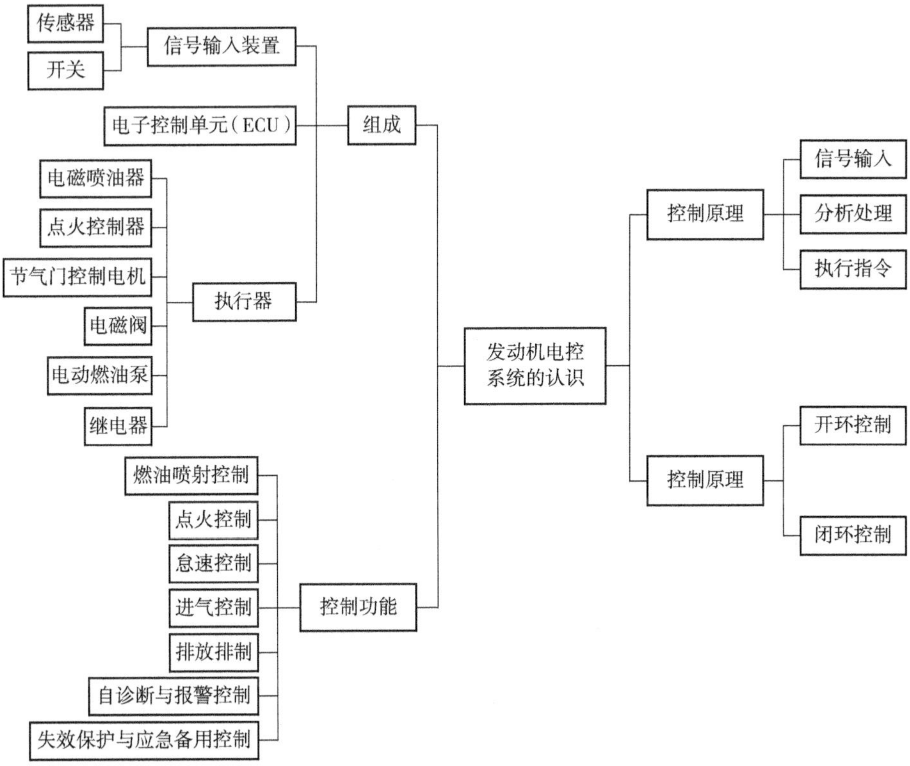

思维导图

一、汽油机电控系统的组成

(一)汽车电控发动机的构成

汽车电控发动机的实物图如图 1-1 所示。其结构主要由两大核心机构和五大关键系统共同构成。两大核心机构分别是曲柄连杆机构和配气机构,它们在发动机的运行过程中起着至关重要的作用。曲柄连杆机构主要负责将活塞的直线运动转换为旋转运动,从而驱动汽车的传动系统;配气机构则负责控制发动机的进气和排气,确保燃烧过程的顺利进行。

图 1-1　汽车电控发动机实物图

1. 两大核心机构

1)曲柄连杆机构

曲柄连杆机构的作用是把燃料燃烧产生的热能转化为机械能,具体表现为气缸内的高温高压气体推动活塞在气缸内做直线往复运动,再通过连杆带动曲轴做旋转运动。曲柄连杆机构由机体组、活塞连杆组和曲轴飞轮组三部分组成,如图 1-2 所示。

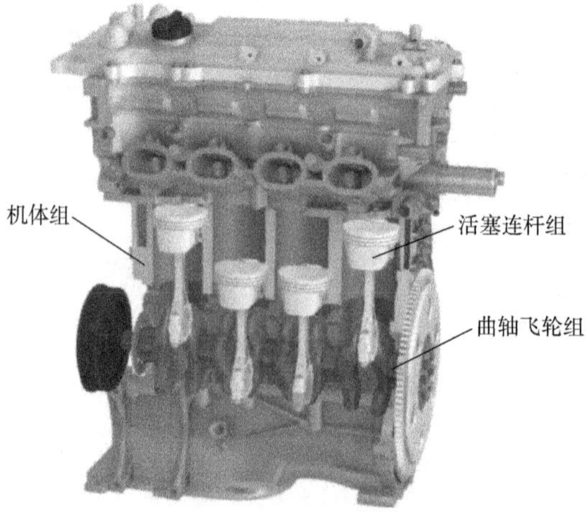

图 1-2　曲柄连杆机构的组成

（1）机体组，作为整个曲柄连杆机构的基石，其设计直接关系发动机的整体布局与强度。它主要由气缸体、气缸盖及气缸垫等部件组成，为活塞连杆组和曲轴飞轮组提供一个稳固的工作环境。气缸体内精心设计的冷却水道与油道，确保高温高压环境下零件的有效冷却与润滑，进一步提升发动机的工作效率和耐久性。

（2）活塞连杆组，是能量转换的直接执行者。活塞在气缸内的高速往复运动，如同心脏的跳动，不断将燃料燃烧产生的巨大能量转化为推动活塞运动的机械力。而连杆这一连接活塞与曲轴的桥梁，传递了活塞的直线运动，还巧妙地将活塞的直线运动转化为曲轴的旋转运动，实现了动力输出。此外，连杆小头与活塞销的精密配合，以及大头与曲轴轴颈的可靠连接，都是确保动力传递准确无误的关键。

（3）曲轴飞轮组，作为曲柄连杆机构的输出端，其重要性不言而喻。曲轴通过连杆的带动进行旋转，不仅将直线运动转化为旋转运动，还通过其上的曲柄、平衡重等设计，有效平衡了发动机运行中的惯性力和力矩，减小了振动和噪声。同时，曲轴末端的飞轮更是发挥储能、平稳转速等多重作用，为发动机的稳定运行提供了有力保障。

此外，值得一提的是，曲柄连杆机构的设计还充分考虑了发动机的轻量化与紧凑化趋势。其通过采用高强度合金材料、优化结构设计等手段，不断降低自身重量，提高功率密度，以适应现代汽车对动力性、经济性和环保性的更高要求。曲柄连杆机构作为发动机的核心组成部分，其高效能的能量转换与精密的结构设计共同铸就了发动机的强大心脏。在未来，随着材料科学、制造工艺的不断进步，相信曲柄连杆机构将会变得更加高效、可靠和环保。

2）配气机构

配气机构是内燃机的一个重要组成部分，在发动机的进气行程中负责将适量的可燃混合气或纯净空气引导进入气缸内部，为接下来的燃烧过程做好准备。而在排气行程中，配气机构则负责及时地将燃烧后产生的废气排出气缸，确保发动机的效率和工作稳定性。配合机构的运作直接关系发动机的性能表现和排放水平，因此对其设计和制造有着极高的要求。

配气机构主要由气门组、气门传动组以及气门驱动组三大部分构成。气门组包括气门和气门导管等部件，它们直接参与气缸内燃气的进出；气门传动组由摇臂、摇臂轴等零件组成，起到传递和放大凸轮轴上凸轮运动的作用；气门驱动组主要由气门弹簧、气门弹簧座等零件构成，负责在发动机运行过程中保持气门的开启和关闭。这三部分的协同工作，确保了配气机构的正常运作，进而保障了发动机的高效和可靠运行。在图 1-3 中，可以看到配气机构的详细构成和布局，这有助于更好地理解其工作原理和内部结构。

2. 五大关键系统

五大关键系统分别是起动系统、燃料供给系统、点火系统、冷却系统以及润滑系统。起动系统负责在发动机冷启动时提供足够的电流，以激活发动机；燃料供给系统负责为发动机提供适量的燃油，以保证燃烧过程的稳定进行；点火系统负责在燃油和空气混合达到一定比例时，产生高压电火花，点燃混合气体，从而推动活塞运动；冷却系统负责在发动机运行过程中，不断吸收和散发发动机产生的热量，以保持发动机的工作温度；润滑系统负责为发动机的各个运动部件提供充足的润滑，以减少磨损，延长发动机的使用寿命。这几大部件和系统共同构成了汽车电控发动机，它们相互配合，共同工作，为汽车提供强大的动力。

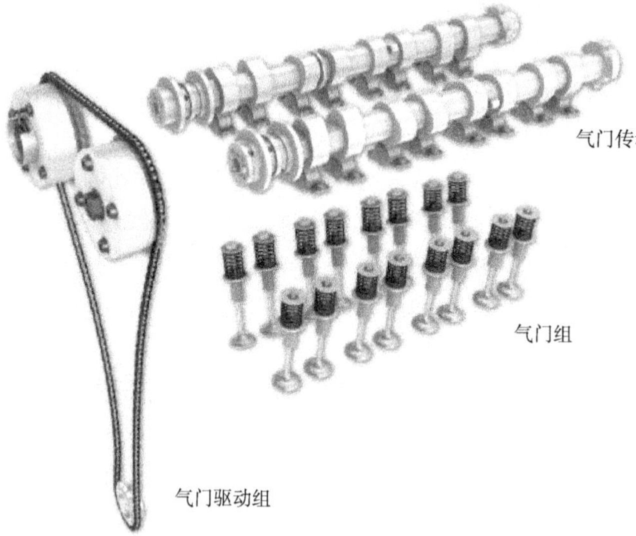

图 1-3 配气机构的构成

1)起动系统

起动系统使发动机运转,通过起动机带动飞轮使曲轴转动,达到燃烧混合气所需的转速。起动系统由蓄电池、点火开关、起动机和起动继电器组成,如图 1-4 所示。

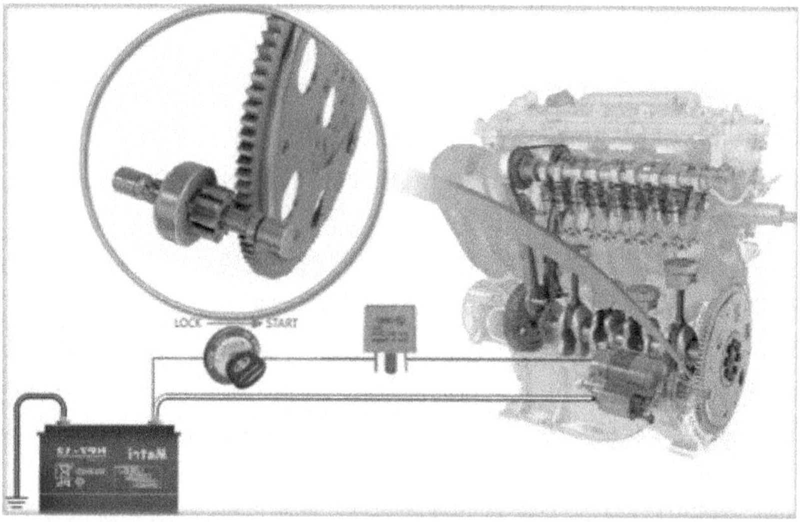

图 1-4 起动系统的组成

起动系统是汽车发动机启动的关键组成部分。它负责将处于静止状态的发动机带动到足以使混合气在气缸内燃烧并产生动力的转速。这一过程是通过起动机的电机驱动飞轮，进而带动发动机曲轴旋转来实现的。

在起动系统的组成中,蓄电池提供了必要的电能;点火开关是控制起动过程的开关装置;起动机是系统的核心部件,它包含电动机和传动机构,能够将电能转化为机械能,并通过传动机构将动力传递给发动机的飞轮；起动继电器是一个电磁开关，用于控制起动机电机的大电流通断，保护点火开关和电路。

当驾驶员转动点火开关到启动位置时，起动继电器被激活，允许电流通过并驱动起动机电机开始旋转。起动机电机的旋转通过传动机构（通常是齿轮和飞轮齿圈）与发动机的飞轮相连，带动曲轴转动来实现。随着曲轴转速的逐渐增加，发动机的点火系统和燃油喷射系统开始工作，混合气在气缸内被点燃并产生爆炸力，推动活塞运动，进而驱动汽车前进。

2）燃料供给系统

汽油机燃料供给系统的作用是根据发动机不同的工作状况适时地向气缸内供给一定量的汽油和空气，其主要由电控燃油喷射系统、空气供给系统以及电子控制系统组成，如图1-5所示。

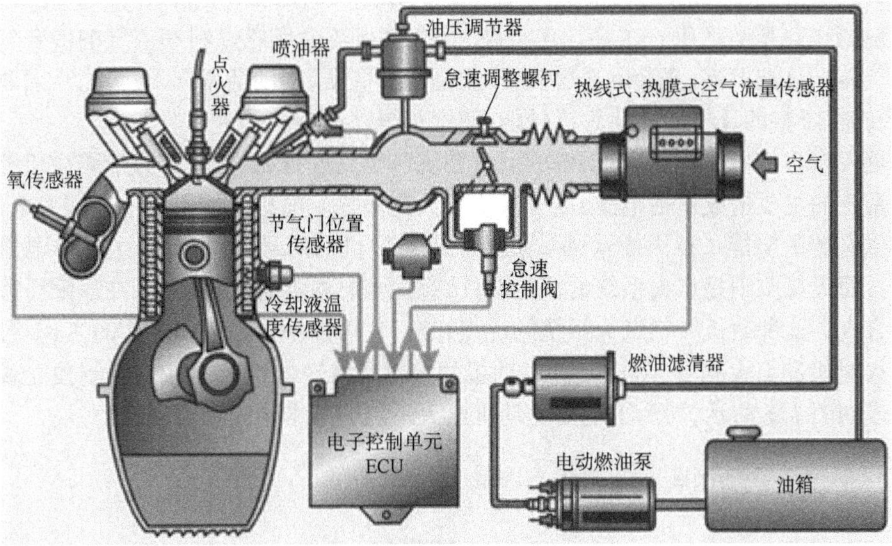

图1-5　燃料供给系统的组成

电控燃油喷射系统作为这一复杂体系中的核心，通过精密的传感器网络实时监测发动机的运行状态，包括但不限于进气量、发动机转速、冷却液温度以及节气门开度等关键参数。这些数据如同神经信号般被快速传递至电子控制单元（Electronic Control Unit，ECU），ECU则如同大脑，对这些海量信息进行高速处理与分析，从而精确计算出当前工况下所需的最佳燃油喷射量及喷射时机。紧接着，ECU向燃油喷射器发出指令。这些高科技的喷油嘴依据指令在极短的时间内以极高的压力将燃油雾化后喷入进气歧管或直接喷入气缸内，同时与由空气供给系统提供的清洁空气充分混合。空气供给系统，同样不容小觑，其通过空气滤清器有效过滤掉空气中的杂质，确保进入气缸的空气纯净无污，随后利用进气歧管将空气均匀地分配到各个气缸中，为燃烧过程提供必要的氧气。

值得一提的是，现代汽油机还广泛采用了可变气门正时（VVT）或可变气门升程（VVL）等先进技术，这些技术能够进一步优化空气与燃油的混合效率。根据发动机负荷和转速的变化，智能调整气门的开启时刻和升程大小，从而在提升发动机动力性能的同时，显著降低燃油消耗和排放污染。

此外，为了确保燃料供给系统的长期稳定运行，还配备了燃油压力调节器、燃油滤清器以及回油管路等辅助部件。燃油压力调节器负责维持燃油供给系统内的压力稳定，防止压力过高或过低对系统造成损害；燃油滤清器则持续过滤掉燃油中的杂质和水分，保护喷油嘴免受堵塞；而回油管路则负责将多余的燃油安全地导回油箱，形成闭环的燃油循环系统。

汽油机燃料供给系统是一个高度集成、精密控制的复杂系统。其通过各组成部分的紧密合作与高效协同，确保了发动机在不同工况下都能获得最佳的燃料供给，从而实现动力性、经济性和环保性的完美平衡。

3）点火系统

汽油机的运行机制独特而精密，它需要一个精确的点火过程来启动并保持正常的工作状态。在这个过程中，当活塞在压缩行程中达到顶点时，便进入了点火阶段。此时，位于发动机内部的火花塞会产生一个高压电火花，这个电火花会点燃燃料和空气的混合气体。这个混合气体一旦被点燃，就会迅速燃烧，产生高温和高压，推动活塞向下运动，从而驱动曲轴旋转，最终将燃料的化学能转化为机械能，使汽车得以运行。

在现代汽车技术中，电控发动机的点火系统已经高度智能化，大部分依赖微机控制。这种点火系统的主要构成包括电源、点火模块和火花塞等。电源可能是蓄电池或发电机，它们负责提供必要的电能。点火模块则负责接收来自微机的信号，并据此产生足够电压来产生电火花。而火花塞则是点火系统的执行部件，直接与燃料混合气接触，并在压缩行程的末端点燃混合气。这种微机控制点火系统的优点在于，它可以根据发动机的实时工作状态，精确控制点火时机和点火强度，从而提高发动机的效率和汽车的性能。微机控制独立式点火系统的组成如图 1-6 所示，展示了电控发动机点火系统的基本构成和布局。

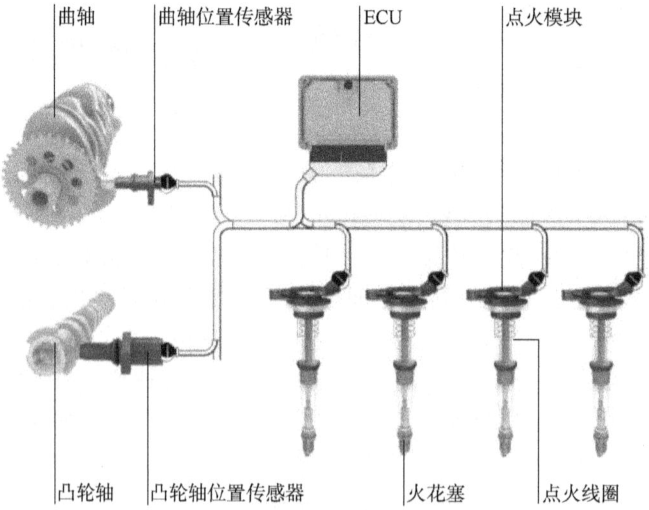

图 1-6　微机控制独立式点火系统的组成

4）冷却系统

冷却系统是确保在高温环境下运行的发动机部件能够得到有效冷却的关键系统，其作用是维持发动机在最为适宜的温度区间内稳定运行，从而保障发动机性能和延长其使用寿命。在现代汽车电控发动机中，普遍采用了一种封闭式强制循环水冷却系统，这种系统通过一系列精密的组件协同工作，达到冷却发动机的目的。该系统主要由水泵、散热器、冷却风扇、节温器、水套等关键部件构成，它们相互配合，形成一个闭合的循环路径，通过循环流动的冷却液吸收并带走发动机产生的热量。冷却系统的组成如图 1-7 所示。

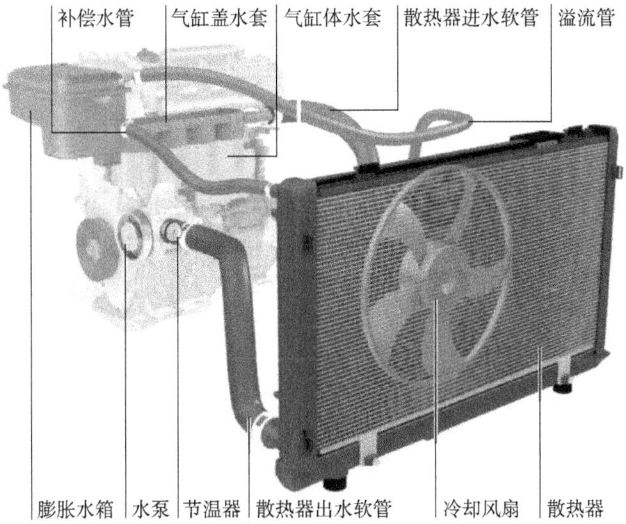

图 1-7　冷却系统的组成

5）润滑系统

润滑系统能有效润滑发动机内部摩擦副，降低摩擦磨损，带走热量，清洗表面，延长寿命。润滑系统由机油泵、机油滤清器、油底壳等组成，如图 1-8 所示。

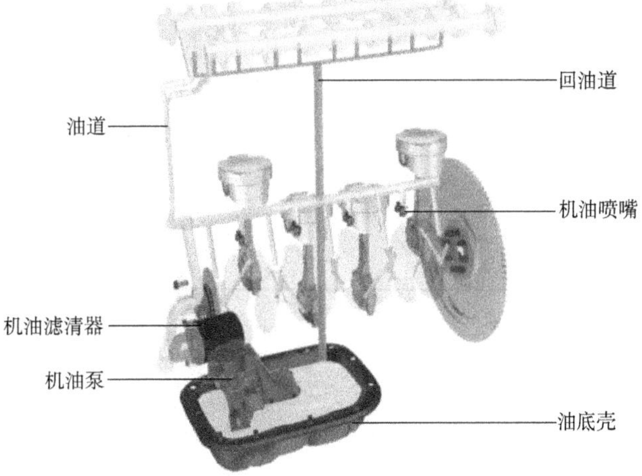

图 1-8　润滑系统的组成

润滑系统作为发动机的重要组成部分，其高效运作直接关系发动机的性能和寿命。

通过精确控制机油的循环和分配，润滑系统能够确保发动机内部的各个部件在高速运转时得到充分的润滑，从而显著降低因摩擦产生的热量和磨损，保护发动机免受不必要的损害。

机油泵作为润滑系统的核心部件，负责将机油从油底壳中抽出，并通过一系列管道输送到发动机需要润滑的部位。机油滤清器负责过滤机油中的杂质和颗粒物，保持机油的清洁度，防止杂质对发动机造成损害。

此外，润滑系统还具备清洗摩擦表面的功能。在机油的循环过程中，机油能够带走并清洗掉摩擦表面产生的金属碎屑和杂质，保持摩擦表面的清洁和平整，从而进一步提高润滑效果。这种自我清洁的能力有助于延长发动机的使用寿命，减少因磨损而导致的故障和维修成本。

综上所述，润滑系统在发动机中扮演着至关重要的角色。润滑系统高效、精确的运作，能够确保发动机在高速运转时保持最佳状态，为车辆提供稳定、可靠的动力输出。因此，在日常使用中，我们应定期检查和维护润滑系统，确保其正常运作，以延长发动机的使用寿命，提高车辆的整体性能。

（二）发动机电控系统组成

汽油发动机电子控制系统，简称汽油机电控系统，主要由信号输入装置（主要指传感器）、发动机电子控制单元（Electronic Control Unit，ECU）和执行器等组成，如图 1-9 所示。

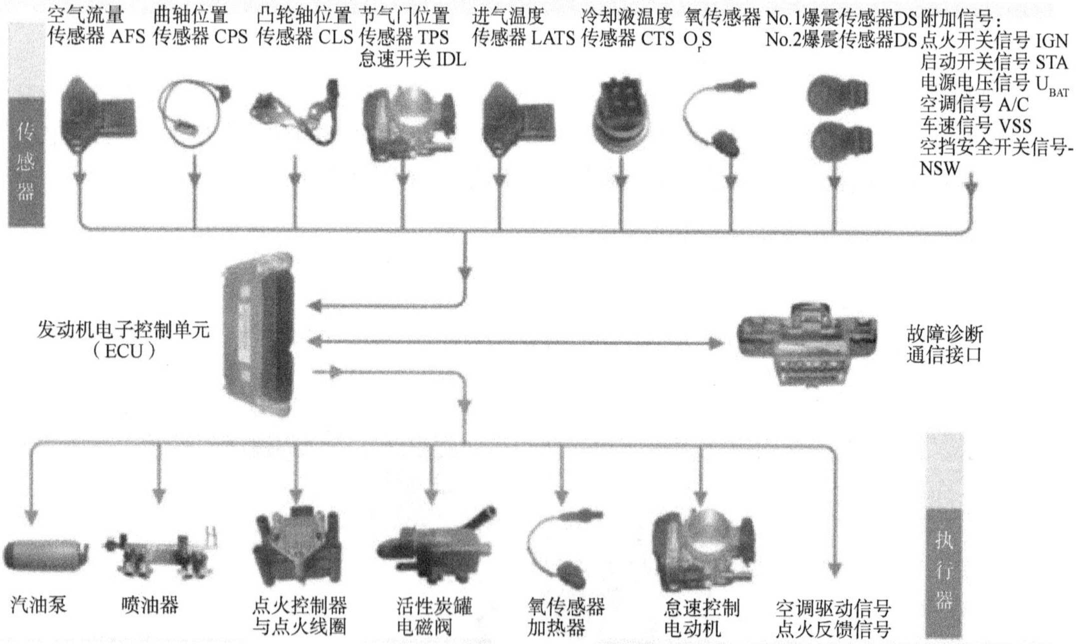

图 1-9 发动机电控系统的组成

发动机在运行时，电子控制单元接收各传感器和开关送来的发动机工况信号，根据 ECU 内部预先编制的控制程序和存储的数据，通过计算、处理、判断，确定适应发动机工况的喷油时刻、喷油量 、点火提前角等参数，并将这些数据转变为电信号，向各个执行器发出指令，从而使发动机保持最佳运行状态。

1. 信号输入装置

汽油机电控系统是现代汽车技术的重要组成部分，其核心功能在于通过精确感知和控制发动机的各项运行参数，以实现高效、低排放和舒适的驾驶体验。信号输入装置作为这一系统的“眼睛”和“耳朵”，扮演着至关重要的角色。信号输入装置主要包括各类传感器和开关，能够实时监测并传递发动机及车辆运行状态的信息至电子控制单元，ECU 再根据这些信号进行精准的控制决策。常见的信号输入装置有以下几种。

1）空气流量传感器

空气流量传感器（图 1-10）是 L 型电子控制燃油喷射系统（Electronic Fuel Injection，EFI）中的关键传感器，负责测量进入发动机的空气量。其工作原理多样，包括热线式、热膜式、卡门涡旋式等。通过精确测量空气流量，ECU 能够计算出所需的燃油喷射量，确保空燃比维持在最佳状态，从而提高燃烧效率和排放性能。空气流量传感器一般安装在空气滤清器后面。

图 1-10　空气流量传感器

2）进气歧管绝对压力传感器

在 D 型 EFI 中，进气歧管绝对压力传感器（图 1-11）替代了空气流量传感器的角色。它通过测量进气管内的压力变化，间接反映发动机吸入的空气量。这一传感器对于高原、高海拔地区及车辆加速、减速等复杂工况下的燃油喷射控制尤为重要。其输出信号与 ECU 结合，确保发动机在各种工况下都能获得恰当的燃油供给。进气歧管绝对压力传感器一般安装在稳压箱内。

图 1-11　进气歧管绝对压力传感器

3)发动机转速与曲轴位置传感器

发动机转速与曲轴位置传感器(图 1-12)是 ECU 进行燃油喷射和点火控制的核心信号源之一。通过监测曲轴的位置和转速，ECU 能够准确判断各缸的工作状态及点火时机，确保发动机平稳运行。常见的传感器类型包括磁电感应式、霍尔效应式和光电式等，它们各自具有独特的优点和适用范围。发动机转速和曲轴位置传感器通常为同一个传感器，安装在曲轴的前部、中部或飞轮上。

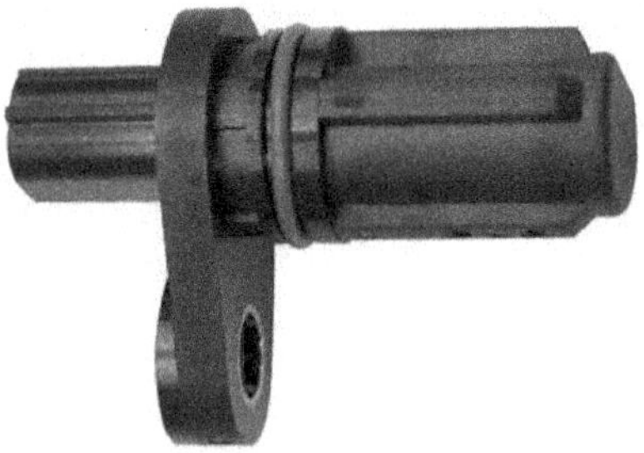

图 1-12　发动机转速与曲轴位置传感器

4)凸轮轴位置(上止点位置)传感器

凸轮轴位置传感器主要用于确定发动机的点火正时，特别是当发动机处于低速运转或启动阶段时。通过监测凸轮轴的位置，ECU 能够精确控制点火提前角，防止发动机爆震，并优化燃烧过程。此外，凸轮轴位置传感器还常用于故障诊断和车辆安全系统中。凸轮轴位置传感器用于检测凸轮轴位置及提供一缸上止点信号，并将信号输入 ECU，作为点火的主控制信号之一。凸轮轴位置传感器的结构和工作原理与曲轴位置传感器基本一致，凸轮轴位置传感器通常安装在凸轮轴盖罩前端对着进排气凸轮轴前端的位置。

5)节气门位置传感器

节气门位置传感器(图 1-13)是电子节气门控制系统的重要组成部分。它实时监测节气门的开度及变化速率，并将这些信息传递给 ECU。ECU 根据节气门位置传感器的信号，调整燃油喷射量、点火提前角等参数，以实现发动机的精确控制。同时，该传感器还参与怠速控制、巡航控制等功能的实现。

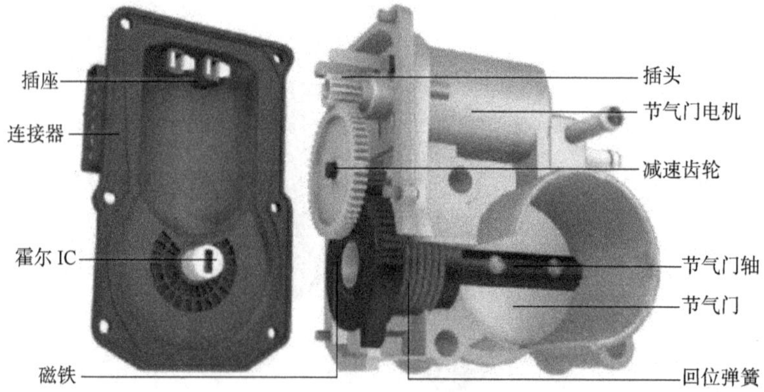

图 1-13　带霍尔式节气门位置传感器

6）电子油门踏板位置传感器

随着电子油门系统的普及，电子油门踏板位置传感器成为现代汽车中不可或缺的传感器之一。它直接安装在油门踏板上，实时监测踏板的位置和踩踏速度，并将这些信息转化为电信号传递给 ECU。ECU 根据这些信号控制节气门的开度，从而实现油门的精确控制。这一系统不仅提高了驾驶的便捷性和舒适性，还有助于降低油耗和排放。电子油门踏板位置传感器安装在油门踏板内部（图 1-14），随时监测油门踏板的位置。

7）冷却液温度传感器

冷却液温度传感器（图 1-15）用于监测发动机冷却液的温度，并将这一信息传递给 ECU。ECU 根据冷却液温度传感器的信号，调整点火提前角、燃油喷射量等参数，以适应发动机在不同温度下的运行需求。同时，该传感器还参与发动机冷却系统的控制，确保发动机在适宜的温度范围内运行。冷却液温度传感器通常安装在发动机缸体的水套上，与冷却液接触。

图 1-14　电子油门踏板位置传感器安装位置

图 1-15　冷却液温度传感器

8）进气温度传感器

进气温度传感器（图 1-16）安装在进气管上，用于测量进入发动机的空气温度。这一信息对于燃油喷射和点火控制同样重要。因为空气温度的变化会影响空气的密度和含氧量，进而影响发动机的燃烧过程。通过进气温度传感器的监测，ECU 能够更准确地控制燃油喷射量和点火提前角，确保发动机的高效运行。

图 1-16　进气温度传感器

9）氧传感器

现代的汽车发动机上通常装有两个氧传感器（图 1-17），均安装在排气管上。氧传感器是现代汽车发动机中用于实现闭环控制的重要传感器之一，用于检测废气中的氧含量。前氧传感器（位于三元催化转化器前）将空燃比信号传递给 ECU，用于调整燃油喷射量以实现最佳空燃比；后氧传感器（位于三元催化转化器后）则用于监测三元催化器的转化效率，确保排放控制系统的正常工作。

图 1-17　氧传感器

10）爆震传感器

爆震传感器（图 1-18）安装在发动机缸体上，通过检测发动机缸体的振动，判断有无爆震发生及爆震强度，并将发动机爆震信号转换为电信号输入发动机 ECU，以便 ECU 修正点火提前角。安装爆震传感器是为了在提高发动机动力性能的同时使发动机不产生爆震。爆震是发动机运行过程中的一种异常现象，它会导致发动机功率下降、油耗增加甚至损坏发动机部件。通过爆震传感器的监测和 ECU 的及时干预（如调整点火提前角），可以有效防止爆震的发生，保护发动机免受损害。

图 1-18　非共振型压电式爆震传感器

不同类型的汽油机，由于控制方式不同，其控制系统的信号输入装置也不同，随着控制功能的扩展，输入信号装置也将不断增加。

2. 电子控制单元

电子控制单元在汽油机电控系统中扮演着至关重要的角色。它是整个系统的“大脑”，负责协调、管理和优化发动机的运行。

1）信号接收与处理

ECU 通过内部设计的接口电路接收来自各种传感器的电信号。这些传感器遍布发动机及其周围，包括但不限于以下几种。

（1）空气流量传感器：测量进入发动机的空气量，以计算燃油喷射量。

（2）节气门位置传感器：监测节气门开度，反映驾驶员的加速意图。

（3）曲轴位置传感器：确定曲轴的位置和转速，确保点火和喷油时机的精确控制。

（4）冷却液温度传感器：监测发动机冷却液的温度，以调整点火提前角和喷油量，防止冷却液过热或过冷。

（5）氧传感器：检测排气中的氧含量，帮助 ECU 调整空燃比至最佳状态。

ECU 还为某些传感器提供稳定的参考电压，确保传感器能准确输出电信号。

2）信号存储与计算分析

ECU 内部集成有存储单元（如 EEPROM 或 Flash 存储器），用于存储发动机运行的各种参数、校准数据、故障码等信息。这些数据在车辆制造时预设，也可在车辆使用过程中通过诊断工具进行更新或调整。

接收到传感器信号后，ECU 会利用内置的微处理器进行复杂的计算和分析。这些计算包括但不限于以下几种。

（1）根据空气流量、转速等参数计算所需的燃油喷射量。

（2）根据冷却液温度、负荷等调整点火提前角。

（3）监测并诊断发动机运行状况，及时发现并记录故障。

3）控制信号输出

根据计算和分析的结果，ECU 向各个执行元件发出控制信号，以调整发动机的工作状态。常见的执行器包括以下几种。

（1）燃油喷射器：控制燃油的喷射量和喷射时机。

（2）点火线圈：控制火花塞的点火时刻，确保混合气在正确的时间点燃。

（3）可变气门正时机构：调整进排气门的开启和关闭时间，以优化发动机性能。

（4）废气再循环阀：控制部分废气重新进入进气道，减少氮氧化物排放。

当 ECU 检测到发动机故障时，会启动故障保护模式，限制发动机功率输出，并设置相应的故障码。这些故障码可以通过专业的诊断工具读取，帮助技术人员快速定位并解决问题。

4）实时性与适应性

ECU 的设计充分考虑了实时性和适应性的需求。它能够在极短的时间内完成信号的接收、处理和控制信号的发出，确保发动机运行的平稳和高效。同时，ECU 还具备一定的自适应学习能力，能够根据发动机的实际运行状况自动调整控制策略，以达到最佳的性能和排放表现。

ECU 作为汽油机电控系统的核心部件，通过其精准的信号处理、复杂的计算分析和高效的执行控制，实现了对发动机运行状态的全面管理和优化。

3. 执行器

在汽油机电控系统中，接收信息的元件是传感器，而接收控制信息并执行命令的元件则是执行器。执行器的任务是根据控制信号执行规定运作、完成控制目标。汽油机电控系统中常见的执行器主要有电磁式喷油器、点火控制器、节气门控制电机、电动燃油泵、各种电磁阀（活性炭罐电磁阀、EGR 阀、OCV 阀、增压器释压电磁阀）、各种继电器（燃油泵继电器、冷却风扇继电器、空调压缩机继电器）以及自诊断显示与报警装置、故障备用程序起动装置和仪表显示器等。

1）电磁式喷油器

在缸外喷射的汽油发动机上，电磁式喷油器（图 1-19）通过绝缘垫装在进气管上，其作用是根据电控单元的指令将燃油以雾状的形式喷入进气管内。在缸内直喷的汽油发动机中，电磁式喷油器安装在进气管总成下方，喷嘴伸入气缸内。

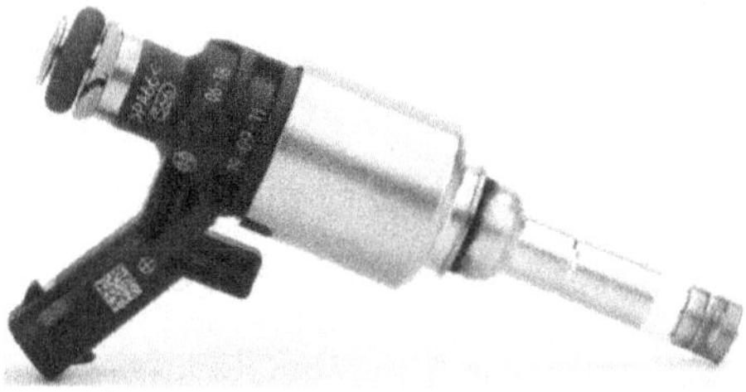

图 1-19　用于缸内直喷汽油机的电磁喷油器

2）点火控制器

在电控点火系统中，点火装置的核心部件是点火线圈和点火控制器。在单独点火方式的点火系统中，点火线圈和点火模块通常制成一体，简称点火模块或点火线圈（图 1-20）。点火控制器是电控点火系统中的执行器，作用是接收 ECU 的点火控制信号，适时地将低压直流电转变为高压电送至火花塞。

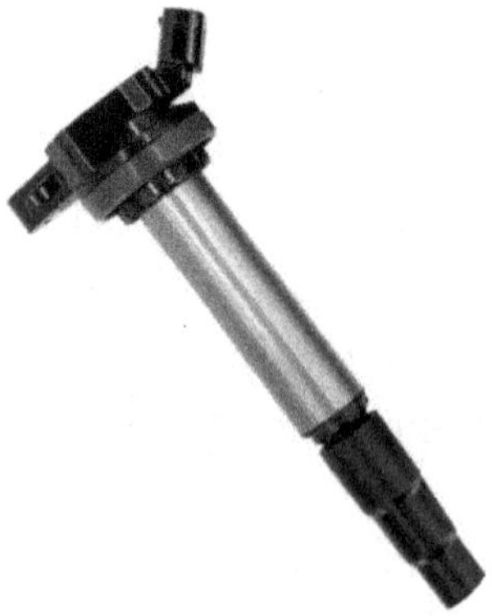

图 1-20　点火线圈

3）节气门控制电机

目前汽车发动机上广泛采用的怠速控制系统为节气门直动式，即执行器通过节气门操纵机构调节节气门开度，实现怠速进气量的控制。

4）活性炭罐电磁阀

活性炭罐电磁阀是汽油发动机燃油蒸发排放控制系统（Fuel evaporation control，EVAP）

(图 1-21)中重要的执行元件,它的作用是在 ECU 的控制下开启或关闭活性炭罐与发动机进气管之间的通道。在发动机处于中、高速工况时,炭罐电磁阀开启,储存在活性炭罐内的燃油蒸汽通过炭罐电磁阀进入进气道与空气一起被吸入气缸参与燃烧,这样既避免了因泄漏产生的环境污染又节约了燃油。活性炭罐电磁阀实物图如图 1-22 所示。

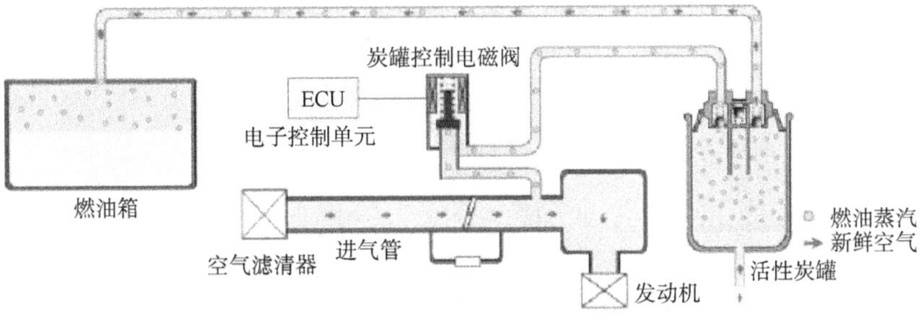

图 1-21　燃油蒸发排放控制系统

图 1-22　活性炭罐电磁阀

5)EGR 阀

废气再循环阀简称 EGR 阀(图 1-23),它的作用是对进入进气歧管的废气量进行控制,使一定量的废气流入进气歧管进行再燃烧,以降低燃油蒸发排放控制系统排出气体中的氮氧化物(NO_X)含量,是废气再循环系统中重要的执行元件。

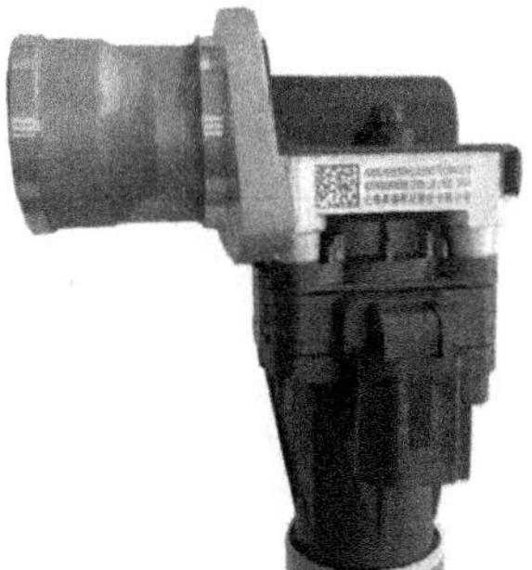

图 1-23　EGR 阀

6）OCV 阀

凸轮轴正时机油控制阀简称 OCV 阀。在智能可变气门正时系统（VVT-i）中，凸轮轴正时机油控制阀（图 1-24）通过液压调节凸轮轴转角，对凸轮轴凸轮的相位进行调节，从而使气门开启、关闭的时间随发动机转速的变化而变化，达到提高充气效率，增加发动机功率，降低尾气排放的目的。

图 1-24　OCV 阀

7）电动燃油泵

电动燃油泵（图 1-25）一般采用内装式即安装在燃油箱内，作用是将燃油从燃油箱中吸出、加压后输送到供油管路中其与燃油压力调节器配合建立一定的燃油压力。

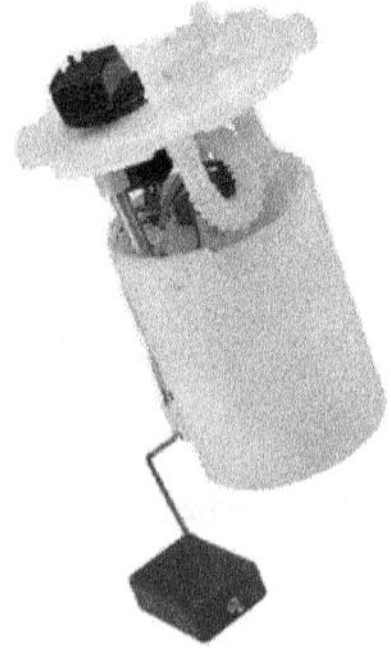

图 1-25　电动燃油泵

8）继电器

继电器（图 1-26）其实就是一个触点开关，作用是控制相关部件的通电和断电，如起动继电器、燃油泵继电器。继电器一般集中安装在发动机舱或仪表板下的继电器盒内。

图 1-26　继电器

二、汽油机电控系统的功能控制及优点

1. 汽油机电控系统的功能控制

汽油机电控系统的主要功能控制有燃油喷射控制、点火控制、怠速控制、进气控制、排放控制、自诊断与报警控制、失效保护与应急备用控制等。

1)燃油喷射控制

汽油机电控燃油喷射系统的基本功能是控制喷油量、喷射正时和燃油停供，使汽油机在各种运行工况下均能获得最佳浓度的混合气。图 1-27 为发动机电控燃油喷射系统控制示意图。

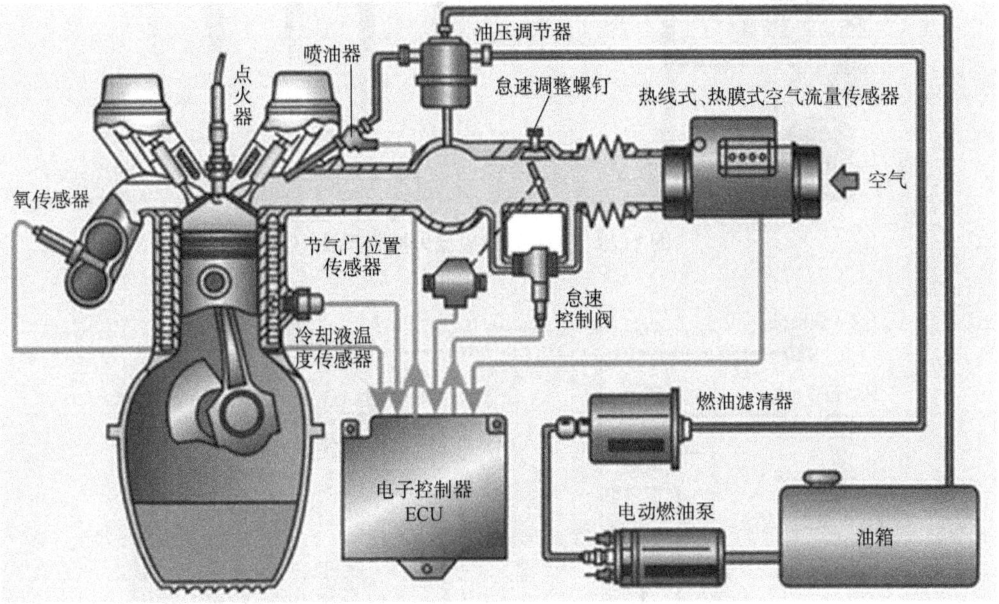

图 1-27　电控燃油喷射控制系统

2)点火控制

汽油机电控点火系统(图 1-28)的基本功能是控制点火提前角，使汽油机在各种运行工况下均能获得最佳点火提前角和足够的点火能量。为了使混合气充分燃烧，使汽油机输出功率和转矩最大，油耗和排放最低，必须对点火时间和点火能量进行控制。

3)怠速控制

怠速控制的基本功能是控制汽油机怠速转速，使汽油机怠速保持稳定。柴油机怠速控制系统与电控燃油喷射系统集成一体，其功能除具有怠速转速控制功能以外，还具有各缸均匀性控制功能，其控制示意图如图 1-29 所示。

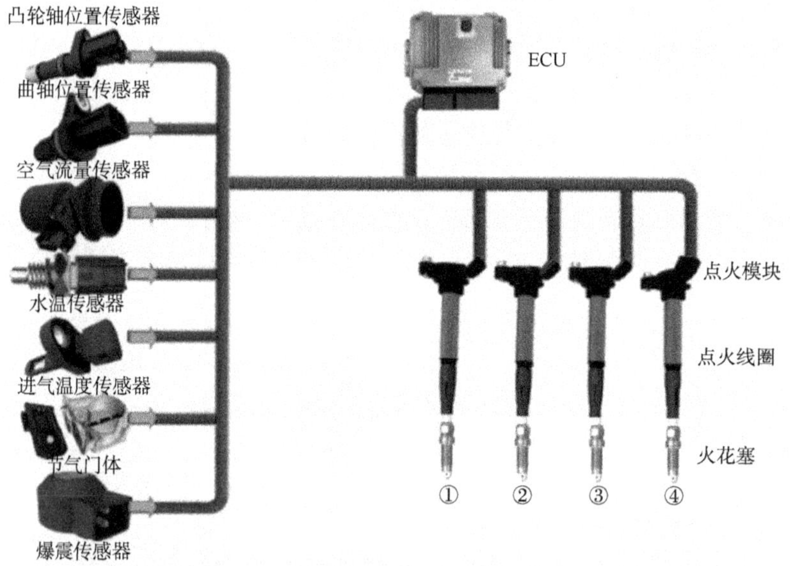

图 1-28　汽油机电控点火控制系统

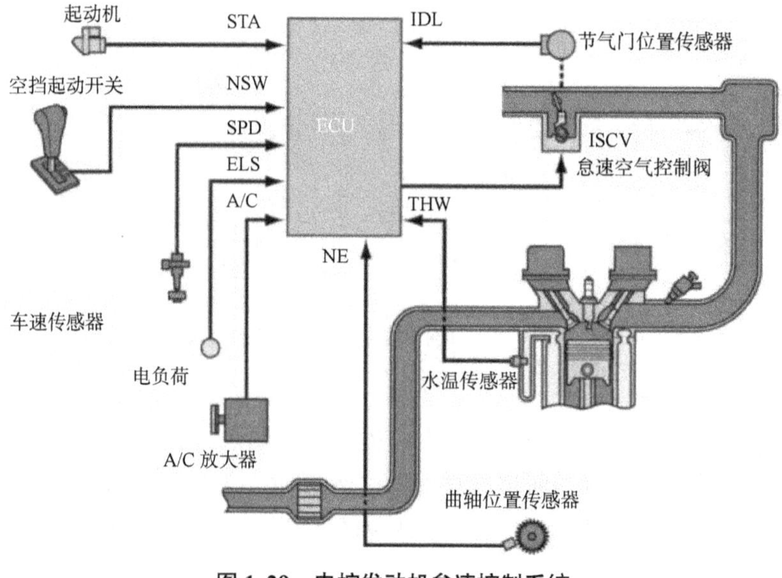

图 1-29　电控发动机怠速控制系统

4）进气控制

进气控制包括可变气门正时控制、可变进气道控制、进气惯性增压控制和废气涡轮增压控制等。

5）排放控制

排放控制主要包括废气再循环控制（图 1-30）、氧传感器及三元催化转换器开环/闭环控制、二次空气喷射控制、燃油蒸发排放控制等。

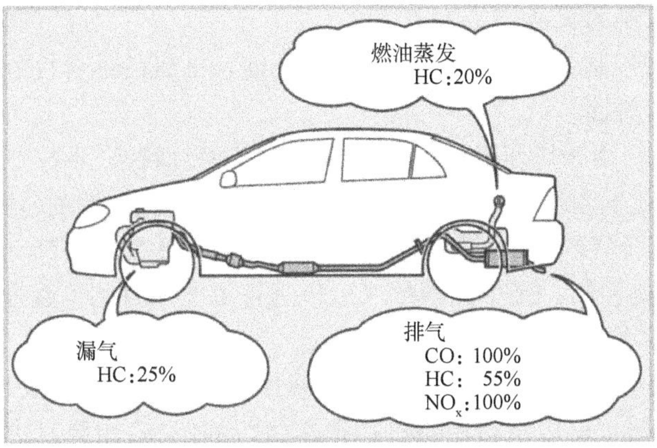

图 1-30　废气再循环控制系统

6)自诊断与报警控制

当控制系统出现故障时,仪表板上的检查汽油机灯点亮(图 1-31),提醒驾驶员注意汽油机已经出现故障,并将故障信息存储到 ECU 中。后期检修人员通过相应程序,将故障码及有关信息资料调出,供检修用。

图 1-31　发动机故障灯点亮

汽车工程师在进行现代汽车电子控制系统设计的同时,在 ECU 内增设了故障自诊断和故障运行功能。自诊断就是电子控制系统自己检测运行情况,诊断系统有无故障。

7)失效保护与应急备用控制

失效保护功能是靠 ECU 内的软件完成的。在电控系统工作时,当 ECU 检测到某传感器或其控制电路出现故障时,ECU 将按设定的标准信号替代故障信号来控制汽油机继续运转,或停止运转以保护汽油机,确保车辆安全,这便是失效保护。

当汽油机 ECU 内的微处理器或少数重要传感器出现故障时,ECU 按预存的程序控制燃油喷射系统和点火正时,使电控系统维持最基本的控制功能,使汽油机维持运转,使汽车维持基本行驶状态,这就是应急备用功能。应急备用功能主要由 ECU 的备用 IC 完成。

2. 汽油机电控系统的优点

相对于传统机械控制，汽油机电控技术的应用使汽油机的综合性能得到了全面提升，其主要优点有以下几个方面。

（1）控制精度高。由于电子控制元件的性能偏差相对较小，不存在磨损问题，同时电子控制对转速、负荷等工况参数的分辨率高，因而电子控制比机械控制精度高。

（2）改善各缸混合气的均匀性。采用多点燃油喷射，每个气缸都有一个喷油器，喷油量由 ECU 通过计算精确控制，ECU 能根据汽油机运行工况及时调整混合气空燃比，对控制排放和提高燃油经济性十分有利。

（3）控制更多的变量。电子控制系统的传感器可以从汽油机提取几乎全部的状态信息供 ECU 处理。执行器也可以执行机械机构很难执行的任务，如怠速转速电子控制、爆震电子控制和可变进气系统电子控制等。这就使得汽油机电子控制比机械控制具有更高的精度和更强的功能。

（4）减少排气污染。无论汽油机转速、负荷如何变化，电控燃油喷射系统都能连续地、精确地对空燃比进行调节。

（5）加速性能好。在电控燃油喷射系统中，燃油喷射在各缸进气门附近，汽油以一定的压力从喷油器喷出，形成良好的雾化，极易与空气混合，蒸发速度快，在各种工况下，混合气都具有最佳的空燃比，可以迅速响应节气门的变化。

（6）改善汽油机对地理及气候环境的适应性。当汽车在不同地理环境或不同气候条件的地区行驶时，对于采用体积流量方式测量进气量的电控喷射系统，电控喷射系统能够根据大气压力和环境温度及时对空燃比进行修正，从而使汽车在各种地理环境及气候条件下运行时，无须调整就能保持良好的综合性能。

三、汽油机电控系统的控制原理和控制方式

1. 汽油机电控系统的控制原理

在汽油机运转过程中，传感器把汽油机运行的工况和状态转变为电信号，输送给电子控制单元。电子控制单元根据这些变化的电量（数据），判断汽油机当前所处的运行状态，并从计算机内部存储器中查取相应的控制参数数据，经 ECU 计算后，产生新的控制指令并输出到各执行器，以完成所需的控制任务，其控制原理如图 1-32 所示。

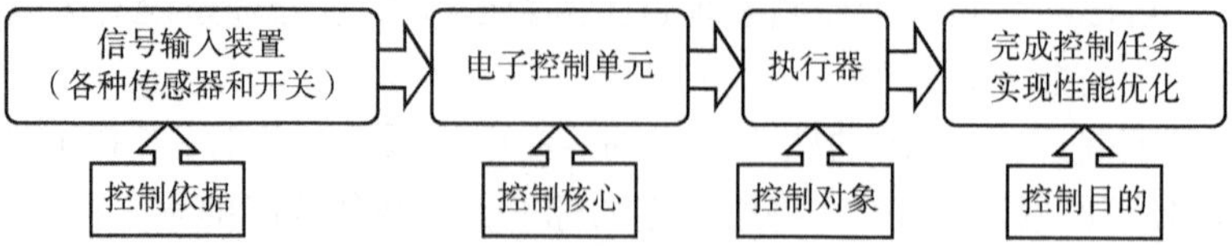

图 1-32　汽油机电控制系统的控制原理

2. 汽油机电控系统的控制方式

以计算机为控制核心，将传感器输入的信号称为输入量；将控制对象执行的状态或过程信号称为输出量。控制方式是指输出量与输入量之间的关系。汽油机电控系统的控制方式主要有开环控制和闭环控制两种。

1）开环控制

汽油机工作时，ECU 根据传感器的信号对执行器进行控制，而对控制的结果（燃烧是否完全、怠速是否稳定、是否有爆震发生）是否达到预期目标则无法作出分析，这就导致控制的结果对控制过程没有影响，这种控制方式称为开环控制，如图 1-33 所示。

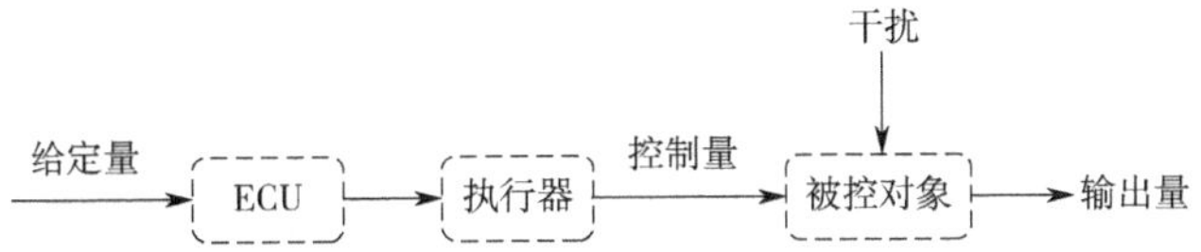

图 1-33　开环控制示意图

开环控制的特点如下：在控制器与被控制对象之间只有正向控制作用，没有反馈控制作用。开环控制比较简单，但是控制精度不够高。要达到精确控制，控制系统 ECU 的 ROM 中必须预先存储汽油机可能遇到的各种工况及运行条件所需控制参数的精确调整数据，这样才能保证输出的控制信号能产生预期的汽油机响应，而精确调整数据一旦存入 ROM 中就不能变动。

2）闭环控制

闭环控制也称为反馈控制，如图 1-34 所示。这种控制系统将控制对象的输出信号通过反馈环节送至 ECU，以便根据输出情况随时修正控制量。以燃油喷射为例，为了使控制更加精确有效，可以在排气管上安装一个氧传感器，它能根据排气中的氧含量判断混合气中各组分的体积浓度，以氧传感器作为反馈环节，将其输出信号反馈给 ECU，ECU 就可以修正空燃比。

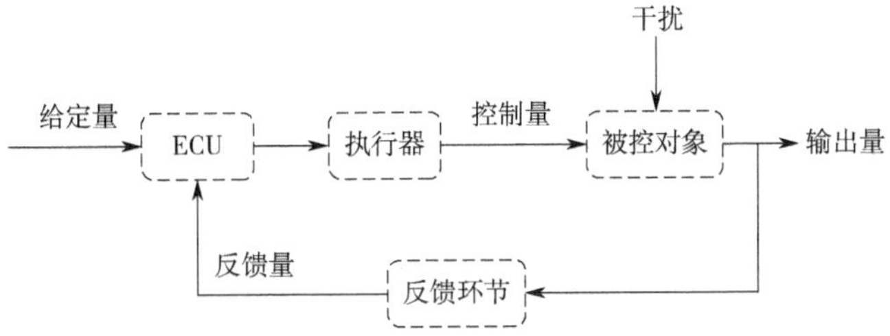

图 1-34　闭环控制示意图

闭环控制的特点如下：在控制器与被控制对象之间，不仅存在正向作用，而且存在着反馈作用，即系统的输出量对控制量有直接影响。对于喷油量控制，由计算机根据氧传感器输出的氧含量信号判断进入气缸中的可燃混合气的空燃比是否合适，从而修正燃油供给量，使混合气空燃比保持在理想状态下。

任务 2　常用检测仪器及设备的使用

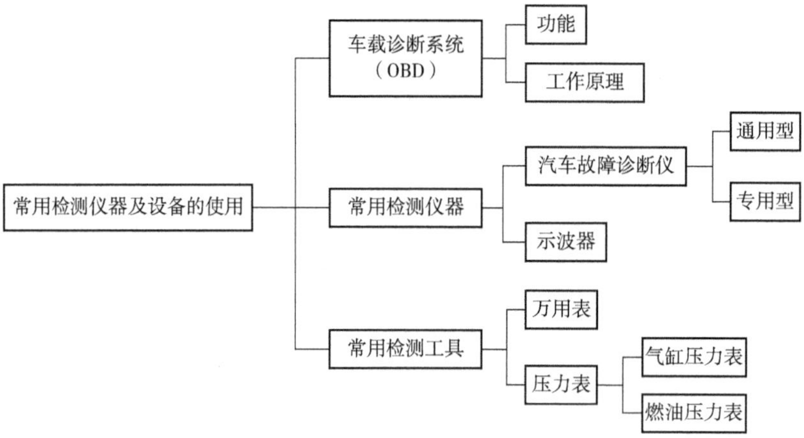

思维导图

一、OBD 系统

车载诊断系统（On Board Diagnostics，OBD）是一种为汽车故障诊断而设计的在线诊断系统。该系统能够实时监控发动机的运行状况和尾气排放情况，一旦发现有可能引起排放超标或发动机故障的情况，会立即发出警示，并通过特定的程序记录故障信息和相关代码，以便车主和维修人员快速准确地定位和解决问题。

（一）OBD 系统的主要功能

（1）实时监控。OBD 系统能够实时监控发动机的运行状况和尾气处理系统的工作状态，包括发动机转速、油耗、尾气排放等参数。

（2）故障检测与诊断。当系统检测到故障时，会立即通过故障灯或发动机警告灯发出警示，并将故障信息存储在动力总成控制模块（PCM）中。维修人员可以通过读取故障码，快速准确地确定故障的性质和部位。

（3）排放控制。OBD 系统通过监控尾气排放情况，确保汽车排放符合国家和地方标准，有助于减少环境污染。

（4）车辆维护与保养。OBD 系统还能记录汽车的运行数据，如行驶里程、平均车速等，为车主提供车辆维护与保养的参考依据。

（二）OBD 系统的工作原理

OBD 系统通过各种与排放有关的部件信息，连接到电子控制单元。ECU 具备检测和分析与排放相关故障的功能。当出现排放故障时，ECU 会记录故障信息和相关代码，并通过故障灯发出警告。车主或维修人员可以通过 OBD 接口，使用专门的诊断仪读取故障码，从而确定故障部位并进行维修。

（三）OBD 系统的版本

OBD 系统有两个主要版本：OBD-Ⅰ和 OBD-Ⅱ。其中，OBD-Ⅱ是更为先进的版本，具有更高的数据传输速率和更多的诊断功能。从 2005 年开始，中国所有国产车和进口车都必须装备 OBD-Ⅱ系统。

（四）OBD 系统的应用

OBD 系统广泛应用于各种汽车中，无论是传统燃油车还是新能源汽车。对于车主来说，OBD 系统能够帮助他们更好地了解车辆的运行状况，及时进行维护和保养；对于维修人员来说，OBD 系统则提供了一种快速、准确的故障诊断方法，有助于提高工作效率和维修质量。

（五）OBD 系统的未来发展

随着汽车技术的不断进步和环保要求的日益提高，OBD 系统也在不断发展和完善。未来的 OBD 系统可能会具备更多的功能，如远程故障诊断、实时数据传输等，以更好地满足车主和维修人员的需求。

OBD 系统是汽车上一种非常重要的在线诊断系统。它对于提高汽车的安全性、可靠性和环保性具有重要意义。

二、常用检测仪器

（一）汽车故障诊断仪

1. 定义与功能

汽车故障诊断仪（又称汽车解码器）是用于检测汽车故障的便携式智能汽车故障自检仪，如图 1-35 所示。它能够迅速读取汽车电控系统中的故障，并通过液晶显示屏显示故障信息，帮助用户快速查明发生故障的部位及原因。汽车故障诊断仪在汽车维修中扮演着非常重要的角色，其具备以下主要功能。

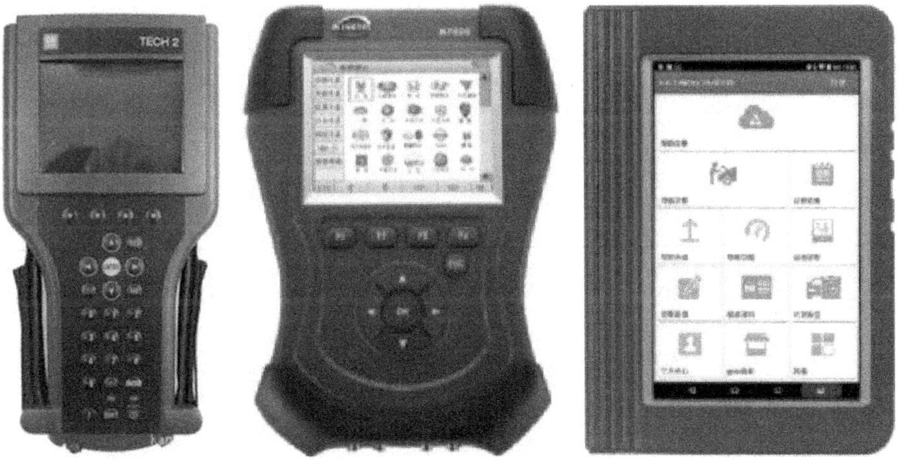

图 1-35　汽车故障诊断仪

（1）读取故障码：能够识别并显示汽车电子控制系统中存储的故障码。

（2）清除故障码：在故障被修复后，可以清除存储在电控系统中的故障码。

（3）读取发动机动态数据流：实时显示发动机运行时的各种参数，帮助分析发动机工作状态。

（4）示波功能：部分高级汽车故障诊断仪具备示波功能，可以显示电子信号的波形，用于深入分析电路问题。

（5）元件动作测试：对汽车上的传感器、执行器等元件进行动作测试，判断其是否正常工作。

（6）匹配、设定和编码等功能：对汽车上的某些元件进行匹配、设定和编码，确保它们能够正常工作。

（7）英汉辞典、计算器及其他辅助功能：提供实用的辅助工具，方便用户进行故障诊断和维修。

2. 使用方法

汽车故障诊断仪的使用相对简单，一般包括以下步骤：在车上找到诊断座；选用相应的诊断接口；根据车型，进入相应诊断系统；读取故障码；查看数据流；诊断维修之后清除故障码。

3. 分类

汽车故障诊断仪一般可分为两种：一种是针对车门中控的，主要运用于汽车遥控器的匹配与测试检修；另一种是针对汽车发动机或电路故障诊断的，这类诊断仪功能更为全面，适用于各种车型的发动机和电路故障诊断。

4. 示例

中国首款汽车检测监控仪——C 派车况检测监控仪（又名 C 派便携式行车电脑 K3），如图 1-36 所示，由深圳凯派科技有限公司研发生产。该产品具备读取故障码、清除故障码、完整显示车况、改善驾驶习惯、降低油耗、故障报警、超速报警以及多功能保养提醒等功能。

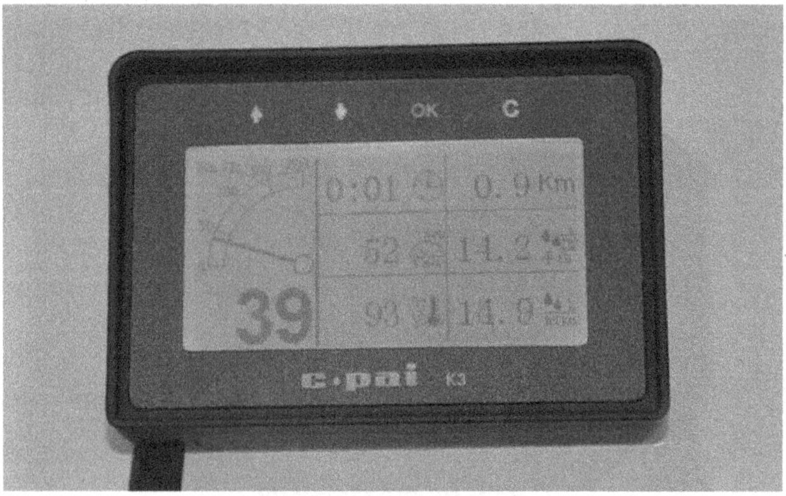

图 1-36　C 派便携式行车电脑 K3

（二）汽车示波器

1. 定义与功能

汽车示波器（图 1-37）是一种用途十分广泛的电子测量仪器。它能把肉眼看不见的电信号变换成看得见的图像，便于人们研究各种电现象的变化过程。示波器能够观察各种不同信号幅度随时间变化的波形曲线，还可以测试电压、电流、频率、相位差、调幅度等。

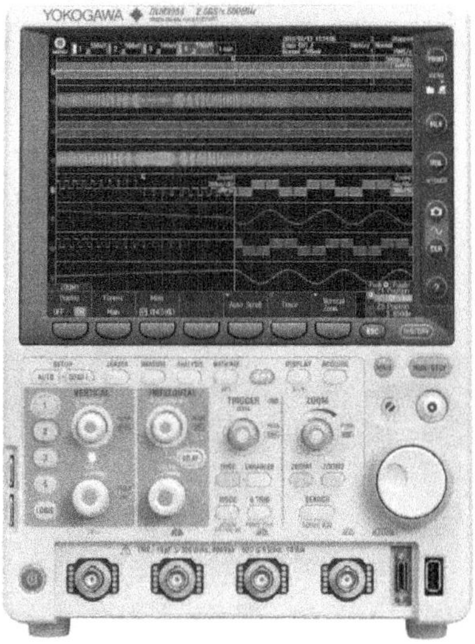

图 1-37　示波器

2. 工作原理

示波器利用狭窄的、由高速电子组成的电子束，打在涂有荧光物质的屏面上，产生细小的光点。在被测信号的作用下，电子束在屏面上描绘出被测信号瞬时值的变化曲线。传统模拟示波器的工作原理是基于电子枪扫描屏幕，而现代数字示波器则通过数据采集、A/D 转换和软件编程等技术实现高性能测量。

3. 分类

示波器一般可分为模拟示波器和数字示波器两大类。

（1）模拟示波器：使用电子枪扫描屏幕，实时显示图像，适用于测试要求实时显示且变化很快的信号。

（2）数字示波器：通过数据采集和 A/D 转换，将模拟信号转换为数字信号进行处理和显示，适用于显示周期性较强的信号，具备波形保存和分析功能。

4. 应用领域

示波器在电子工程、通信工程、计算机科学等领域有着广泛的应用。在汽车维修领域，部分高级汽车故障诊断仪也集成了示波器功能，用于深入分析汽车电子控制系统中的信号波形，帮助维修人员更准确地定位故障。

汽车故障诊断仪和示波器都是汽车维修和电子设备检测中不可或缺的工具。它们各自具备独特的功能和优势，在各自的应用领域发挥着重要作用。

三、常用检测工具

(一)万用表

一般的万用表都具备电压、电流、电阻、电容、晶体管和二极管的测试功能,有些万用表在前几个功能的基础上还增加了一些辅助功能,如测试转速、频率和温度等功能,虽然后者功能增加,但是常用的测试功能主要是电压的测试和电阻的测试。常用的数字式万用表如图 1-38 所示。

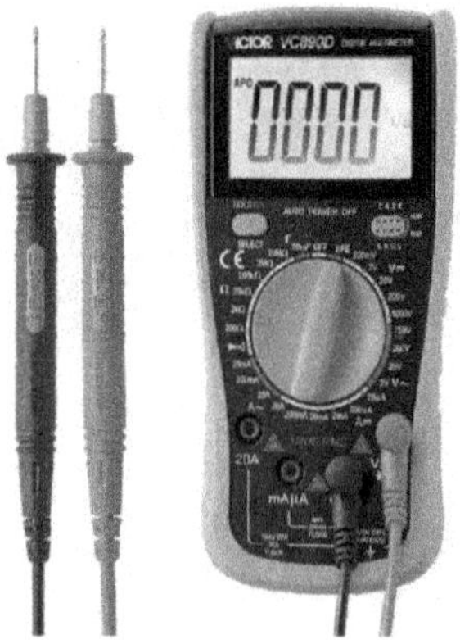

图 1-38　数字式万用表

1. 电压测量步骤

(1)连接红黑表笔。将红表笔插 VΩ 端口,黑表笔插 COM 端口。

(2)确定电压的种类(交流电压和直流电压)。

(3)根据电源电压的高低选择合适的挡位。

(4)红表笔接被测元器件或正极,黑表笔接负极或接地。观察电压表的显示值并与正常值对比,以确定线路或元器件的好坏。

2. 电阻测量步骤

(1)断开电路电源。

(2)选用高阻抗数字万用表的 Ω 挡位(电阻挡)并确定合适的量程(Ω、kΩ、MΩ)。

(3)连接红黑表笔。红表笔插 VΩ 端口,黑表笔插 COM 端口。

(4)将红、黑表笔跨接在待测线路或元器件的两端。

(5)查看读数,确认测量单位。

(二)压力表

汽车检测常用的压力表有两种,即气缸压力表和燃油压力表。

1. 气缸压力表

气缸压力表(图 1-39)用于检测气缸内混合气压缩终了时的压力。测量时,将压力表装在火花塞孔上,对气缸压力进行测量,以确定气缸压缩比值。

2. 燃油压力表

燃油压力表(图 1-40)用于检测油路内的燃油压力。测量时,将压力表装在燃油泵至燃油分配管之间,对汽油机各种工况的燃油压力进行测量,确定各工况下燃油压力是否正常。

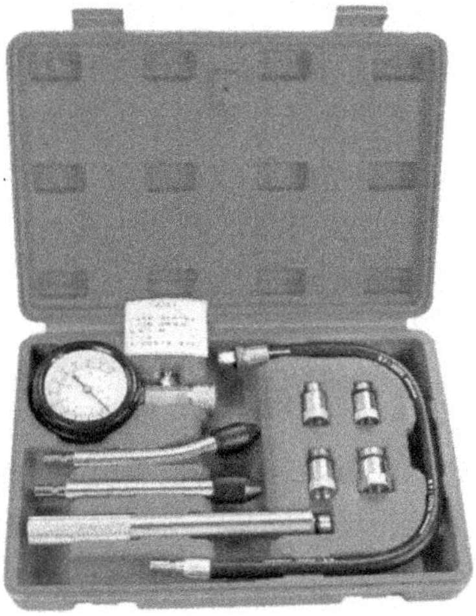

图 1-39　气缸压力表

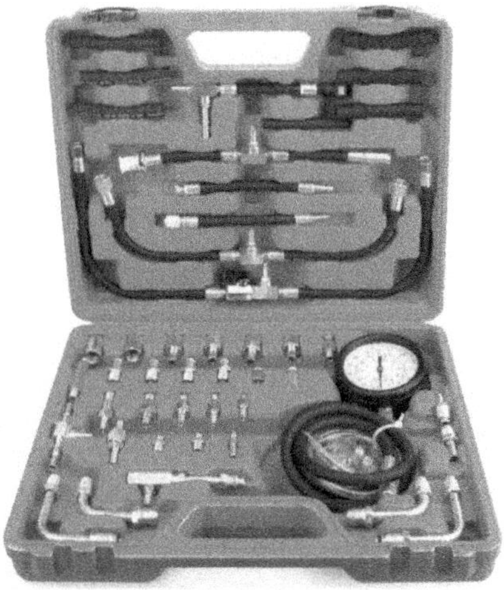

图 1-40　燃油压力表套装

任务 3　电控发动机故障诊断的基本常识

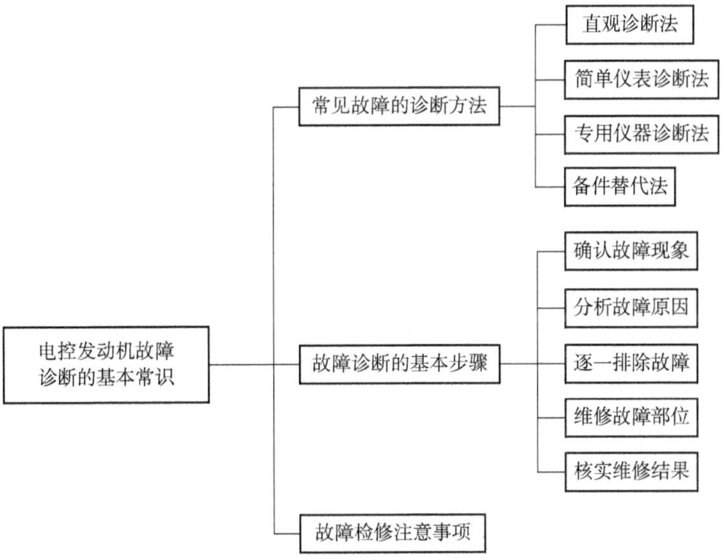

思维导图

一、常见故障的诊断方法

（一）直观诊断法

直观诊断法，作为故障诊断的基石，涵盖看、听、摸、闻、试等多种感官手段。它犹如中医的“望闻问切”，博大精深，要求诊断者必须对被诊断系统的内在构造、工作原理有深入的了解，同时要对故障的外在表现、特征有敏锐的洞察力。此外，掌握关键部件的检查方法和预测故障的可能性也是必不可少的。然而，由于直观诊断法受维修者经验和对车辆熟悉程度的限制，其诊断结果往往存在较大的差异。但在面对无故障码故障或检测设备难以解决的疑难问题时，直观诊断法却展现出了其他方法难以企及的优势。

（二）简单仪表诊断法

简单仪表诊断法，就是借助X431汽车故障诊断仪、示波器、万用表、燃油压力表、气缸压力表等常见工具进行故障诊断。这种方法以简便易行、设备成本低廉而著称，特别适用于电控系统、电气系统以及一些相对简单的故障排查。但值得注意的是，它对操作者的专业知识储备有较高的要求。

（三）专业仪器诊断法

随着汽车电子控制系统的飞速发展，各类汽车故障专用诊断仪器在汽车维修领域的作用日益凸显。常见的汽车专用诊断仪器包括汽车专用型故障诊断仪、汽油机综合参数诊断仪、汽油机无负荷测功仪、四轮定位仪、尾气分析仪等。这些专业设备能够显著提升故障诊断的效率，但成本也相对较高，因此更适合于规模较大的汽车维修企业使用。

（四）备件替代法

备件替代法是一种在故障排查过程中常用的有效方法。当维修人员怀疑某个部件出现故障时，他们会使用一个同型号的完好部件进行替换试验。这种方法要求事先准备充足的备件，并确保这些备件与原车部件的型号完全一致。然而，这也带来了零件库存量增加和维修成本上升的问题。

二、故障诊断的基本步骤

在对汽车进行故障诊断检修的过程中，可以采用故障诊断五步法。这个方法可以帮助我们以不变应万变，让维修人员能够快速、准确且全面地找出并排除故障。

（1）需要进行故障现象的确认。这一步需要与客户进行充分的沟通，详细询问车辆的使用情况，包括故障发生之前是否进行过维修或保养，故障出现的时间，故障是间歇性还是持续性的，以及故障发生时车辆的运行状态和环境（道路、湿度、速度）等信息。同时，作为维修人员，不能仅仅依靠客户对故障的描述就去进行检查，除了偶发性故障外，其他故障原则上都要进行实际操作，通过亲身体验来感受故障现象，从而确认故障现象。

（2）需要对故障原因进行分析。这一步可以通过查阅车辆的故障代码、车辆的维修历史记录、维修资料等进行全面的故障原因分析。

（3）需要逐一排除故障。使用故障诊断仪来读取故障码和数据流，以此来锁定故障范围;使用示波器来读取相关波形;使用万用表来测量元器件的电压、电阻,测量电路的断路、短路等。通过这一系列详细的诊断测量,可以逐一排除故障,缩小可疑故障范围,最终找出真正的故障部位。

(4)确定了故障部位之后,需要进行维修。在确定维修方案时,对于是维修部件还是直接更换新件,需要特别注意。在更换新件之前要充分与客户沟通,征得客户的同意之后才能进行新件的更换。

(5)核实维修结果。维修完成后,需要清除故障代码,然后通过试车来确认故障是否还会发生。在确认无新的故障码出现且车辆不再出现之前的故障现象后,才能判定维修工作已经完成。

三、发动机电控系统故障检修注意事项

在对电控汽油机进行故障检修时,应当充分注意并严格遵守以下各项安全和技术措施,以确保检修工作的顺利进行以及人身和设备的安全。

(1)在进行检查维修作业时,严格禁止吸烟。这是因为汽油和其他易燃物质在空气中混合后,一旦遇到火花或高温,极易引发火灾或爆炸事故。因此,在检修现场应严格控制火源,并将待修车辆远离任何易燃物品,如油桶、溶剂、汽油等,以防止意外事故的发生。

(2)在安装蓄电池时,需要特别留意并正确区分蓄电池的正负极,切勿接错。如果蓄电池的正负极接反,将会对电控单元造成严重的损害,甚至可能导致整个电控系统的工作失效。

(3)在拆卸电控系统中的任何电线接头前,必须先彻底关闭点火开关,以确保安全。这是因为在拆卸过程中,如果点火开关未关闭,可能会导致线路短路、触电或火花产生,从而引发安全事故。

(4)在检修过程中,应当详细检查并记录与电控系统相关的所有设备的运行状况,以便于后续的故障诊断和维修。

(5)在测试 ECU 和传感器时,不允许使用指针式万用表或普通试灯,因为这些设备可能会对 ECU 和传感器造成干扰或损坏。正确的测试工具应选用高阻抗数字式万用表或 LED 试灯,以保证测试的准确性和设备的安全。

(6)无论汽油机是否在运转,当点火开关接通时,都绝对不能断开任何 12 V 电器工作装置。这是因为线圈在断电时会产生很高的瞬时电压,可能会对 ECU 和传感器造成致命的破坏。

(7)在拆装电控燃油喷射系统的电缆接头时,应首先关闭点火开关,以确保安全。如果只是检查电控系统,同样需要关闭点火开关。在拆下蓄电池搭铁线之后, ECU 中储存的故障码将会被清除。因此,在拆下搭铁线之前,应当先读取并记录故障码。对于装备有安全气囊(Supplemental Inflatable Restraint System, SRS)的车辆,在拆下搭铁线之后的 120 s 或更长时间内,不应开始诊断工作,以确保系统稳定。

(8)ECU 和传感器必须保持干燥,不允许损坏 ECU 和传感器的密封装置,更不能用水冲洗 ECU 和传感器。同时,还必须防止 ECU 受到剧烈的振动。因此,应当将音响的扬声器尽量远离 ECU,以免对其产生干扰。此外,车载功率超过 8 W 的无线电台,如果其天线距离

ECU 较近，也会对 ECU 造成不良影响，应当避免这种情况的发生。

（9）在车上进行电弧焊作业时，应首先断开蓄电池的负极，并注意远离 SRS 的相关部件，防止电弧焊产生的火花或高温对 SRS 造成破坏。

（10）在跨接启动其他车辆或用其他车辆跨接启动本车时，必须先断开点火开关，才能跨接线缆。这是为了防止起动过程中产生的电流对电控系统造成损害。

项目二
燃油喷射系统构造与维修认知

一辆汽车如果出现发动机无法启动,启动困难,怠速不稳,加速不良等故障,其故障原因有发动机机械系统故障,燃油供给系统、进气系统、点火系统以及电控系统等故障。

本项目主要针对电控燃油喷射系统及主要部件相关电路进行检修。

任务1　电控燃油喷射系统的认识

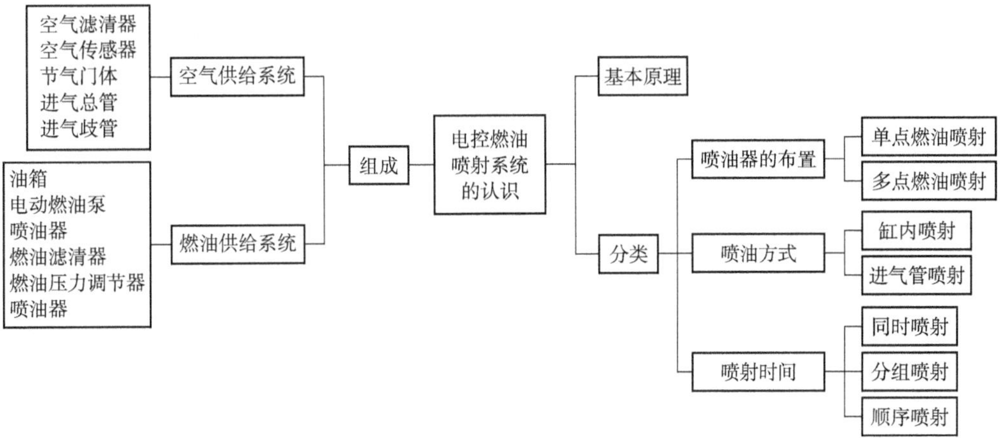

思维导图

电控燃油喷射系统(Electronic Fuel Injection，EFI),在当今的汽车工业中,扮演着至关重要的角色。相较于早期的机械式和机电混合式燃油喷射系统,电控燃油喷射系统以其卓越的性能表现,逐渐成了主流选择,使得前者逐渐被淘汰。电控燃油喷射系统的普及,不仅仅是因为其技术先进,更是因为其能够为发动机提供更为精准的控制,确保发动机始终在最佳的工作状态下运行。

电子喷油装置的工作原理,主要是依靠各种传感器收集发动机的运行数据,如空气进气量、排气管中的含氧量、进气温度、发动机转速以及工作温度等关键参数。这些数据被传输到控制单元,控制单元按照预先编程好的运算程序进行处理和分析。在分析了这些数据之后,控制单元会将其与存储在内存中的最佳工况参数进行对比和判断,然后调整供油量,确保发动机能够在最优的状态下运行。

通过这样的控制方式,发动机的燃油效率得到了显著提升,同时也有助于减少排放,保护环境。发动机在最佳状态下运行,不仅能够节省燃油,减少成本,还能提高发动机的性能,延长其使用寿命。总的来说,电控燃油喷射系统的应用,不仅提高了汽车的性能,还降低了汽车的运行成本,对环境友好,是现代汽车工业的重要进步。

一、发动机燃油喷射技术的演变

汽油喷射技术的发展历程可以追溯到20世纪初期,那时候汽车工业正处于初级阶段,人们对汽车性能的要求还不是很高。然而,随着汽车工业的快速发展,发动机性能的提升成了当务之急。于是汽油喷射技术应运而生。

1967年,德国Bosch公司推出了D型模拟式汽油喷射系统,这标志着汽油喷射技术进入了一个新的阶段。这种系统通过模拟方式对发动机的燃油喷射进行控制,相较于之前的燃油喷射技术,大大提高了控制精度。

1973年, Bosch公司再次推出了L型的汽油喷射系统。这个系统采用了测量空气流量的方法来控制喷油量,进一步提高了控制精度。同时, Bosch公司还开发出了汽油机械式喷油系统,为发动机燃油喷射技术的发展奠定了基础。

1979年,Bosch公司再次引领技术潮流,推出了Moronic数字式发动机综合电子控制系统。这种系统通过数字信号处理技术,实现了对发动机燃油喷射的精确控制,大大提升了发动机的性能。

1994年,中国一汽红旗轿车开发出了电子喷油系统,并成功申请了发明专利。这标志着中国汽车工业在发动机燃油喷射技术方面取得了重要突破。

1995年,美国在轿车上全部采用了电控汽油喷射系统,而欧洲的轿车采用汽油喷射系统的比例也已经达到了90%以上。这表明,汽油喷射技术已经成为全球汽车工业的标配。

进入21世纪,所有的轿车都安装了燃油喷射系统,这不仅提高了发动机的综合性能,也为汽车工业的可持续发展作出了贡献。如今,发动机燃油喷射技术已经取得了长足进步,为汽车行业带来了更高的效率和更低的排放。

二、电控燃油喷射系统的工作原理

电控燃油喷射系统是一种高度智能化的发动机管理系统。在其工作时,系统会实时监测并采集多个传感器所提供的数据,这些数据包括但不限于空气进气量、排气管中的含氧量、进气温度、发动机的转速以及工作温度等关键参数。随后,系统会利用这些实时的输入数据,按照提前编写好的复杂运算程序进行精准计算。

在完成计算后,电控单元(ECU)会将得出的结果与存储在内存中的理想工作参数进行细致的比较和智能判断。基于这些判断, ECU会立即调整燃油供应量,确保发动机的燃油喷射精度得到最优化。这一过程的目的是保证发动机在任何运行状态下都能保持最佳的工作性能,进而有效提升发动机的动力输出、燃油经济性以及排放标准,从而达到提高整体车辆性能的目的。

电控燃油喷射系统的功能不仅仅局限于控制喷油量,它还包括对喷油正时、断油以及燃油泵的精准控制。这些额外的控制功能进一步增强了发动机的性能表现和燃油效率,同时也对降低排放起到了积极的作用。

图2-1为电控燃油喷射系统的工作原理示意图,它生动地描绘了系统各部分如何协同工作,以实现对发动机燃油喷射的精确控制。通过这张示意图,可以更直观地理解电控燃油

喷射系统的工作流程和内部构造，以及它是如何确保发动机高效、环保、稳定运行的。

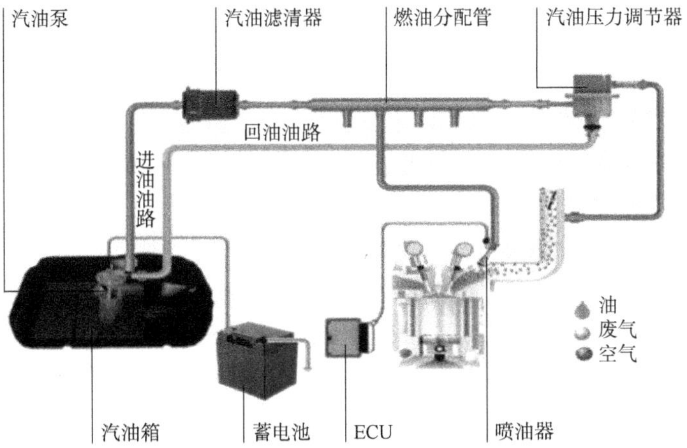

图 2-1　电控燃油喷射系统工作原理示意图

三、电控燃油喷射系统的分类

(一)按喷油器的布置方式分类

电控燃油喷射系统按喷油器的布置方式可分为单点燃油喷射和多点燃油喷射。

1. 单点燃油喷射系统(Single Point Injection, SPI)

单点燃油喷射系统，又称集中喷射或中央喷射(CFI)，是指多个气缸共用一个喷油器生成混合气。这种系统在 20 世纪 90 年代较为普及，尤其在小型乘用车上应用较多。喷油器安装在单点喷射系统化油器所在的节气门段，它的外形也有点像化油器。单点喷射系统通常用一个喷油器将燃油喷入进气流形成混合气进入进气歧管，再分配到各个气缸中。其示意图如图 2-2 所示。

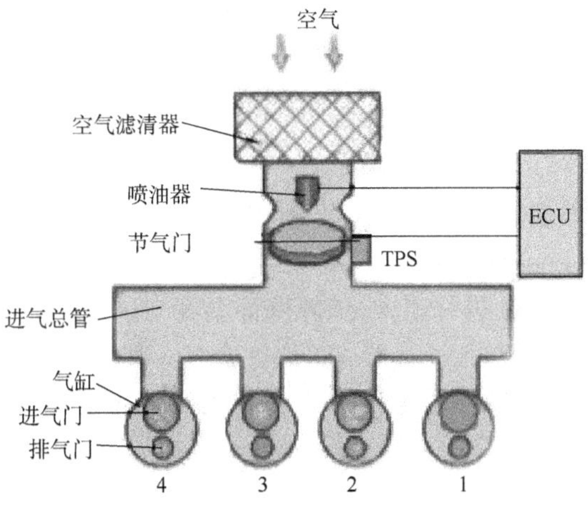

图 2-2　单点燃油喷射系统示意图

其特点包括以下几点。

（1）经济性好：在改善燃油经济性方面效果显著，油耗曲线低于化油器，且曲线较为平坦，平均油耗率降低，燃油经济性可提高 5%~7%。

（2）动力性好：能适当提高原机的最大扭矩和最大功率。

（3）排放性好：废气中的 CO 和 HC 浓度较低，符合国内废气排放标准。

（4）构造简单：喷油器设在节气门上方，直接向气流速度很高的进气管道中喷射，喷射时所需压力低，降低了对电动燃油泵的要求，节省了成本。

2. 多点燃油喷射系统（Multi-Point Injection，MPI）

多点燃油喷射系统，又称多点电喷、顺序燃油喷射或单独燃油喷射，是在每缸进气口处设置一个喷油器，由电控单元（ECU）控制进行分缸单独喷射或分组喷射。汽油直接喷射到各缸的进气门前方，再与空气一起进入气缸形成混合气。多点燃油喷射系统示意图如图 2-3 所示。

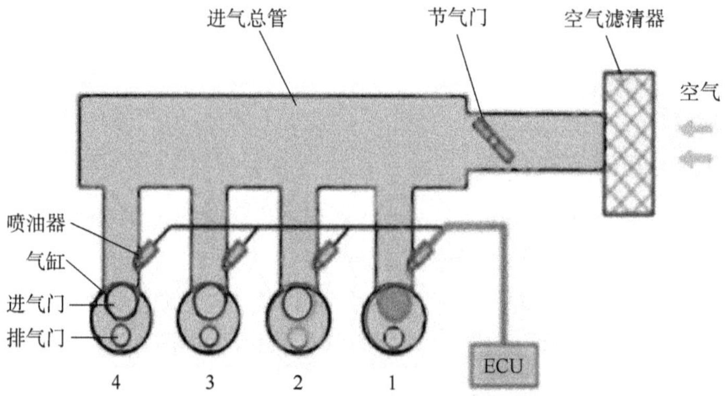

图 2-3　多点燃油喷射系统示意图

其特点包括以下几点。

（1）避免配气不均匀：避免相邻气缸进气重叠，保证功率稳定。

（2）精准控制：根据正时进行喷油，对喷油量、喷油时刻进行精准控制。

（3）应用广泛：目前最为普遍的喷射系统，适用于大多数乘用车发动机。

（二）按喷油方式分类

电控燃油喷射系统根据汽油喷射方式可分为进气管喷射和缸内喷射两种。

1. 进气管喷射（Port Fuel Injection，PFI）

进气管喷射是将燃油喷在进气道内，依靠壁面温度与进气门打开时废气倒流的温度促进燃油的蒸发，从而使燃油与空气混合形成可燃混合气。其优点在于结构简单，但存在燃油蒸发不完全、在进气道上易形成油膜等问题，导致瞬时燃油的情况不能实现精确控制。进气管喷射示意图如图 2-4 所示。

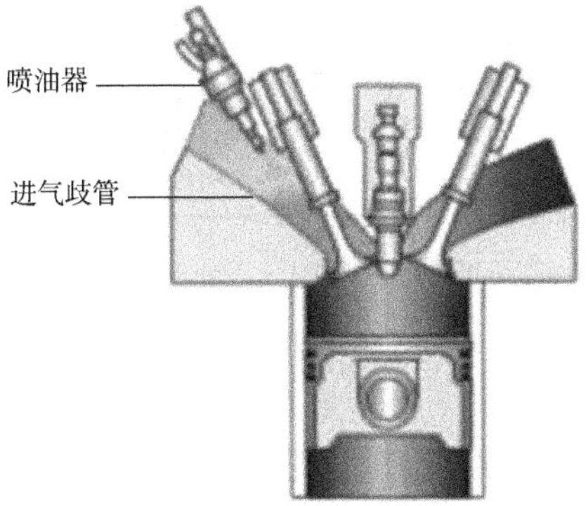

图 2-4　进气管喷射示意图

2. 缸内喷射（Gasoline Direct Injection，GDI）

缸内喷射，又称燃料分层喷射技术（Fuel Stratified Injection，FSI），将燃油由喷嘴直接喷入缸内。该技术可以进一步提高汽油机热效率，降低排放。缸内直喷发动机在中、小负荷工况时采用分层燃烧模式，燃油浓度梯度呈现梯度分布，提高了燃烧的热效率。同时，缸内直喷发动机能够精确控制每个循环的空气与燃油比例，减少冷启动时的 HC 排放，提高瞬态响应性。缸内喷射示意图如图 2-5 所示。

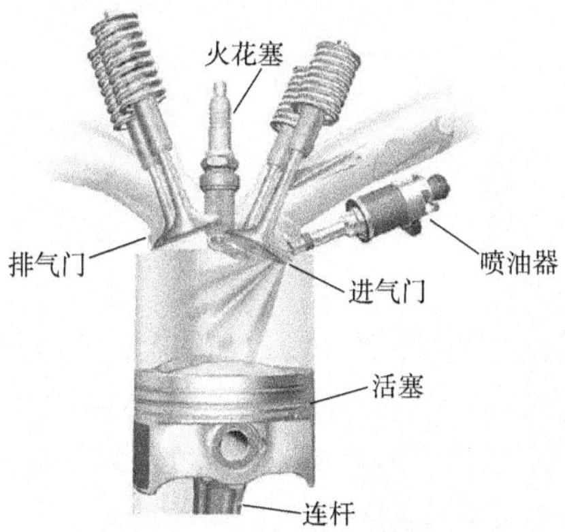

图 2-5　缸内喷射示意图

（三）按喷射时间分类

电控燃油喷射系统按喷射时间可分为同时喷射、分组喷射和顺序喷射三种。

1. 同时喷射

同时喷射是指发动机在运转期间，各缸喷油器同时开启且同时关闭，由电脑的同一个喷油指令控制所有的喷油器同时动作。这种方式简化了控制系统，但可能导致各缸之间混合气分配不均匀。同时喷射控制电路如图 2-6 所示。

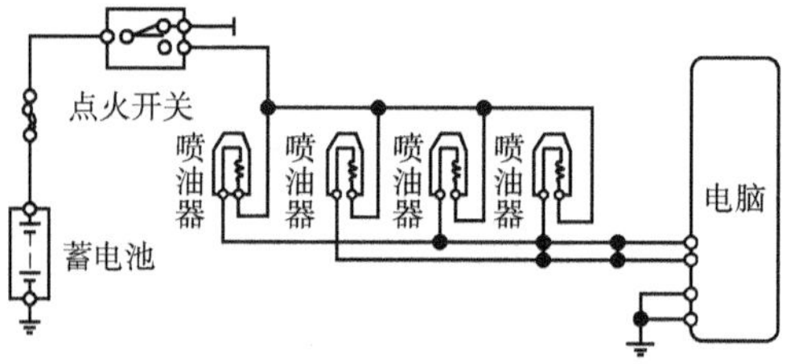

图 2-6　同时喷射控制电路示意图

2. 分组喷射

分组喷射是将喷油器分成两组交替喷射，电脑发出两路喷油指令，每路指令控制一组喷油器。这种方式可以在一定程度上减少同时喷射带来的混合气分配不均匀问题，但控制相对复杂。分组喷射控制电路如图 2-7 所示。

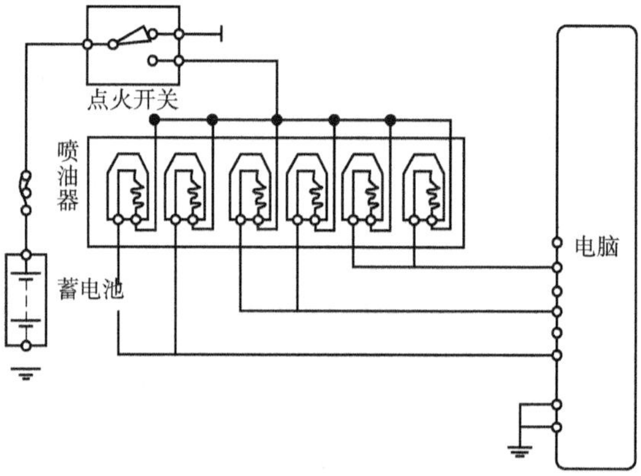

图 2-7　分组喷射控制电路示意图

3. 顺序喷射

顺序喷射又称次序喷射，是指喷油器按发动机各缸进气行程的顺序轮流喷射。ECU 根据曲轴位置传感器提供的信号，辨别各缸的进气行程，适时发出各缸的喷油脉冲信号，以实现顺序喷射的功能。这种方式能够精确控制各缸的喷油时刻和喷油量，提高混合气的均匀性和燃烧效率。顺序喷射控制电路如图 2-8 所示。

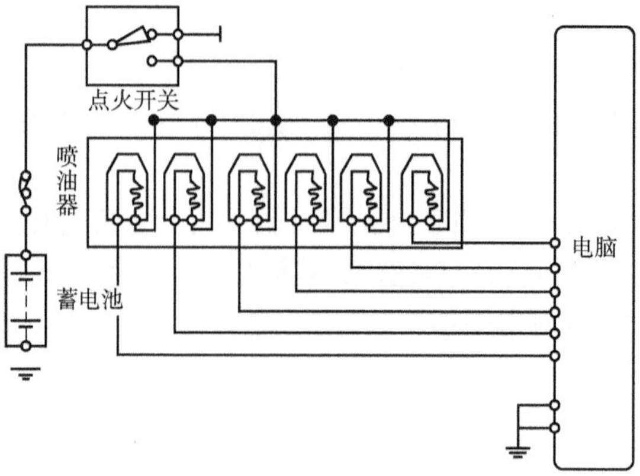

图 2-8　顺序喷射控制电路示意图

四、电控燃油喷射系统组成

电控燃油喷射系统像是个大家族，虽然成员众多，但个个都遵循同样的规矩。这个规矩的核心就是电控单元（ECU），它就像是大脑，负责发号施令。而控制的基础则是空气流量和发动机转速，这两位就像是我们的双腿，提供动力。喷油器、怠速空气调整器等就像我们的手和脚，负责执行任务。它们的目标就是确保发动机在各种工作状态下，都能得到最佳的混合气成分和点火时间。

汽油发动机的电控燃油喷射系统可以分成两大块，一个是空气供给系统，另一个是燃油供给系统。这两位分别就像是呼吸系统和消化系统，一个负责吸入新鲜空气，一个负责把汽油送到发动机里。

（一）空气供给系统

空气供给系统的主要职责是确保燃油燃烧过程中所需空气量的精确提供与调控，以此实现对发动机输出功率的有效控制。具体而言，该系统首先通过空气过滤器对进入的空气进行净化处理，随后利用空气流量传感器（在 DJetronic 系统中则采用进气歧管绝对压力传感器）对空气流量进行精确计量。计量后的空气随后经由节气门体进入进气总管，并在此处被均匀分配至各个进气歧管，以确保各气缸均能获得适量的空气供给。空气供给系统的整体构造如图 2-9 所示。

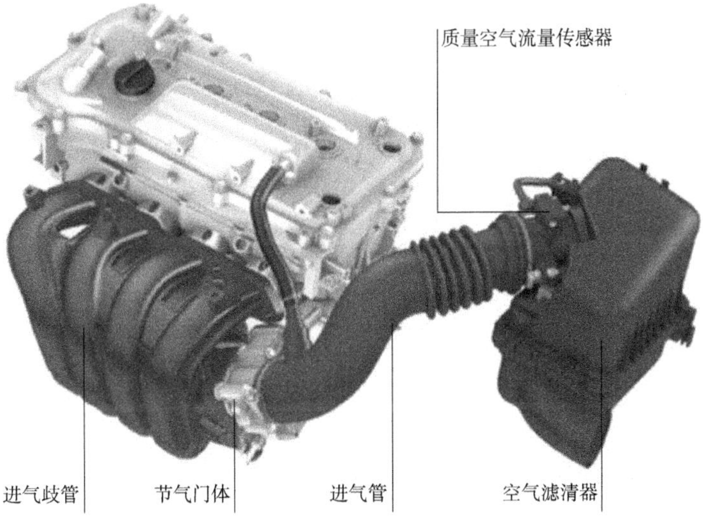

图 2-9　空气供给系统构造图

（二）燃油供给系统

燃油供给系统的核心功能在于通过电动燃油泵，将油箱中的燃油抽出，并使其经过燃油滤清器的过滤处理，随后导入与电磁喷油器紧密相连的燃油（分配）轨道。在此过程中，喷油器负责按照精确计算的燃油量，将燃油喷射至发动机的进气歧管内。

燃油供给系统的构建通常采用两种结构模式，其中一种是包含回油管技术的设计，另一种则不采用此技术。在配备回油管路的系统中，为保持系统的稳定运行，多余的燃油将通过装有压力调节器的回油管路安全返回至燃油箱。

该系统的主要构成部件包括燃油箱、电动燃油泵、燃油滤清器、燃油压力调节器等。这些部件的协同工作确保了燃油供给系统的顺畅运行。燃油供给系统构成如图 2-10 所示。

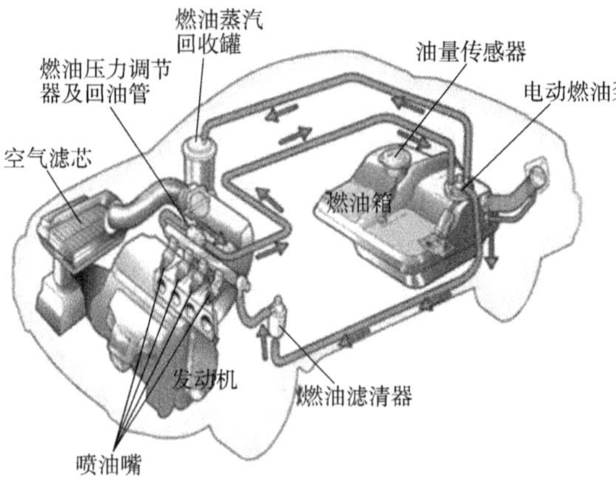

图 2-10　燃油供给系统构成

1. 电动燃油泵

电动燃油泵是一种设备，其主要功能是从燃油箱中连续不断地吸取燃油，并向燃油系统提供符合规定压力和流量的燃油。此装置确保了发动机在不同工况下均能获得充足的燃油供应，满足其运行需求。燃油泵实物图如图 2-11 所示。

图 2-11　燃油泵实物图

2. 燃油箱

燃油箱在汽车中发挥着至关重要的作用，它主要负责存储和加注燃油，同时还能对燃油进行冷却处理。这样一来，燃油箱就能够为汽车在行驶过程中提供足够的燃油供应，确保汽车能够完成一定的行驶里程。燃油箱实物图如图 2-12 所示。

图 2-12　燃油箱实物图

3. 燃油滤清器

燃油滤清器负责过滤并清洁燃油，确保喷油嘴能够正常运行。当燃油滤清器被污染并出现脏污时，可能会引发节流现象，导致压差和气阻的形成，这将对汽车的启动性能和急加速工况产生不良影响。

为了确保车辆的正常运行，通常建议每行驶 20 000~40 000 km 或每 1~2 年，对燃油滤清器进行更换。在进行更换作业时，首先必须释放燃油系统的压力，确保操作的安全性。同时，应当注意燃油滤清器壳体上标注的箭头标记，这代表了燃油的流动方向，务必按照此方向对其进行安装。燃油滤清器的结构如图 2-13 所示。

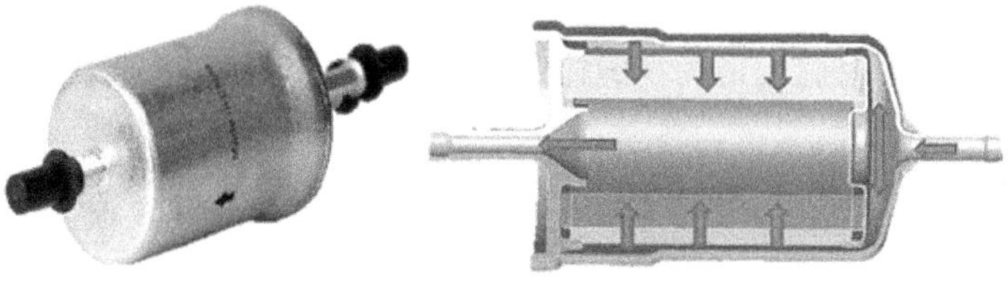

图 2-13　燃油滤清器的结构

4. 燃油分配管

燃油分配管（图 2-14），也常被称作燃油导轨或者油轨，在电控燃油喷射系统中扮演着至关重要的角色，是空气 / 燃料子系统的重要组成部分。它的主要功能有以下几点。

（1）确保燃油以均匀且等压的方式分配至每一个喷油器，从而保证燃油的供给效率和稳定性。

（2）负责实现各喷油器的安装和连接工作，确保整个燃油喷射系统的有序运作。

（3）具备储油蓄压的功能。当燃油在系统中流动时，分配管可以储存部分燃油，以备系统需要时使用。

（4）调节燃油的压力，保持系统的稳定运行。

这样一来，燃油分配管不仅保证了燃油喷射的准确性，还提高了系统的可靠性和经济性。

燃油分配管的布局和设计使得燃油能够顺畅地流动，并确保了各喷油器之间的燃油分配均衡。这对于发动机的性能和燃油效率有着直接的影响。因此，燃油分配管在电控燃油喷射系统中起着至关重要的作用。

图 2-14 燃油分配管

5. 燃油压力调节器

燃油压力调节器通常被安置在燃油供油总管道的末梢位置，其具体的构造细节可以通过图 2-15 得到清晰展现。该调节器的核心职能是在发动机运行于任何工作状况时，确保燃油系统内部的燃油压力与进气歧管中的空气压力之间的差值保持恒定，这个差值通常被设定为 0.25~0.3 MPa。通过这样的设计，喷油器喷射出的燃油量就不再受其他因素的影响，而是仅仅由喷油器的开启时长来决定。这样的机制使得电子控制单元（ECU）能够通过调整喷油器的开启时间，实现对燃油量的精确控制。此外，燃油压力调节器的物理形态也可以通过图 2-15 进行观察和了解。

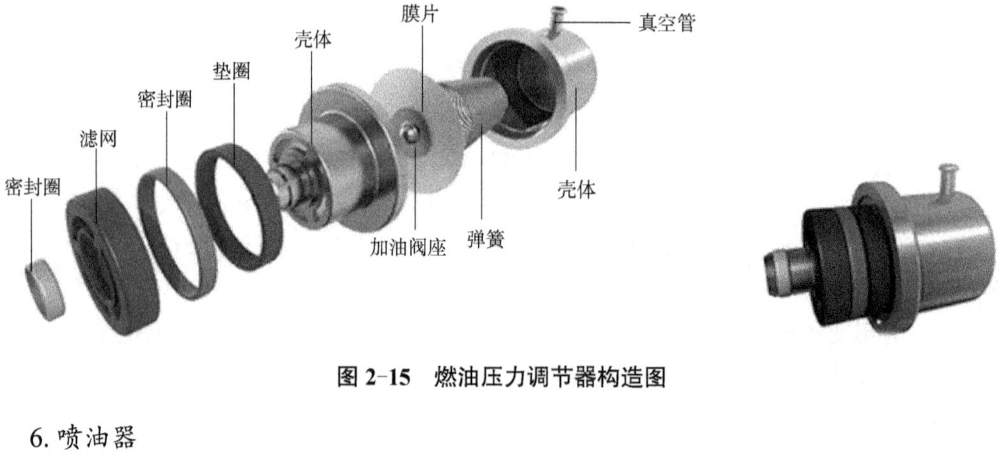

图 2-15 燃油压力调节器构造图

6. 喷油器

喷油器（图 2-16）的安装位置是在进气歧管上。它的主要作用是根据电子控制单元（ECU）提供的电信号，精确地控制燃油的喷射量。在控制喷油量的过程中，喷油器会将燃油雾化后喷射出来。

图 2-16 喷油器实物图

五、燃油压力检测

(一)燃油压力检测判断

燃油供给系统是电控燃油喷射系统中的重要系统,其性能的好坏及故障主要通过检测燃油压力来判断。燃油管路内的油压可以判断电动燃油泵和油压调节器是否有故障,燃油滤清器是否堵塞。在检测汽车油压的过程中,常常会遇到以下四种情况,这些情况与油压的状态、故障原因及相应的处理措施紧密相关。

1. 油压正常

1)情况描述

当使用油压表或其他检测工具对汽车油压进行检测时,如果油压值保持在制造商规定的正常范围内,且油压表指针稳定无异常波动,通常认为油压正常。

2)处理措施

(1)无需进行特别处理,但建议定期检查油压,以确保发动机润滑系统的正常运行。

(2)注意检查机油的量和质量,确保机油充足且未变质。

2. 油压过低

1)情况描述

油压表指针指示的油压值低于制造商规定的正常范围,或者油压表指针在发动机运转过程中持续下降。

2)可能原因

(1)机油量不足或机油变质,导致机油黏度下降。

(2)机油泵严重磨损或装配不当,机油泵压力不足。

(3)机油集滤网或滤清器堵塞,机油难以进入主油道。

(4)机油泵进油管接头密封不严,存在漏气现象。

(5)润滑油路有严重泄漏,如机油管破裂、油底壳放油螺塞松脱等。

3)处理措施

(1)检查机油量,不足时及时添加。

(2)检查机油质量,如有变质及时更换。

(3)检查机油泵的工作状态,如有磨损或装配不当及时维修或更换。

(4)清洗或更换机油集滤网和滤清器。

（5）检查并修复润滑油路的泄漏点。

3. 油压过高

1）情况描述

油压表指针指示的油压值高于制造商规定的正常范围，或者油压表指针在发动机运转过程中持续上升。

2）可能原因

（1）限压阀或回油阀卡滞或失效，导致机油无法及时回流油底壳。

（2）主油道内有异物堵塞，导致机油流动受阻。

（3）机油压力表损坏，指示不准确。

3）处理措施

（1）检查并清洗限压阀和回油阀，确保其正常工作。

（2）检查并清理主油道内的异物。

（3）更换损坏的机油压力表。

4. 油压波动

1）情况描述

油压表指针在发动机运转过程中呈现明显的波动现象，即指针在正常范围内来回摆动或颤动。

2）可能原因

（1）机油泵吸入空气，导致油压不稳定。

（2）调压阀或回油阀弹簧受异物卡滞或弯曲变形，导致阀门开闭不灵活。

（3）润滑油路中存在气泡或气穴，影响机油的流动稳定性。

3）处理措施

（1）检查机油泵进油管接头的密封性，确保无漏气现象。

（2）检查并修复调压阀和回油阀的弹簧及其座孔，确保其正常工作。

（3）排除润滑油路中的气泡和气穴，确保机油流动稳定。

检测油压时出现的四种情况分别对应了不同的故障原因和处理措施。在实际操作中，应根据具体情况进行细致的检查和维修，以确保发动机润滑系统的正常运行和车辆的安全行驶。

（二）燃油压力检测步骤

1. 车辆防护与发动机常规检查

（1）放置好车轮挡块，安装三件套（翼子板、地板垫、方向盘套），拉紧手刹。

（2）检查机油、冷却液、制动液液位是否符合要求。

（3）检查电瓶电压，应正常。

2. 泄压

（1）关闭点火开关，拔下燃油泵保险丝、继电器或燃油泵插接器，如图 2-17 所示。

（2）启动发动机直至熄火，然后再启动发动机 2~3 次。

（3）关闭点火开关，然后拆下蓄电池负极。

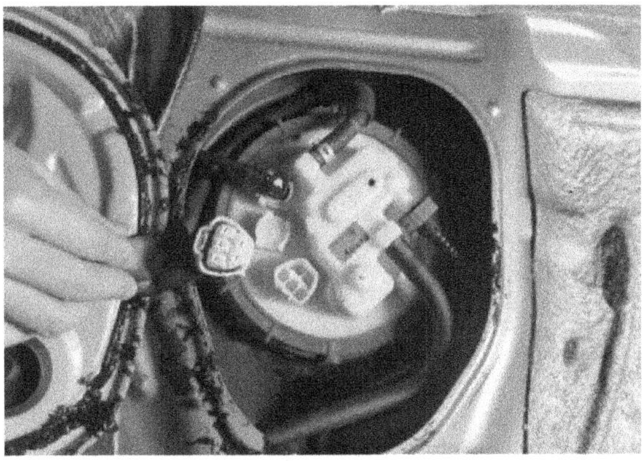

图 2-17　泄压

3. 安装燃油压力表

（1）用干净抹布包住燃油分配器与输入油管连接处，防止燃油流到发动机体上。

（2）松开燃油分配器与输入油管卡箍，缓慢拔出输入油管，同时用抹布包裹防止燃油喷射，缓慢释放燃油，直到无燃油流出。

（3）将三通管接入燃油分配器与输入油管之间，然后在三通管上接入燃油压力表，紧固所有接头，如图 2-18 所示。

图 2-18　安装燃油压力表

4. 燃油压力测试

静态油压：不启动发动机，用跨接线连通油泵，并将点火开关转至“ON”位置，使油泵工作，静态油压一般在 300 kPa 左右。

怠速油压：装复燃油泵保险丝或继电器，启动发动机，使燃油泵在怠速下运转，此时油压表读数为怠速工作油压，丰田车系正常值应为 200~300 kPa。

最大油压：用包有软布的钳子夹住回油管，此时油压表读数为油泵最大供油压力，一般为正常工作油压的 2~3 倍。

剩余油压：松开油管夹钳，发动机熄火，燃油泵停止运转 10 min 后，油管保持压力应大于 150 kPa。

5. 拆卸燃油压力表，检查连接处是否渗漏

（1）按泄压步骤泄压。

（2）拆下三通管。

（3）把输入油管与分配管装复。

（4）装上保险丝、继电器、蓄电池负极。

（5）启动发动机，检查连接处是否渗漏，如图 2-19 所示。

（6）无渗漏，则安装完毕。

（7）拆除三件套。

最后整理工具，清洁场地。

图 2-19 拆卸燃油压力表

任务 2 电动燃油泵及控制线路检修

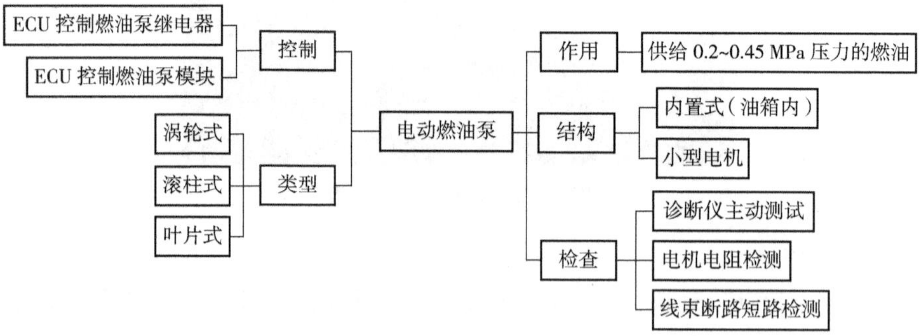

思维导图

电动燃油泵在电喷发动机燃油供给系统中扮演着至关重要的角色，其地位堪比系统的“心脏”。它的主要职责是为燃油供给系统提供必要的燃油压力动力源，确保燃油能够有效地流动至发动机的燃烧室。燃油泵的工作受到发动机电子控制单元（ECU）的精确控制，当

发动机处于静止状态时，ECU 会自动切断燃油供给，以节省燃油并提高能效。电动燃油泵的工作状态直接决定了燃油压力是否能够满足喷油器喷油的严格要求，一旦燃油泵出现故障，将可能导致车辆无法启动，甚至出现熄火等情况，严重威胁行车安全。

一、电动燃油泵的作用

在发动机运行的过程中，电动燃油泵承担着及时向发动机供应各种工况下所需燃油量的重任。它向燃油系统提供符合规定的燃油压力，这个压力值通常为 0.2~0.45 MPa。电动燃油泵的技术状况直接影响汽油喷射系统的正常运转和喷油质量，其重要性不言而喻。电动燃油泵实物图如图 2-20 所示，其性能的好坏直接关系到整个燃油供给系统的稳定性和发动机的燃烧效率。

图 2-20　电动燃油泵实物图

二、电动燃油泵的安装位置

电动燃油泵，作为一种由微型直流电动机驱动的小型油泵，其主要功能是为汽车提供燃油输送的动力。为了尽可能地减小体积，电动机通常会与油泵一体化设计，并被精密地密封在泵壳内，以保证其在各种环境下都能正常工作。

在大多数汽车中，电动燃油泵的安装位置被设定在燃油箱内部。这样的设计有利于燃油的直接抽取和输送，同时也能有效节省空间。然而，也有少数汽车车型的电动燃油泵被安装在燃油箱外部，这样的设计可能出于对车辆内部空间利用的考虑，也可能是因为燃油箱内部的安装空间受限。

此外，还有一些汽车车型采取了更为周全的设计，即在燃油箱内外各设置了一个电动燃油泵。这样的设计使得燃油泵既能在外部环境发生变化时保证燃油的正常供应，又能在燃油箱内部出现问题时及时切换，确保汽车的正常运行。这些电动燃油泵通常会串联在油路中，共同协作，为汽车提供稳定的燃油供应。

如图 2-21 所示，我们可以清晰地看到电动燃油泵在汽车中的安装位置和布局，这也展示了汽车工程师们在设计时对空间利用和功能性的兼顾。

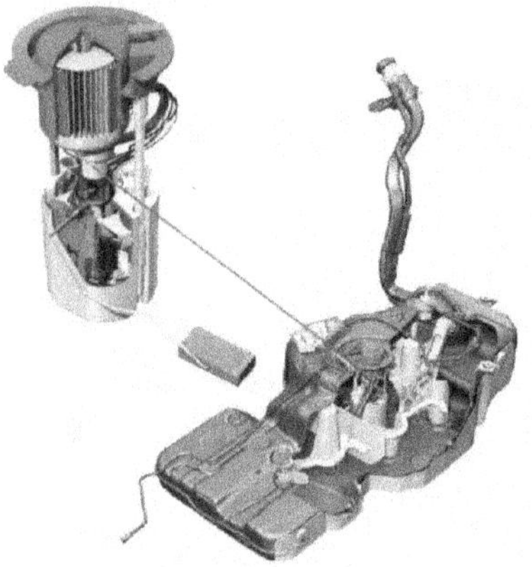

图 2-21　电动燃油泵安装位置

三、电动燃油泵的类型

目前,电动燃油泵按结构的不同,可以分为三种类型:涡轮式、滚柱式和叶片式。

(一)涡轮式电动燃油泵

1. 结构

涡轮式电动燃油泵主要由燃油泵电动机、涡轮泵、出油阀、卸压阀等部件构成,其结构如图 2-22 所示。其中,电动机负责产生驱动转矩,作为驱动叶片泵工作的动力源。出油阀是一个单向阀,在燃油泵不工作时,能够阻止燃油倒流回油箱,这样能够保持油路中有一定的残余压力,便于下次启动。卸压阀安装在进油室和出油室之间,当燃油泵输出油压达到 0.4 MPa 时,卸压阀开启,油泵内的进、出油室连通,使得燃油泵工作时部分燃油在其内部循环,以防止压力过高。

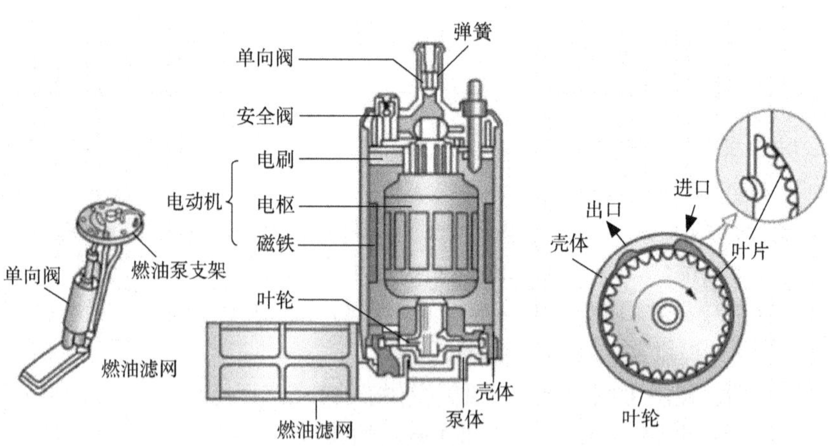

图 2-22　涡轮式电动燃油泵的结构

2. 工作原理

当油泵电动机通电时,电动机就会驱动涡轮泵叶片旋转,由于离心力的作用,叶轮周围小槽内的叶片贴紧泵壳,将燃油从进油室带往出油室。由于进油室的燃油不断增多,形成一定的真空度，将燃油从进油口吸入；而出油室燃油不断增多，燃油压力升高，当达到一定值时，顶开出油阀出油口输出。出油阀在油泵不工作时阻止燃油流回油箱，保持油路中有一定的压力，便于下次启动。

3. 特点

涡轮式电动燃油泵具有泵油量大、泵油压力较高、供油压力稳定、运转噪声小、使用寿命长等优点。此外，由于不需要消声器所以可以小型化，因此广泛地应用在汽车上。这些特点使得涡轮式电动燃油泵在燃油系统中发挥着重要的作用，为汽车提供了稳定可靠的供油保障。

（二）滚柱式电动燃油泵

1. 结构

滚柱式电动燃油泵的设计呈现出标准的圆柱形状，其外壳的两端分别设有进油口和出油口，这样的布局使得油液的流入和流出更为便捷。在其内部，滚柱式燃油泵被安装在进油口的一侧，依靠位于中间位置的高效能直流电动机的动力输出而得以高效运转。出于使用的便利性考虑，电源插头被安置在出油口的一侧。该燃油泵的结构组成及其相互位置关系的图示，在图 2-23 中得到了清晰的展示。

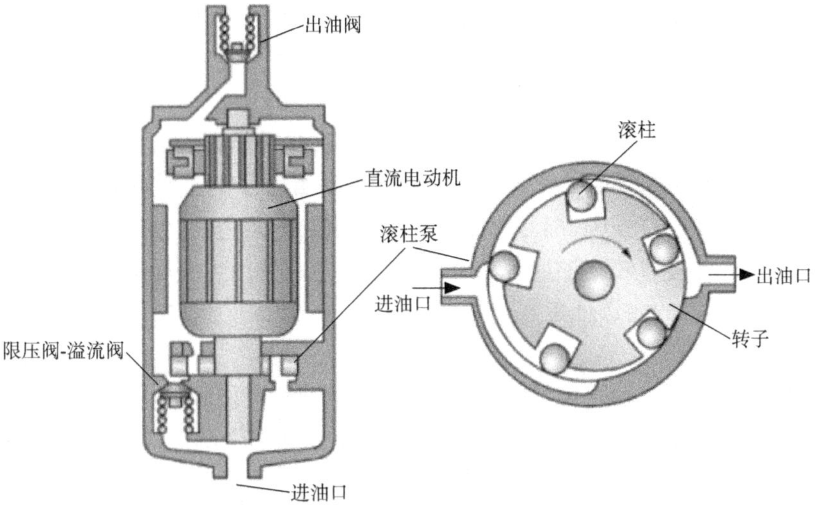

图 2-23　滚柱式电动燃油泵结构

2. 工作原理

滚柱式电动燃油泵中，一个装配有滚柱的转子以偏心方式安装于泵体内。转子上凹槽中的滚柱，在旋转过程中因旋转惯性力的作用而紧紧地压紧在泵体的内表面上。两个相邻的滚柱与泵体内表面共同形成一个密闭的油腔。随着转子的旋转，这个油腔的体积会周期性地发生变化。当转子转向使得油腔成为进油腔时，其体积增大，此时在外界大气压的作用下，汽油被吸入油腔；而在转子转向出油腔时，油腔的体积减小，从而使得油液的压力升高，汽油随之被泵送出去。

3. 特点

滚柱式电动燃油泵的一个显著优点是，它可以实现多泵同时工作，这样不仅提高了燃油输送的效率，而且使得输油的流量和压力波动更加均匀，有效减少了油压波动带来的不稳定因素，确保了燃油供应的连续性和稳定性。这种燃油泵在汽车等需要稳定燃油供给的设备中发挥着至关重要的作用。

(三)叶片式电动燃油泵

1. 结构

叶片式电动燃油泵在结构上与滚柱式电动燃油泵有着共同的架构基础，然而它们之间存在显著的差异，这些差异主要集中在转子部分。以平板叶片式电动燃油泵为例，其转子并非圆柱形状，而是一个平板状的构件，并且其周边开设了精致的小槽，这些小槽的设计旨在形成一个均匀分布的叶片结构。这种设计使得燃油泵在运作时能够更加高效和均匀地抽取燃油。叶片式电动燃油泵结构图如图 2-24 所示。

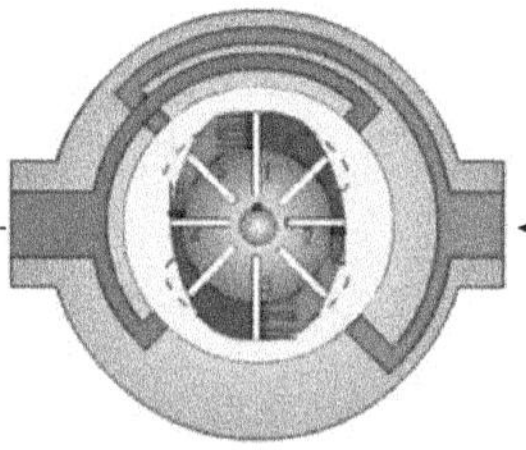

图 2-24　叶片式电动燃油泵结构图

2. 工作原理

在电动燃油泵的工作中，核心驱动力来自电动机，它带动着油泵高效地运转。当转子开始旋转时，其外缘小槽内的燃油也随之流动。燃油随着转子的旋转在油泵内部形成一个动态的流动环境。在这个过程中，离心力扮演着至关重要的角色，它使得油泵出口处的压力迅速增大，与此同时，在进口处则形成了真空状态。正是这种压力差驱动了燃油的吸入和泵出过程，从而完成了燃油的输送任务。

3. 特点

平板叶片式电动燃油泵在设计上的独特性，赋予它一些显著的优点。首先，它的最大泵油压力可以高达 600 kPa，这一性能指标满足了许多燃油输送的应用需求。其次，它的油压脉动极小，运行过程中几乎不会产生噪声，这对于提升车辆的乘坐舒适性尤为重要。最后，其结构设计上的优势，使得燃油泵的磨损程度大大降低，从而延长了燃油泵的使用寿命，减少了维护和更换的频率。这些特点使得叶片式电动燃油泵成了许多燃油系统中的理想选择。

四、燃油泵控制电路

电控燃油喷射系统控制燃油泵的方式主要有两种：ECU 控制燃油泵继电器式和 ECU 直接控制燃油泵模块。

(一)ECU 控制燃油泵继电器式

燃油泵的控制电路如图 2-25 所示，燃油泵的电动机通电受燃油泵继电器(C/OPN)控制，燃油泵继电器(C/OPN)的通断由发动机电控单元内部电路控制，发动机 ECM 根据启动

（STA）信号和曲轴位置（NE+）转速信号控制三极管 Tr 的开通和截止，进而实现对燃油泵继电器（C/OPN）的控制。

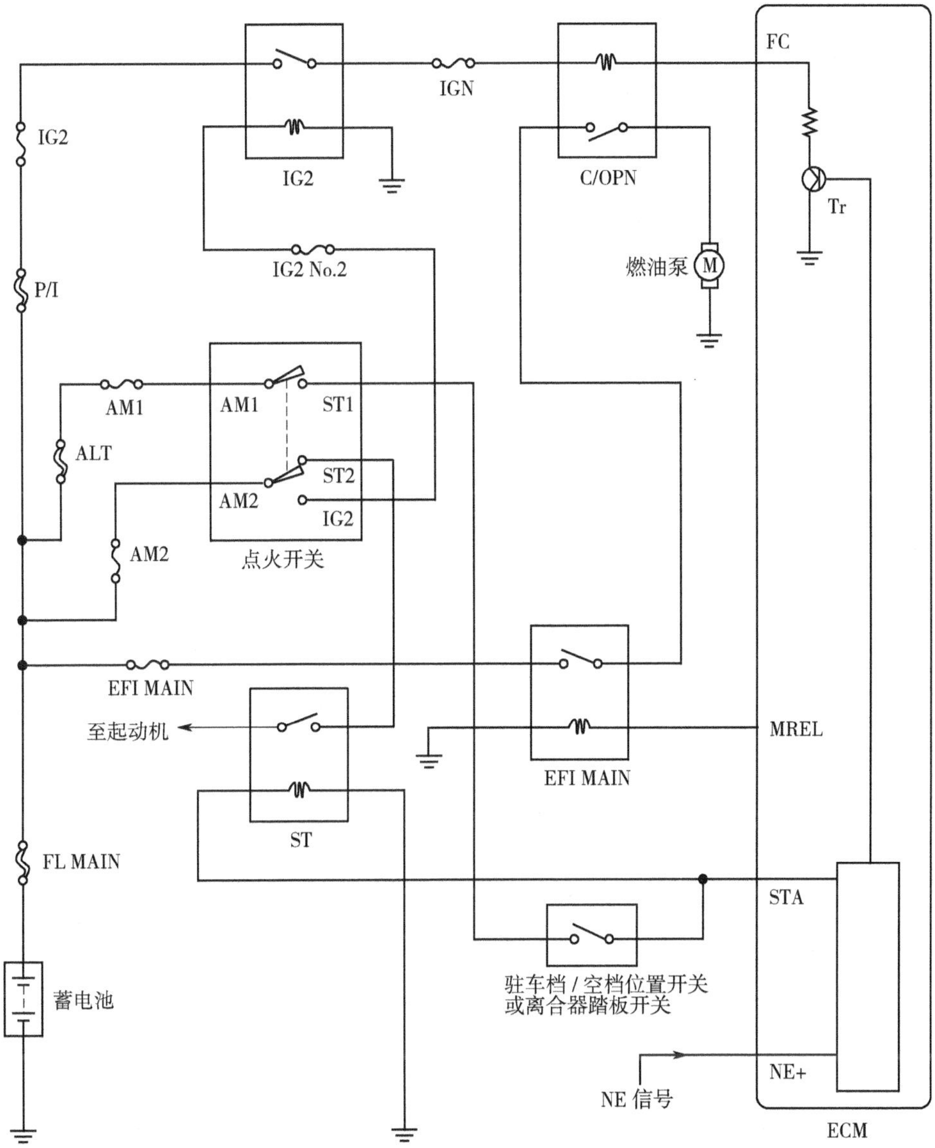

图 2-25　ECU 控制燃油泵继电器控制电路

工作过程如下。

（1）预启动，当点火开关开关至 ST1 挡时，电流从点火开关的 ST1 端子→驻车挡位置开关→起动机继电器 ST 线圈，同时电流→ ECU 的端子（STA 信号）。

（2）当起动机启动，ECM 通过 MREL 端子输出高电平信号，主喷油继电器（EFI MAIN）线圈得电，主继电器触点闭合；电流从点火开关的 IG2 端子经 2 号 IG2 熔丝→ IG2 继电器，IG2 线圈得电，其触点闭合。

（3）当 STA 信号和 NE 信号被输入至 ECU，Tr 接通，ECM 通过 FC 端子输出低电平信号，燃油泵控制继电器（C/OPN）的线圈通电，继电器主触点接通，蓄电池电压→FL 主熔丝→P / I 熔丝→IG2 熔丝→IG2 继电器触点→IGN 熔丝→燃油泵继电器触点→燃油泵，燃油泵运行。

（4）发动机运转持续有（NE）转速信号，ECU 使 Tr 一直处于 ON（燃油泵继电器接通）状态，燃油泵也始终在运转。当发动机因事故而停止运转时，燃油泵自动停止运转。

（二）ECU 直接控制燃油泵模块

ECU 直接控制燃油泵模块电路，如图 2-26 所示。工作过程：发动机 ECM 接收启动（STA）信号和曲轴位置（NE）转速信号时，ECM 通过 MREL 端子向主继电器（EFI-MAIN），蓄电池电源经主易熔线（20 A）、主继电器（EFI MAIN）进入燃油泵模块的+B 端子，燃油泵控制 ECU 通过 FP 端子向燃油泵供电。燃油泵控制 ECU 根据发动机 ECU 的 FPC 的信号以改变输送给燃油泵电压，从而实现对燃油泵转速的控制。当发动机高速、大负荷工作时，发动机 ECU 的 FPC 端子向燃油泵控制 ECU 发出指令，燃油泵以高速运转。当发动机低速、小负荷工作时，燃油泵以低速运转。

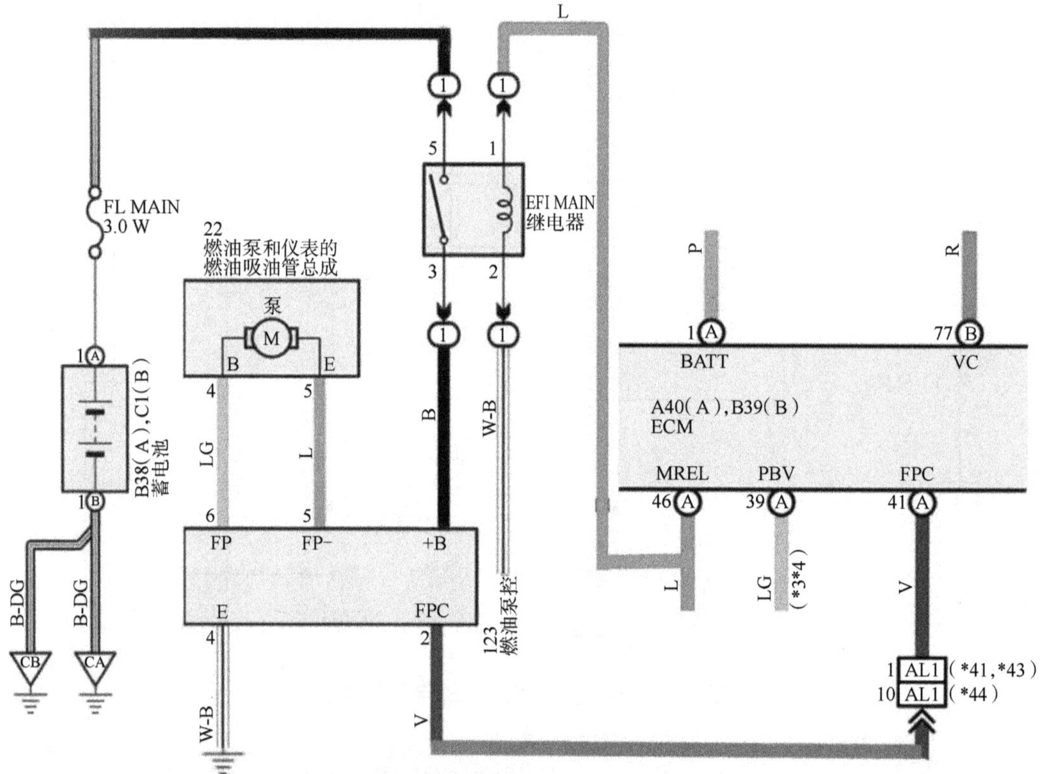

图 2-26　ECU 直接控制燃油泵模块

五、燃油泵及控制线路故障检测

（一）故障诊断方法

燃油泵及控制线路如果故障将引起发动机工作不平稳或不工作，发动机加速不良，发动机无力等。诊断方法如下。

1. 判断电动燃油泵工作状态

打开油箱盖，将点火开关置于 ON 位置（但不要启动发动机），在油箱口处倾听有无电动燃油泵运转的声音。如果在打开点火开关后，能听到电动燃油泵运转 3~5 s 后又停止，说明控制系统各部分工作正常。

2. 专用故障检测仪测试法（主动测试法）

连接故障检测仪，打开点火开关，打开故障检测仪，对燃油泵进行主动测试，即可执行主动测试——电动燃油泵开始运转，听到燃油泵运转声。

3. 燃油泵电路短接法

如图 2-26，短接检查连接器的+B 脚和 FP 脚，将点火开关置 ON 位但不启动发动机——电动燃油泵开始运转，应可听到燃油泵运转声。

在基本检查中，如果听不到燃油泵运转声，则进行燃油泵控制电路故障诊断分步检查方法如下：

（1）检查+B 电源电压，应有 12 V；

（2）检查主继电器（EFI MAIN）与 ECM 之间的线路；

（3）检查燃油泵控制模块与主继电器（EFI MAIN）之间的线路；

（4）检查燃油泵控制模块与电动燃油泵之间的线路；

（5）检查燃油泵控制模块与 ECM 之间的线路；

（6）检查燃油泵控制模块及接地线路；

（7）检查燃油泵总成：用万用表 Ω 挡测量电动汽油泵上两个接线端子间的电阻，即为电动燃油泵直流电动机线圈的电阻，其阻值应为 2~3 Ω（20 ℃）。如电阻值不符，则须更换电动燃油泵。

将电动燃油泵与蓄电池相接（正负极不能接错），并使电动燃油泵尽量远离蓄电池，每次接通不超过 10 s（时间过长会烧坏电动燃油泵电动机的线圈）。如电动燃油泵不转动，则应更换电动燃油泵。

（二）操作步骤

1. 车辆常规检查

（1）放置好车轮挡块，安装三件套（翼子板、地板垫、方向盘套），拉紧手刹。

（2）检查机油、冷却液、制动液液位是否符合要求。

（3）检查电瓶电压，应正常。

2. 使用诊断仪对发动机系统进行自诊断

（1）将诊断仪连接到诊断座上。

（2）打开点火开关到 ON 位，并打开诊断仪看是否有无故障代码。

3. 诊断仪主动测试检查

使用诊断仪对发动机燃油泵进行主动测试，选择动作测试 / 控制燃油泵速度 / 接通。听燃油泵是否有工作的声音。如燃油泵无反应，说明燃油泵控制线路存在故障。

4. 检测燃油泵控制 ECU 总成电源线路(图 2-27)

(1)打开点火开关到 ON 挡,将万用表打到电压挡 20 V 挡位,断开燃油泵控制 ECU 总成线束连接器。

(2)红色表笔放置在燃油泵控制 ECU 总成 4 号端子,黑色表笔接地。

(3)启动发动机,检查燃油泵控制 ECU 总成电源电压,标准结果为 11~14 V。

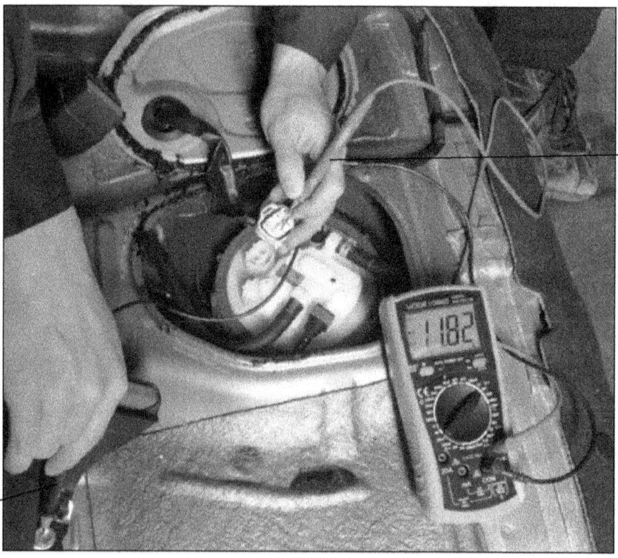

图 2-27　检测燃油泵控制 ECU 总成电源线路

5. 检测燃油泵控制 ECU 总成接地线路(图 2-28)

(1)把点火开关打到 OFF 挡,将万用表挡位转到电压挡 200 Ω 挡位,断开燃油泵控制 ECU 总成线束连接器。

(2)红色表笔连接燃油泵控制 ECU 总成 4 号端子,黑色表笔连接车身搭铁,检测接地线路,检测结果:标准小于 1 Ω。

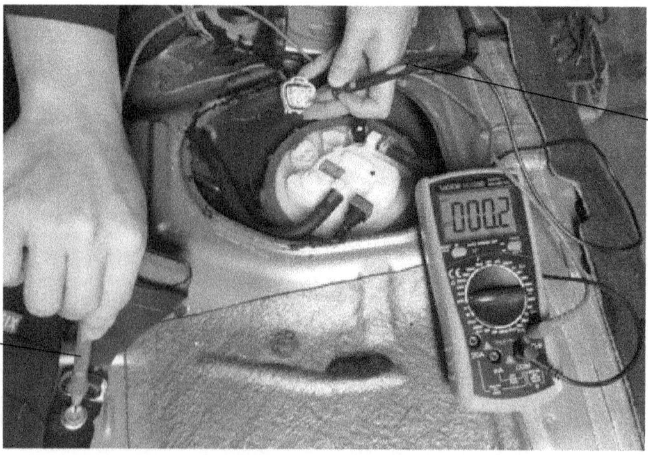

图 2-28　检测燃油泵控制 ECU 总成接地线路

6. 检查燃油泵电机电阻(图 2-29)

(1)关闭点火开关,把万用表打到 200 Ω 挡位,断开燃油泵线束连接器。

(2)测量燃油泵元件 5 号端子与 1 号端子之间的电阻,标准结果为 0.2~1.1 Ω。

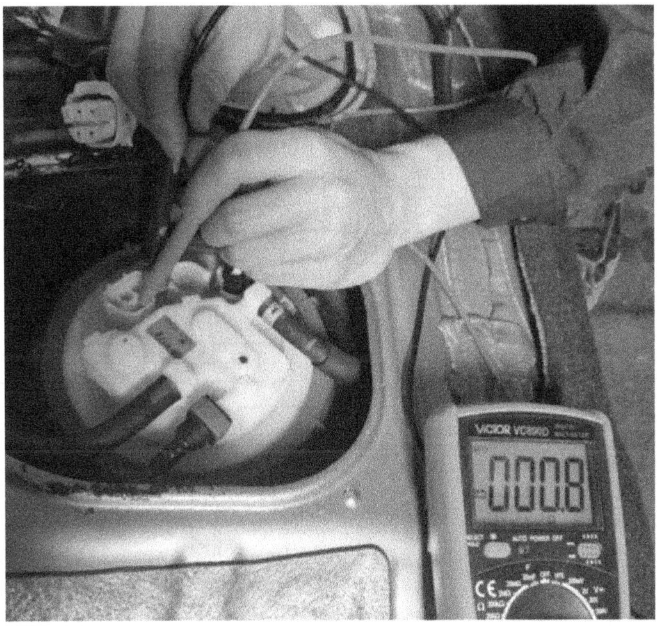

图 2-29　检查燃油泵电机电阻

7. 检查燃油泵线束和连接器(图 2-30)

(1)关闭点火开关,把万用表打到 200 Ω 挡位,断开燃油泵线束连接器与燃油泵控制 ECU 线束连接器。

(2)测量燃油泵 5 号端子与燃油泵控制 ECU 总成 5 号端子之间导线电阻,标准结果不大于 1 Ω。

(3)测量燃油泵 1 号端子与燃油泵控制 ECU 总成 6 号端子之间导线电阻,标准结果不大于 1 Ω。

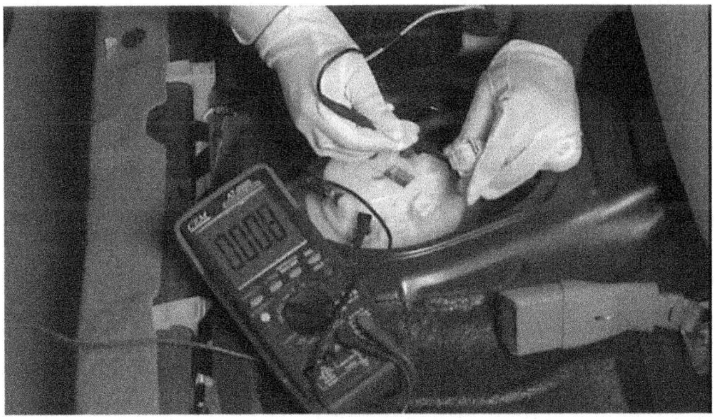

图 2-30　检查燃油泵线束和连接器

8. 安装电动燃油泵

（1）在新 O 形圈上涂抹汽油，然后将其安装到燃油滤清器上。连接燃油泵线束，重新装配电动燃油泵。

（2）检查电动燃油泵仪表挡圈的配合。

（3）安装燃油吸油管，连接燃油箱蒸发管，连接炭罐出口软管，连接燃油箱主管。

（4）连接蓄电池负极端子。

（5）检查燃油是否泄漏。

（6）安装后地板检修孔盖和后排座椅坐垫。

任务 3　喷油器及控制线路检修

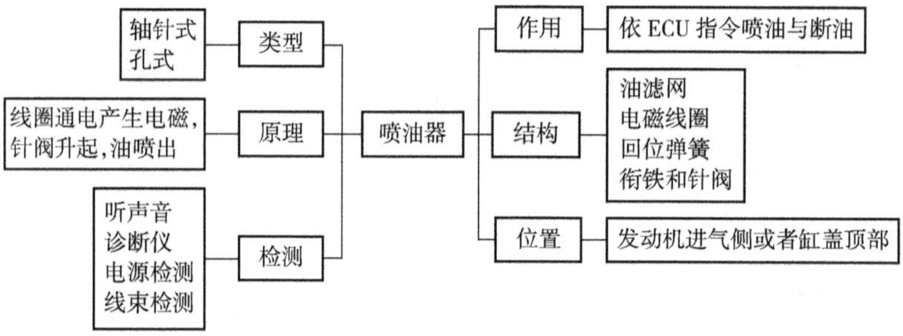

思维导图

在当代汽车工业中，对于发动机的平稳运行和排放控制有着极为严格的标准。为了满足这些标准，发动机的每一个工作循环都必须得到精确无误的混合气配比。这就要求喷射到气缸内的燃油量必须与吸入的空气量相匹配，实现精准的计量和配比。为了达到这个目的，每个气缸都配备了一个电磁喷油器，这个电磁喷油器由发动机电子控制单元（ECU）进行控制。在特定的时间点，ECU 会指令电磁喷油器将精确计量的燃油直接喷射到气缸的进气门处，从而确保燃油与空气的混合比例达到最优。这种做法有效地减少了燃油在进气管壁上凝结的现象，保证了发动机的高效运行，降低了环境污染。

多点喷射系统的喷油器被安装在各个气缸的进气歧管上，或者气缸盖上的各个进气道处。这些喷油器的布局设计旨在确保燃油能够均匀地分布在各个气缸中，以便于实现高效的燃烧过程。

一、喷油器的作用

喷油器的主要功能是根据发动机 ECU 预先计算出的喷射时机和喷射持续时间，向进气歧管或直接向气缸内喷射适量的燃油。从本质上讲，喷油器实际上是一个由 ECU 控制的开关，通过控制喷油器电磁阀线圈的通断，ECU 可以精确地控制喷油器的工作状态。

通常情况下，喷油器会被安装在进气侧或者缸盖的顶部。这样的安装位置有利于燃油的均匀喷射，并确保了燃油与空气的混合比例在各个气缸中保持一致。喷油器安装位置及示意图如图 2-31 所示。这样的设计不仅优化了发动机的性能，还降低了排放物的产生，符合当代对环保和能效的双重要求。

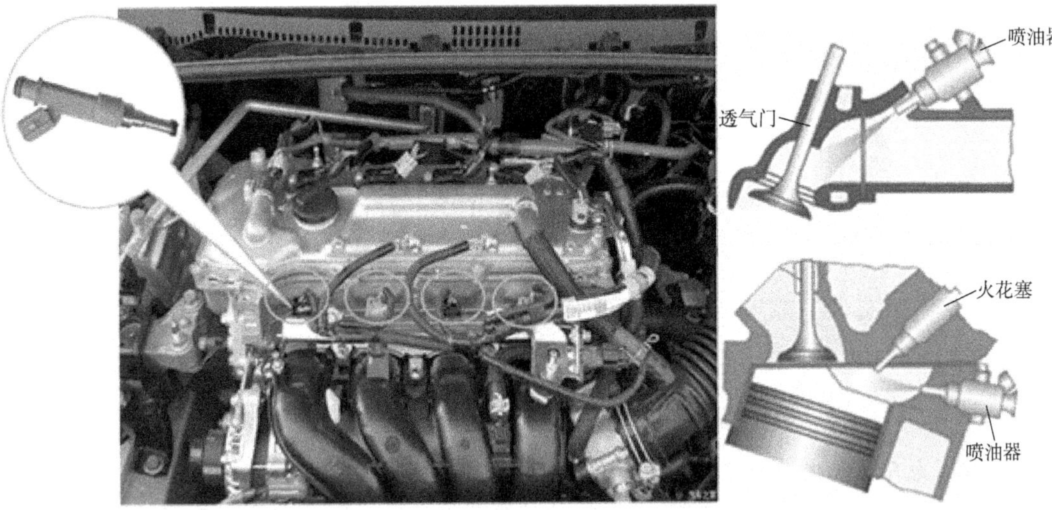

图 2-31　喷油器安装位置及示意图

二、喷油器的种类

(一)喷油器的分类

1. 按结构的不同分类

喷油器是一种将燃油雾化后喷入发动机燃烧室的装置，它的结构直接关系到燃油雾化的质量和效率。因此，按照结构的不同，喷油器主要可以分为轴针式和孔式两大类。

1)轴针式喷油器

轴针式喷油器的构造较为独特，其针阀的下端设置有一个小型的轴针，这个轴针会插入到喷孔之中，与喷孔共同形成一个微小的环状间隙。这个间隙的大小通常控制在 0.005~0.025 mm，高压柴油就是通过这个狭小的间隙被喷射出去的。轴针式喷油器（图 2-32）的设计特点是喷孔直径相对较大，这使得喷孔不容易被堵塞，从而确保了在工作过程中的高可靠性。然而，这种喷油器的喷雾质量相对较差，对轴针的加工精度要求极高，这是其主要的缺点。

2)孔式喷油器

孔式喷油器的结构与轴针式有所不同，其喷油嘴的头部经过精密加工，形成了 1 个或多个喷孔。在孔式喷油器中，针阀的前端并没有轴针，因此，针阀不会露出喷孔之外。拥有 3 个或以上喷孔的孔式喷油器被称为多孔喷油器（图 2-33）。针阀的头部通常设计为锥形或球形，这样的设计也被称为球阀式喷油器。孔式喷油器的优势在于能够产生较高的喷油压力，使得喷雾质量更加优良，响应速度更快。然而，它的不足之处在于喷孔更容易被堵塞。由于其优异的喷雾效果，孔式喷油器在汽油发动机中的应用较为广泛。

图 2-32　轴针式喷油器

图 2-33　孔式喷油器

2. 依照电阻值的差异进行分类

电磁线圈的电阻值是决定喷油器性能的关键参数之一。因此，根据电磁线圈的阻值大小，可以将喷油器划分为两大类：高阻型和低阻型。其中，高阻型的电阻值范围在 12~18 Ω，而低阻型的电阻值范围则在 2~5 Ω。这种分类方式有助于更好地理解喷油器的性能特点，从而在实际应用中作出更合适的选择。

3. 依据电磁线圈的驱动方式进行分类

电磁线圈的驱动方式是影响喷油器工作效果的另一个重要因素。根据电磁线圈驱动方式的不同，可以将喷油器分为电压驱动式和电流驱动式两大类。这两种驱动方式在图 2-34 中都有详细的展示，通过对比分析，可以更加深入地理解这两种驱动方式的工作原理和特点，从而在实际应用中更加得心应手。

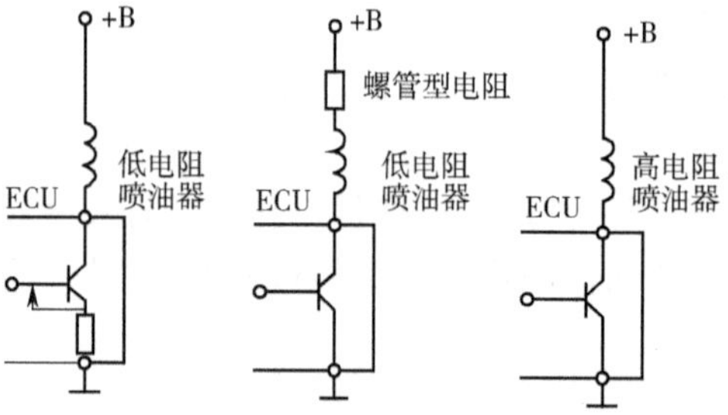

（a）　（b）　（c）

图 2-34　喷油器驱动方式分类

（a）电流驱动　（b）低阻电压驱动　（c）高阻电压驱动

（1）电压驱动式的具体操作方式是由电子控制单元（ECU）通过施加一系列恒定脉冲电压来操控喷油器的喷油动作。在这种驱动模式下，控制电路的设计主要基于电压的变化来控制喷油器的开启和关闭。对于低电阻的喷油器，由于其内部电阻较小，相应的电感也较小，这使得电磁线圈的响应速度非常快，能够迅速地产生吸力以推动喷油器的针阀开启。然而,当在喷油器电路中串联一个附加电阻时,整个电路的总电阻增大,导致流过电磁线圈的电流减小。虽然电流减小会在一定程度上减缓喷油器的响应速度,并使得喷油器的开启动作出现滞后,但是这种设计可以有效地保护电磁线圈,避免其由于电流过大而导致的过热问题。通常情况下,用于驱动喷油器的电压设定在 5~6 V 之间。而对于电阻较高的喷油器,由于电磁线圈的电阻较大,电感也相应较大,其响应速度会比较慢,因此在使用这类喷油器时,不需要串联附加电阻。这类喷油器的驱动电压通常设定在 12 V。

(2)与电压驱动式不同,电流驱动式喷油器的操控方式是在脉冲信号初始阶段利用较大的电流来驱动电磁线圈,这样可以迅速产生足够的吸力以打开喷油器的喷口。一旦喷口打开,就会切换到较小的电流来维持喷口的开启状态,这样做的好处是能够防止电磁线圈因为长时间的大电流工作而出现过热现象,从而确保了喷油器的稳定性和使用寿命。然而,由于电流驱动式对 ECU 的设计要求较高,需要精确控制电流的大小和时间,因此这种驱动方式在实际应用中相对较少见。它主要适用于那些电阻值较低的喷油器,因为这类喷油器对于电流的变化更为敏感,能够更好地响应 ECU 发出的控制信号。

(二)喷油器的结构及工作原理

1. 喷油器的精细构造解析

喷油器是发动机燃油喷射系统中的关键部件,其精密的结构设计确保了燃油能够高效且精确地喷射到发动机燃烧室内。它主要由以下几个核心组成部分构成:首先是滤网,其作用是过滤掉燃油供给管路中的杂质,防止污物进入喷油器内部,从而保护喷油器的精密结构不受损害;紧接着是线束连接器,它负责将电磁线圈与车辆的电控系统连接起来,确保电力信号的顺畅传递。

电磁线圈是喷油器工作的核心,当电流通过线圈时,产生磁场,磁场作用于衔铁,驱动针阀开启。而当线圈中没有电流通过时,回位弹簧的力量就会发挥作用,将针阀紧压在阀座上,使燃油轨道与进气歧管隔断,确保燃油不会在非工作状态下泄漏。

回位弹簧是喷油器中的重要组件,其作用是在电磁线圈断电时,推动衔铁和针阀回位,恢复到初始状态,为下一次喷射做准备。衔铁与针阀通常制成一体,以保证它们在喷油过程中的精确配合。

此外,为了确保喷油器与油轨以及进气歧管之间的密封性,防止燃油泄漏,设计中采用了两个 O 形圈。这些 O 形圈分别位于油轨和进气歧管与喷油器连接处,形成了有效的密封层,保障了系统的完整性和效率。

整个喷油器的运作机制可以概括为:当电磁线圈不通电时,回位弹簧和燃油压力共同作用,将针阀紧压在阀座上,此时燃油轨道与进气歧管是隔开的;而在电磁线圈通电时,衔铁在电磁力的作用下推动针阀打开,燃油便由此喷射进入进气歧管,为发动机的燃烧提供充足的燃油供给。喷油器的结构如图 2-35 所示,其结构精巧,运作高效,是现代柴油发动机燃油喷射技术中的重要组成部分。

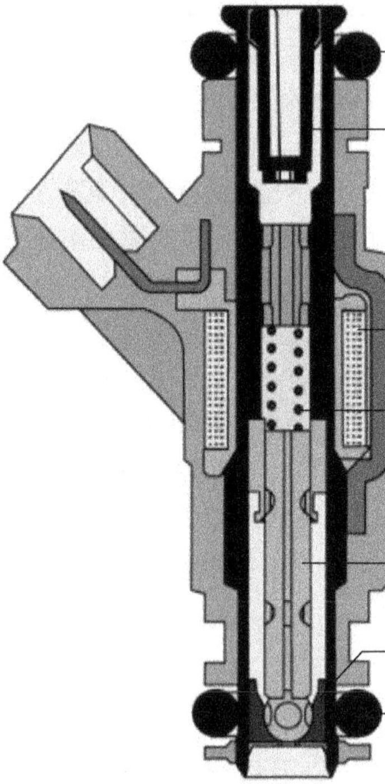

图 2-35　喷油器的结构

2. 喷油器的工作原理

如图 2-36 所揭示的，喷油器的核心工作机理依赖于电磁阀绕组在通电状态下的运作。当电流通过线圈时，会在其中激发出一个强大的电磁场。这个电磁场是构成力量的源泉，能够将衔铁向上提升，这是一个关键的步骤，因为它会带动针阀一同脱离阀座。随着针阀的移动，燃油得以顺畅地从喷油器中喷射出来，完成燃烧前的燃油输送任务。

在这个过程中，系统的压力和喷油嘴量孔的开阔程度起着至关重要的作用。它们不仅是燃油能否顺利喷出的条件，更是决定单位时间内喷油量多少的关键因素。系统压力必须足够，以提供燃油喷射所需的动力；而喷油嘴量孔的开度，则直接影响着燃油的流量。

一旦触发电流终止，针阀就会迅速关闭，这个动作几乎是即时的，以确保喷油器的停止喷油。整个工作过程就是这样的，通过电磁阀的通断控制，实现燃油的精准喷射和停止，确保了燃油喷射的效率和准确性。

喷油器通常采用顺序燃油喷射，即曲轴每转两圈，各缸的喷油器按照发动机的点火顺序，依次在最合适的曲轴转角位置进行燃油喷射。发动机的喷油量通过电控单元控制喷油器的通电时间（喷油脉冲宽度）来确定。发动机电脑根据发动机运转工况及各种影响因素进行计算，最后确定喷油器通电时间。

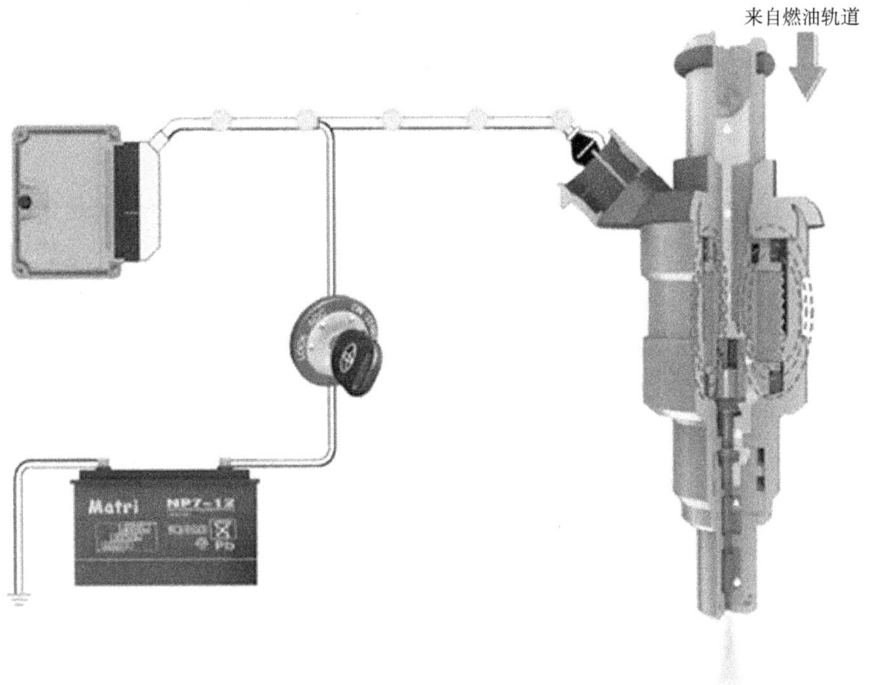

图 2-36　喷油器的工作原理

（三）喷油器控制电路的详细分析

在现代汽车中，各种电子控制燃油喷射系统的喷油器控制电路虽然在细节上有所差异，但基本的原理和结构是相似的。以图 2-37 所示的丰田卡罗拉轿车喷油器控制电路为例，详细了解喷油器是如何被精准控制的。图示的 2~4 缸发动机喷油器的控制电路中，IG2 继电器是由点火开关直接控制的。

在这个电路中，每个喷油器的 1 号端子都连接到 IG2 供电线上，形成了一个闭合的电路。具体电路路径如下：首先，从蓄电池（BAT）出发，通过 IG2 保险丝，电流流向 IG2 继电器。然后，电流继续传递到各个气缸的 1 号端子。与此同时，每个气缸的 2 号端子（负极）则分别接受 ECM（发动机电脑）的 10#、20#、30#、40#信号的控制。

当 ECM 需要启动喷油器时，它会发出电脉冲给喷油器的线圈，这会使得 2 号端子与 1 号端子接通，从而启动喷油器的工作。在这个过程中，ECM 会根据发动机的工作状态和各种传感器的信息，精确控制喷油器的工作频率和喷油量。一旦 ECM 发出的脉冲停止，喷油器也会立即停止喷油，确保燃油的精准控制，从而提高发动机的性能和燃油经济性。

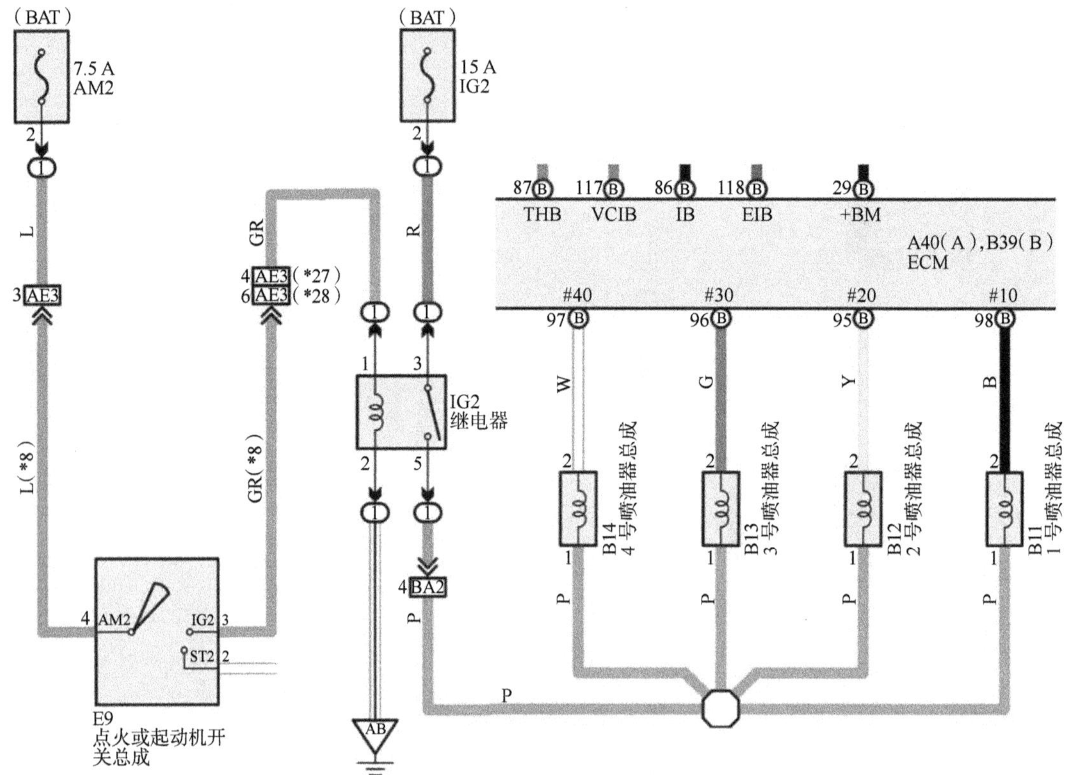

图 2-37　丰田卡罗拉轿车喷油器控制电路

三、喷油器及控制线路故障检测

(一)故障诊断

喷油器及其电路故障导致车辆行驶中加速无力、怠速抖动,发动机不启动。进行故障检测和诊断时,不要盲目更换零部件,可以先进行手动拔插接器或用故障仪进行逐缸断火,也可以用诊断仪读取发动机电脑中关于气缸缺火的数据,迅速地判断是哪一个气缸没有正常工作。另外可以使发动机转速达到 2 500 r/min 以上,听喷油器的工作声音。发动机工作时用手指或听诊器(触杆式)接触喷油器,通过声音来判断喷油器是否动作。如果有故障进行以下检测。

(二)检测方法

1)工作电压测试

喷油器的工作电压为电源电压,断开喷油器线束连接器,接通点火开关,但不启动发动机,用万用表测量其电源端子与搭铁间电压应为 12 V 电源电压(有些车需启动发动机)。如果不符合标准,应检查线路。

2)喷油器的电阻检查

拨开喷油器的导线连接器,用万用表欧姆挡测量喷油器上两个接线端子间的电阻,阻值应为 12~17 Ω，如果阻值不符，则应更换喷油器。

3）喷油器控制端检测

电源正极接二极管试灯，再接至喷油器线束端子控制端。启动发动机时，若试灯闪亮，说明传感器和 ECU 无问题，若试灯不闪亮，说明线路、传感器或 ECU 有故障，须检查线路、曲轴位置传感器、凸轮轴位置传感器和 ECU。

4）喷油量的检查

可使用喷油器检测仪（图 2-38）进行喷油量的检查，或用连接线把蓄电池与喷油器连接好。接通 15 s，用量筒测出喷油器的喷油量，并检查其喷油形状，每个喷油器测 2~3 次。标准喷油量为 50~70 mL，各喷油器允许误差为 5 mL。如果喷油量不符合标准，应清洗或更换喷油器。

图 2-38　喷油器检测仪

5）漏油检查

在进行喷油量的检测后，脱开蓄电池与喷油器的连接，检查喷油器喷嘴处有无漏油，要求每分钟漏油不大于 1 滴。

（三）操作步骤

1. 车辆常规检查

（1）放置好车轮挡块，安装三件套（翼子板、地板垫、方向盘套），拉紧手刹。

（2）检查机油、冷却液、制动液液位是否符合要求。

（3）检查电瓶电压，应正常。

2. 用解码器进行检测（图 2-39）

（1）将解码器与汽车故障诊断接头建立连接。

（2）打开解码器。

（3）进入故障诊断模块。

（4）读取故障码。

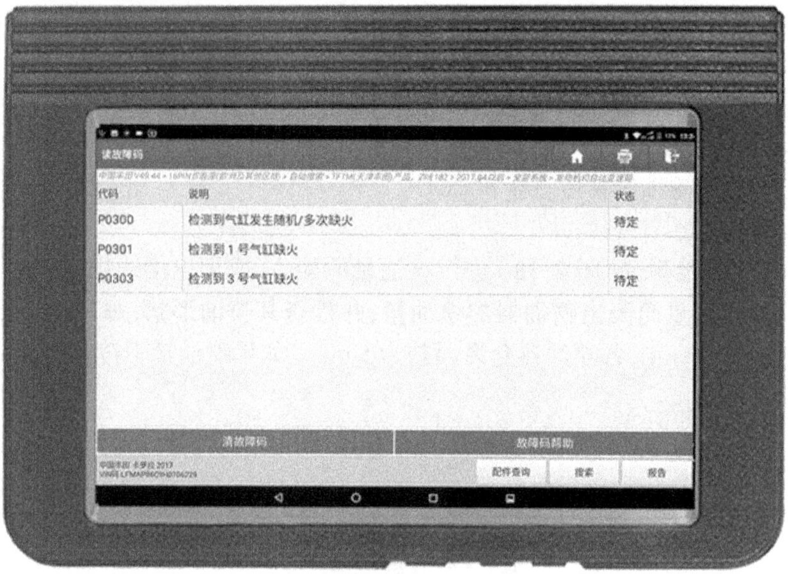

图 2-39　用解码器进行检测

3. 用听诊法检查喷油器是否工作(图 2-40)

(1)在发动机运转时喷油器应发出有节奏的响声;若某缸喷油器的工作声音小或没声音,则该缸喷油器工作不正常,进行下一步检查。

(2)断开所怀疑问题缸的插头,启动发动机怠速运转,观察发动机的转速和抖动情况。

图 2-40　用听诊法检查喷油器是否工作

4. 检查喷油器供电电源(图 2-41)

(1)关闭点火开关。

(2)拔下待检缸的喷油器插头。

(3)打开点火开关到 ON 挡,将万用表调到电压 20 V 挡。

（4）测电源端子与搭铁供电线电压。检测标准为 12 V 左右。

图 2-41　检查喷油器供电电源

5. 检测喷油器线束（图 2-42）

（1）关闭点火开关。

（2）断开蓄电池负极。

（3）断开 ECM 插头。

（4）万用表 200 Ω 挡测量 2 端子和 B39-98 端子之间线束的导通。

（5）万用表 200 Ω 挡测量 1 端子和 IG2 端子之间线束的导通。检测标准为电阻<0.5 Ω。

图 2-42　检测喷油器线束

6. 检测喷油器电磁线圈电阻值（图 2-43）

（1）关闭点火开关。

（2）拔下待检缸的喷油器插头。

（3）用万用表电阻挡（200 Ω）测量喷油器测端子 1 和端子 2 电阻。检测标准为 12~17 Ω（20 ℃）。

图 2-43　检测喷油器电磁线圈电阻值

7. 检测喷油器喷油波形（图 2-44）

（1）关闭点火开关。

（2）打开示波器，测试探针接喷油器插头搭铁端，小鳄鱼夹接地，进入喷油波形测量模块。

（3）打开点火开关，启动发动机，怠速运转，观察波形。

图 2-44　检测喷油器喷油波形

8. 喷油器的堵与漏(机械部分)

拆下喷油器,进行如下检查。

(1)密封性检查。

(2)喷油量检查。

(3)雾化质量检查。

任务 4　冷却液温度传感器构造与检修

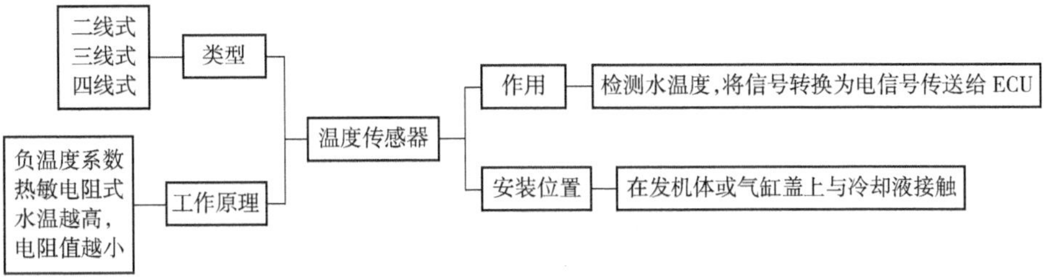

思维导图

在现代机动车辆的复杂电子控制系统中,发动机控制单元(ECU)扮演着至关重要的角色。为了确保发动机能够高效、稳定且安全地运行, ECU 依赖于车上安装的众多传感器提供的数据。在这些众多的传感器中,与发动机电子控制相关的温度传感器占据了相当大的比例。这些温度传感器包括但不限于冷却液温度传感器、进气温度传感器、机油温度传感器以及排气温度传感器等。这些温度传感器的存在,是为了实时监测发动机各个部分的温度状况,确保发动机在各种工况下都能保持最佳的运行状态。

以冷却液温度传感器为例,它主要负责监测发动机冷却液的温度,并将这一关键信息实时传递给 ECU。冷却液温度传感器的功能至关重要,因为它能够影响到发动机的温度调节系统,进而影响到发动机的功率输出、燃油经济性以及可靠性。当冷却液温度传感器检测到冷却液温度发生变化时,它会立即将这一信息传递给 ECU, ECU 则会根据这些信息调整发动机的运行状态,如调整点火时机、供油量、风扇转速等,以确保发动机在最佳的工作温度下运行。

在了解了冷却液温度传感器的重要性后,再来详细了解一下它的结构组成和工作原理。冷却液温度传感器通常由传感元件、导线和接头三部分组成。传感元件是传感器的核心部分,它能够感应到冷却液的温度变化,并将这些温度变化转换为电信号。这些电信号随后通过导线传输到 ECU,由 ECU 进行处理,从而实现对发动机运行状态的调节。

冷却液温度传感器的工作原理是基于热敏电阻的特性。当冷却液的温度发生变化时,传感元件的热敏电阻值也会随之发生变化。这种变化会直接影响传感元件的电导率,进而影响到传感器的电信号输出。ECU 通过检测这些电信号的变化,就可以准确地了解到冷却液的温度变化,从而作出相应的调整,确保发动机能够在最佳状态下运行。

一、冷却液温度传感器的作用

冷却液温度传感器检测发动机冷却液的温度，并将温度信号转换为电信号传送给发动机电控单元，电控单元根据该信号修正喷油时间和点火时间，使发动机工况处于最佳运行状态。冷却液温度传感器信号是许多控制功能的修正信号，如喷油量修正、点火提前角修正、活性炭罐电磁阀控制等。冷却液温度信号也是汽车上其他电控系统的重要参考信号，如电控自动变速器系统、自动空调系统等。在一些车型的电控自动变速器系统中，若检测到发动机冷却液温度低于 60 ℃，为保护行驶装置，自动变速器控制单元将进入“安全运行模式”，不会允许车辆升入超速挡，汽车只能在 90 km/h 以下速度行驶。如果冷却液温度传感器故障或信号中断，发动机电控单元将启动备用模式，把水温值设定在 80 ℃左右，同时记录故障代码。此时车辆虽然能够正常行驶，但会导致发动机冷、热车启动均困难、油耗增加、怠速稳定性降低、废气排放量升高等。

冷却液温度传感器安装在发动机机体或气缸盖上，与冷却液接触。其安装位置及实物图如图 2-44 所示。

（a）

（b）

图 2-44 冷却液温度传感器安装位置

（a）实物图 （b）安装位置

二、发动机冷却液温度传感器类型

在目前广泛应用的汽车冷却液温度传感器领域中，我们可以见到多种不同的构造方式，其中包括二线式、三线式以及四线式传感器等。这些传感器的设计和功能各有特点，以满足不同汽车系统对温度监测的精确度和可靠性的需求。图 2-45 展示的是冷却液温度传感器的三种类型，下面将详细描述它们的结构和作用。

（1）二线式传感器。这种传感器的结构如图 2-45（a）所示。它包含两个主要的部分：一个信号输出端和一个接地端。其中，信号输出端是传感器的工作端，它负责将冷却液的温度转换为电信号，然后通过连接至 ECU（电子控制单元）的一根线传输出去。接地端则是传感器的参考端，它通过 ECU 的接地端连接到地面，从而为传感器提供一个稳定的电位参考点。

（2）三线式传感器。如图 2-45（b）所示，三线式传感器相较于二线式传感器，多了一个输出端子。这个额外的端子连接到传感器内部的一个感应塞，而感应塞能够感知冷却液的流动情况。除了信号输出端和接地端之外，这个端子负责将冷却液的温度信息发送至仪表板上的冷却液温度表，以便驾驶者能够实时了解冷却液的温度状况。

（3）四线式传感器。四线式传感器的结构如图 2-45（c）所示，它是最复杂的一种传感器。内部装备有两个热敏电阻，这两个热敏电阻分别用于不同的输出。一个热敏电阻的信号和接地线连接至 ECU，用于发动机电脑控制，以调节发动机的工作状态，保证发动机在最佳的工作温度下运行。另一个热敏电阻则用于冷却液温度表的显示，驾驶者可以通过它来获取冷却液的实时温度。两个热敏电阻各自独立引出信号线和接地线，确保信号传输的稳定性和准确性。

总的来说，这些冷却液温度传感器的设计都是为了确保汽车冷却系统的有效运作，并通过精确的温度监测，保障发动机能够在各种工况下都能保持最佳的性能和可靠性。

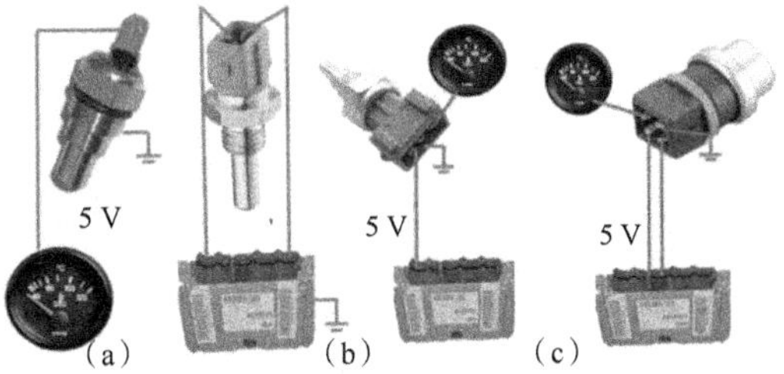

图 2-45　冷却液温度传感器类型

（a）二线式传感器　（b）三线式传感器　（c）四线式传感器

三、冷却液温度传感器结构组成

冷却液温度传感器是汽车发动机冷却系统中的一个重要组成部分，它的主要功能是测量并反馈冷却液的温度信息给发动机控制单元（ECU），以便 ECU 根据冷却液温度调整发动机的工作状态，如喷油量、点火提前角等。冷却液温度传感器的结构组成主要包括以下几个部分。

1. 热敏元件

热敏元件是冷却液温度传感器的核心部分，通常由对温度变化非常敏感的负温度系数热敏电阻（NTC 电阻）构成。这种电阻的阻值会随着温度的变化而变化，温度越高，阻值越小；温度越低，阻值越大。热敏电阻是温度传感器的主要部件。汽车上常用的是负温度系数型热敏电阻式温度传感器，如热敏电阻是利用陶瓷半导体材料的电阻随温度变化而变化的特性制成的，其优点是灵敏度高、响应及时、结构简单、制造方便、成本低廉。热敏电阻式温度传感器（图 2-46）主要由热敏电阻、金属或塑料壳体、接线插座与连接导线组成。

通过测量热敏电阻的阻值变化，可以间接测量出冷却液的温度。

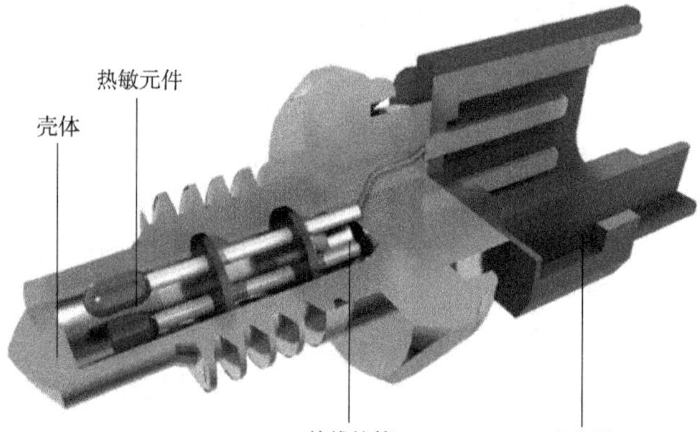

图 2-46 热敏电阻式温度传感器

2. 壳体

壳体通常由金属制成，具有良好的导热性和耐腐蚀性。其作用是保护传感器内部的热敏元件和电路，同时确保传感器能够与冷却液充分接触，准确测量温度。

3. 引线

引线通常由金属制成，具有良好的导电性。其作用是将热敏元件的电阻变化信号传输给 ECU 进行处理。

4. 连接器

连接器是传感器与 ECU 之间的接口部分，通常有多个引脚用于传输不同的信号和供电。其作用是确保传感器与 ECU 之间的电气连接可靠，同时便于安装和拆卸。

5. 接线护管

接线护管的作用是保护传感器引线和连接器免受外界环境的损害，如腐蚀、磨损等。

冷却液温度传感器的结构组成主要包括热敏元件、壳体、引线、连接器和接线护管等部分。这些部分共同协作，实现了对冷却液温度的准确测量和信号传输，为发动机的正常运行提供了重要保障。

需要注意的是，不同品牌和型号的冷却液温度传感器在结构细节上可能有所不同，但基本原理和组成部分大致相同。在维修和更换传感器时，应根据具体车型的维修手册和传感器规格进行选择。

四、冷却液温度传感器的工作原理

冷却液温度传感器的工作原理示意图如图 2-47 所示。冷却液温度传感器通过内置的 NTC 热敏电阻来感知冷却液的温度变化，并将这种变化转化为电阻值的变化。由于 NTC 热敏电阻具有“负温度系数”的特性，即随着温度的升高，其电阻值会相应减小；反之，当温度降低时，电阻值会增大。这种电阻值与温度之间的非线性关系，使得冷却液温度传感器能够精确地反映冷却液的温度状态。汽车电子控制系统普遍采用了负温度系数 NTC 热敏电阻式温度传感器，其阻值与温度呈明显的非线性关系，如图 2-48 所示。

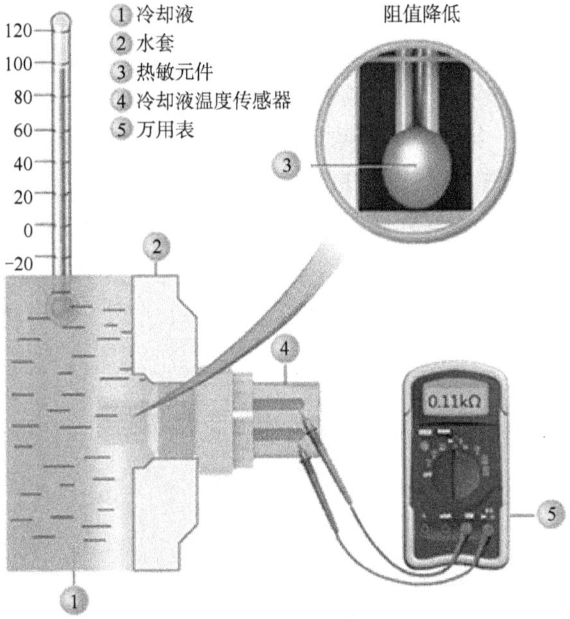

图 2-47　冷却液温度传感器工作原理示意图

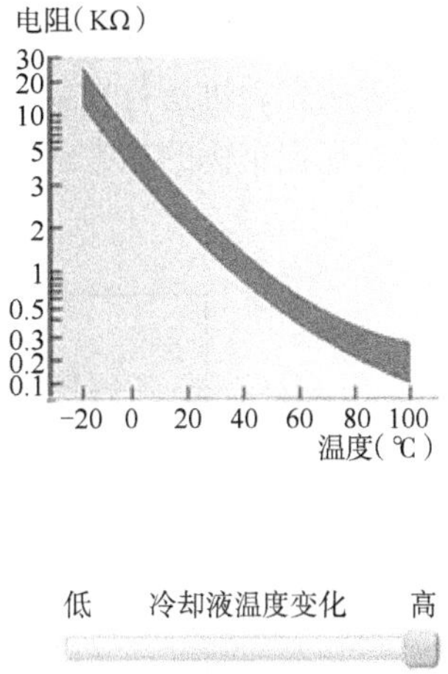

图 2-48　NTC 热敏电阻与温度关系图

冷却液温度传感器被安装在发动机冷却系统中，通常位于冷却液流动的路径上，以便直接感知冷却液的温度。随着发动机的运行，冷却液的温度会发生变化，这种变化被传感器内部的 NTC 热敏电阻所感知。当冷却液温度发生变化时，NTC 热敏电阻的电阻值也会相应发生变化。为了将电阻值的变化转化为 ECU（发动机控制单元）能够识别的信号，通常会采用一个简单的电路（如分压电路）来将电阻值的变化转换为电压值的变化。ECU 通过测量这个电压值，就可以间接地得知冷却液的温度。

ECU 内部存储有 NTC 热敏电阻的阻值—温度关系曲线或相应的算法。当 ECU 接收到来自冷却液温度传感器的电压信号时，它会根据这个信号以及预设的阻值—温度关系曲线或算法，计算出当前的冷却液温度。

在得知冷却液温度后，ECU 会根据发动机的工作状态和冷却液温度对发动机的喷油量、点火提前角等参数进行实时调整。例如，在冷却液温度较低时，ECU 可能会增加喷油量和推迟点火提前角，以帮助发动机更快地达到正常工作温度；而在冷却液温度过高时，ECU 则可能会减少喷油量并提前点火提前角，以降低发动机的负荷和防止过热。

五、冷却液温传感器电路分析

图 2-49 是卡罗拉车型的冷却液温度传感器的详细电路布局。该传感器的设计具有明确的分工，包括两个主要的端子：信号端 2 和接地端 1。这两个端子通过导线分别与车辆的电子控制单元（ECU）的 B119（EYHW）和 B120（THW）插座相连，形成了一个闭合的电路。

在 ECU 的侧面上，特别地，B120（THW）插座的一个端子承担着向传感器提供稳定电压的重要任务。这个电压的数值为 5 V，它的作用是为传感器中的热敏电阻提供一个激励源。热敏电阻在受到激励后，会依据当前冷却液的温度变化而改变自身的电阻值。这一变化过程实际上是一个分压过程,传感器将温度变化转换成了电压信号的变化。

完成分压动作后,这个由温度变化而产生的电压信号被传感器送回到 ECU 的 B119(EYHW)端子。至此,ECU 便可以接收到冷却液温度的实时信息。ECU 接收到这一信号后,会利用其内部复杂的算法和逻辑电路对这一信号进行处理,进而对发动机冷却系统进行控制,以确保发动机运行在最佳的温度状态,保障发动机的性能和寿命。这一系列的电气和电子操作,都在车辆的正常运行过程中默默进行,为驾驶的安全性和发动机的可靠性提供坚实保障。

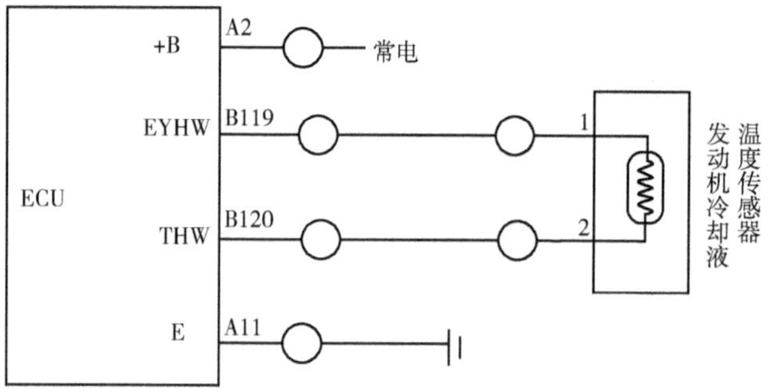

图 2-49　卡罗拉冷却液温度传感器电路

六、冷却液温度传感器检测

ECU 测量冷却液温度,根据温度决定冷启动的喷油量。温度低则会加大喷油脉宽,从而加大喷油量,混合气浓一些车辆启动更顺利。如果水温传感器损坏,ECU 检测结果与实际水温信号就会不一样,例如水温传感器损坏后其电阻值比较大,那么 ECU 测量冷却液温度就会比较低,这时候就会加大喷油量,确保冷启动成功。但此时冷却液温度较高,混合气过浓后车辆很难启动,甚至直接淹缸(从火花塞上可以看出来)。水温传感器损坏会引发动机启动困难、怠速不稳、油耗增加、排放不达标等故障。下面将介绍如何检测。

(一)故障诊断仪检测

首先关闭点火开关,连接故障诊断仪,打开点火开关,读取故障代码,看是否有关于冷却液温度(水温或发动机温度)的故障代码。然后读取发动机水温数据流,看读取的数据是否与实测温度一致,若不一致说明水温传感器或线路有故障。如果读取的数据为-40 ℃或 140 ℃说明水温传感器或线路存在断路或短路故障。

(二)在线的检测

1. 测量冷却液温度传感器电源电压

关闭点火开关,拔下进气温度传感器插头,将点火开关至 ON 位,用万用表检测进气温度传感器插头 1 号端子与搭铁之间电压,电压应为 5 V 左右。如果检测结果不符合要求,说明水温传感器线束断路或 ECU 内部元件损坏。

2. 测量冷却液温度传感器信号电压

连接冷却液温度传感器连接器。启动发动机,检测信号线端子电压应在 0~4.5 V。当发动机工作时，冷却液温度高时电压低，温度低时电压高。表 2-1 为冷却液温度传感器变化表。如果检测结果不符合要求，说明水温传感器线束断路或 ECU 内部元件损坏。

表 2-1 冷却液温度传感器变化表

温度（℃）	电压（V）	电阻（Ω）
0	2.39~2.93	5 900
10	1.94~2.37	3 700
20	1.51~1.84	2 500
30	1.42~1.61	1 700
40	0.88~1.08	1 200
50	0.66~0.80	840
60	0.50~0.61	600
70	0.38~0.46	430
80	0.29~0.35	325
90	0.22~0.26	247

3. 传感器线束检测

关闭点火开关，断开冷却液温度传感器插接，断开 ECU 连接器，用万用表 200 Ω 挡检测传感器信号端 2 至 ECU 插座连接器端子 B120 的电阻值，此值应小于 1 Ω；检测传感器信号端 1 至 ECU 插座连接器端子 B119 的电阻值，此值应小于 1 Ω。如果检测结果不符合要求，说明水温传感器线束有故障。

4. 离线检测传感器电阻值

取下传感器，将水温传感器的工作部分放入水中进行加热，测量 1 号和 2 号两端子之间的电阻值是否符合规定值（根据温度决定），若不符合，应更换传感器。冷却液温度传感器加热检测示意图如图 2-50 所示。

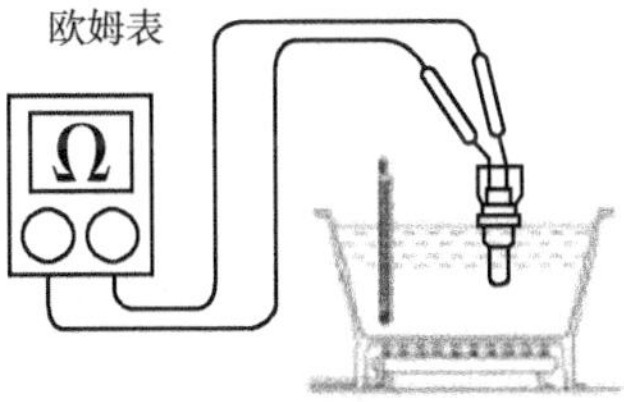

图 2-50 冷却液温度传感器加热检测示意图

（三）操作步骤

1. 做好汽车防护

（1）安装三件套、座椅套、方向盘套。

（2）安装汽车止滑三角木。

（3）接好尾气排放管。

2. 检查三液(图 2-51)

(1)检查机油、冷却液、制动液液位是否符合要求。

(2)检查蓄电池电压是否正常。

图 2-51　检查三液

3. 读取故障代码(图 2-52)

将故障诊断仪连接到诊断座 DLC3,打开点火开关并启动发动机,打开诊断仪,读取故障代码。

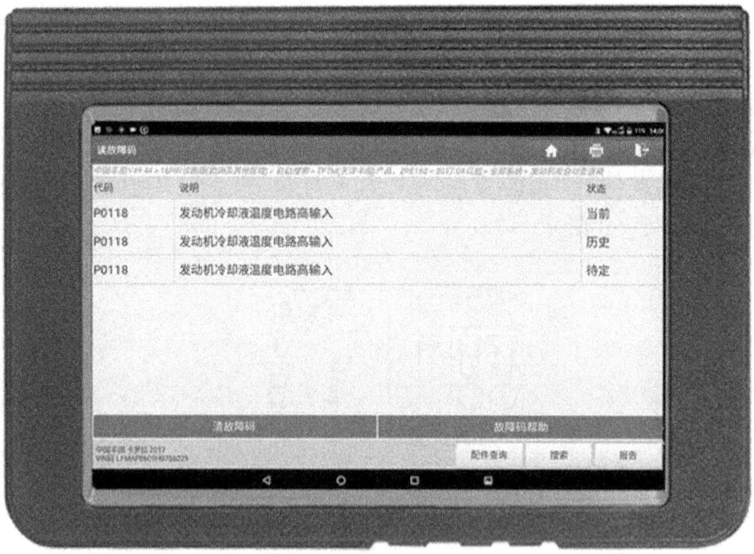

图 2-52　读取故障代码

4. 读取冷却液温度传感器数据流(图 2-53)

将故障诊断仪连接到诊断座 DLC3,打开点火开关并启动发动机,打开诊断仪。读取冷却液温度传感器的数据流。

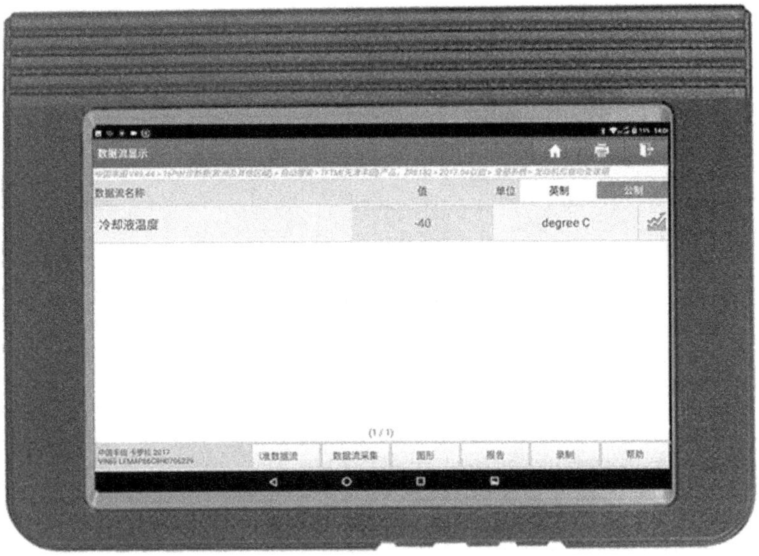

图 2-53 读取冷却液温度传感器数据流

5. 检测冷却液温度传感器电源电压(图 2-54)

关闭点火开关,拔下冷却液温度传感器插头,点火开关至 ON 位,用万用表检测冷却液温度传感器插头 2 号端子与搭铁之间电压,电压应为 5 V 左右。

图 2-54 检测冷却液温度传感器电源电压

6. 检测冷却液温度传感器电阻(图 2-55)

关闭点火开关,拔下冷却液温度传感器插头,用万用表检测进气温度传感器插头 1 号端子与 2 号之间电阻,电阻值应随温度变化而变化。水温度为 35 ℃时,电阻值约为 0.62 kΩ。

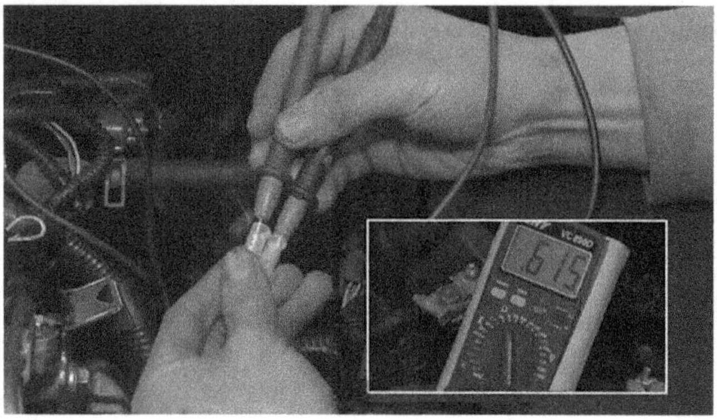

图 2-55　检测冷却液温度传感器电阻

7. 检测冷却液温度传感器搭铁线路（图 2-56）

关闭点火开关，拔下冷却液温度传感器插头，用万用表检测冷却液温度传感器插头 1 号端子与搭铁之间的电阻，电阻值应小于 1 Ω。

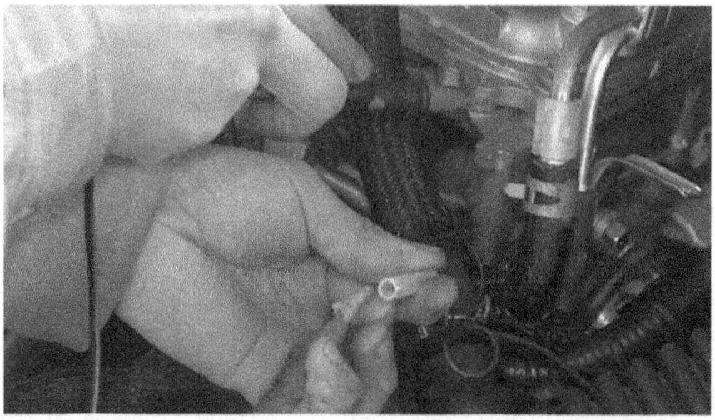

图 2-56　检测冷却液温度传感器搭铁线路

8. 检测冷却液温度传感器信号线路（图 2-57）

检测冷却液温度传感器插头 2 端子与发动机 ECU 对应端子的电阻，电阻值应小于 1 Ω。

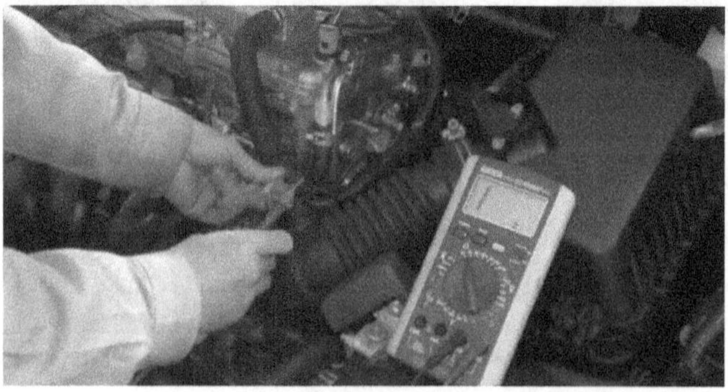

图 2-57　检测冷却液温度传感器信号线路

9. 更换冷却液温度传感器

如确认冷却液温度传感器故障，需按维修手册要求更换相应传感器。

10. 整理工具

按汽车维修操作规范整理清洁工位。

任务 5　缸内喷射燃油系统构造与检修

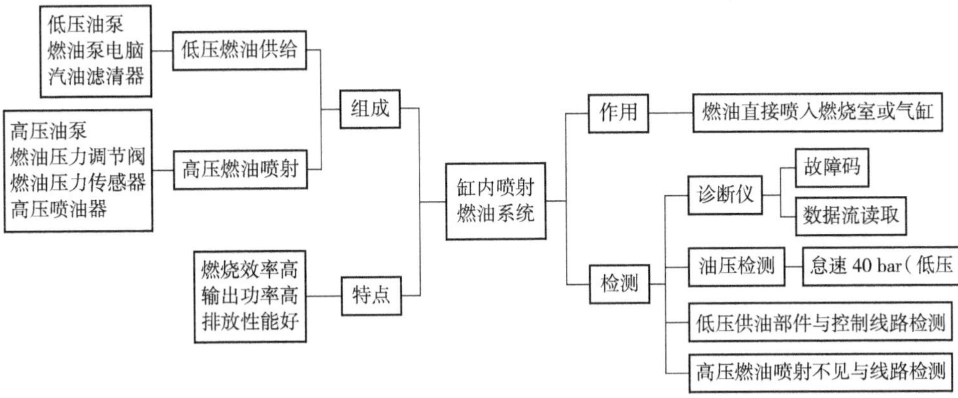

思维导图

对于一款汽油发动机而言，关键步骤在于将汽油精准送入气缸，与空气进行充分混合，形成一种可以燃烧的混合气体。只有在混合气体得到充分燃烧的情况下，这款发动机才能释放出强劲的动力，为汽车提供足够的动力支持。

回顾历史，可燃混合气的形成经历了化油器、单点电喷、多点电喷等技术阶段。每一个阶段都代表了发动机技术的一次重要进步，为汽车行业带来了更高效、更环保的动力解决方案。如今，可燃混合气技术已经迈入了一个全新的时代——直喷时代。

在直喷时代，一汽大众迈腾 1.8TSI 轿车选择采用直喷发动机。这款发动机在技术上具有领先优势，可以更高效地将汽油与空气混合，形成可燃混合气。这不仅提高了汽车的燃烧效率，降低了排放污染，还为汽车提供了更为强劲的动力。可以说，一汽大众迈腾 1.8TSI 轿车凭借直喷发动机，为用户带来了更优质的驾驶体验。

一、了解缸内直喷发动机

直喷发动机，全称为直接喷射式发动机，其工作原理就是将燃油直接喷射到发动机的燃烧室或气缸内部。直喷发动机示意图如图 2-58 所示。这种发动机的设计核心在于其高压喷油系统，这个系统的主要职责就是通过精密的控制，将燃油以极高的压力直接喷射到燃烧室或气缸中。

直喷发动机的追求目标非常高，首先，要实现燃油燃烧的高效率，以达到超低的燃油消耗率。与此同时，还要保证发动机具有更高的输出功率，以满足各种复杂路况和驾驶需求的动力供给。此外，还要注重提高发动机的排放性能，以符合越来越严格的环保标准。总的来说，直喷发动机追求的是效率与环保的双重兼顾，提供更加优秀的驾驶体验。

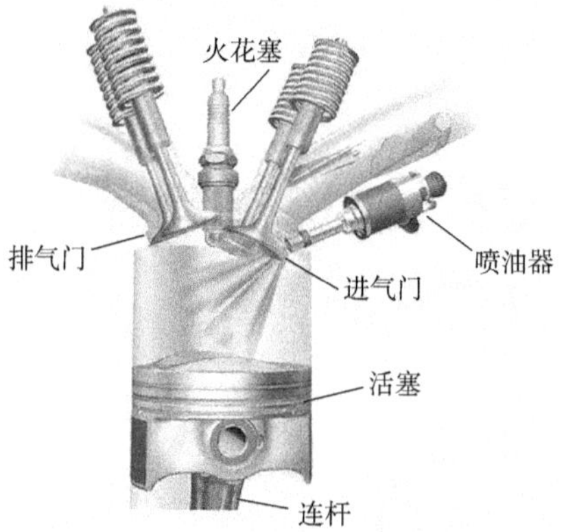

图 2-58　直喷发动机示意图

二、缸内直喷发动机分类型

目前，直喷技术主要分为两大阵营：一个是日本三菱的 GDI 发动机；另一个是大众的 TSI 发动机。

1. GDI 缸内汽油直喷发动机

GDI 发动机（图 2-59）是将燃油直接喷入气缸，利用缸内气流和活塞表面的燃料雾化效果达到燃烧的目的。

GDI 发动机与一般汽油发动机的主要区别在于汽油喷射的位置。目前一般汽油发动机上所用的汽油电控喷射系统，是将汽油喷入进气歧管或进气管道上，与空气混合成混合气后再通过进气门进入气缸燃烧室内被点燃做功；而 GDI 缸内喷注式汽油发动机顾名思义是在气缸内喷注汽油，它将喷油嘴安装在燃烧室内，将汽油直接喷注在气缸燃烧室内，空气通过进气门进入燃烧室与汽油混合，混合气被点燃做功。

GDI 发动机在工作的均匀性及全负荷下的性能方面都有极佳的表现，能使汽油机的冷车工作不稳定性问题得到显著改善。

图 2-59　GDI 发动机

2. TSI 带机械增压与涡轮增压的燃油分层喷射缸内直喷发动机

TSI 是指双增压(涡轮增压器+机械增压器)加分层喷射技术。其中 T 指双增压，S 指分层，I 指喷射。TSI 比 FSI 更先进，属于大功率、低转速大扭矩的发动机。TSI 发动机实物图如图 2-60 所示。

大众公司在国内中低档量产车采用的 TSI 技术实际上为涡轮增压器+燃料分层喷射等同于 TFSI(涡轮增压)，而非双增压器燃料分层喷射。

TSI 燃油直喷技术在同等排量下实现了发动机动力性和燃油经济性的完美结合，是当今汽车工业发动机技术中最为成熟、最先进的燃油直喷技术，引领了汽油发动机的发展。

图 2-60　TSI 发动机

三、缸内直喷发动机燃油系统组成

缸内直喷发动机燃油系统(图 2-61)由低压燃油系统、高压燃油系统两大部分组成。

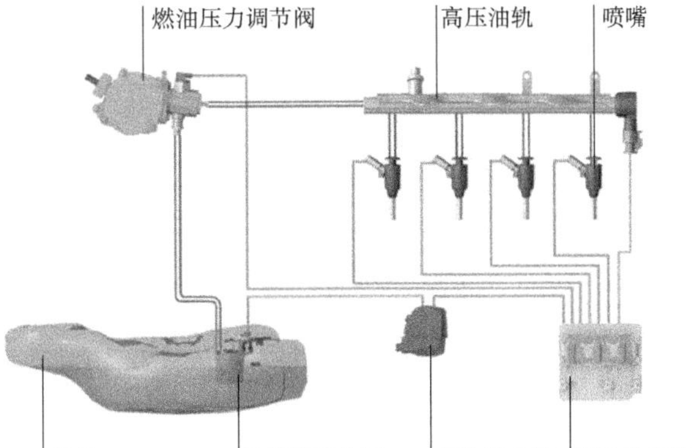

图 2-61　直喷发动机燃油系统组成

低压燃油系统包括低压油泵、燃油泵电脑、汽油滤清器等，与缸外喷射发动机燃油供给系统大致相同。高压燃油系统包括高压油泵、燃油压力调节阀、燃油压力传感器、高压喷油器（喷嘴）等。燃油首先由低压油泵建立压力，然后经过高压油泵加压，并经过燃油压力调节阀对高压进行调节以符合工况需要，最终通过高压喷油器喷入气缸。

下面介绍缸内直喷发动机燃油系统主要部件。

1. 高压燃油泵

高压燃油泵通常由排气凸轮轴或进气凸轮轴驱动，安装在凸轮轴的中部位置或后端位置。高压燃油泵外部结构如图 2-61 所示。

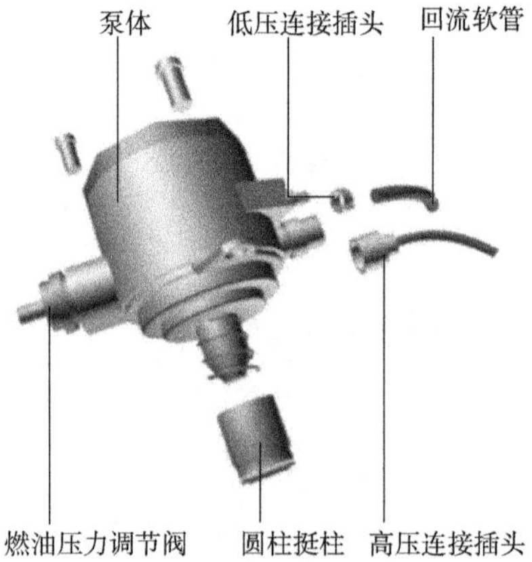

图 2-61　高压燃油泵外部结构

高压燃油泵的工作过程（图 2-62）分为三个行程，即吸油行程、回油行程、泵油行程。高压油泵处于吸油行程时，依靠活塞下行提供吸力，此时进油阀是打开的，这样就能吸油了。回油行程就是让多余的燃油重新回到低压端，所以进油阀门在活塞刚开始向上运行时还是打开的。在泵油行程初期，活塞上行在泵腔内产生压力，当压力超过油轨内的压力时，出油阀打开，燃油被泵入油轨。

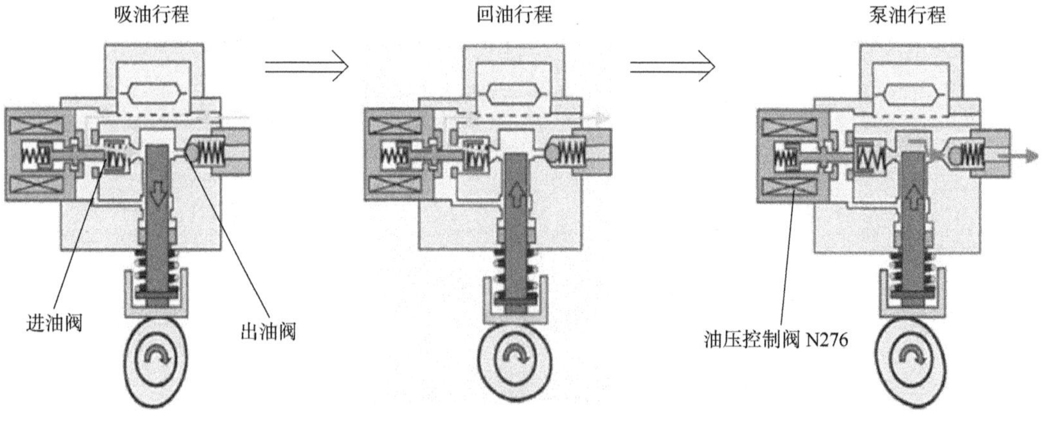

图 2-62　高压燃油泵工作过程示意图

2. 燃油压力调节阀

如图 2-61 所示，燃油压力调节阀安装在高压泵的侧面，作用是控制进入油轨的油压。发动机电控单元通过脉宽调制信号对其进行控制。

3. 燃油压力传感器

燃油压力传感器安装在油轨一端，作用是监控油轨内的燃油压力，依此来调整燃油压力。其结构如图 2-62 所示，它的核心就是一个钢膜，在钢膜上镀有应变电阻，要测的压力经压力接口作用到钢膜的一侧时，由于钢膜弯曲，就引起应变电阻的阻值发生变化。应变电阻阻值的变化转换成电压信号传给发动机控制单元，发动机控制单元根据这个信号，调节燃油压力调节阀来控制油轨内的燃油压力。

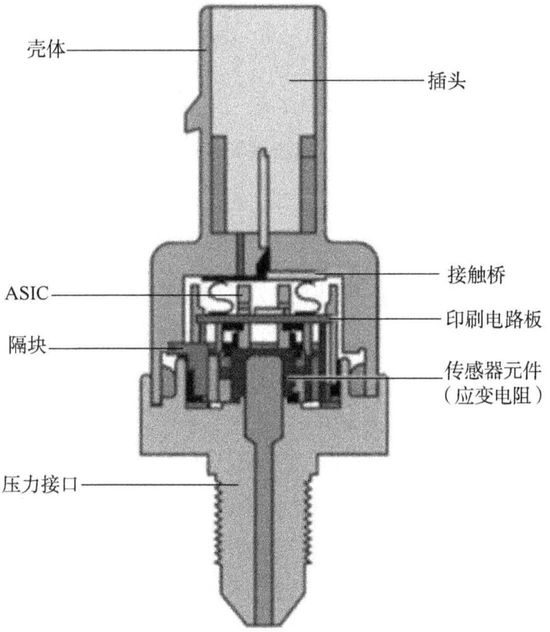

图 2-62 燃油压力传感器结构图

4. 高压喷油器

高压喷油器的作用是接受 ECU 送来的喷油脉冲信号，精确地控制燃油喷射量，将燃油分别喷入每个气缸中。其结构与传统喷油器相似，由孔式喷油嘴、液压伺服系统（控制活塞、控制量孔等）、电磁阀等组成。

电磁喷油器工作过程如图 2-63 所示，当喷油器电磁阀未被触发时，喷油器关闭，泄油孔也关闭，小弹簧将电枢的球阀压向回油节流孔上，在阀控制腔内形成共轨高压。同样，在喷油腔内也形成共轨高压，共轨压力对控制柱塞断面的压力和喷嘴弹簧的压力与高压燃油作用在针阀锥面上的开启力保持相互平衡，使针阀保持关闭状态。

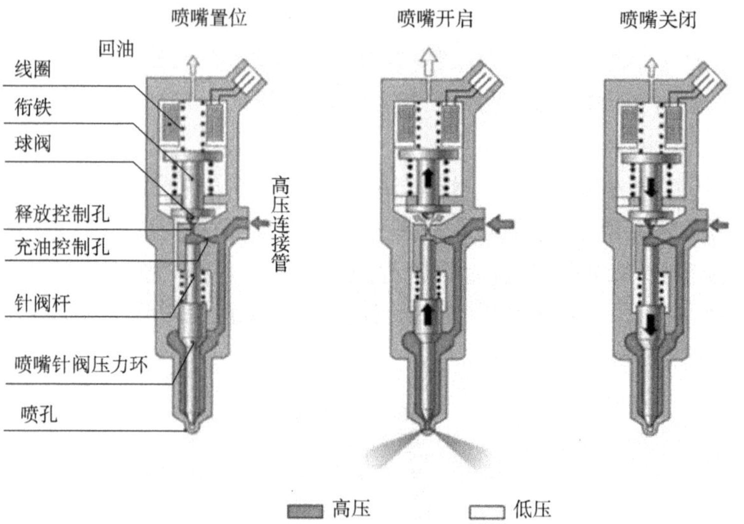

图 2-63 高压喷油器工作过程示意图

四、燃油喷射系统故障检修

如果直喷发动机电控燃油喷射系统出现故障，首先用故障诊断仪进行故障与数据流读取，然后进行油压检测、低压燃油供给与高压燃油喷射部件与控制线路检测，最终排除故障。

1. 检测油压

（1）正常怠速时油压应为 40 bar。

（2）检测低压油泵油压：额定值应为 6~8 bar。

（3）检查保持压力：检测 10 min 后的油压应至少为 3.75 bar。

2. 检测油泵控制单元及油泵

（1）测量燃油泵控制单元的工作电压，应为电源电压。检查燃油泵控制单元接地线与车身搭铁之间的电阻应小于 0.5 Ω。

（2）检测油泵电机线圈电阻应为 1~2 Ω。

3. 检测燃油压力传感器

（1）燃油压力传感器数据流测量数据流，怠速时约为 40 bar，踩下加速踏板油压相应上升。

（2）燃油压力传感器线路的检测（图 2-64）。

①检测电源电压：检测电源线（1 号端子）的电压应为 5 V。

②检测燃油压力传感器的输出信号电压（2 号端子）应在 0~5 V。

③检测燃油压力传感器线路电阻，检测燃油压力传感器与发动机 ECU 对应端子的电阻应小于 1 Ω。检测燃油压力传感器接地线（3 号端子）与车身的电阻应小于 1 Ω。

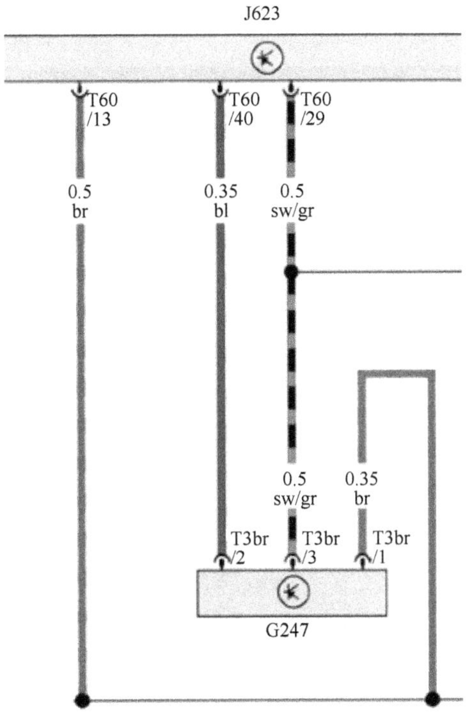

图 2-64　燃油压力传感器线路图

4. 检测油压调节阀

（1）将点火开关置于 ON 挡位，检测油压调节阀 1 脚为电源电压。检测油压调节阀电磁线圈的电阻应符合规定值。测量电磁阀与电控单元相连的搭铁线的电阻，应小于 1 Ω。

（2）利用诊断仪执行元件功能测试，选择燃油压力调节阀，应能听见电磁阀“嗒嗒”的声音，同时用手触摸电磁阀有振动。

5. 检测高压喷油器（喷嘴）

（1）将点火开关置于 ON 挡位，高压喷油器的工作电压，应为电源电压。

（2）将点火开关置于 OFF 挡位，拔下高压喷油器连接器，用万用表检测高压喷油器的线圈电阻应为 13~16 Ω，应符合规定值。测量高压喷油器与电控单元相连的搭铁线的电阻，应小于 1 Ω。

（3）利用诊断仪执行元件功能测试，选择高压喷油器，应能听见高压喷油器“嗒嗒”的声音，同时用手触摸该阀应有振动。

（二）操作步骤

1. 车辆防护、常规检查

（1）放置好车轮挡块，安装三件套（翼子板、地板垫、方向盘套），拉紧手刹。

（2）检查机油、冷却液、制动液液位是否符合要求。

（3）检查电瓶电压，应正常。

2. 故障诊断仪测量燃油压力传感器数据流（图 2-65）

将故障诊断仪连接到诊断座 DLC3，打开点火开关，打开诊断仪，测量数据流，怠速时约为 40 bar，踩下加速踏板油压相应上升。

图 2-65　故障诊断仪测量燃油压力传感器数据流

2. 万用表检测电源电压（图 2-66）

断开燃油压力传感器连接器，将点火开关置于 ON 位置，将万用表旋转开关置于直流电压挡，检测燃油压力传感器 1 端的供电压应为 5 V 左右。

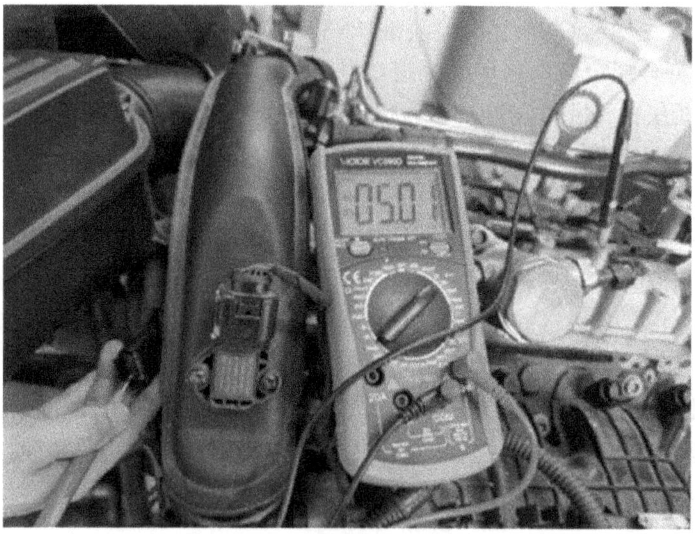

图 2-66　万用表检测电源电压

3. 检测燃油压力传感器输出信号（图 2-67）

断开点火开关，连接燃油压力传感器连接器，将点火开关置于 ON 位置，将万用表旋转开关置于直流电压挡，检测信号电压为 0~4.5 V。

图 2-67　检测燃油压力传感器输出信号

4. 检测燃油压力传感器线路电阻（图 2-68）

断开点火开关，断开燃油压力传感器连接器，检测燃油压力传感器与发动机 ECU 对应端子的电阻应小于 0.5 Ω。检测燃油压力传感器线路接地端与车身的电阻应小于 0.5 Ω。

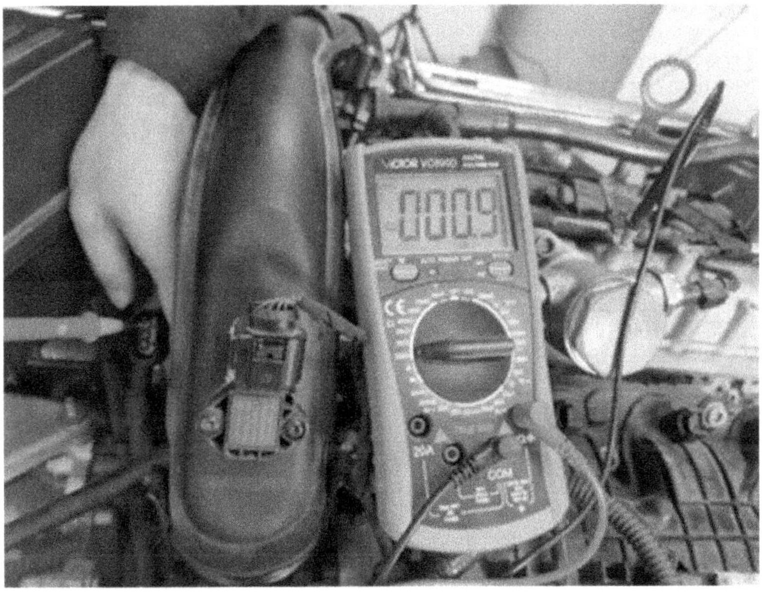

图 2-68　检测燃油压力传感器线路电阻

5. 更换

如确定燃油压力故障，需按维修手册要求更换相应传感器。

6. 整理工具

按汽车维修操作规范整理清洁工位。

项目三 进气控制系统构造与维修认知

进气系统的主要职责是过滤大气中的空气，并根据发动机的负荷需求，提供相应量的清洁空气。具体而言，当发动机负荷增大时，进气系统会相应增加供气量，以满足发动机的需求；反之，当发动机负荷减小时，供气量会相应减少。一个状态良好的进气系统是确保发动机顺畅运行的关键因素。一旦进气系统出现阻塞、泄漏等故障，将直接导致进气量与发动机负荷之间的不匹配，进而引发发动机运转不良的问题。

当发动机出现动力不足、怠速不稳等现象时，往往需要对进气系统进行检查、维修。本项目主要介绍汽油发动机进气系统主要元件的检测与维修方法。

任务1 进气控制系统的认识

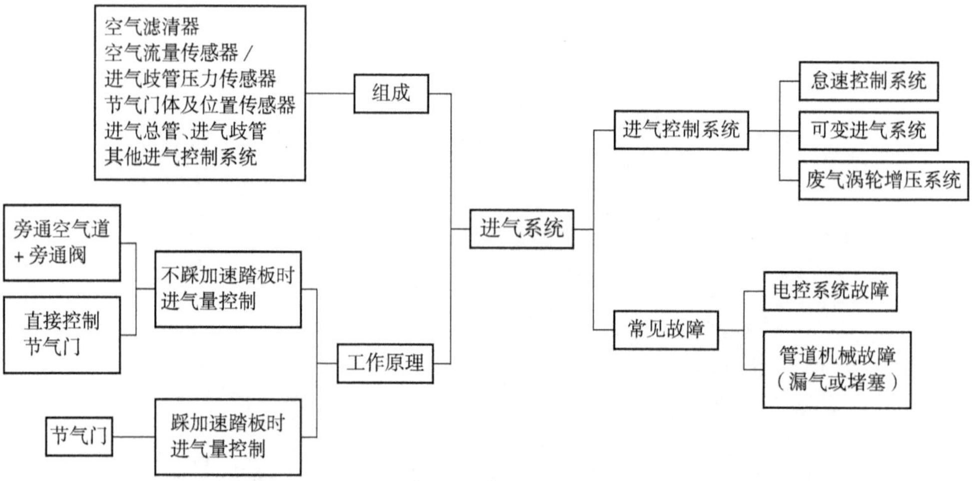

思维导图

一、进气系统的组成

进气系统的功用是根据发动机的工作状态提供适量的清洁空气，同时向 ECU 传递空气流量信息，并根据 ECU 的指令完成空气流量的调节。进气系统是内燃机（特别是汽油发动机）中至关重要的一个子系统，其设计和功能直接关系到发动机的性能、燃油经济性和排放水平。进气系统主要由空气滤清器、空气流量传感器 / 进气歧管压力传感器、节气门体、节气门位置传感器、怠速控制装置、进气总管、进气歧管等组成，如图 3-1 所示。

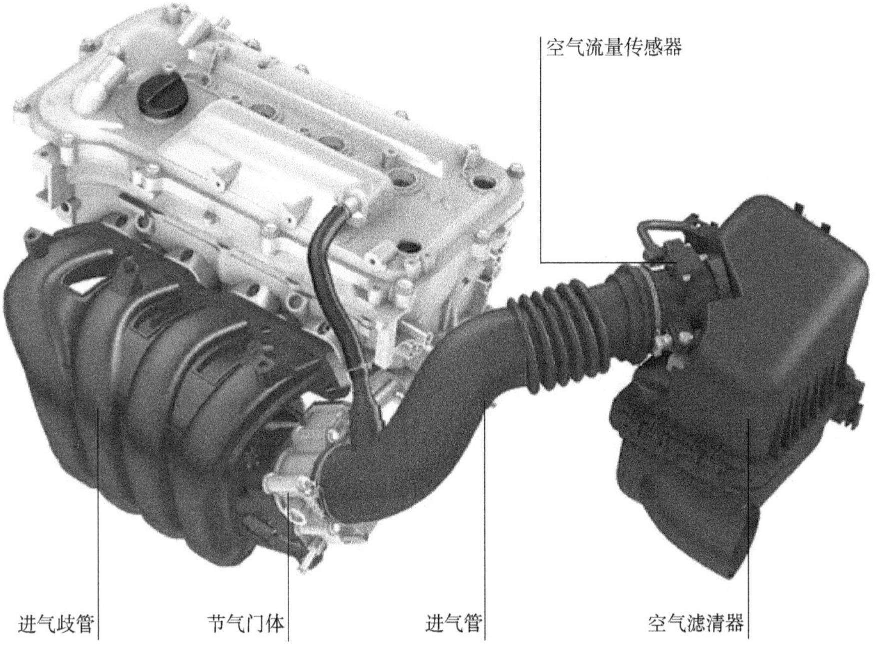

图 3-1　进气系统组成

1. 空气滤清器

（1）功用：位于进气系统的最前端，主要功能是过滤进入发动机的空气，去除空气中的尘埃、沙粒、昆虫等杂质，确保进入气缸的空气是清洁的，防止发动机内部零件的磨损，特别是气门、气缸壁和活塞环等精密部件的磨损。

（2）构造：通常由纸质滤芯、金属外壳和进出气管道组成。滤芯材质多为高效过滤纸，能够有效阻挡微小颗粒。

2. 空气流量传感器／进气歧管压力传感器

（1）功用：用于测量进入发动机的空气流量或进气歧管内的压力变化，并将这些信息转化为电信号发送给发动机控制单元（ECU）。ECU 根据这些信息调整燃油喷射量，以实现最佳的空燃比，提高燃烧效率。进气歧管压力传感器则通过测量歧管内的绝对压力来反映发动机的负荷情况。

（2）类型：空气流量传感器有多种类型，如热线式、热膜式、涡流式等。

3. 节气门体

（1）功用：控制发动机进气量的关键部件，内部装有节气门阀片。ECU 通过控制节气门的开度来调节进入发动机的空气量，从而改变发动机的输出功率和转速。

（2）构造：包括节气门阀片、节气门轴、节气门位置传感器等。节气门位置传感器实时监测节气门的开度，并将这一信息反馈给 ECU。

4. 节气门位置传感器

功用：专门用于检测节气门阀片的开启角度，并将这一位置信息转换为电信号发送给 ECU。ECU 根据这一信息以及其他传感器信号（如发动机转速、车速等）精确控制发动机的燃油喷射、点火时刻，以实现最佳的运行状态。

5. 怠速控制装置

（1）功用：在发动机怠速运行时，用于调节进入发动机的空气量，以维持稳定的怠速转速。这有助于减少怠速时的振动和噪声，提高驾驶舒适性。

（2）工作原理：ECU 根据发动机的实际怠速转速与目标怠速转速的差值，控制怠速控制阀的开度，从而调整进入发动机的空气量。

6. 进气总管与进气歧管

（1）功用：进气总管负责将经过滤清和计量的空气输送到进气歧管，而进气歧管则将空气分配到各个气缸的进气门处。它们共同构成了发动机进气的通道。

（2）构造：进气总管和进气歧管通常由轻质材料制成（如铝合金），以减少重量和提高发动机响应速度。进气歧管的设计还会考虑到气流分布的均匀性，以确保每个气缸都能获得等量的空气供应。

二、进气系统的工作原理

进气系统的工作是一个复杂而精细的过程，它涉及空气的滤清、流量的测量、节气门的控制以及空气的分配等多个环节。这些环节相互协作，共同为发动机提供适量的、清洁的空气，以满足发动机在不同工况下的需求。同时，进气系统还通过向 ECU 传递空气流量信息等方式，与发动机的燃油喷射系统、点火系统等其他子系统保持紧密的联系与配合，以实现发动机的高效、稳定运行。

1. 空气滤清

当发动机工作时，外界空气首先进入空气滤清器。空气滤清器的主要作用是过滤掉空气中的尘埃、沙粒、昆虫等杂质，确保进入发动机的空气是清洁的。这有助于防止发动机内部零件，特别是气门、气缸壁和活塞环等精密部件的磨损。清洁后的空气持续供应，让发动机能“干干净净做事”，保障发动机长期可靠运行。被过滤后的清洁空气经过空气流量传感器（L 型电控发动机，D 型电控发动机则为进气歧管压力传感器，也有发动机同时配备空气流量传感器以及进气歧管压力传感器，如马自达 6）、节气门、进气总管、进气歧管进入各气缸。

2. 空气流量测量

经过滤清的空气继续流经空气流量传感器或进气歧管压力传感器。这些传感器负责测量进入发动机的空气流量或进气歧管内的压力变化，并将这些信息转化为电信号发送给发动机控制单元（ECU）。ECU 根据这些信息来调整燃油喷射量，以实现最佳的空燃比，提高燃烧效率。L 型电控发动机采用空气流量传感器来检测空气流量，而 D 型电控发动机则采用进气歧管绝对压力传感器来检测空气流量，也有车型同时采用空气流量传感器和进气歧管绝对压力传感器来检测空气流量。空气流量受节气门开度的控制，而节气门开度又由驾驶员通过加速踏板（俗称油门踏板）控制。驾驶员踩下加速踏板时，节气门开度增大，空气流量加大，发动机功率增大；反之，发动机功率减小。

3. 节气门控制

空气通过节气门体进入发动机。节气门体内部装有节气门阀片，其开度由 ECU 控制。

驾驶员通过油门踏板向 ECU 发送指令，ECU 根据指令调整节气门开度，从而控制进入发动机的空气量。节气门开度的变化会直接影响发动机的进气量和输出功率。当发动机处于运行状态，不踩加速踏板时，发动机的进气量控制方式有两种情况。一种是节气门全部关闭，采用旁通阀控制节气门旁的旁通空气道的空气流量（图 3-2）；另一种是无旁通阀，由 ECU 通过怠速电机或全程电机，直接控制节气门位置来控制空气流量（图 3-3）。

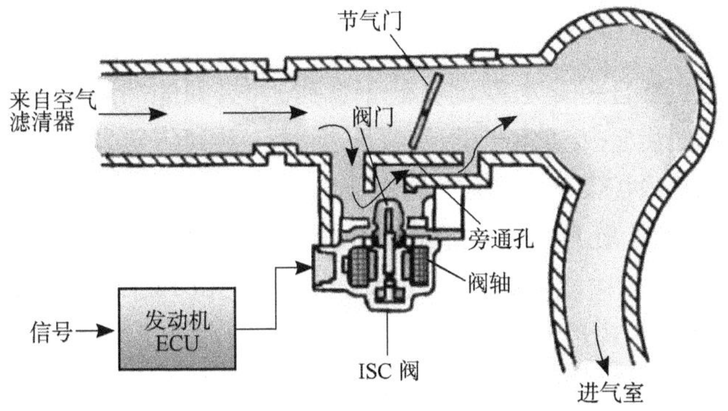

图 3-2　旁通空气道式进气系统示意图

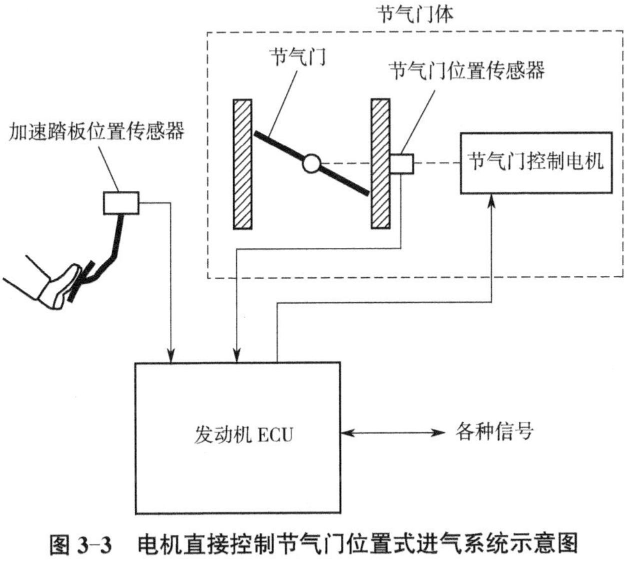

图 3-3　电机直接控制节气门位置式进气系统示意图

4. 怠速控制

在发动机怠速运行时，怠速控制装置（如怠速控制阀）会根据 ECU 的指令调节进入发动机的空气量，以维持稳定的怠速转速。这有助于减少怠速时的振动和噪声，提高驾驶舒适性。

5. 空气分配

经过节气门调节的空气进入进气总管，再通过进气歧管分配到各个气缸的进气门处。进气歧管的设计会考虑到气流分布的均匀性，以确保每个气缸都能获得等量的空气供应。

这样，每个气缸的燃烧过程都能保持一致，从而提高发动机的整体性能和稳定性。

三、进气控制系统

进气控制系统是现代内燃机技术中不可或缺的一部分，它通过对进气量的精确控制，优化发动机在不同工况下的性能表现，包括怠速稳定性、动力响应、燃油经济性和排放控制等方面。

1. 怠速控制系统

怠速控制系统的主要任务是在发动机处于怠速工况，即油门踏板完全松开，发动机不对外输出功率且维持最低稳定转速运行的状态下，通过一系列传感器和执行器的协同工作，实现对发动机进气量的精确控制，以确保发动机能够以最佳的怠速状态稳定运行。

工作原理：怠速控制系统首先通过水温传感器、发动机转速传感器等多种传感器收集发动机的运行状态信息。这些信息被传输到发动机控制单元（ECU），ECU根据预设的算法和逻辑，计算出当前工况下所需的怠速进气量。随后，ECU通过控制怠速控制执行器（如怠速空气控制阀IACV、步进电机等）来调节节气门旁通通道的开度，从而改变进入发动机的空气量，使发动机怠速转速稳定在设定值附近。

优势与效果：怠速控制系统的应用显著提高了发动机的怠速稳定性，减少了怠速时的振动和噪声，提升了驾驶舒适性。同时，怠速控制系统还能根据发动机负荷的变化（如开启空调）自动调整怠速转速，确保发动机在各种工况下都能保持稳定的运行状态。

2. 可变进气系统

可变进气系统是一种旨在提高发动机进气效率，从而增强发动机动力性和燃油经济性的技术。其通过改变进气道的形状、长度或气门的工作特性，以适应发动机在不同转速和负荷下的进气需求，主要分为以下几种系统类型。

（1）可变气门正时系统（VVT）：通过调整气门开启和关闭的时间点（即气门正时）来改变气缸内的进气量和排气效率。在低转速时，延迟进气门关闭时间以增加进气量；在高转速时，提前关闭进气门以减少气缸内的残余废气量，从而提高充气效率。

（2）可变气门升程系统（VVL）：通过改变气门开启的升程大小来调节进入气缸的空气量。在低负荷时，减小气门升程以减少进气量，降低泵气损失；在高负荷时，增大气门升程以增加进气量，提高发动机功率。

（3）可变截面进气系统：通过改变进气道的截面大小来优化不同转速下的进气气流速度。在低转速时，减小进气道截面以增加进气速度，提高充气效率；在高转速时，增大进气道截面积以减少进气阻力，确保足够的进气量。

（4）可变长度进气系统：通过改变进气歧管的长度来适应不同转速下的进气谐振效应。通过调整进气歧管的长度，可以使发动机在特定转速范围内获得最佳的进气谐振效果，从而提高进气效率和发动机性能。

3. 废气涡轮增压系统

废气涡轮增压系统利用发动机排放的废气能量驱动涡轮旋转，进而压缩进气。它通过提高进气密度和进气量，显著提高了发动机的输出功率和扭矩。

工作原理：废气涡轮增压系统由涡轮机、压气机和中间体（包括轴承和密封装置）组成。

涡轮机与排气歧管相连,当发动机排气时,高温高压的废气推动涡轮机叶片旋转;压气机与进气歧管相连,涡轮机通过中间体带动压气机叶片旋转,将进气压缩后送入气缸。

优势与效果:能够显著提高发动机的进气压力和密度,使更多的空气进入气缸参与燃烧,在不增加发动机排量的情况下提高发动机的输出功率和扭矩;能改善发动机的燃油经济性,因为更高的进气压力和密度有助于燃油更充分的燃烧,减少燃油的浪费有效降低发动机的排放水平,促进燃油的完全燃烧。

四、进气系统故障与检修

进气系统常见的故障,大致分成两类:一类是电控系统部分故障;另一类是进气管道机械部分故障。

(一)进气系统的电控系统故障检修

电控系统部分的故障,主要是与进气控制系统相关的传感器和执行器电路的故障,当此类故障出现时,一般都会有故障代码(存储于发动机电脑中),此时需要对电控系统进行检修。一般在出现故障现象后,首先通过诊断仪连接发动机 ECU,读取故障代码。如果存在相关故障代码,则按故障代码指示的内容检修。如果没有发现相关故障代码,则需要进一步读取发动机运行状态数据流,必要时读取信号波形图,然后与维修手册标准值进行对比,从而发现异常数据并检修。如果电控系统检查并没有发现异常,则检查发动机机械部分。

(二)进气系统机械故障检修

进气管道机械部分的故障,主要是气体泄漏和阻塞。漏气故障通常发生在节气门体之后的进气管、进气歧管等与其他部件的结合处,一般是由于密封垫片失效所致。此时需要找出漏气点,随后视故障情况进行紧固或更换作业。图 3-4 黑色箭头指示位置为丰田卡罗拉进气系统需要检查的漏气点。

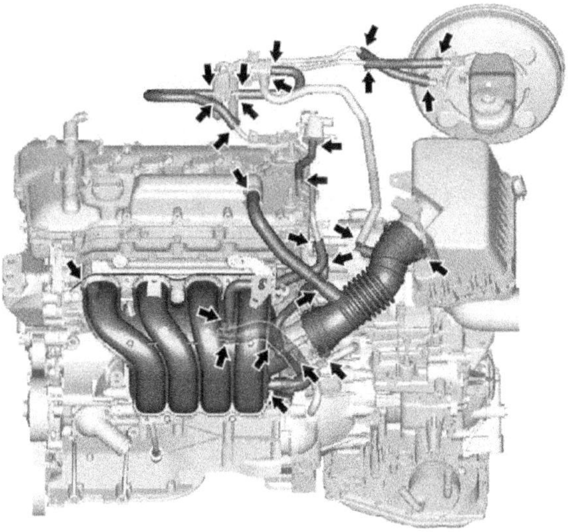

图 3-4　进气系统漏气点检查位置图

（三）进气系统漏气检查

进气系统漏气检查操作步骤如下。

1. 车辆常规检查

（1）放置好车轮挡块，安装 5 件套（车身外部防护罩、地板垫、方向盘套、座椅套、换挡杆套），确认驻车制动拉紧。

（2）检查机油、冷却液、制动液位是否符合要求。

（3）检查电瓶电压，应正常。

2. 拆卸发动机盖罩

拆卸发动机盖罩。

3. 检查进气管路泄漏情况（图 3-5）

（1）检查并按压空气滤清器软管总成是否有破损或裂纹，连接是否可靠。

（2）检查通风软管是否有破损或裂纹，连接是否牢靠。

（3）检查制动助力器真空软管有无泄漏。

（4）检查 PCV 阀软管表面有无皲裂、老化、断裂等问题。

（5）检查各连接软管的卡箍位置是否正确，卡箍是否完好，是否存在松动问题。

（6）目测检查进气歧管有无裂纹、破损。

（7）目测检查节气门体衬垫处、进气歧管衬垫处，是否有破损、泄漏问题。

图 3-5　检查进气管路泄漏情况

4. 检查空气滤清器（图 3-6）

检查空气滤清器滤芯中是否有灰尘、积聚微粒或者破裂。若滤芯过脏，应及时清洁；若空气滤清器滤芯已经达到使用里程或损坏等，则需更换新的空气滤清器滤芯。

图 3-6　检测空气滤清器

5. 整理工具，清洁场地

按汽车维修操作规范整理工具，清洁场地。

任务 2　空气流量传感器结构原理及检测

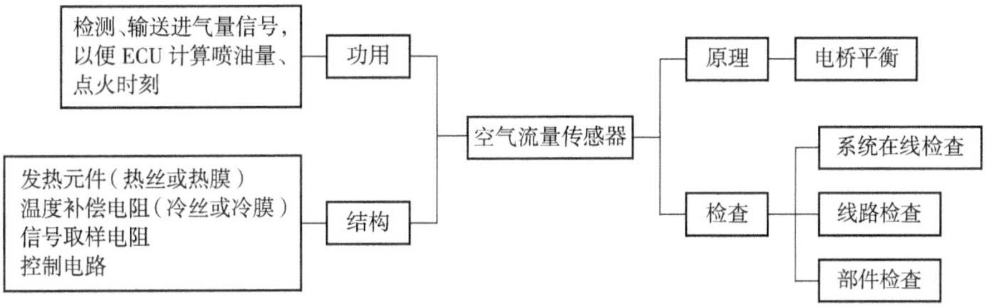

思维导图

一、空气流量传感器

空气流量传感器是电喷发动机的关键感应器之一，安装在空气滤芯和进气口塑料软管之间。它的主要功能是采集发动机进气量信息，检测发动机气缸的进气量，并将吸入的空气流量转换成电信号送至电控单元（ECU）。这一信号是 ECU 计算喷油量的主要依据之一，对于确保发动机在各种工况下都能获得最佳浓度的混合气至关重要。

通过精确测量进气量，空气流量传感器有助于 ECU 根据实际需求调整喷油量，从而实现发动机性能的优化。这不仅可以提高发动机的动力性和经济性，还能减少污染物的排放。

如果空气流量传感器或其线路出现故障，ECU 将无法得到准确的进气量信号，从而无法正常进行喷油量的控制。这将导致混合气过浓或过稀,使发动机运行异常。因此,空气流量传感器也是发动机故障检测与诊断系统中的重要组成部分。L 型电控发动机采用空气流量传感器来检测空气流量。空气流量传感器也称空气流量传感器(Mass Air Flow Sensor, MAF),通常安装在空气滤清器的后方,节气门的前方(图 3-7)。其功用是测量进入发动机的空气流量大小,并将空气流量信号转换成电信号输入发动机电控单元 ECU,以供 ECU 计算喷油时间(即喷油量)和点火时刻(点火提前角)。空气流量信号是发动机电控单元 ECU 计算喷油时间和点火时刻的主要依据,其变化对喷油量及点火时刻的影响如图 3-8 所示。

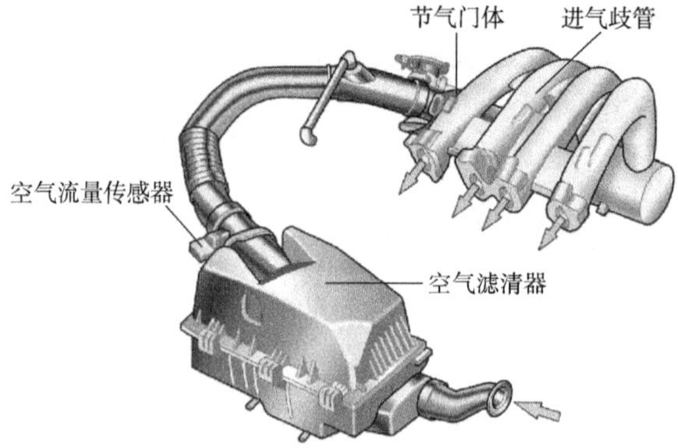

图 3-7　空气流量传感器在系统中的位置

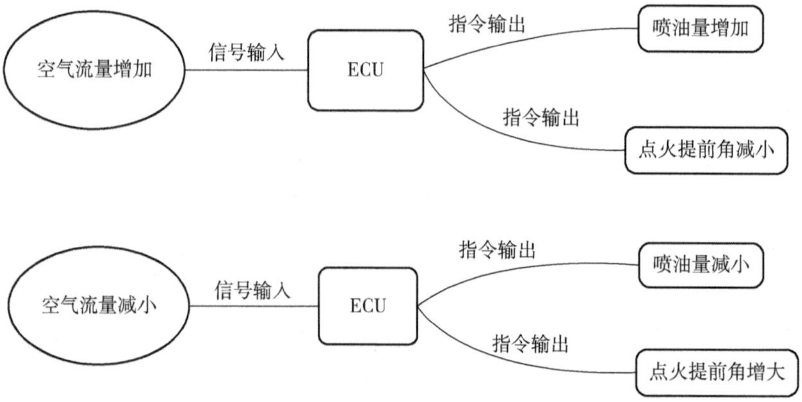

图 3-8　空气流量信号变化对喷油量及点火时刻的影响

二、空气流量传感器的结构

按结构和检测原理不同,空气流量传感器有翼片式、卡门涡流式、热线式、热膜式等。热线式与热膜式空气流量传感器是现代汽车电子控制系统中用于精确测量发动机进气量的重要传感器。它们的工作原理是基于热传递效应,通过测量空气流过加热元件时带走的热量间接计算空气流量。尽管热线式和热膜式在结构上略有不同,但它们的基本原理和工作方式是相似的。目前,绝大部分车型采用的是热线式空气流量传感器和热膜式空气流量传感器,两者的结构和工作原理基本相同。下面介绍热线式和热膜式空气流量传感器的结构组成和工作原理,其外形如图 3-9 所示。

(a)

(b)

图 3-9 热线式和热膜式空气流量传感器外观

(a)热线式空气流量传感器 (b)热膜式空气流量传感器

热线式与热膜式空气流量传感器主要由发热元件(热丝或热膜)、温度补偿电阻(冷丝或冷膜)、信号取样电阻和控制电路等组成,其结构如图 3-10、图 3-11 所示。

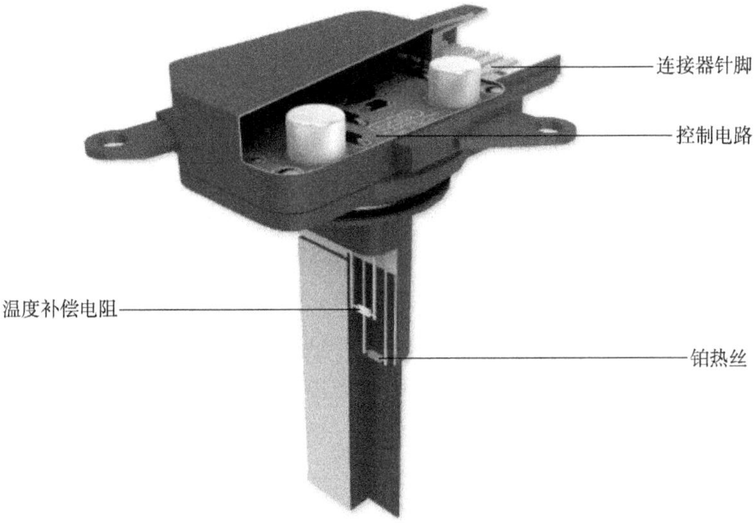

图 3-10 热线式空气流量传感器结构

1. 发热元件(热丝或热膜)

(1)热线式:使用一根细金属丝(通常为铂丝)作为发热元件,该金属丝被电加热后会保持恒定的温度。当空气流过热线时,会带走部分热量,导致热线温度下降。

(2)热膜式:与热线式不同,热膜式使用一层非常薄的金属膜(如铂膜)作为发热元件。这层膜被均匀地沉积在陶瓷基片上,并通过电流加热。与热线相比,热膜具有更大的表面积,能更快地响应空气流量的变化。

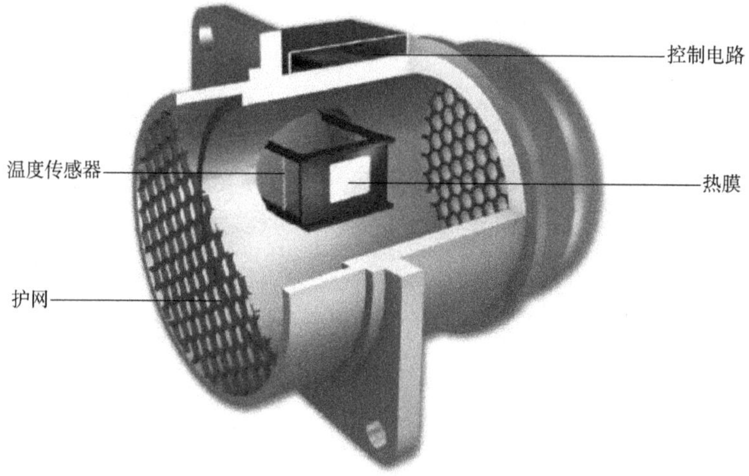

图 3-11　热膜式空气流量传感器结构

2. 温度补偿电阻（冷丝或冷膜）

为了确保测量的准确性，热线式或热膜式空气流量传感器还包含一个温度补偿电阻。这个温度补偿电阻（冷丝或冷膜）位于发热元件附近但不被直接暴露在空气流中，用于监测环境温度的变化。通过比较发热元件和温度补偿电阻的电阻值，可以消除因环境温度变化而引起的测量误差。

3. 信号取样电阻

信号取样电阻用于将发热元件的电阻变化（即温度变化）转换为电信号输出。当空气流过发热元件时，其电阻值会发生变化，这个变化通过信号取样电阻转换为电压或电流信号，然后传输给 ECU 进行处理。

4. 控制电路

控制电路负责向发热元件提供稳定的电流，并监测其电阻值的变化。同时，它还负责处理来自信号取样电阻的电信号，以及根据温度补偿电阻的信号对电路进行必要的调整，以确保测量的准确性。

三、空气流量传感器的工作原理

热膜式空气流量传感器采用热平衡原理来检测空气流量。如图 3-12 所示，发热元件电阻 R_h 处于电桥的一个臂上；温度补偿电阻 R_t 连同桥接电阻 R_1 处于电桥的一个臂上；精密电阻 R_S 处于电桥的一个臂上；桥接电阻 R_2 处于电桥的一个臂上。精密电阻 R_S 两端的电压为信号电压。

电桥各个臂的电流由控制电路 A 控制。电桥电压平衡时，控制电路供给热膜电阻的电流 I_h（I_h=50~120 mA）使其温度 T_h 保持恒定（T_h=120 ℃左右）。供给温度补偿电阻的电流使热膜电阻的温度 T_h 与温度补偿电阻的温度 T_r 之差保持恒定（$\Delta T=T_h-T_r$=100 ℃左右，一般 100~120 ℃）。

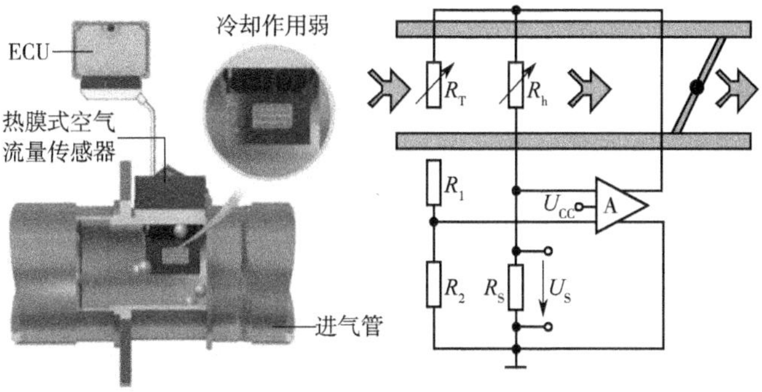

图 3-12　热膜式空气流量传感器工作原理

当发动机工作时，空气流经温度补偿电阻和热膜电阻时，热膜电阻和温度补偿电阻受到冷却，温度降低，阻值减小，此时电桥电压就会失去平衡。为使电桥重新恢复平衡状态，控制电路将增大供给热膜电阻的电流，使其温度保持恒定（120 ℃）。空气流量越大，为恢复电桥平衡所需增加的电流越多，从而在精密电阻 R_S 两端将输出一个与空气流量成比例增加的信号电压。

当进气温度变化时，热膜电阻的温度就会发生变化，测量进气量的精度就会受到影响。设置温度补偿电阻后，从电桥电路上可以看出，进气温度降低，热膜电阻上的电流增大，为了保持电桥平衡，温度补偿电阻上的电流应相应增大，以保证热膜电阻的温度与温度补偿电阻的温度之差保持恒定，使传感器测量精度不受进气温度变化的影响。

热膜式与热线式空气流量传感器的响应速度很快，能在几毫秒时间内反映出空气流量的变化。因此其测量精度不会受到进气气流脉动的影响（气流脉动在发动机大负荷、低转速运转时最为明显），此外其还具有进气阻力小、无磨损部件等优点。热膜式空气流量传感器的热膜面积远比热线大，并与热电阻制作在一起，因此不会因沾染污物而影响其测量精度。

四、热线式空气流量传感器电路图

图 3-13 为 2017 款丰田卡罗拉轿车 1ZR-FE 发动机上的热线式空气流量传感器与其他部件之间的连接电路。空气流量传感器端子 3（+B）为电源端子，其电源来自 EFI 主继电器；端子 5（VG）为信号端子，ECU 通过该端子检测空气流量；端子 4（E2G）为搭铁端子，通过 ECU 搭铁。

电路工作过程：点火开关置于 ON 挡，ECM 从 MREL 端子输送电压，给 EFI 主继电器线圈通电，使主继电器开关闭合。故蓄电池电压经过 EFI 主继电器送到空气流量传感器的 3（+B）端子。4（E2G）端子为空气流量传感器的搭铁端子，在 ECM 内部搭铁。故空气流量传感器进入工作，从空气流量传感器的 5（VG）端子向 ECM 的 B39-137（VG）端子输送电压信号。空气流量越大，输送的信号电压越高。

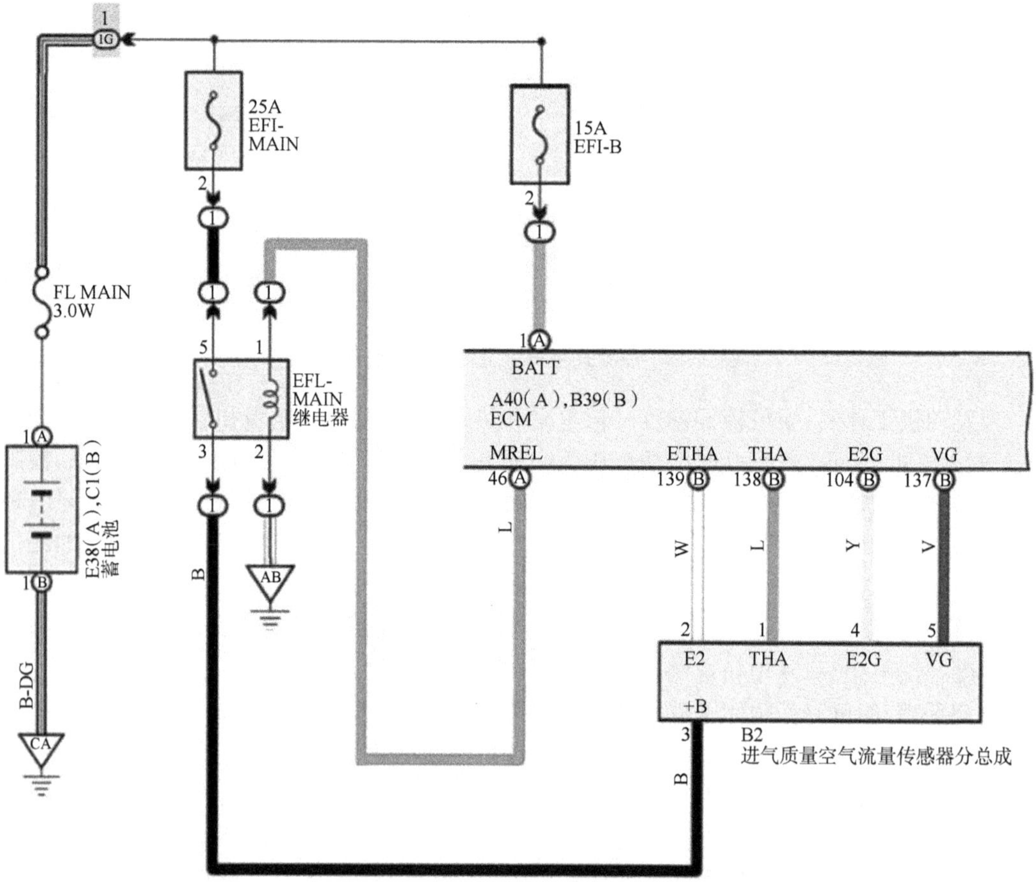

图 3-13　卡罗拉热线式空气流量传感器电路图

五、质量空气流量传感器电路故障及检修

(一)质量空气流量传感器电路故障

质量空气流量传感器电路故障会引发的故障:发动机启动后不久熄火、怠速不良(抖动)、怠速不稳、加速不良(喘抖)等。如果质量空气流量传感器部件存在故障或电路断路或短路,则该传感器的输出信号电压将偏离正常工作范围, ECU 自检将根据此偏差判断质量空气流量传感器分总成电路有故障,并存储故障代码。故在出现上述症状时,首先通过诊断仪连接发动机 ECU,读取故障代码。如果存在相关故障代码,则按故障代码指示的内容,检修质量空气流量传感器电路。如果没有发现相关故障代码,则需要进一步读取发动机运行状态数据流,必要时读取信号波形图,以与维修手册标准值进行对比,从而发现异常数据并检修。如果电控系统检查并没有发现异常,则检查发动机机械部分。

1. 运行状态下检测(使用故障诊断仪、万用表、示波器)

首先,不拔下任何线束,连接测试仪器,使发动机处于通电或运行状态(即在线检测)。其次,使用故障诊断仪读取故障代码,看是否有关于空气流量(或称质量空气流量)的故障代码。然后,使用故障诊断仪读取发动机质量空气流速率的数据流,看读取的数据是否符合维修手册的标准值。最后，使用万用表检测信号端的输出电压，看信号电压是否符合维修手册的标准值。必要时读取信号波形图，看是否符合维修手册的标准值。

2. 检查空气流量传感器线束（电源供电）

在进行具体的线束连接检查之前，首先应检查传感器和 ECU 的外观是否损坏、脏污，检查部件安装状态是否牢靠，连接器连接是否牢靠。然后，在断电状态下，断开传感器的连接器，检查传感器部件的端子以及连接器端子是否存在接触不良（端子损坏、松动、氧化、脏污等）。必要时拆下 ECU 的连接器，检查 ECU 部件的端子以及连接器端子是否存在接触不良（端子损坏、松动、氧化、脏污等）。

空气流量传感器的工作电压为来自蓄电池的电源电压，在断电状态下，断开空气流量传感器的线束连接器，用万用表测量空气流量传感器线束的电源线路连接。将点火开关置于 ON 位置，但不启动发动机，用万用表测量其电源端子与搭铁间电压应为 12 V 左右（11~14 V）电源电压。如果不符合标准，应检查空气流量传感器到 EFI-MAIN 主继电器之间的线束连接及其前方到蓄电池正极之间的各部件及线束连接。

3. 检查空气流量传感器线束（搭铁线路连接）

首先，在断电状态下，断开空气流量传感器的线束连接器。然后，用万用表测量空气流量传感器线束的搭铁线路连接。传感器搭铁线束经 ECU 内部到车身搭铁之间应该导通。否则检查传感器到 ECU 之间的搭铁线束连接，以及 ECU 到车身搭铁之间的连接。

4. 检查空气流量传感器线束（信号线路连接）

首先，在断电状态下，断开空气流量传感器的线束连接器，断开 ECU 连接器。然后，用万用表测量空气流量传感器线束的信号线路连接。

5. 检查空气流量传感器部件

首先，在断电状态下，断开空气流量传感器的线束连接器。其次，拆下空气流量传感器，检查质量空气流量传感器的白金热丝（加热器）和温度传感器（热敏电阻）上是否有异物，检查空气通道外壳是否破裂，防护网是否有破损或堵塞。然后，模拟空气流量传感器电路连接，向部件的 3（+B）端子和 4（E2G）之间施加蓄电池电压。改变流过空气流量传感器的空气量，检测部件的 5（VG）端子与 4（E2G）端子之间的信号电压变化是否符合维修手册的标准值（标准值为 0.2~4.9 V，且随空气流量加大而加大）空气流量传感器部件信号电压检测线路连接如图 3-14 所示。

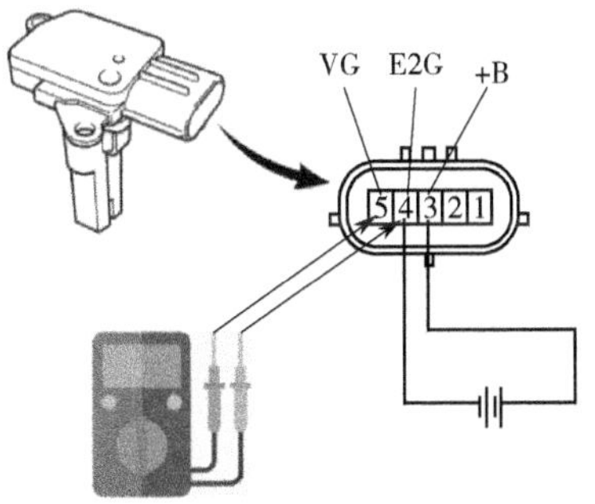

图 3-14　检测空气流量传感器部件的信号电压

（二）质量空气流量传感器及控制电路检测

质量空气流量传感器电路故障检测操作步骤如下。

1. 车辆常规检查

（1）放置好车轮挡块，安装5件套（车身外部防护罩、地板垫、方向盘套、座椅套、换档杆套），确认驻车制动拉紧。

（2）检查机油、冷却液、制动液位是否符合要求。

（3）检查电瓶电压，应正常。

（4）上述检查之后，检查质量空气流量传感器电路系统相关保险丝。

2. 用故障诊断仪检测（在线检测）（图3-15）

（1）点火开关置于OFF挡，连接诊断仪与汽车故障诊断座。

（2）点火开关置于ON挡（不启动），打开诊断仪。

（3）进入故障诊断模块，读取故障码并记录。

（4）进入数据流模块，等待30秒，读取MAF空气流速率，记录检测数据，并与标准值对比。

图3-15 用故障诊断仪检测（在线检测）

3. 用万用表检测（在线检测）（图3-16）

（1）启动发动机怠速运转，换挡杆置于P或N挡，空调开关关闭。

（2）采用插针在线检测方式，用万用表检测传感器信号端与搭铁之间的信号输出电压，标准值为0.5~3.0 V。

（3）踩下油门踏板，信号电压应当随之升高。

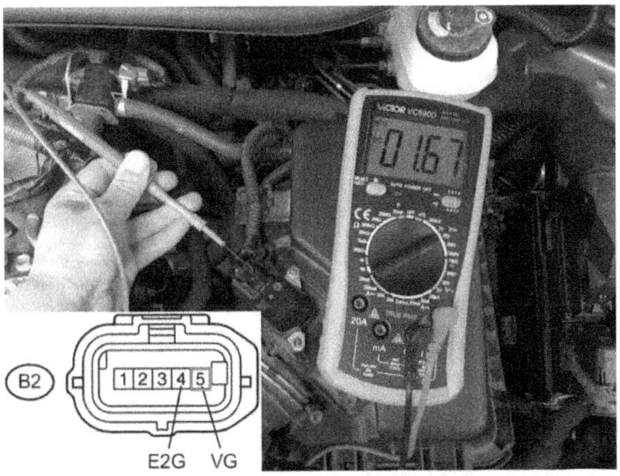

图 3-16　用万用表检测（在线检测）

4. 检查空气流量传感器线束（电源供电）（图 3-17）

（1）将点火开关置于 OFF 位置，断开蓄电池负极电缆，断开空气流量传感器线束连接器。

（2）连接蓄电池负极电缆，将点火开关置于 ON 位置。

（3）将万用表置于 20 V 直流电压挡，检测传感器连接器的 3 号（+B）端子到车身搭铁之间的电压，记录检测数据，标准值为 11~14 V。若检测值不符合标准，应检查空气流量传感器到 EFI-MAIN 主继电器之间的线束是否存在断路或其对搭铁是否存在短路故障。

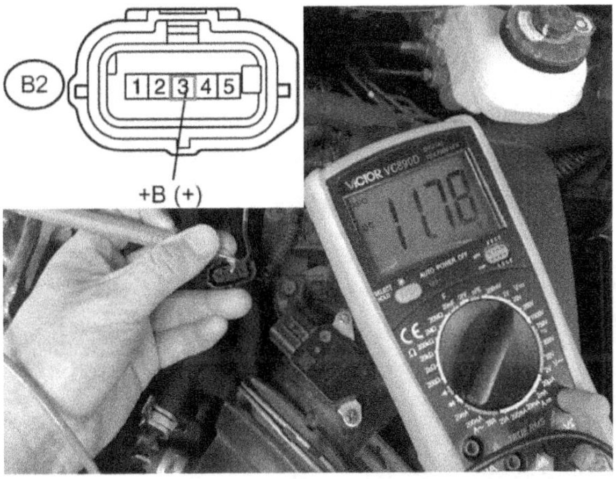

图 3-17　检查空气流量传感器线束（电源供电）

5. 检查空气流量传感器线束（搭铁线路连接）（图 3-18）

（1）将点火开关置于 OFF 位置，断开蓄电池负极电缆，断开空气流量传感器线束连接器。

（2）将万用表置于欧姆（Ω）挡，检测传感器线束连接器的 4 号（E2G）端子到车身搭铁之间的电阻，记录检测数据，标准值小于 1 Ω。

（3）若检测值不符合标准，则检查传感器到 ECU 之间的搭铁线束连接是否断开或电阻过大。若线束连接正常,则是 ECU 到车身搭铁之间的连接故障。

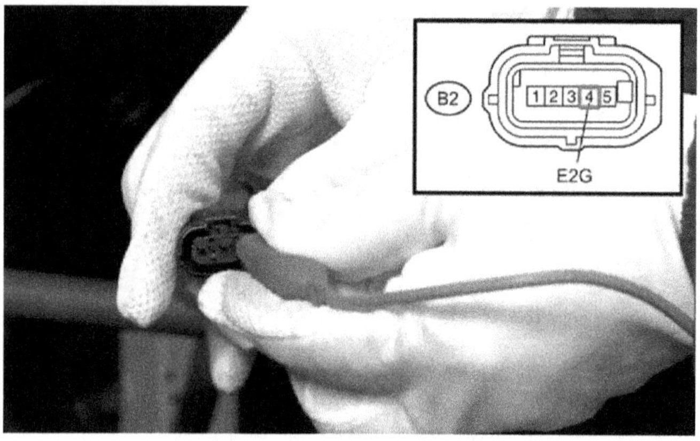

图 3-18　检查空气流量传感器线束(搭铁线路连接)

6. 检查空气流量传感器线束(信号线路连接)(图 3-19)

(1)将点火开关置于 OFF 位置,断开蓄电池负极电缆,断开空气流量传感器线束连接器,断开 ECU 连接器。

(2)将万用表置于欧姆(Ω)挡,检测传感器线束连接器的 5 号(VG)端子到 ECU 线束连接器 B39-137 号端子之间的电阻,记录检测数据,标准值小于 1 Ω。否则说明线束存在断开或电阻过大故障。

(3)将万用表置于欧姆(Ω)挡,检测传感器线束连接器的 5 号(VG)端子到车身搭铁之间的电阻,记录检测数据,标准值大于 10 kΩ。否则说明线束存在对搭铁短路或电阻过小故障。

(4)连接蓄电池负极电缆,将点火开关置于 ON 位置。将万用表置于 20 V 直流电压挡,检测传感器线束连接器的 5 号(VG)端子到车身搭铁之间的电压,记录检测数据,标准值应为 0 V。否则说明线束存在低电压短路故障。

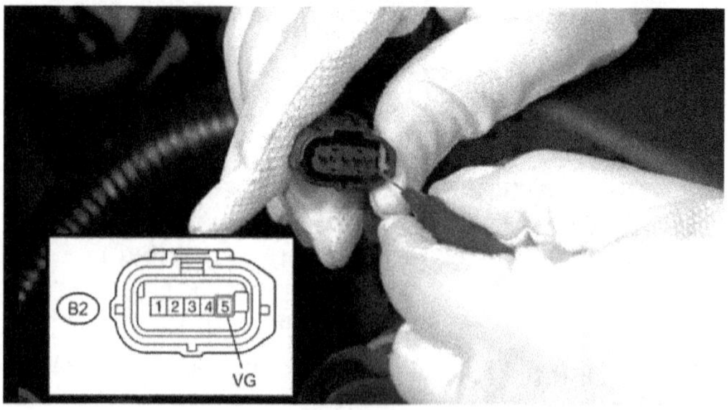

图 3-19　检查空气流量传感器线束(信号线路连接)

7. 检查空气流量传感器部件(图 3-20)

(1)将点火开关置于 OFF 位置,断开蓄电池负极电缆,断开空气流量传感器线束连接器。

（2）拆下空气流量传感器，检查质量空气流量传感器的白金热丝（加热器）和温度传感器（热敏电阻）上是否有异物。检查空气通道外壳是否破裂，防护网是否有破损或堵塞。

（3）模拟空气流量传感器电路连接，向空气流量传感器部件的 3 号（B+）端子和 4 号（E2G）之间施加蓄电池电压。

（4）改变流过空气流量传感器的空气量，检测空气流量传感器部件的 5 号（VG）端子与 4 号（E2G）端子之间的信号电压变化是否符合维修手册规定状态（0.2~4.9 V，且随空气流量加大而加大）。

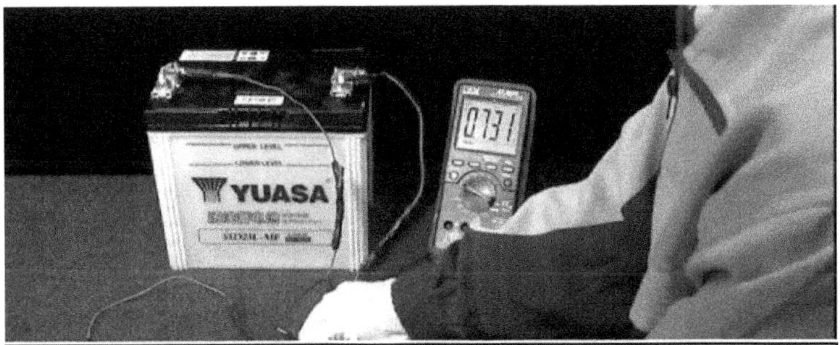

检测仪连接	条件	规定状态
5（VG）—4（E2G）	向端子+B 和 E2G 之间施加蓄电池电压	0.2~4.9 V

图 3-20　检查空气流量传感器部件

8. 整理工具，清洁场地

按汽车维修操作规范整理工具，清洁场地。

任务 3　进气歧管绝对压力传感器结构原理及检测

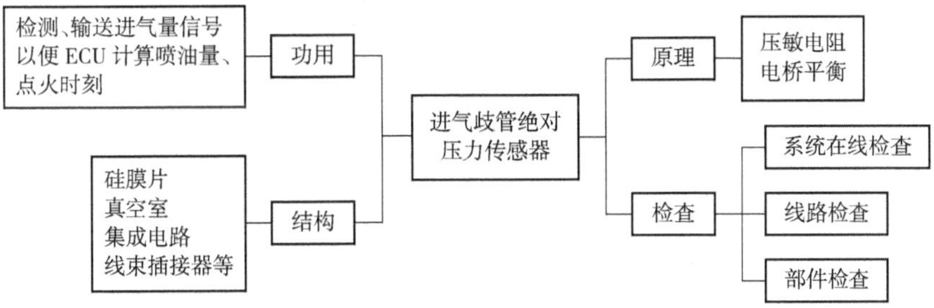

思维导图

一、进气歧管绝对压力传感器

进气歧管绝对压力传感器（Manifold Absolute Pressure Sensor，MAP）在发动机管理系统中扮演着至关重要的角色。它负责监测发动机进气歧管内的绝对压力，并将这一信息转化为电信号发送给发动机控制单元（ECU），以便ECU能够精确地调整燃油喷射量、点火正时等参数，从而优化发动机性能、提高燃油经济性、减少排放。

D型电控发动机采用进气歧管压力传感器来检测空气流量。它安装在节气门后方到进气门之前的进气歧管上。部分带进气增压系统的发动机，除了装有进气歧管压力传感器之外，还在节气门之前安装有增压压力传感器。进气歧管绝对压力传感器的功用与空气流量传感器的功用相同，为测量节气门后方的进气歧管内的绝对压力的变化，将其转换为电压信号，输入到发动机电控单元ECU，以供ECU确定进气量，进而计算喷油时间（即喷油量）和点火时刻（点火提前角）。进气歧管绝对压力传感器信号是发动机电控单元ECU计算喷油时间和点火时刻的主要依据。进气歧管绝对压力传感器的位置及外观分别如图3-21、图3-22所示。

图3-21　增压压力传感器与进气歧管绝对压力传感器位置

图3-22　进气歧管绝对压力传感器实物

二、进气歧管绝对压力传感器的结构

按结构和检测原理不同，进气歧管绝对压力传感器有压敏电阻式、电容式、膜盒传动式等种类，其中压敏电阻式应用最广。下面仅介绍常用的压敏电阻式进气歧管绝对压力传感器，传感器壳体被硅膜片分割成两个互不相通的腔室。一腔室预置真空，另一腔室导入进气压力。其结构如图 3-23 所示。

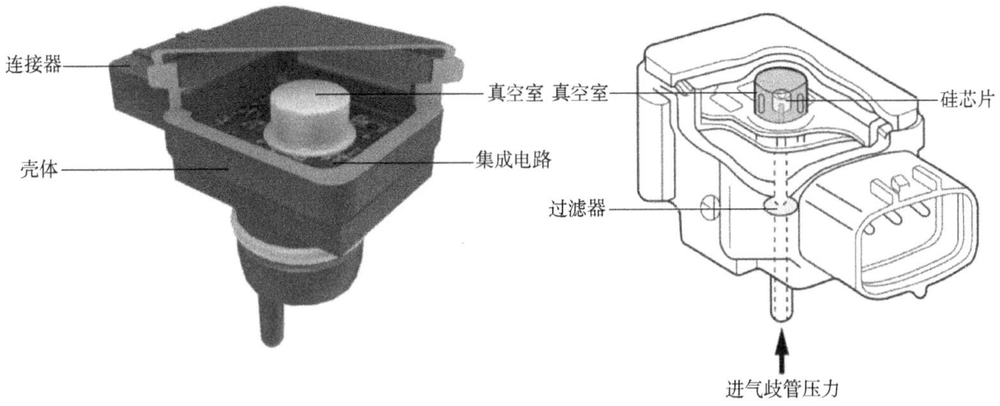

图 3-23　进气歧管绝对压力传感器的结构

硅膜片是传感器的核心部件，通常由高纯度、高灵敏度的单晶硅材料制成。它具有优良的弹性和导电性，能够精确地将进气歧管内的压力变化转化为膜片的形变。当进气歧管内的压力变化时，硅膜片会发生相应的弯曲或拉伸，这种形变随后被转化为电阻值的变化。

真空室是传感器内部的一个密封腔室，其内部被预先抽成真空状态。这一设计是为了提供一个稳定的参考压力点，使得传感器能够准确测量进气歧管内的绝对压力而非相对压力。

集成电路是传感器的“大脑”，负责将硅膜片因压力变化而产生的电阻值变化转化为标准的电信号输出。这一过程通常涉及信号放大、线性化处理以及温度补偿等步骤，以确保传感器输出的信号既准确又可靠。

线束插接器用于将传感器与发动机控制单元（ECU）连接起来，传递传感器检测到的压力信号。它通常包含多个引脚，分别用于供电、信号输出以及可能的接地连接。

传感器壳体保护其内部元件免受外界环境的影响，如温度、湿度、尘埃等。同时，壳体还起到密封作用，确保真空室的真空状态得以维持。

三、进气歧管绝对压力传感器的工作原理

当发动机运行时，进气歧管内的压力会随着节气门的开闭而变化。这些压力变化通过进气管道作用于硅膜片上，导致膜片发生形变。硅膜片的形变会改变其内部的电阻网络，进而改变整个传感器的电阻值。集成电路检测到这一电阻值的变化后，会将其转化为电信号输出给 ECU。ECU 根据接收到的信号调整燃油喷射量、点火正时等参数，以适应当前的发动机工况。

压敏电阻式进气压力传感器具有结构简单、成本低廉、响应速度快、测量精度高等优点，因此被广泛应用于各种汽车发动机管理系统中。压敏电阻式进气歧管绝对压力传感器，硅膜片是压力转换元件，用单晶硅制成。硅膜片的长和宽约为 3 mm、厚度约为 160 um，在硅膜片的中央部位采用腐蚀方法制作有一个直径为 2 mm、厚度约为 50 um 的薄膜片。在薄硅

膜片的表面上，采用集成电路加工技术与台面扩散技术制作四只梳状阻值相等的半导体压敏电阻，通常称为固态压阻器件或固态电阻，然后利用低阻扩散层（P 型扩散层）将四只电阻连接成惠斯顿电桥电路，然后再与传感器内部的信号放大电路和温度补偿电路等混合集成电路连接。如图 3-24 所示。

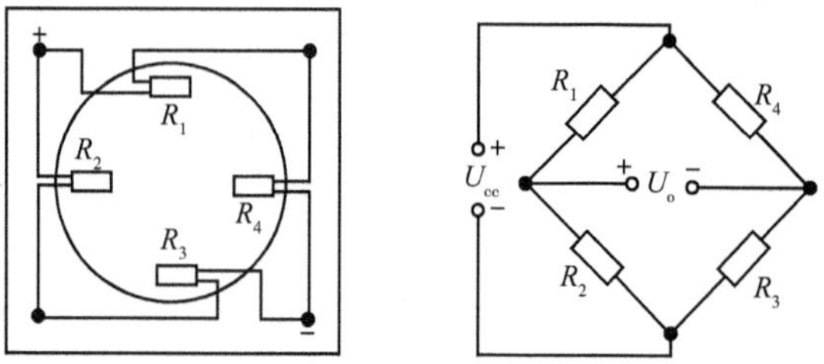

（a）　　（b）

图 3-24　压敏电阻式压力传感器硅膜片结构及等效电路

（a）硅膜片结构　（b）等效电路

压敏电阻式进气歧管绝对压力传感器的膜片一面通真空室，另一面导入进气歧管压力。在进气歧管压力的作用下，硅膜片就会产生应力，在应力的作用下，半导体压敏电阻的电阻率发生变化引起阻值变化，惠斯顿电桥上电阻值的平衡被打破。当电桥输入端输入一定的电压或电流时，在电桥的输出端就可得到变化的信号电压或信号电流。根据信号电压或信号电流的大小，就可检测出进气歧管压力的高低。压敏电阻式进气歧管绝对压力传感器工作原理如图 3-25 所示。

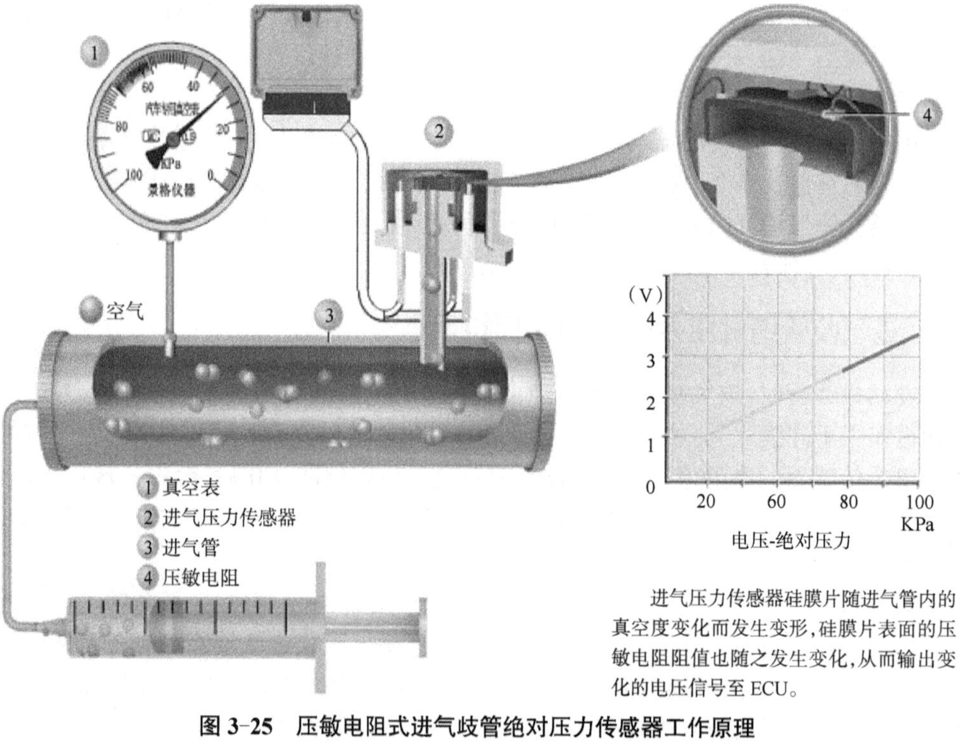

图 3-25　压敏电阻式进气歧管绝对压力传感器工作原理

四、压敏电阻式进气歧管绝对压力传感器电路图

图 3-26 为大众迈腾进气歧管绝对压力传感器电路图。1.4T 发动机进气压力传感器 G71 安装在进气管上。该进气压力传感器和进气温度传感器 G42 集成在一起。该传感器有 4 个端子,端子 T4bl / 1 为搭铁端子,端子 T4bl / 2 为进气温度信号端子,端子 T4bl / 3 为 5 V 电源,端子 T4bl / 4 为进气压力信号端子。

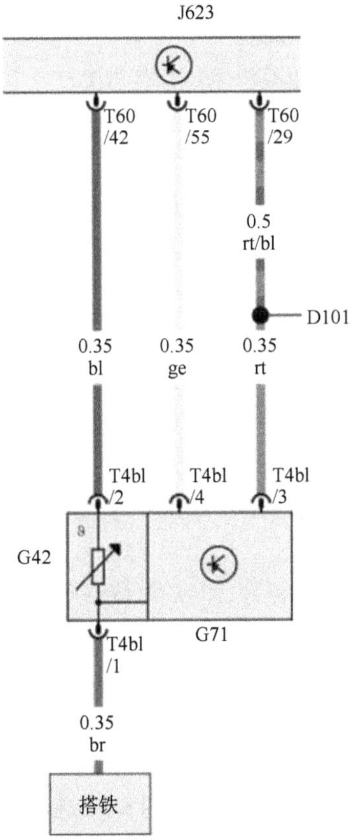

图 3-26　大众迈腾进气歧管绝对压力传感器电路图

五、进气歧管绝对压力传感器电路故障及检测

(一)进气歧管绝对压力传感器电路故障

进气歧管压力传感器电路故障会引发的故障:发动机启动后不久熄火、怠速不良(抖动)、怠速不稳、加速不良(喘抖)等。如果进气歧管压力传感器部件存在故障或电路断路/短路,则该传感器的输出信号电压将偏离正常工作范围, ECU 自检将根据此偏差判断进气歧管压力传感器或电路有故障,并存储故障代码。故在出现上述症状时,首先通过诊断仪连接发动机 ECU,读取故障代码。如果存在相关故障代码,则按故障代码指示的内容,检修进气歧管绝对压力传感器电路。如果没有发现相关故障代码,则需要进一步读取发动机运行

状态数据流，必要时读取信号波形图，以与维修手册标准值进行对比，从而发现异常数据并检修。如果电控系统检查并没有发现异常，则检查发动机机械部分。

1. 运行状态下检测（使用故障诊断仪、万用表、示波器）

首先，不拔下任何线束，连接测试仪器，使发动机处于通电或运行状态（即在线检测）。其次，使用故障诊断仪读取故障代码，看是否有关于进气压力的故障代码。然后，使用故障诊断仪读取进气压力传感器数据流，看读取的数据是否符合维修手册的标准值。最后，使用万用表检测信号端的输出电压，看信号电压是否符合维修手册的标准值。必要时读取信号波形图，看是否符合维修手册的标准值。

2. 检查进气歧管绝对压力传感器线束（电源供电）

在进行具体的线束连接检查之前，首先应检查传感器和 ECU 的外观是否损坏、脏污，检查部件安装状态是否牢靠，连接器连接是否牢靠。然后，在断电状态下，断开传感器的连接器，检查传感器部件的端子以及连接器端子是否存在接触不良（端子损坏、松动、氧化、脏污等）。必要时拆下 ECU 的连接器，检查 ECU 部件的端子以及连接器端子是否存在接触不良（端子损坏、松动、氧化、脏污等）。

进气歧管绝对压力传感器的工作电压为来自发动机 ECU 的 5 V 电源电压，在断电状态下，断开进气歧管绝对压力传感器的线束连接器，用万用表测量进气歧管绝对压力传感器线束的电源线路连接。将点火开关置于 ON 位置，但不启动发动机，用万用表测量其电源端子与搭铁间电压应为 5 V 左右（4.5~5.5 V）电源电压。如果不符合标准，应检查进气歧管绝对压力传感器到发动机 ECU 的线束连接。如果线束连接正常，则检查发动机 ECU 的相应端子是否有 5 V 电源电压输出。

3. 检查进气歧管绝对压力传感器线束（搭铁线路连接）

首先，在断电状态下，断开进气歧管绝对压力传感器的线束连接器。然后，用万用表测量进气歧管绝对压力传感器线束的搭铁线路连接。传感器搭铁线束经 ECU 内部到车身搭铁之间应该导通。否则检查传感器到 ECU 之间的搭铁线束连接，以及 ECU 到车身搭铁之间的连接。

4. 检查进气歧管绝对压力传感器线束（信号线路连接）

首先，在断电状态下，断开进气歧管绝对压力传感器的线束连接器，断开 ECU 连接器。然后，用万用表测量进气歧管绝对压力传感器线束的信号线路连接。

5. 检查进气歧管绝对压力传感器部件

首先，在断电状态下，断开进气歧管绝对压力传感器的线束连接器。其次，拆下进气歧管绝对压力传感器，检查进气歧管绝对压力传感器感应部分是否破损、脏污。然后，采用部件替换法，更换一个新的传感器至原车，清除故障码重新试车，观察故障现象及故障码是否排除。也可以模拟进气歧管绝对压力传感器的电路连接，将部件的 3 号端子和 2 号端子连接 5 V 直流电源正极， 1 号端子连接 5 V 直流电源负极，改变流过传感器的空气量，检测部件的 4 号端子与 1 号端子之间的信号电压变化是否符合维修手册的标准值（标准值为 0~5 V，且随空气流量加大而增大）。

（二）进气歧管绝对压力传感器及控制电路检测

进气歧管绝对压力传感器及控制电路检测操作步骤如下。

1. 车辆常规检查

（1）放置好车轮挡块，安装 5 件套（车身外部防护罩、地板垫、方向盘套、座椅套、换挡杆套），确认驻车制动拉紧。

（2）检查机油、冷却液、制动液位是否符合要求。

（3）检查电瓶电压，应正常。

2. 用故障诊断仪检测（在线检测）（图 3-27）

（1）点火开关置于 OFF 挡，连接诊断仪与汽车故障诊断座。

（2）点火开关置于 ON 挡（不启动），打开诊断仪。

（3）进入故障诊断模块，读取故障码并记录。

（4）进入数据流模块，读取进气压力相关数据流，记录数据并与标准值对比。

图 3-27　用故障诊断仪检测（在线检测）

3. 用万用表检测（在线检测）（图 3-28）

（1）启动发动机怠速运转至稳定，换挡杆置于 P 或 N 挡，空调开关关闭。

（2）采用插针在线检测方式，用万用表检测传感器信号端与搭铁之间的信号输出电压，记录检测数据。标准值为 1.5~2.1 V。

（3）踩下油门踏板，信号电压应当随之升高。

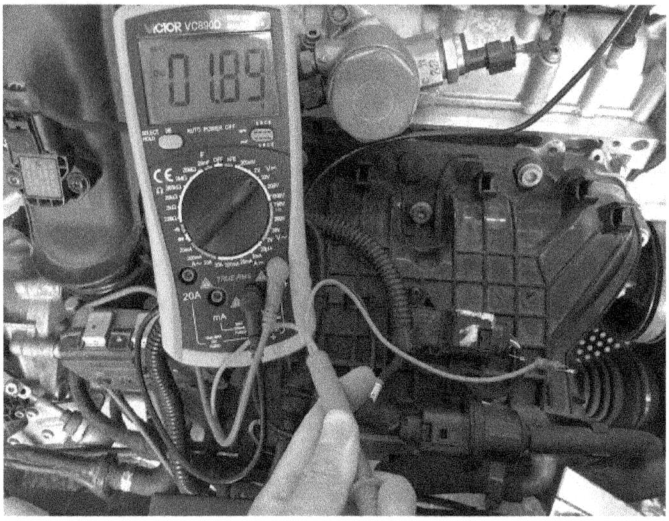

图 3-28　用万用表检测(在线检测)

4. 检查进气歧管绝对压力传感器线束(电源供电)(图 3-29)

(1)将点火开关置于 OFF 位置,断开蓄电池负极电缆,断开进气歧管绝对压力传感器线束连接器。

(2)连接蓄电池负极电缆,将点火开关置于 ON 位置。

(3)将万用表置于 20 V 直流电压挡,检测传感器连接器的 3 号端子到车身搭铁之间的电压,记录检测数据,标准值为 4.5~5.5 V。

(4)若不符合标准,应检查进气歧管绝对压力传感器到发动机 ECU 的线束连接是否存在断开 / 电阻过大,是否存在对搭铁短路或对电压短路故障。

(5)若线束连接正常,则检查发动机 ECU 的相应端子(T60/29)是否有 4.5~5.5 V 电源电压输出。

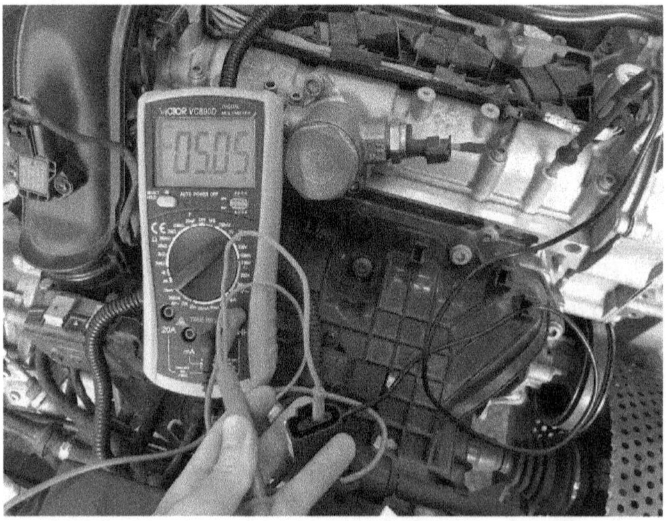

图 3-29　检查进气歧管绝对压力传感器线束(电源供电)

5. 检查进气歧管绝对压力传感器线束(搭铁线路连接)(图 3-30)

(1)将点火开关置于 OFF 位置,断开蓄电池负极电缆,断开进气歧管绝对压力传感器线束连接器。

(2)将万用表置于欧姆(Ω)挡,检测传感器线束连接器的 1 号端子到车身搭铁之间的电阻,记录检测数据,标准值小于 1 Ω。

(3)若检测值不符合标准,则检查传感器到 ECU 之间的搭铁线束连接是否存在断开或电阻过大故障。若线束连接正常,则是 ECU 到车身搭铁之间的连接故障。

图 3-30 检查进气歧管绝对压力传感器线束(搭铁线路连接)

6. 检查进气歧管绝对压力传感器线束(信号线路连接)(图 3-31)

(1)将点火开关置于 OFF 位置,断开蓄电池负极电缆,断开进气歧管绝对压力传感器线束连接器,断开 ECU 连接器。

(2)将万用表置于欧姆(Ω)挡,检测传感器线束连接器的 4 号端子到 ECU 线束连接器 T60/55 号端子之间的电阻,记录检测数据,标准值小于 1 Ω。否则说明线束存在断开或电阻过大故障。

(3)将万用表置于欧姆(Ω)挡,检测传感器线束连接器的 4 号端子到车身搭铁之间的电阻,记录检测数据,标准值大于 10 kΩ。否则说明线束存在对搭铁短路或电阻过小故障。

（4）连接蓄电池负极电缆，将点火开关置于 ON 位置。将万用表置于 20 V 直流电压挡，检测传感器线束连接器的 4 号端子到车身搭铁之间的电压，记录检测数据，标准值为 0 V。否则说明线束存在低电压短路故障。

图 3-31　检查进气歧管绝对压力传感器线束（信号线路连接）

7. 检查进气歧管绝对压力传感器部件

（1）将点火开关置于 OFF 位置，断开蓄电池负极电缆，断开进气歧管绝对压力传感器线束连接器。

（2）拆下进气歧管绝对压力传感器，检查进气歧管绝对压力传感器感应部分是否有破损、脏污。

8. 整理工具，清洁场地

按汽车维修操作规范整理工具，清洁场地。

任务 4　进气温度传感器结构原理及检测

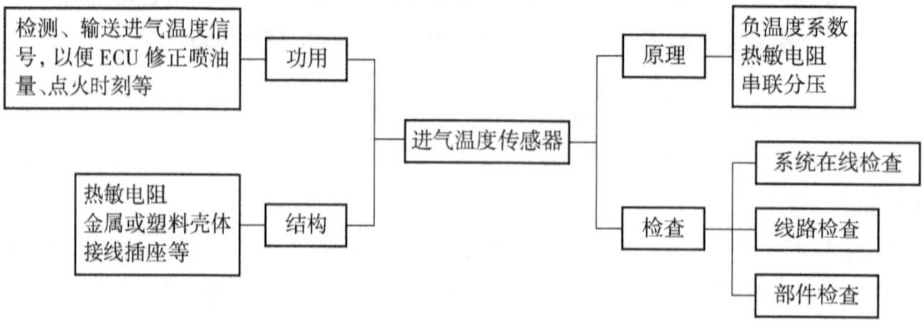

思维导图

一、进气温度传感器

进气温度传感器(Intake Air Temperature Sensor，IAT)是一种用于监测发动机进气管路中空气温度的传感器。它能够将空气温度转化为电信号,并将此信号输送给发动机控制模块,以便实现对发动机工作状态的精确控制。进气温度传感器对于发动机的性能和燃油经济性有着重要的影响。进气温度传感器功用是检测发动机进气温度,并将温度信号转换为电信号传送给发动机电控单元,电控单元根据该信号修正喷油量和点火时刻,使发动机工况处于最佳运行状态。其功用示意图如图 3-32 所示。进气温度传感器一般不单独安装,它通常与质量空气流量传感器一体安装,或与进气压力传感器一体安装(图 3-33)。进气温度信号是多种控制功能的修正信号,包括燃油脉宽、点火正时、怠速控制和尾气排放等,若进气温度传感器信号中断,将导致发动机热启动困难,燃油脉宽增加,尾气排放恶化。

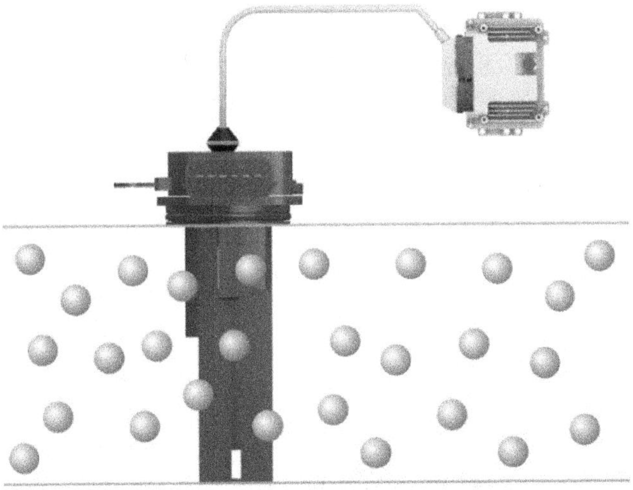

图 3-32　进气温度传感器功用示意图

图 3-33　进气温度传感器位置

进气温度传感器提供的准确温度信息有助于 ECM 精确控制燃油喷射量和点火时机，从而优化发动机的性能和燃油经济性。如果进气温度传感器出现故障或误差较大，会导致 ECM 接收到错误的信号，进而影响发动机的燃油喷射和点火控制。这可能导致发动机工作不正常，如怠速不稳定、加速不顺畅、油耗增加等问题。定期检查和更换进气温度传感器是保持发动机正常工作和提高燃油经济性的重要步骤。一旦发现传感器性能下降或出现故障迹象，应及时进行更换。

二、进气温度传感器的结构

进气温度传感器通常由敏感元件（负温度系数热敏电阻）、转换元件和测量电路组成。它是一种双线的传感器，一根线由发动机 ECU 供应 5 V 电压（THA），另一根线（E2）与发动机内部搭铁。进气温度传感器通常安装在进气管道上，具体位置可能因车型而异，但一般位于节气门之前的进气管上或节气门之后的进气歧管上。安装位置的选择会影响传感器的性能和准确性，因此需要根据车型和发动机设计要求进行确定。热敏电阻是温度传感器的主要部件。热敏电阻又可分为正温度系数（PTC）型热敏电阻、负温度系数（NTC）型热敏电阻、临界温度型热敏电阻和线性热敏电阻。汽车上常用的是负温度系数型热敏电阻式温度传感器，如热敏电阻是利用陶瓷半导体材料的电阻随温度变化而变化的特性制成的，其突出优点是灵敏度高、响应及时、结构简单、制造方便、成本低廉。其结构主要由热敏电阻、金属或塑料壳体、接线插座与连接导线组成。图 3-34 为独立式进气温度传感器结构。

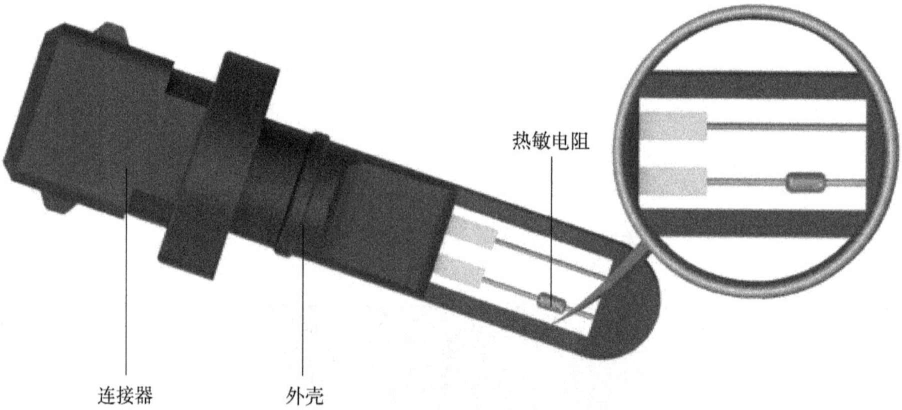

图 3-34　独立式进气温度传感器结构

三、进气温度传感器的工作原理

进气温度传感器的工作原理主要是基于负温度系数热敏电阻（NTC）的特性。进气温度传感器内部包含一个负温度系数热敏电阻，这种电阻的阻值随着温度的变化而变化。当温度升高时，电阻的阻值会减小；而当温度降低时，电阻的阻值会增大。由于电阻值的变化，电路中的电流也会相应变化，进而产生电压信号。这个电压信号与进气温度成反比，即温度越高，电压越低；温度越低，电压越高。进气温度传感器将测量到的温度转化为电压信号后，通过导线将这个信号传递给发动机控制单元（ECU）。ECU 根据接收到的电压信号来判断进气温度，并据此调整发动机的燃油喷射量、点火时机等参数，以确保发动机的正常运行和最佳性能。

进气温度传感器的准确性和可靠性对于发动机的性能和燃油经济性至关重要。如果传感器出现故障或误差较大，会导致 ECU 接收到错误的信号，从而影响发动机的燃油喷射量、点火时机等参数的调整，进而影响发动机的性能和燃油经济性。

因此，定期检查和更换进气温度传感器是保持发动机正常工作和提高燃油经济性的重要步骤。

汽车电子控制系统普遍采用了负温度系数热敏电阻式温度传感器，其阻值与温度的关系曲线如图 3-35 所示。NTC 型热敏电阻具有温度升高阻值减小；温度降低阻值增大的特性，而且电阻与温度呈明显的非线性关系。进气温度传感器采用负温度系数的热敏电阻构成，进气温度的变化引起电阻值的变化，当气温越低电阻值越大，气温越高电阻值越小，系统依据接收到的电压来计算出当前的进气温度。如图 3-35 所示。

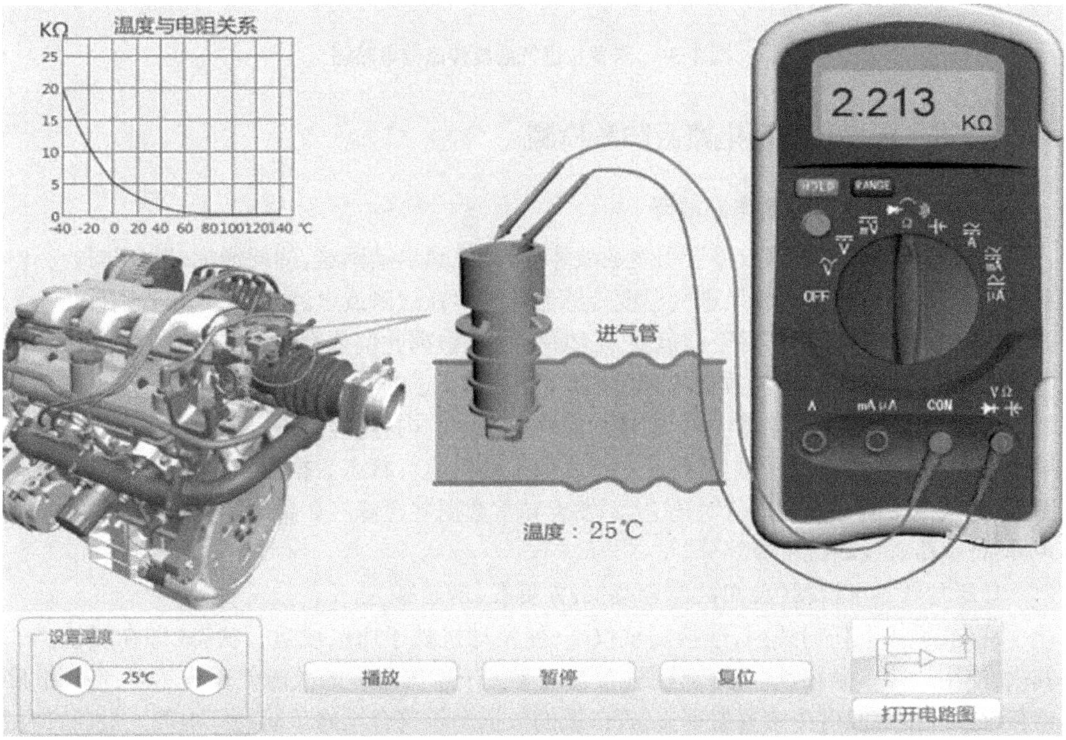

图 3-35　进气温度传感器电阻变化原理图

四、进气温度传感器电路图

图 3-36 为丰田卡罗拉进气温度传感器电路图。该传感器安装在质量空气流量传感器上，用于监测进气温度。该传感器有 2 个端子，端子 B2-1（THA）为电源兼信号端子，端子 B2-2（E2）为搭铁端子。ECU 内部有一个电阻 R，进气温度传感器本身为一个热敏电阻，两

电阻串联于电路内，共同分得由 ECU 提供的 5 V 电源电压。端子 THA 到搭铁之间的电压值，为进气温度传感器电阻所分得的电压值，根据串联电路分压原理，电阻越大，分压越多，端子 THA 的信号电压值与热敏电阻的阻值成正比例关系。ECU 检测到 THA 端子的信号电压值，继而可以计算出该热敏电阻的阻值，由热敏电阻的温度—电阻特性图电阻与温度对应关系而得出此时的进气温度。

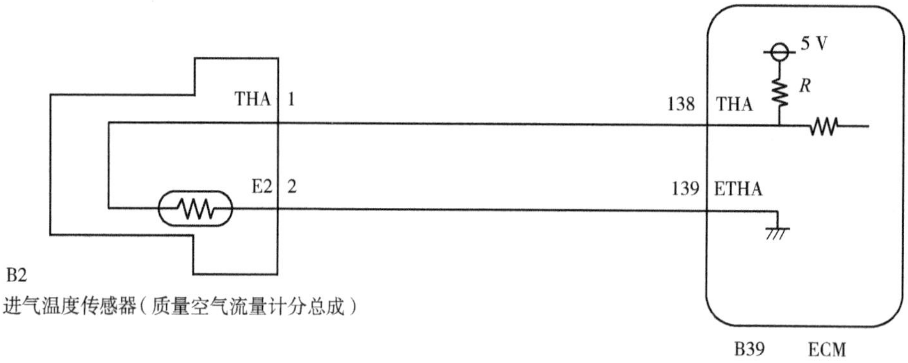

图 3-36　卡罗拉进气温度传感器电路图

五、进气温度传感器电路故障及检测

（一）进气温度传感器电路故障

进气温度传感器电路故障会引发的故障：发动机热启动困难，油耗增加，尾气排放恶化、怠速不稳、加速不良等。如果进气温度传感器部件存在故障或电路断路／短路，则该传感器的输出信号电压将偏离正常工作范围，ECU 自检将根据此偏差判断进气温度传感器或电路有故障，并存储故障代码。故在出现上述症状时，首先通过诊断仪连接发动机 ECU，读取故障代码。如果存在相关故障代码，则按故障代码指示的内容，检修进气温度传感器电路。如果没有发现相关故障代码，则需要进一步读取发动机运行状态数据流，必要时读取信号波形图，以与维修手册标准值进行对比，从而发现异常数据并检修。如果电控系统检查并没有发现异常，则检查发动机机械部分。

1. 运行状态下检测（使用故障诊断仪、万用表、示波器）

首先，不拔下任何线束，连接测试仪器，使发动机处于通电或运行状态（即在线检测）。其次，使用故障诊断仪读取故障代码，看是否有关于进气温度的故障代码。然后，使用故障诊断仪读取进气温度传感器数据流，看读取的数据是否符合维修手册的标准值。最后，使用万用表检测信号端的输出电压，看信号电压是否符合维修手册的标准值。必要时读取信号波形图，看是否符合维修手册的标准值。

2. 检查进气温度传感器线束（电源供电兼信号线）

在进行具体的线束连接检查之前，首先应检查传感器和 ECU 的外观是否损坏、脏污，检查部件安装状态是否牢靠，连接器连接是否牢靠。然后，在断电状态下，断开传感器的连接器，检查传感器部件的端子以及连接器端子是否存在接触不良（端子损坏、松动、氧化、脏污等)。必要时拆下 ECU 的连接器,检查 ECU 部件的端子以及连接器端子是否存在接触不良(端子损坏、松动、氧化、脏污等)。进气温度传感器的工作电压为来自发动机 ECU 的 5 V 电源电压(与 ECU 内电阻 R 共同分压),在断电状态下,断开进气温度传感器的线束连接器,用万用表测量进气温度传感器线束的电源线路连接。将点火开关置于 ON 位置,但不启动发动机,用万用表测量其电源端子与搭铁间电压应为 5 V 左右(4.5~5.5 V)电源电压。如果不符合标准,应检查进气温度传感器到发动机 ECU 的线束连接。如果线束连接正常,则检查发动机 ECU 的相应端子是否有 5 V 电源电压输出。

3. 检查进气温度传感器线束(搭铁线路连接)

首先,在断电状态下,断开进气歧管绝对压力传感器的线束连接器。然后,用万用表测量进气歧管绝对压力传感器线束的搭铁线路连接。传感器搭铁线束经 ECU 内部到车身搭铁之间应该导通。否则检查传感器到 ECU 之间的搭铁线束连接,以及 ECU 到车身搭铁之间的连接。

4. 检查进气温度传感器部件

首先,在断电状态下,断开进气温度传感器的线束连接器。其次,拆下进气温度传感器,检查进气温度传感器感应部分是否破损、脏污。然后,将进气温度传感器放入温度控制室或者用电吹风吹过进气温度传感器(配合使用温度计),使其处于不同的温度中,检测不同温度下的部件电阻,与维修手册标准值对比(标准阻值如图 3-37 所示)。采用部件替换法,更换一个新的传感器至原车,清除故障码重新试车,观察故障现象及故障码是否排除。

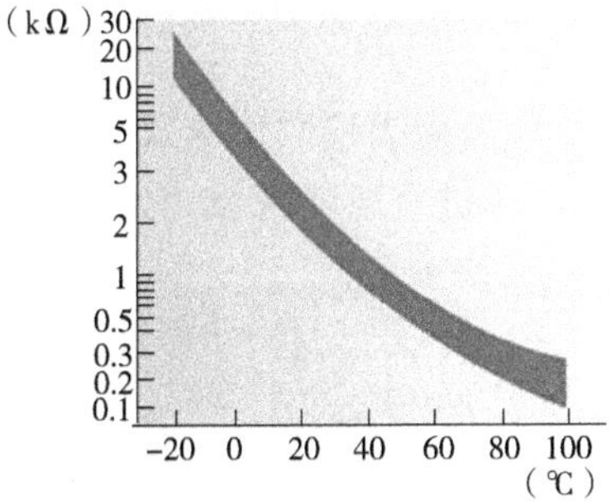

图 3-37　进气温度传感器部件电阻—温度特性

(二)进气温度传感器及控制电路检测

进气温度传感器及控制电路检测操作步骤如下。

1. 车辆常规检查

(1)放置好车轮挡块,安装 5 件套(车身外部防护罩、地板垫、方向盘套、座椅套、换挡杆套),确认驻车制动拉紧。

(2)检查机油、冷却液、制动液位是否符合要求。

(3)检查电瓶电压,应正常。

2. 用故障诊断仪检测(在线检测)(图 3-38)

(1)点火开关置于 OFF 挡,连接诊断仪与汽车故障诊断座。

(2)点火开关置于 ON 挡(不启动),打开诊断仪。

（3）进入故障诊断模块，读取故障码并记录。

（4）进入数据流模块，读取进气温度相关数据流，记录数据并与标准值对比。

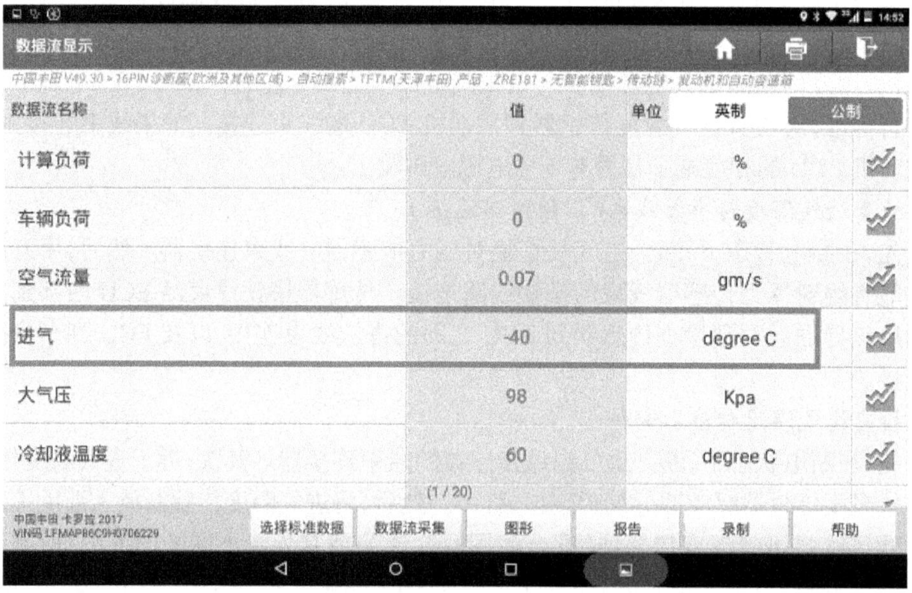

图 3-38　用故障诊断仪检测（在线检测）

3. 用万用表检测（在线检测）（图 3-39）

（1）启动发动机怠速运转至稳定。

（2）采用插针在线检测方式，用万用表检测传感器信号端与搭铁之间的信号输出电压，记录检测数据。标准值为 0.5~3.4 V（进气温度为 20 ℃时）。

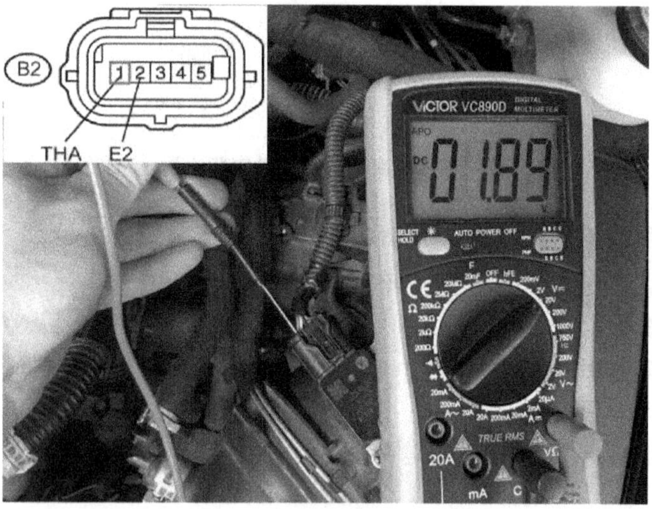

图 3-39　用万用表检测（在线检测）

4. 检查进气温度传感器线束(电源供电兼信号线)(图 3-40)

(1)将点火开关置于 OFF 位置,断开蓄电池负极电缆,断开进气温度传感器线束连接器。

(2)连接蓄电池负极电缆,将点火开关置于 ON 位置。

(3)将万用表置于直流电压档,检测进气温度传感器连接器的 1 号(THA)端子到车身搭铁之间的电压,记录检测数据,标准值为 4.5~5.5 V。否则检查相应车辆发动机 ECU 的常规检查端子 B39-138(THA)是否有 5 V 电源电压输出。

(4)线束连接检查:断电状态下断开进气温度传感器连接器和 ECU 连接器。首先,将万用表置于欧姆(Ω)挡,检测传感器线束连接器的 2 号(THA)端子到 ECU 线束连接器 B39-138(THA)端子之间的电阻,记录检测数据,标准电阻值小于 1 Ω。否则说明线束存在断开或电阻过大故障。然后,将万用表置于欧姆(Ω)挡,检测传感器线束连接器的 2 号(THA)端子到车身搭铁之间的电阻,记录检测数据,标准电阻值大于 10 kΩ。否则说明线束存在对搭铁短路或电阻过小故障。最后,连接蓄电池负极电缆,将点火开关置于 ON 位置。将万用表置于直流电压挡,检测传感器线束连接器的 2 号(THA)端子到车身搭铁之间的电压,记录检测数据,标准电阻值应为 0 V。否则说明线束存在低电压短路故障。

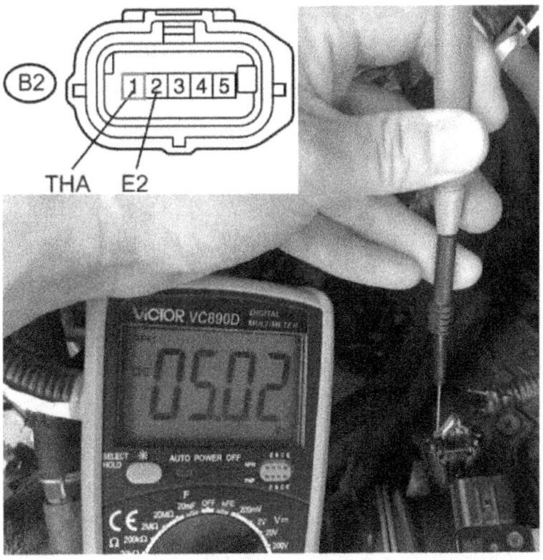

图 3-40　检查进气温度传感器线束(电源供电兼信号线)

5. 检查进气温度传感器线束(搭铁线路连接)(图 3-41)

(1)将点火开关置于 OFF 位置,断开蓄电池负极电缆,断开进气温度表传感器线束连接器。

(2)将万用表置于欧姆(Ω)挡,检测传感器线束连接器的 2 号(E2)端子到车身搭铁之间的电阻,记录检测数据,标准值小于 1 Ω。

(3)若检测值不在规定范围内,则检查传感器到 ECU 之间的搭铁线束连接是否断开或电阻过大。若线束连接正常,则是 ECU 到车身搭铁之间的连接故障。

图 3-41　检查进气温度传感器线束(搭铁线路连接)

6. 检查进气温度传感器部件(图 3-42)

(1)将点火开关置于 OFF 位置,断开蓄电池负极电缆,断开进气温度传感器线束连检查进气温度传感器线束(电源供电兼信号线)接器。

(2)拆下进气温度传感器,检查进气温度传感器感应部分是否破损、脏污。

(3)将进气温度传感器放入温度控制室或者用电吹风吹过进气温度传感器(配合使用温度计),使其处于不同的温度中,检测不同温度下的部件电阻,与维修手册标准值对比。

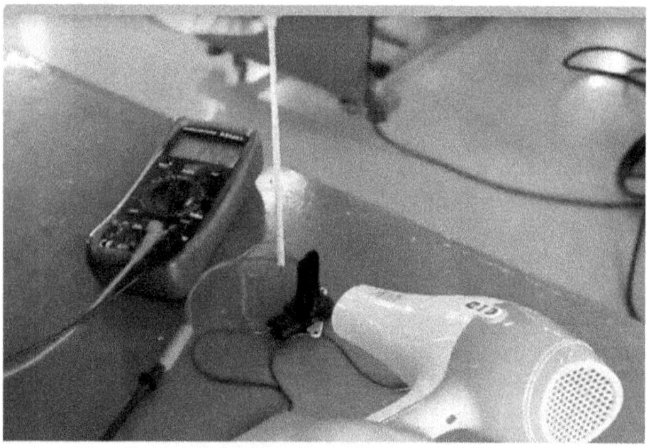

图 3-42　检查进气温度传感器部件

7. 整理工具,清洁场地

按汽车维修操作规范整理工具,清洁场地。

任务 5　电子节气门结构原理及检测

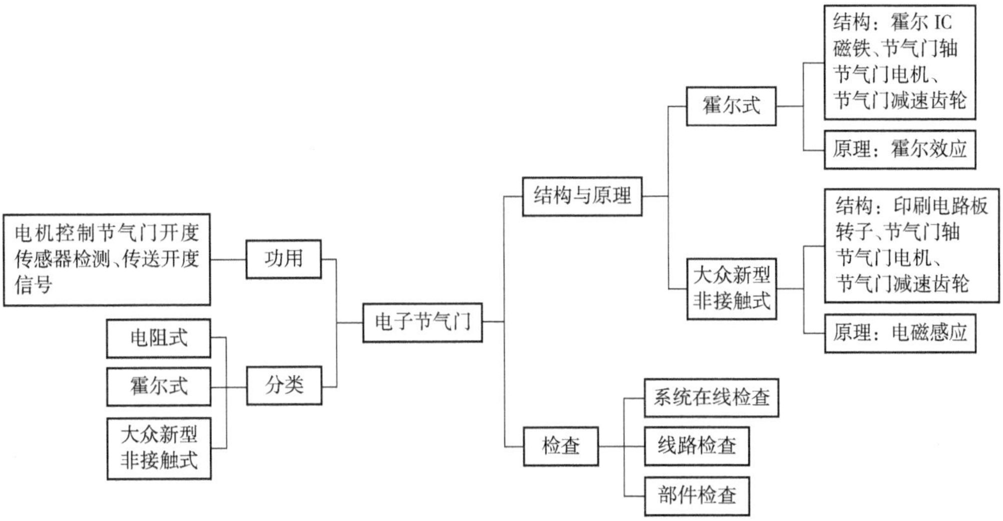

思维导图

一、电子节气门

电子节气门（Electronic Throttle）是现代汽车发动机中常用的一种重要控制部件。它通过电子控制系统实现对节气门开度的精确控制，进而调节发动机的进气量，以控制发动机的转速和动力输出。电子节气门的加速踏板与节气门之间无机械连接，可使发动机节气门的开度不完全取决于驾驶员对加速踏板的操纵。控制系统可根据发动机的工况、汽车的行驶状态等对节气门的开度作出实时的调节，使发动机在最适当的状态下工作，从而提高了汽车的动力性、安全性及舒适性。电子节气门通过电子控制单元（ECU）接收来自加速踏板位置传感器等传感器的信号，计算出最佳的节气门开度，通过驱动电机控制节气门的开度，达到对发动机进气量的精确控制。这种控制方式相比传统的机械式节气门控制方式，具有更高的精度和响应速度，能够更好地满足现代汽车对发动机性能的要求。

电子节气门系统示意如图 3-43 所示。电子节气门体安装在进气管道中，一般安装在进气歧管的前方。电子节气门体内集成有节气门控制电机和节气门位置传感器。节气门控制电机作为执行器，其功用是接收来自 ECU 的控制指令，控制节气门的开度，以控制发动机的进气量。节气门位置传感器，其功用是检测节气门的开度，并将节气门开度信号转换成电信号输入发动机电控单元 ECU，ECU 根据节气门开度（负荷）大小，可判断发动机处于怠速工况、部分负荷工况或全负荷工况中的哪种工况，进而实现不同的控制模式如根据节气门开度变化速率（加速／减速），实现加速加油、减速减油和断油控制；节气门开度信号还可与空气流量传感器／进气歧管绝对压力传感器信号对照互检，以判断部件是否损坏，并在后者损坏情况下，代替后者与转速配合作为 ECU 控制基本喷油量的依据；此外，节气门位置传感器信号还用于点火正时修正、废气再循环控制、燃油蒸发排放控制、巡航控制、牵引力控制等系统中。图 3-44 为丰田卡罗拉电子节气门位置。

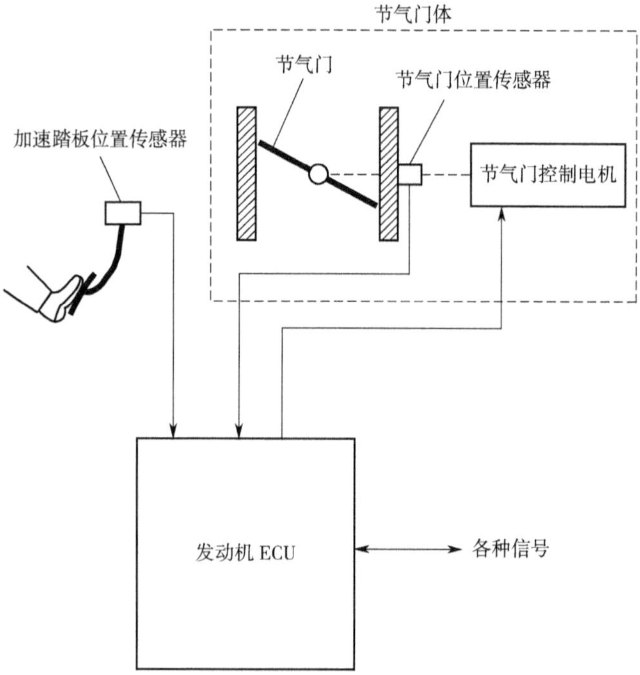

图 3-43 电子节气门系统示意图

图 3-44 丰田卡罗拉电子节气门位置

二、电子节气门的结构及工作原理

电子节气门最常见有三种类型:滑动电阻式电子节气门;霍尔式电子节气门;常见于大众车系上的新型电子节气门。这里仅介绍应用前景更广的霍尔式电子节气门和大众车系非接触式电子节气门。

原理：首先，驾驶员操纵加速踏板，加速踏板位置传感器将产生的相应电压信号输入到电子控制单元（ECU）。ECU 对输入的信号进行滤波和处理，以消除环境噪声的影响，并根据当前的工作模式、踏板移动量和变化率等因素解析驾驶员的加速意图。其次，ECU 根据加速踏板位置传感器、转速传感器、车速传感器等传感器的信号，计算出对发动机扭矩的基本需求，并确定最佳的节气门开度。然后，ECU 将相应的电压信号发送到驱动电路模块。驱动控制电机根据 ECU 的指令推动节气门达到计算出的最佳开度位置。最后，节气门位置传感器将节气门的实际开度信号反馈给 ECU，形成闭环的位置控制。

（一）霍尔式电子节气门

图 3-45 为丰田卡罗拉电子节气门结构。其主要由霍尔 IC、磁铁、节气门轴、节气门电机、节气门减速齿轮等组成。

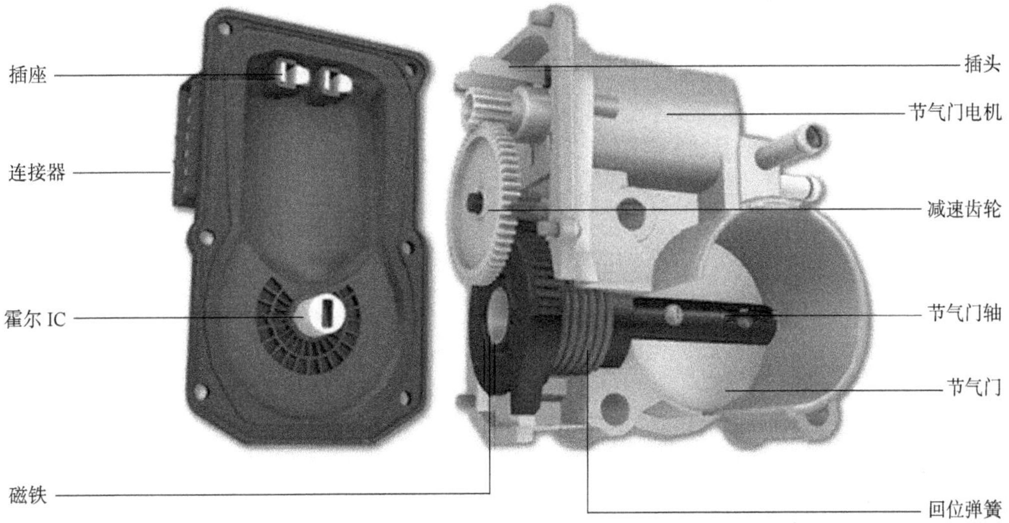

图 3-45　节气门体结构（内置霍尔式电子节气门位置传感器）

图 3-46 所示为丰田卡罗拉霍尔式节气门位置传感器电路原理图。霍尔式节气门位置传感器由霍尔 IC 元件和可绕其转动的磁铁构成，霍尔 IC 元件固定不动，磁铁与节气门同轴，当节气门打开时，节气门轴转动，磁铁随之转动，磁铁与霍尔 IC 之间相对位置的变化引起通过霍尔 IC 磁通量的变化，因此霍尔 IC 便产生相应的霍尔电压。节气门位置传感器有四根导线，ECU 通过 VC 端子给节气门位置传感器提供 5 V 电源，传感器经过 E2 端子通过 ECU 连接搭铁，该传感器有两路输出信号 VTA1 和 VTA2。VTA1 用于检测节气门开度，VTA2 用于检测 VTA1 的故障。传感器信号电压与节气门开度成正比，在 0 V 和 5 V 之间变化（图 3-47），此信号电压被送至发动机 ECU 作为节气门开度信号。

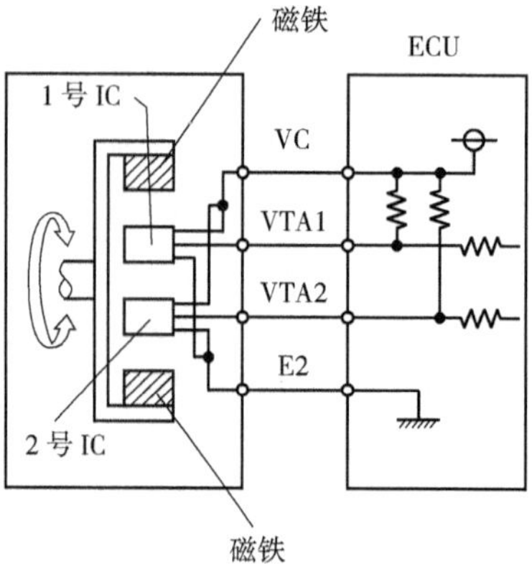

图 3-46　霍尔式节气门位置传感器电路原理图

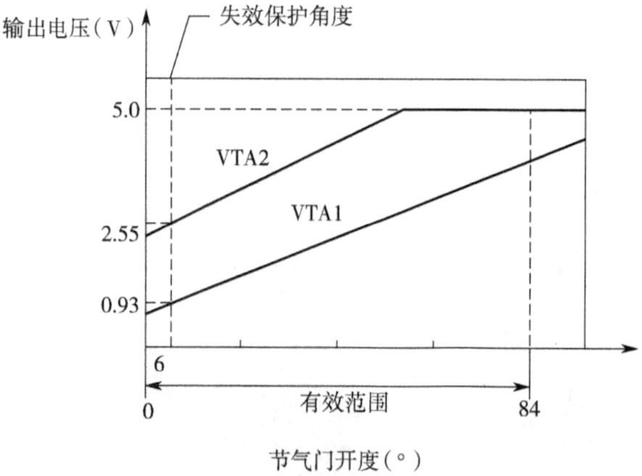

图 3-47　霍尔式节气门位置传感器信号特性

节气门驱动电机一般为直流电机，经过两级齿轮减速来控制节气门开度。控制单元通过调节脉宽调制信号的占空比来控制直流电机转角的大小，电机方向则是由和节气门相连的复位弹簧控制。当 ECU 内出现有关电子节气门的故障存储码时，ECU 切断节气门执行器电流，节气门在回位弹簧作用下返回 6° 节气门位置。ECU 根据加速踏板位置来控制燃油喷射(间歇切断燃油)和点火正时，从而调节发动机输出功率，使车辆保持在最低行驶速度。

(二)大众非接触式电子节气门

图 3-48 为大众速腾电子节气门体结构。其主要由节气门位置传感器电路板、节气门轴固定连接的转子、节气门减速齿轮等组成。

图 3-48　大众速腾电子节气门体结构

大众速腾节气门位置传感器由印刷电路板和可绕其转动的转子构成。电路板内主线圈和次级线圈固定不动。转子与节气门同轴，当节气门打开时，节气门轴转动，转子随之转动。电路板内主线圈通电产生磁场，当节气门转动，转子切割主线圈的磁力线，引起磁场变化，次级线圈感应到磁场变化，输出信号电压。此信号被送至发动机 ECU 作为节气门开度信号。大众速腾节气门位置传感器原理及信号特性如图 3-49、3-50 所示。

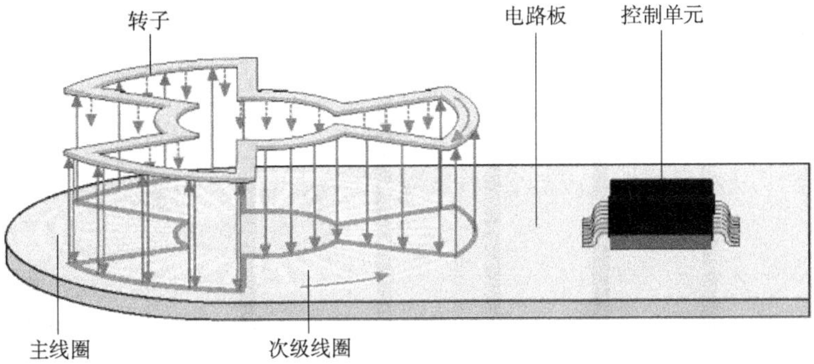

图 3-49　大众速腾节气门位置传感器内部原理图

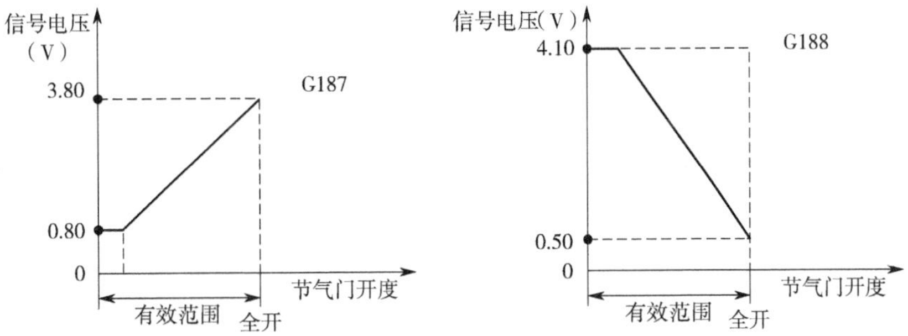

图 3-50　大众速腾节气门位置传感器信号特性

三、霍尔式电子节气门的电路图

图 3-51 为 2017 款丰田卡罗拉 1ZR-FE 发动机的电子节气门体电路图。节气门体 1 号（M-）端子和 2 号（M+）端子为节气门控制电机的端子，用来接收来自发动机 ECU 的控制指令，执行节气门开度控制；5 号（VC）端子给节气门位置传感器提供来自 ECU 的 5 V 电源；3 号（E2）端子通过 ECU 内部连接搭铁；6 号（VTA1）端子为主信号端子，用于检测节气门开度；4 号（VTA2）端子为副信号端子，用于检测 VTA1 的故障。

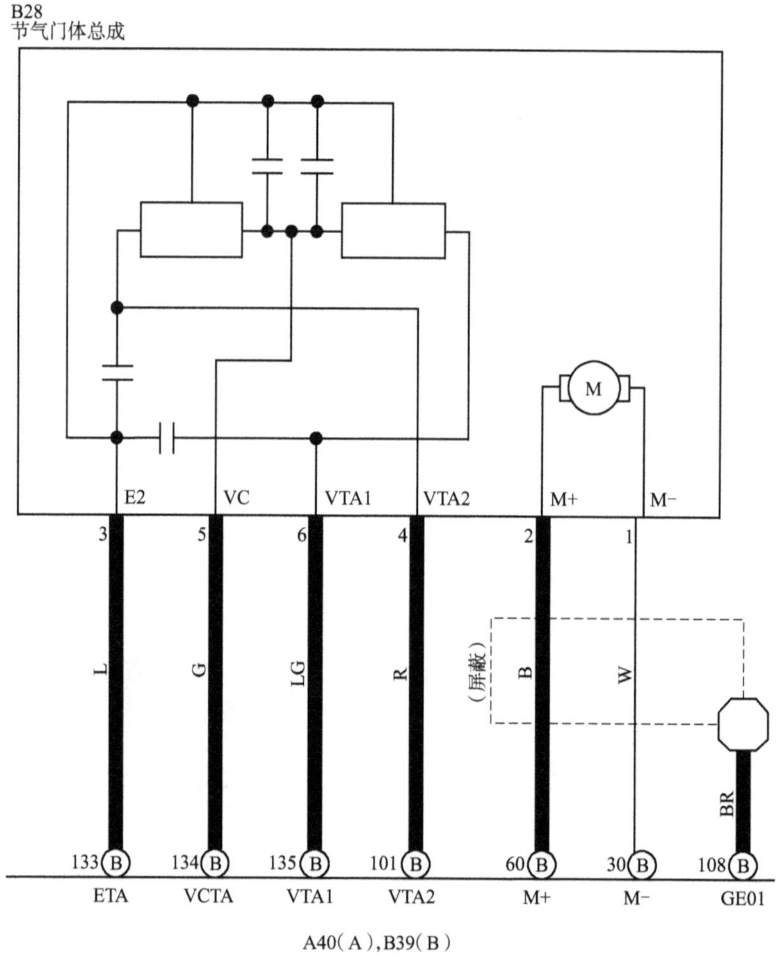

图 3-51　卡罗拉节气门体电路图

四、节气门体电路故障及检测

（一）节气门体电路故障

节气门体电路故障会引发的故障：发动机启动困难、怠速不良（怠速过高或过低）、加速不良（喘抖）等。如果节气门体存在故障或电路断路 / 短路，则有可能存储故障代码在 ECU

内。故在出现上述症状时，首先通过诊断仪连接发动机 ECU，读取故障代码。如果存在相关故障代码，则按故障代码指示的内容，检修节气门体电路。如果没有发现相关故障代码，则需要进一步读取发动机运行状态数据流，必要时读取信号波形图，以与维修手册标准值进行对比，从而发现异常数据并检修。如果电控系统检查并没有发现异常，则检查发动机机械部分（检查节气门脏污及节气门体转轴工作情况等）。

1. 运行状态下检测（使用故障诊断仪、万用表、示波器）

首先，不拔下任何线束，连接测试仪器，使发动机处于通电或运行状态（即在线检测）。其次，使用故障诊断仪读取故障代码，看是否有关于节气门执行器或传感器的故障代码。然后，使用故障诊断仪读取节气门位置数据流，看读取的数据是否符合维修手册的标准值。同时，使用万用表检测信号端的输出电压，看信号电压是否符合维修手册的标准值。必要时读取信号波形图，看是否符合维修手册的标准值。最后，对节气门控制电机进行主动测试，看节气门电机的动作是否符合维修手册标准值。读取节气门电机端子的电压波形，看波形是否符合维修手册标准值。

2. 检查节气门位置传感器线束（电源供电）

在进行具体的线束连接检查之前，首先应检查传感器和 ECU 的外观是否损坏、脏污，检查部件安装状态是否牢靠，连接器连接是否牢靠。然后，在断电状态下，断开传感器的连接器，检查传感器部件的端子以及连接器端子是否存在接触不良（端子损坏、松动、氧化、脏污等）。必要时拆下 ECU 的连接器，检查 ECU 部件的端子以及连接器端子是否存在接触不良（端子损坏、松动、氧化、脏污等）。节气门位置传感器的工作电压为来自发动机 ECU 的 5 V 电源电压，在断电状态下，断开节气门体的线束连接器，用万用表测量节气门位置传感器线束的电源线路连接。将点火开关置于 ON 位置，但不启动发动机，用万用表测量其电源端子与搭铁间电压应为 5 V 左右（4.5~5.5 V）电源电压。如果不符合标准，应检查节气门位置传感器到发动机 ECU 的电源线束连接。如果线束连接正常，则检查发动机 ECU 的相应端子是否有 5 V 电源电压输出。

3. 检查节气门位置传感器线束（搭铁线路连接）

首先，在断电状态下，断开电子节气门的线束连接器。然后，用万用表测量节气门位置传感器线束的搭铁线路连接。传感器搭铁线束经 ECU 内部到车身搭铁之间应该导通。否则检查传感器到 ECU 之间的搭铁线束连接，以及 ECU 到车身搭铁之间的连接。

4. 检查节气门位置传感器线束（信号线路连接）和控制电机线束连接

首先，在断电状态下，断开节气门体的线束连接器，断开 ECU 连接器。然后，用万用表测量节气门位置传感器线束的信号线路连接和控制电机线束连接。

5. 检查节气门体部件

首先，在断电状态下，断开节气门体的线束连接器。其次，拆下节气门体，检查节气门体是否破损、脏污。然后，转动节气门翻板，看节气门转轴是否转动灵活。同时，检查电机电阻，给节气门电机通电，观察其是否能控制节气门翻板打开。最后，采用部件替换法，更换一个新的节气门体至原车，清除故障码重新试车，观察故障现象及故障码是否排除。也可以模拟节气门位置传感器的电路连接，将部件的 5 号端子和 3 号端子分别连接 5 V 直流电源正极和负极，手动改变节气门的开度，检测部件的 6 号端子与电源负极之间的信号电压，以及部件的 4 号端子与电源负极之间的信号电压变化，是否符合维修手册的标准值（标准值为 0~5 V，且随节气门开度加大而加大）。

（二）电子节气门及控制电路检测

电子节气门及控制电路检测操作步骤如下。

1. 车辆常规检查

（1）放置好车轮挡块，安装 5 件套（车身外部防护罩、地板垫、方向盘套、座椅套、换挡杆套），确认驻车制动拉紧。

（2）检查机油、冷却液、制动液位是否符合要求。

（3）检查电瓶电压，应正常。

2. 用故障诊断仪检测（在线检测）（图 3-52）

（1）点火开关置于 OFF 挡，连接诊断仪与汽车故障诊断座。

（2）点火开关置于 ON 挡（不启动），打开诊断仪。

（3）进入故障诊断模块，读取故障码并记录。

（4）进入数据流模块，读取节气门开度相关数据流，记录数据并与标准值对比。VTA 主信号端子：完全松开加速踏板，主信号开度为 10%~22%；完全踩下加速踏板，主信号开度为 64%~96%。VTA2 副信号端子：完全松开加速踏板，副信号开度为 42%~62%完全踩下加速踏板，副信号开度为 92%~100%。

图 3-52　用故障诊断仪检测（在线检测）

3. 用万用表检测（在线检测）（图 3-53）

（1）点火开关置于 ON 位置（不启动发动机），完全松开加速踏板，采用插针在线检测方式，用万用表检测传感器信号端 6 号（VTA1）端子与搭铁之间的信号电压，标准值为 0.5~1.1 V；检测传感器信号端 4 号（VTA2）端子与搭铁之间的信号电压，标准值为 2.1~3.1 V。

（2）完全踩下加速踏板，用万用表检测传感器信号端6号（VTA1）端子与搭铁之间的信号电压，标准值为3.2~4.8 V；检测传感器信号端4号（VTA2）端子与搭铁之间的信号电压，标准值为4.6~5.0 V。

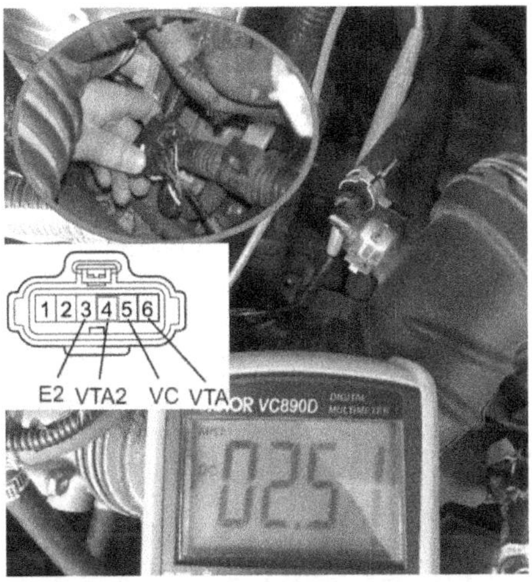

图3-53　用万用表检测（在线检测）

4. 用示波器检测（在线检测）（图3-54）

（1）用插针方式，将示波器正极连接节气门控制电机连接器的1号（M-）端子，示波器负极连接搭铁。

（2）启动发动机怠速运转，暖机至正常水温。打开示波器，调节示波器量程（推荐量程为电压5 V／格，时间1 ms／格）。读取控制ECU发送给节气门电机1号（M-）端子的控制信号电压波形。踩下油门踏板，观察波形变化，看是否符合维修手册标准值。

（3）将示波器正极连接节气门控制电机连接器的2号（M+）端子，示波器负极连接搭铁。

（4）调节示波器量程（推荐量程为电压5 V／格，时间1 ms／格）。读取控制ECU发送给节气门电机2号（M+）端子的控制信号电压波形。踩下油门踏板，观察波形变化，看是否符合维修手册标准值。

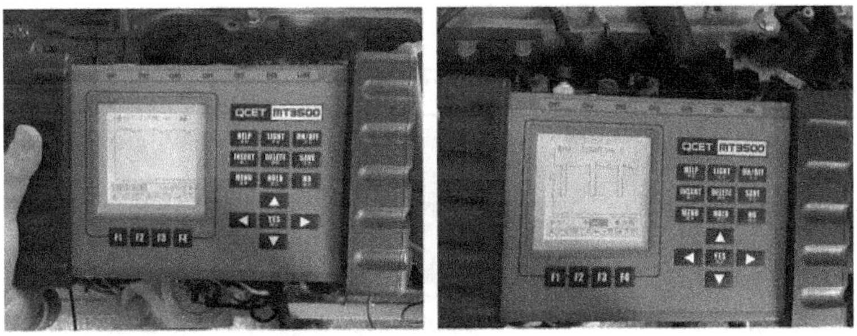

（a）　　（b）

图3-54　用示波器检测（在线检测）

（a）2号（M+）波形图　（b）1号（M-）波形图

5. 检查节气门位置传感器线束(电源供电)(图 3-55)

(1)将点火开关置于 OFF 位置,断开蓄电池负极电缆,断开节气门位置传感器线束连接器。

(2)连接蓄电池负极电缆,将点火开关置于 ON 位置。

(3)将万用表置于 20 V 直流电压挡,检测传感器连接器的 5 号(VC)端子到车身搭铁之间的电压,记录检测数据,标准值为 4.5~5.5 V。

(4)若检测值不符合标准,应检查节气门位置传感器到发动机 ECU 的线束连接,是否存在断开/电阻过大、是否存在对搭铁短路或对电压短路故障。

(5)若线束连接正常,则检查发动机 ECU 的 B39-134(VCTA)端子是否有 4.5~5.5 V 电源电压输出。

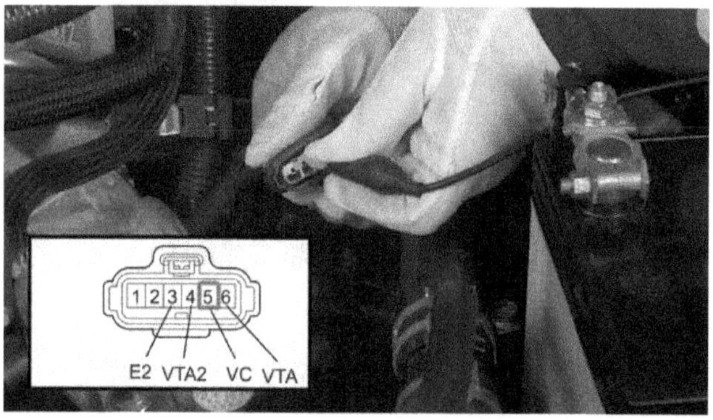

图 3-55 检查节气门位置传感器线束(电源供电)

6. 检查节气门位置传感器线束(搭铁线路连接)(图 3-56)

(1)将点火开关置于 OFF 位置,断开蓄电池负极电缆,断开节气门位置传感器线束连接器。

(2)将万用表置于欧姆(Ω)挡,检测传感器线束连接器的 3 号(E2)端子到车身搭铁之间的电阻,记录检测数据,标准值小于 1 Ω。

(3)若检测值不符合标准,则检查传感器到 ECU 之间的搭铁线束连接是否存在断开/电阻过大故障。若线束连接正常,则是 ECU 到车身搭铁之间的连接故障。

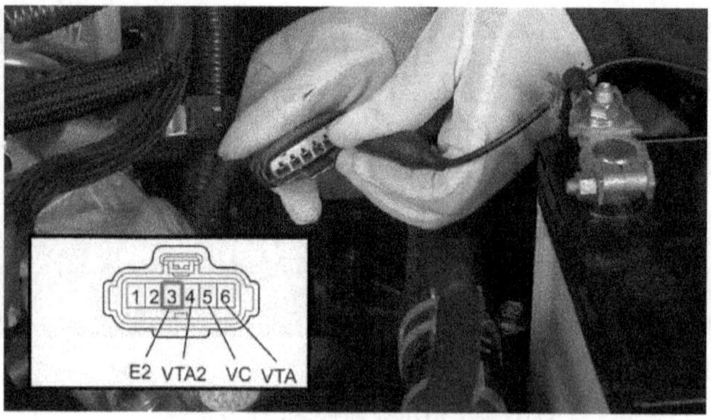

图 3-56 检查节气门位置传感器线束(搭铁线路连接)

7. 检查节气门位置传感器线束(信号线路连接)和控制电机线束连接(图 3-57)

(1)将点火开关置于 OFF 位置,断开蓄电池负极电缆,断开节气门体线束连接器,断开 ECU 连接器。

(2)将万用表置于欧姆(Ω)挡,检测节气门体线束连接器的 6 号(VTA1)端子到 ECU 线束连接器 B39-135 端子之间的电阻,记录检测数据,标准值小于 1 Ω。否则说明线束存在断开或电阻过大故障。使用同样方法,检测节气门体线束连接器的 4 号(VTA2)端子到 ECU 连接器 B39-101 端子、2 号(M+)端子到 ECU 连接器 B39-60 端子、1 号(M-)端子到 ECU 连接器 B39-30 端子之间的电阻。

(3)将万用表置于欧姆(Ω)挡,检测节气门体线束连接器的 6 号(VTA1)端子到车身搭铁之间的电阻,记录检测数据,标准值大于 10 kΩ。否则说明线束存在对搭铁短路或电阻过小故障。使用同样方法,检测节气门体线束连接器的 4 号(VTA2)端子到车身搭铁、2 号(M+)端子到车身搭铁、1 号(M-)端子到车身搭铁之间的电阻。

(4)连接蓄电池负极电缆,将点火开关置于 ON 位置。将万用表置于 20 V 直流电压挡,检测节气门体线束连接器的 6 号(VTA1)端子到车身搭铁之间的电压,记录检测数据,标准值为 0 V。否则说明线束存在低电压短路故障。使用同样方法,检测节气门体线束连接器的 4 号(VTA2)端子到车身搭铁、2 号(M+)端子到车身搭铁、1 号(M-)端子到车身搭铁之间的电压。

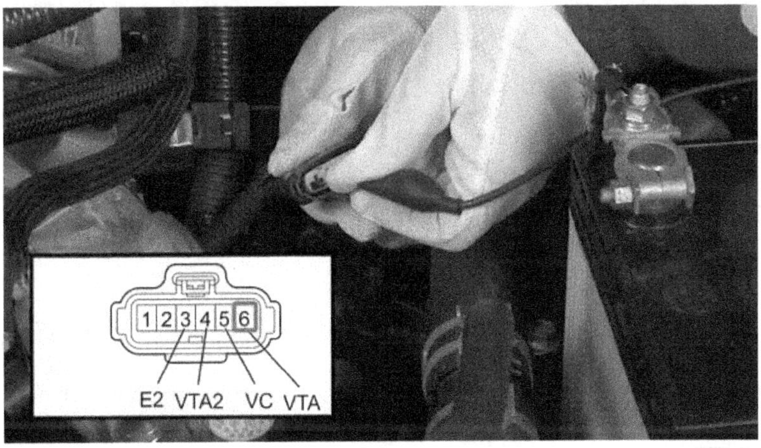

图 3-57 检查节气门位置传感器线束(信号线路连接)和控制电机线束连接

8. 检查节气门体部件(图 3-58)

(1)将点火开关置于 OFF 位置,断开蓄电池负极电缆,断开节气门体线束连接器。

(2)拆下节气门体,检查节气门体是否破损、脏污。转动节气门翻板,看节气门转轴是否转动灵活。

(3)将万用表置于欧姆(Ω)挡,检查控制电机 1 号(M-)和 2 号(M+)端子之间电阻,记录检测数据,标准为 0.3~100 Ω。

(4)在节气门控制电机 2 号(M+)端子和 1 号(M-)端子之间,短暂快速施加蓄电池电压(时间不超过 0.5 s),观察节气门翻板是否快速打开。

(5)模拟节气门位置传感器的电路连接,将部件的5号端子和3号端子分别连接5 V直流电源正极和负极,手动改变节气门的开度,检测部件的6号端子与电源负极之间的信号电压,以及部件的4号端子与电源负极之间的信号电压变化,是否符合维修手册的标准值(标准值为0~5 V,且随节气门开度加大而加大)。

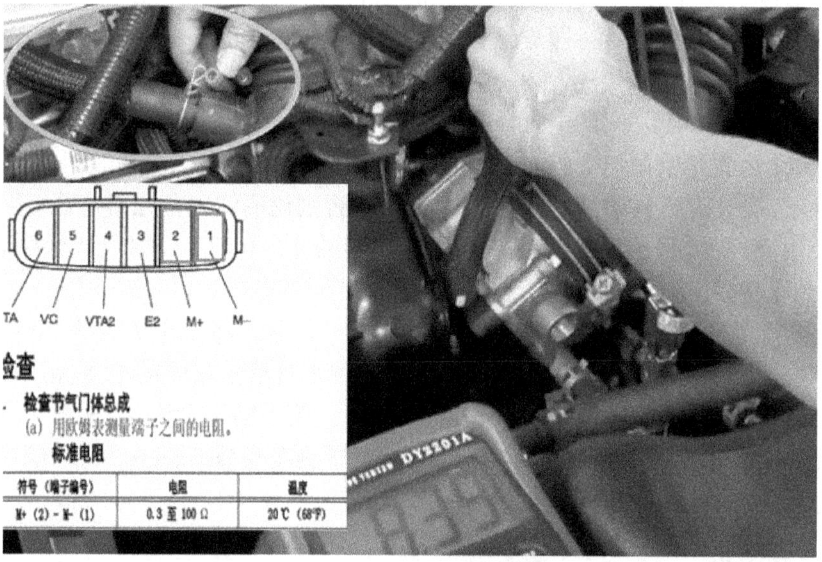

图 3-58　检查节气门体部位

9. 整理工具,清洁场地

按汽车维修操作规范整理工具,清洁场地。

任务6　加速踏板位置传感器结构原理及检测

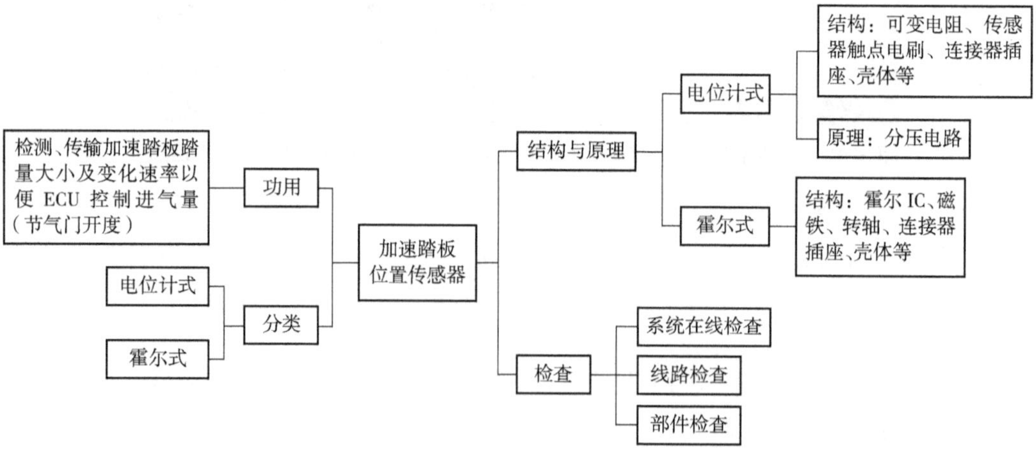

思维导图

一、加速踏板位置传感器

加速踏板位置传感器（Accelerator Pedal Position Sensor，APPS）是电子节气门系统中不可或缺的一个独立组件。该传感器被巧妙地安装在驾驶员一侧的加速踏板内，其主要功能是实时监测驾驶员踩踏加速踏板的力度及变化速度，并将这些信息以电压信号的形式传输至发动机控制单元（ECU），作为控制发动机进气量（节气门的开度）的重要依据。

加速踏板位置传感器的准确性和敏感度直接影响到汽车的驾驶体验和行驶安全。因此，它的设计和制造都遵循严格的标准和规定。传感器通常采用非接触式或者接触式的技术，以确保其长期稳定、可靠的工作性能。当驾驶员踩下或松开加速踏板时，传感器能够精确地捕捉到这些动作，并迅速将数据发送给发动机控制单元，以便ECU可以及时调整节气门的开度，进而控制发动机的输出功率和扭矩，满足驾驶员的驾驶需求。

加速踏板位置传感器的具体位置和结构如图3-59、图3-60所示，这为维修和技术人员提供了方便的位置识别和故障诊断参考。在现代汽车中，加速踏板位置传感器已经成为确保汽车性能和安全的关键组件之一，其重要性不言而喻。

图3-59　加速踏板位置传感器在实车上位置

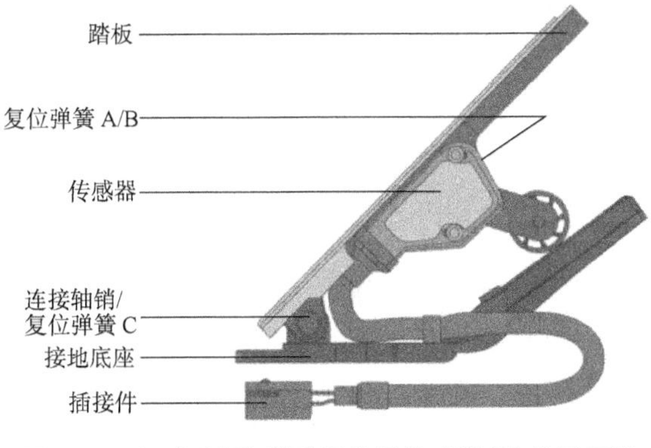

图3-60　加速踏板（带踏板位置传感器）结构示意图

二、加速踏板位置传感器的结构及工作原理

按结构和原理的不同,加速踏板位置传感器主要有两种常见的类型:一是电位计式加速踏板位置传感器;二是霍尔式加速踏板位置传感器。下面对这两种加速踏板位置传感器的结构及工作原理进行介绍。

(一)电位计式加速踏板位置传感器

图 3-61 为电位计式加速踏板位置传感器。其主要由滑动触点路径(可变电阻)、传感器触点电刷、连接器插座、壳体等组成。

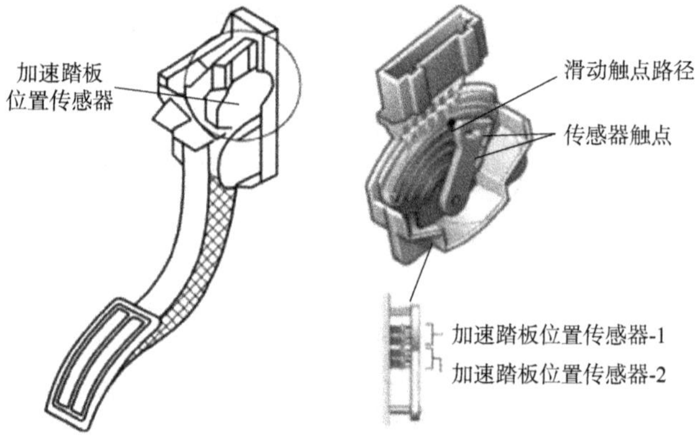

图 3-61　电位计式加速踏板位置传感器

电位计式加速踏板位置传感器主要依靠分压电路原理来实现其工作功能,这一原理在图 3-62 中得到了具体的展示。

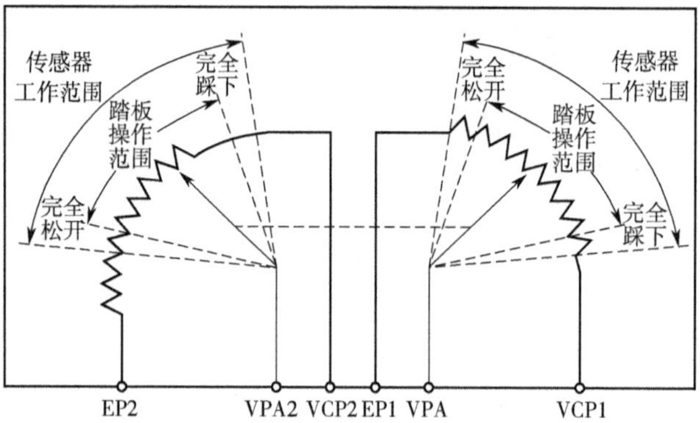

图 3-62　电位计式加速踏板位置传感器电路原理

在实际工作过程中, ECU(电子控制单元)为该传感器电路提供了一个稳定的 5 V 电压,这个电压分别通过图 3-62 中的 VCP1、VCP2 端子供应给传感器电路。

传感器内部的滑动变阻器的电刷,通过一个转轴与电子油门踏板相连接。电刷端 VPA、VPA2 是信号输出端,而 EP1、EP2 则是接地端。电刷端与接地端之间的电阻决定信号输出电压的大小。即当加速踏板的位置发生改变时,电刷与接地端之间的电压也会随之发

生相应的改变。具体来说，当踏板被踩下时，电刷端与接地端之间的电阻会增大，这一段电路所分得的电压也会随之增大。ECU 会根据这个电压的变化，将其转换为加速踏板的位置信号，从而实现对加速踏板位置的精确监测。为了保证输出信号的可靠性，加速踏板位置传感器会同时输出两组信号给 ECU。

电位计式加速踏板位置传感器的信号特性如图 3-63 所示，通过这个图我们可以更直观地了解加速踏板位置传感器的信号输出特点。

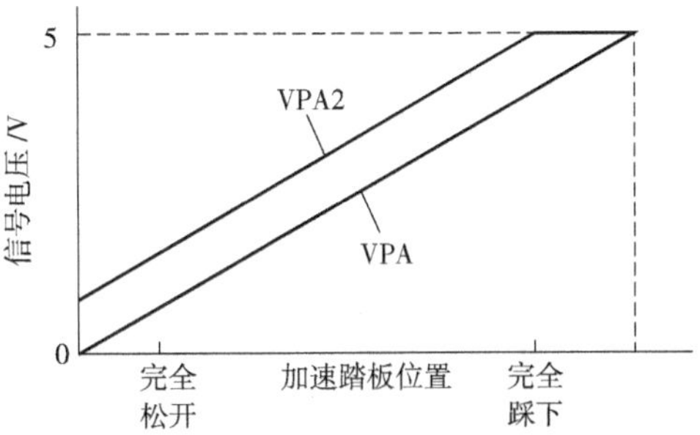

图 3-63　电位计式加速踏板位置传感器信号特性

（二）霍尔式加速踏板位置传感器

图 3-64 所示为霍尔式加速踏板位置传感器结构。其主要由霍尔 IC、磁铁、转轴、连接器插座、壳体等组成。

图 3-64　霍尔式加速踏板位置传感器结构

霍尔式加速踏板位置传感器是依据霍尔效应工作的，这是一种非接触式的传感器。其电路原理如图 3-65 所示。在它的工作过程中，当磁铁随着加速踏板的转轴进行转动时，霍尔 IC 信号输出端就会输出信号电压。这种传感器包含两个传感器电路，分别是 VPA（主信号）电路和 VPA2（副信号）电路。

VPA（主信号）电路和 VPA2（副信号）电路的输出电压会在 0~5 V 之间变化，并且这个电压的变化是与加速踏板的工作角度（也就是被踩下的踩踏量）成比例的。这些变化输出给 ECU 的 VPA（主信号）和 VPA2（副信号），以便进行进一步的处理和控制。为了确保输出信号的可靠性，这两个信号输出电路是完全独立的，其各自采用独立的电源、搭铁和信号端子，以防止因为某一电路的问题而影响到另一电路的正常工作。

VPA（主信号）电路的输出信号，可以准确地指示出油门踏板的开度，这个信息对于发动机的控制是至关重要的。而 VPA2(副信号)电路的输出信号,则可以用来校验 VPA(主信号)电路的工作状态,以确保加速踏板位置传感器的正常工作。霍尔式加速踏板位置的输出特性如图 3-66 所示,此图可以清晰地展示出电路信号变化规律和工作状态。

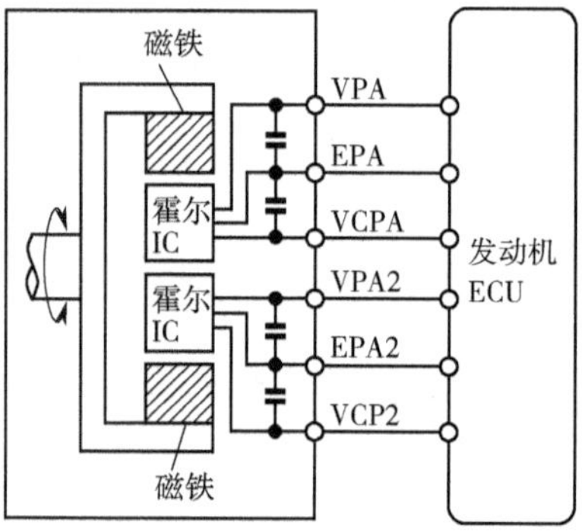

图 3-65　霍尔式加速踏板位置传感器电路原理图

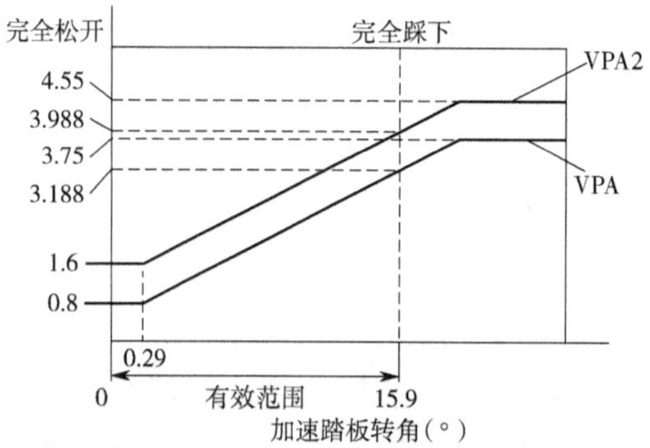

图 3-66　霍尔式加速踏板位置传感器信号特性

三、霍尔式加速踏板位置传感器的电路图

图 3-67 为 2017 款丰田卡罗拉 1ZR-FE 发动机加速踏板位置传感器的电路图。传感器的 4 号(VCPA)端子和 1 号(VCP2)端子分别为主电路电源和副电路电源,提供来自 ECU 的 5 V 电源;5 号(EPA)端子和 2 号(EPA2)端子经过 ECU 内部连接搭铁;6 号(VPA)端子为主信号端子,用于检测节气门开度;3 号(VPA2)端子为副信号端子,用于检测 VPA 的故障。

四、加速踏板电路故障及检测

(一)加速踏板电路故障

加速踏板电路出现故障时,可能会引起一系列的问题,比如发动机启动困难、怠速不稳定(包括怠速过高或过低)、加速无法正常进行等。这些问题可能会对驾驶造成不便,甚至危险。加速踏板位置传感器是监测加速踏板位置的重要部件,如果该传感器出现部件故障,或者电路出现断路或短路,就有可能在 ECU 内存储故障代码。

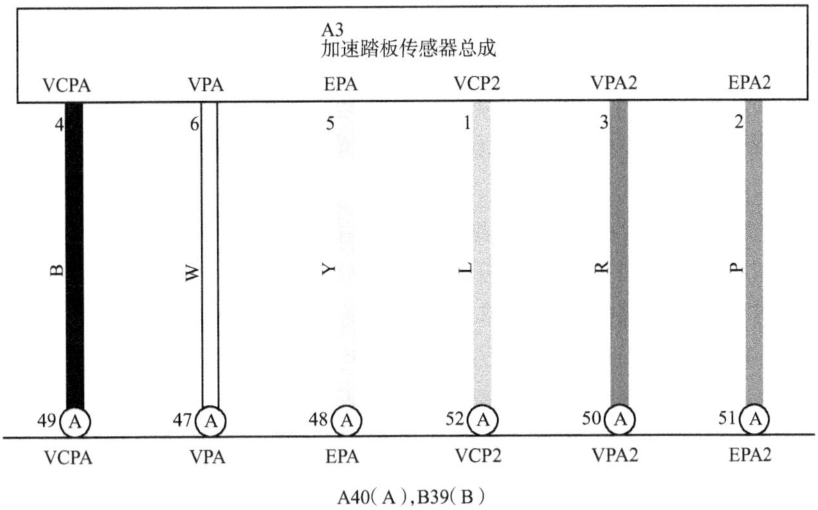

图 3-67　卡罗拉加速踏板位置传感器电路图

当车辆出现上述故障症状时，首先应该使用诊断仪连接发动机 ECU，读取故障代码。故障代码可以为我们提供故障的大致位置和性质。如果读取到相关故障代码，就需要按照故障代码的指示，检修加速踏板位置传感器电路。这可能包括更换传感器、检查电路连接、修复电路断路或短路。

如果经过上述步骤，仍然没有解决问题，那么可能需要进一步读取发动机的运行状态数据流。在必要的时候，读取信号波形图，以便与维修手册中的标准值进行对比。这样可以更精确地找到异常数据，从而有针对性地解决问题。

如果电控系统的检查没有发现任何异常，那么可能需要检查机械部分。加速踏板的运动机构、连接杆等机械部件都可能影响到加速踏板的工作。如果这些部件出现问题，就需要进行相应的修复或更换。

总的来说，诊断和解决加速踏板电路故障需要综合考虑电控系统和机械部件的可能性，通过逐步排查，找到并解决问题。

1. 运行状态下检测（使用故障诊断仪、万用表、示波器）

首先，不拔下任何线束，连接测试仪器，使发动机处于通电或运行状态（即在线检测）。其次，使用故障诊断仪读取故障代码，看是否有关于加速踏板位置传感器的故障代码。然后，使用故障诊断仪读取加速踏板位置传感器数据流，看读取的数据是否符合维修手册的标准值。最后，使用万用表检测信号端的输出电压，看信号电压是否符合维修手册的标准值。必要时读取信号波形图，看是否符合维修手册的标准值。

2. 检查加速踏板位置传感器线束（电源供电）

在进行具体的线束连接检查之前，首先应检查传感器和 ECU 的外观是否损坏、脏污，检查部件安装状态是否牢靠，连接器连接是否牢靠。然后，在断电状态下，断开传感器的连接器，检查传感器部件的端子以及连接器端子是否存在接触不良（端子损坏、松动、氧化、脏污等）。必要时拆下 ECU 的连接器，检查 ECU 部件的端子以及连接器端子是否存在接触不良（端子损坏、松动、氧化、脏污等）。加速踏板位置传感器的工作电压为来自发动机 ECU

的 5 V 电源电压，在断电状态下，断开加速踏板的线束连接器，用万用表测量加速踏板位置传感器线束的电源线路连接。将点火开关置于 ON 位置，但不启动发动机，用万用表测量其电源端子与搭铁间电压应为 5 V 左右（4.5~5.5 V）电源电压。如果不符合标准，应检查加速踏板位置传感器到发动机 ECU 的电源线束连接。如果线束连接正常，则检查发动机 ECU 的相应端子是否有 5 V 电源电压输出。

3. 检查加速踏板位置传感器线束（搭铁线路连接）

首先，在断电状态下，断开加速踏板位置传感器的线束连接器。然后，用万用表测量加速踏板位置传感器线束的搭铁线路连接。传感器搭铁线束经 ECU 内部到车身搭铁之间应该导通。否则检查传感器到 ECU 之间的搭铁线束连接，以及 ECU 到车身搭铁之间的连接。

4. 检查加速踏板位置传感器线束（信号线路连接）

首先，在断电状态下，断开加速踏板的线束连接器，断开 ECU 连接器。然后，用万用表测量加速踏板位置传感器线束的信号线路连接。

5. 检查加速踏板位置传感器部件和 ECU 部件

首先，在断电状态下，断开加速踏板的线束连接器。其次，拆下加速踏板，检查加速踏板是否破损、脏污。然后，按压加速踏板，看加速踏板转轴转动是否阻尼正常无卡滞。同时，检查端子 ECU 内部信端与搭铁端的电阻连接，看是否符合维修手册标准值。最后，采用部件替换法，更换一个新的加速踏板至原车，清除故障码重新试车，观察故障现象及故障码是否排除。也可以模拟加速踏板位置传感器的电路连接，将部件的 1 号端子和 4 号端子连接 5 V 直流电源正极，部件的 5 号、2 号端子连接 5 V 电源负极，检测 6 号端子和 3 号端子到搭铁之间的信号电压，看是否符合维修手册的标准值（标准值为 0~5 V，且随加速踏板踩踏量加大而加大）。

（二）加速踏板位置传感器及控制电路检测

加速踏板位置传感器及控制电路检测操作步骤如下。

1. 车辆常规检查

（1）放置好车轮挡块，安装 5 件套（车身外部防护罩、地板垫、方向盘套、座椅套、换挡杆套），确认驻车制动拉紧。

（2）检查机油、冷却液、制动液位是否符合要求。

（3）检查电瓶电压，应正常。

2. 用故障诊断仪检测（在线检测）（图 3-68）

（1）点火开关置于 OFF 挡，连接诊断仪与汽车故障诊断座。

（2）点火开关置于 ON 挡（不启动），打开诊断仪。

（3）进入故障诊断模块，读取故障码并记录。

（4）进入数据流模块，读取油门踏板位置相关数据流，记录数据并与标准值对比。

VPA 主信号端子：完全松开加速踏板，主信号开度为 10%~22%；完全踩下加速踏板，主信号开度为 52%~90%。VPA2 副信号端子：完全松开加速踏板，副信号开度为 24%~40%，完全踩下加速踏板，副信号开度为 68%~95%。

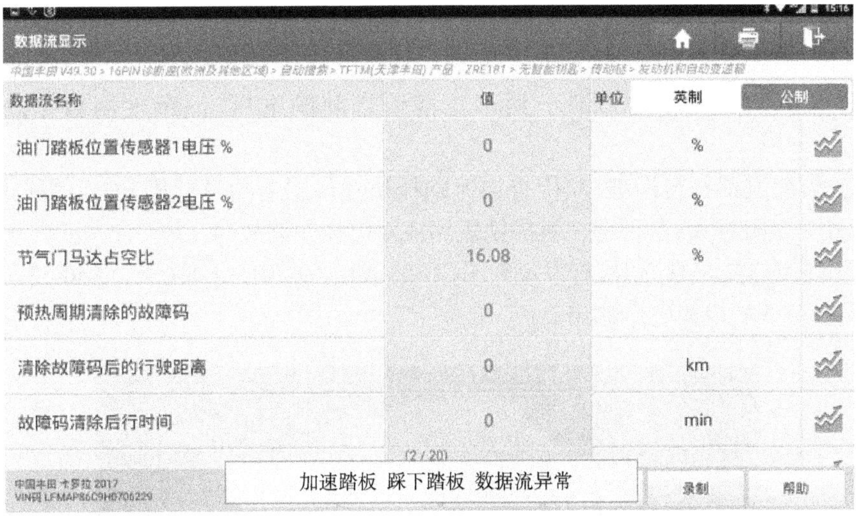

图 3-68　用故障诊断仪检测(在线检测)

3. 用万用表检测(在线检测)(图 3-69)

(1)点火开关置于 ON 位置(不启动发动机),完全松开加速踏板,采用插针在线检测方式,用万用表检测传感器信号端 6 号(VPA1)端子与搭铁之间的信号电压,标准值为 0.5~1.1 V;检测传感器信号端 4 号(VPA2)端子与搭铁之间的信号电压,标准值为 1.2~2.0 V。

(2)完全踩下加速踏板,用万用表检测传感器信号端 6 号(VPA1)端子与搭铁之间的信号电压,标准值为 2.6~4.5 V;检测传感器信号端 4 号(VPA2)端子与搭铁之间的信号电压,标准值为 3.4~4.8 V。

(a)　　(b)

图 3-69　用万用表检测(在线检测)

(a)完全松开加速踏板　(b)完全踩下加速踏板

4. 检查加速踏板位置传感器线束(电源供电)(图 3-70)

(1)将点火开关置于 OFF 位置,断开蓄电池负极电缆,断开加速踏板位置传感器线束连接器。

（2）连接蓄电池负极电缆，将点火开关置于 ON 位置。

（3）将万用表置于 20 V 直流电压挡，检测传感器连接器的 4 号（VCPA）端子到车身搭铁之间的电压、1 号（VCP2）端子到车身搭铁之间的电压，记录检测数据，标准值为 4.5~5.5 V。

（4）若检测值不符合标准，应检查加速踏板位置传感器到发动机 ECU 的线束连接，是否存在断开 / 电阻过大、是否存在对搭铁短路或对电压短路故障。

（5）若线束连接正常，则检查发动机 ECU 的 A40-49（VCPA）端子、A40-52（VCP2）端子是否有 4.5~5.5 V 电源电压输出。

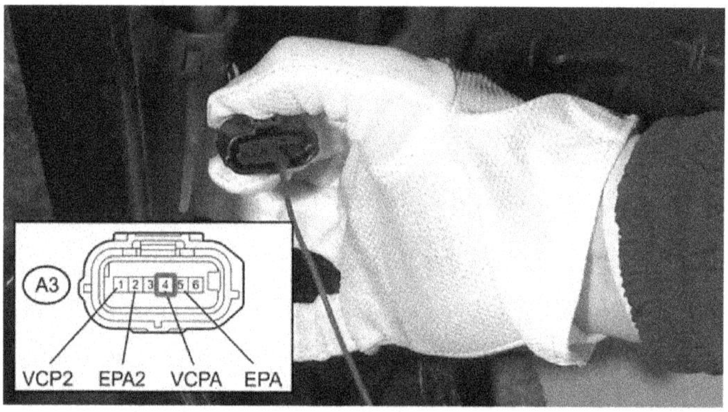

图 3-70　检查加速踏板位置传感器线束（电源供电）

5. 检查加速踏板位置传感器线束（搭铁线路连接）（图 3-71）

（1）将点火开关置于 OFF 位置，断开蓄电池负极电缆，断开加速踏板位置传感器线束连接器。

（2）将万用表置于欧姆（Ω）档，检测传感器线束连接器的 5 号（EPA）端子到车身搭铁之间的电阻、2 号（EPA2）端子到车身搭铁之间的电阻，记录检测数据，标准值小于 1 Ω。

（3）若检测值不符合标准，则检查传感器到 ECU 之间的搭铁线束连接是否存在断开 / 电阻过大故障。若线束连接正常，则是 ECU 到车身搭铁之间的连接故障。

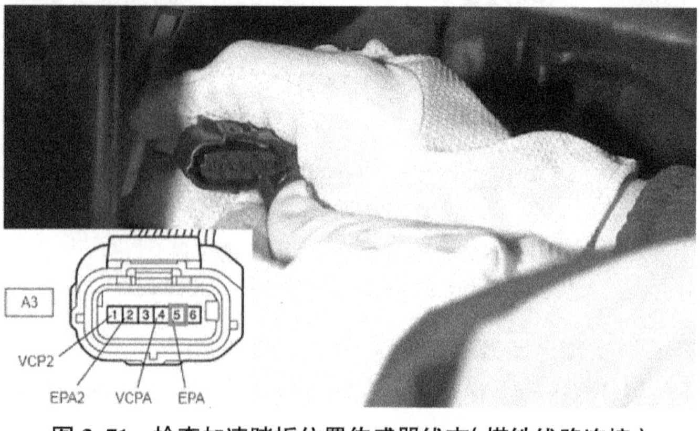

图 3-71　检查加速踏板位置传感器线束（搭铁线路连接）

6. 检查加速踏板位置传感器线束(信号线路连接)(图 3-72)

(1)将点火开关置于 OFF 位置,断开蓄电池负极电缆,断开加速踏板位置传感器线束连接器,断开 ECU 连接器。

(2)将万用表置于欧姆(Ω)挡,检测加速踏板线束连接器的 6 号(VPA)端子到 ECU 线束连接器 B40-47 端子之间的电阻,记录检测数据,标准值小于 1 Ω。否则说明线束存在断开或电阻过大故障。使用同样方法,检测加速踏板位置传感器线束连接器的 3 号(VPA2)端子到 ECU 线束连接器 A40-50 端子之间的电阻。

(3)将万用表置于欧姆(Ω)挡,检测加速踏板线束连接器的 6 号(VPA)端子到车身搭铁之间的电阻,记录检测数据,标准值大于 10 kΩ。否则说明线束存在对搭铁短路或电阻过小故障。使用同样方法,检测加速踏板位置传感器线束连接器的 3 号(VPA2)端子到车身搭铁之间的电阻。

(4)连接蓄电池负极电缆,将点火开关置于 ON 位置。将万用表置于 20 V 直流电压挡,检测加速踏板线束连接器的 6 号(VPA)端子到车身搭铁之间的电压,记录检测数据,标准值为 0 V。否则说明线束存在低电压短路故障。使用同样方法,检测加速踏板位置传感器线束连接器的 3 号(VPA2)端子到车身搭铁之间的电压。

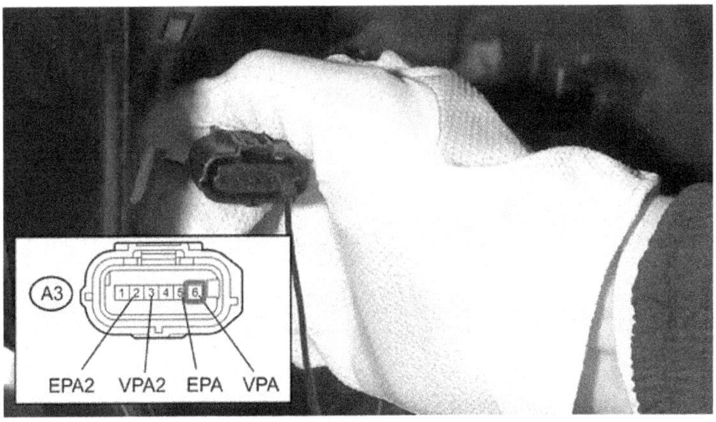

图 3-72　检查加速踏板位置传感器线束(信号线路连接)

7. 检查加速踏板位置传感器部件和 ECU 部件(图 3-73)

(1)将点火开关置于 OFF 位置,断开蓄电池负极电缆,断开加速踏板位置传感器线束连接器。

(2)拆下加速踏板位置传感器,检查加速踏板位置传感器是否破损、脏污。按压加速踏板,看加速踏板转轴转动是否阻尼正常无卡滞。

(3)将万用表置于欧姆(Ω)挡,检查 A3-6(VPA)端子与 A3-5(EPA)端子之间的电阻(此电阻为在 ECU 部件内部连接的电阻),记录检测数据,标准为 36.6~41.61 kΩ。使用同样方法,检查 A3-3(VPA2)端子与 A3-2(EPA2)端子之间电阻。

(4)模拟加速踏板位置传感器的电路连接,将部件的 4 号(VCPA)端子和 1 号(VCP2)端子连接 5 V 直流电源正极,部件的 5 号(EPA)端子和 2 号(EPA2)端子连接 5 V 直流电源负极,手动改变加速踏板踩下踩踏量,检测部件的 6 号(VPA)端子与电源负极之间的信号电压,以及部件 3 号(VPA2)端子与电源负极之间的信号电压变化,看是否符合维修手册的标准值(标准值为 0~5 V,且随踩踏量加大而加大)。

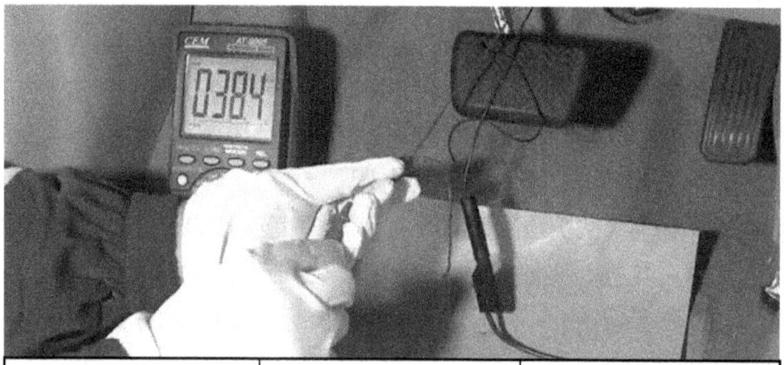

检测仪连接	条件	规定值
A3-2(EPA2)-A3-3(VPA2)	始终	36.60~41.61 kΩ

图 3-73　检查加速踏板位置传感器部件和 ECU 部件

8. 整理工具,清洁场地

按汽车维修操作规范整理工具,清洁场地。

任务 7　怠速控制系统构造与检修

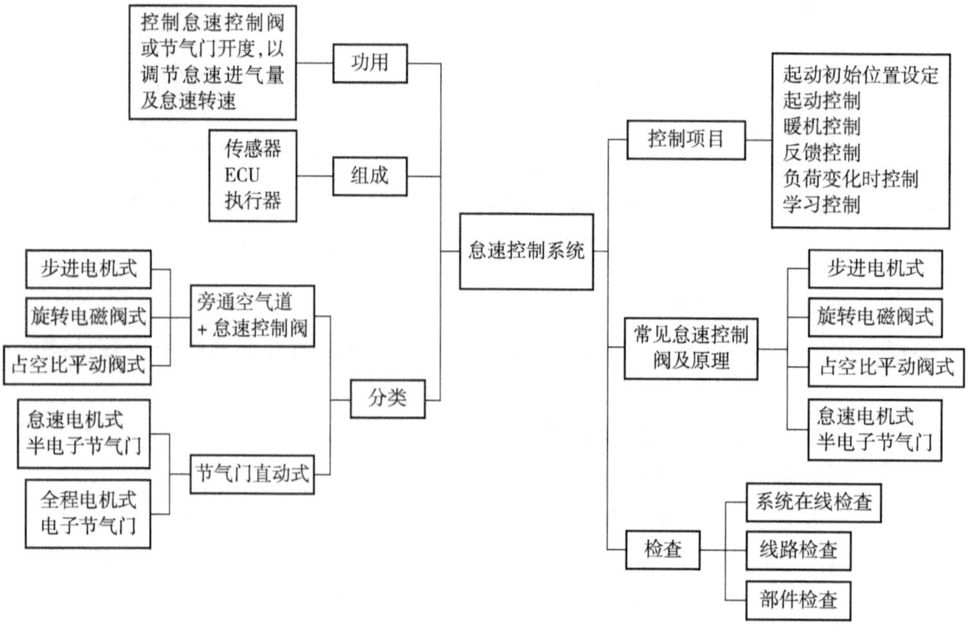

思维导图

一、怠速控制系统

发动机怠速控制系统主要依据发动机在怠速状态下的冷却液温度、空调的使用状况、动力转向需求等信号，通过怠速控制执行器对发动机进气量进行精确调节。这一系统的核心功能是维持发动机在最低稳定转速下运行，确保车辆在静止或低速行驶时，发动机能高效、稳定地工作。为实现这一目标，怠速控制系统会实时监测冷却液的温度，因为冷却液温度是影响发动机热状态的重要参数，直接关系到发动机的燃烧效率和稳定性。同时，系统还会关注空调的开关状态，因为空调的开启会增加发动机的负荷，进而影响怠速转速。此外，动力转向信号也会被系统考虑在内，因为动力转向的开启也会对发动机的进气量产生影响，从而影响发动机的怠速性能。

在获取这些信号后，怠速控制系统会分析这些数据，并作出相应的处理如通过怠速控制执行器对发动机进气量进行调整。这种调整是动态的，意味着系统会根据实时信号不断调整进气量，确保发动机怠速转速始终保持在最低稳定转速。这样不仅可以提高发动机的工作效率，减少燃油消耗，还可以降低尾气排放，提升驾驶的平顺性。

总的来说，发动机怠速控制系统是一个高度复杂的调节系统。它通过精确控制发动机进气量，实现对怠速转速的精准调整，以确保发动机在各种工况下都能高效、稳定地运行。

二、怠速控制系统的组成及分类

怠速控制系统的组成主要包括了传感器、电子控制单元（ECU）以及执行器这三大部分，其详细组成架构如图 3-73 所示。其中传感器的作用是负责检测并捕捉发动机的运行状态以及负载设备的运作情况，然后将这些信号数据传递给 ECU。ECU 会对综合接收到的各种传感器的输入信号进行一番复杂的计算和处理，确定出一个理想的目标转速值，这个值就是怠速运行时发动机应该保持的转速。随后，ECU 会将这个目标转速与发动机当前的实际转速进行对比。在比较的过程中，ECU 会根据比较的结果来控制怠速执行元件的工作状态。执行元件按照 ECU 的指令，对怠速时的空气进气量进行相应的调节，可能是增加也可能是减少。

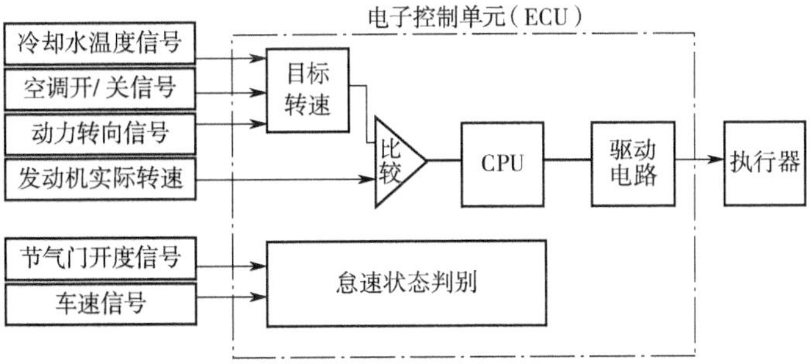

图 3-74　怠速控制系统的组成示意图

通过这样的方式，怠速控制系统能够有效地控制发动机的怠速转速，使其尽可能地接近 ECU 所确定的目标转速。这样一来，不仅可以保证发动机在怠速状态下运转得更加平稳，还能在一定程度上提高燃油经济性，减少排放，提升驾驶的舒适性。

怠速控制系统根据执行元件的不同，分为两大类：一是目前已经大规模使用的节气门直动式（包括怠速电机式和全程电机式）；二是在少部分老旧车型上采用的怠速控制阀（或称旁通阀）控制的节气门旁的旁通空气道式（执行元件有步进电机式怠速控制阀、旋转电磁阀式怠速控制阀以及占空比式平动电磁阀等）。本文主要介绍怠速控制阀控制的旁通空气道式怠速控制系统及怠速电机节气门直动式怠速控制系统。怠速控制阀控制的旁通空气道式怠速控制系统组成如图 3-75 所示。

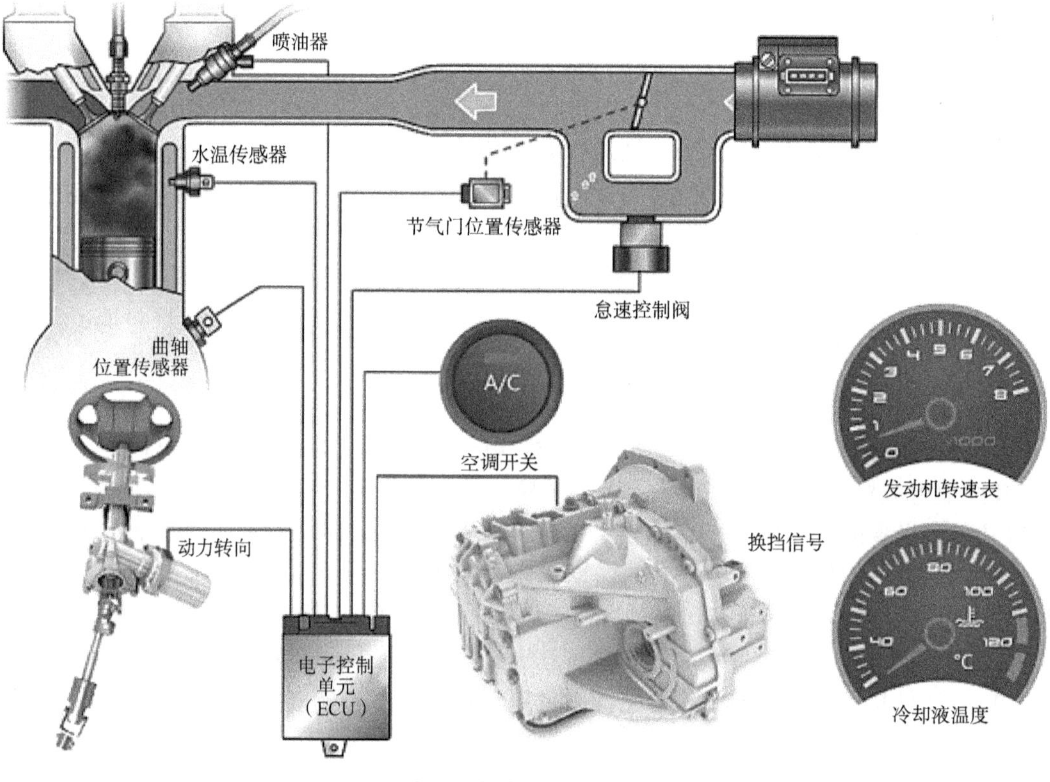

图 3-75　旁通空气道式怠速控制系统组成

三、怠速控制系统的控制内容

1. *启动初始位置*

为了提升发动机的重新启动能力，当点火开关处于关闭状态时，蓄电池将继续为 ECU 和怠速控制阀提供电力支持（持续时间约为 2 s），保持其激活状态。此时，ECU 将指令怠速控制阀移动到启动初始位置，即全开状态，之后断开电源。如果发动机采用节气门直动式，那么节气门会被保持在一个特定的开度，以备下一次启动。

2. *启动控制*

当发动机启动时，由于怠速控制阀已经被预先设定在完全开启的位置，因此在启动过程中，通过怠速控制阀的旁通空气量达到最大，这有助于发动机的轻松启动。但是，如果发动机启动后怠速控制阀仍然保持在全开位置，可能会导致怠速转速过高。因此，当发动机转速达到一定规定值时，ECU 会介入控制，调整怠速控制阀的开口高度，从而减少旁通空气量，避免转速超出安全范围。

3. 暖机控制

在发动机启动后的暖机阶段，ECU 将密切监测冷却液温度传感器的信号，以确定怠速控制阀的开度大小。随着发动机转速的不断提升和温度的逐渐升高，控制阀的阀门会逐渐缩小开启幅度。当冷却液温度升至预设的温度阈值，如 70 ℃时，暖机控制过程将宣告结束。

4. 反馈控制

发动机处于怠速运转状态时，其转速信息会被传输至电子控制单元（ECU）。ECU 是一个高度智能化的控制模块，负责接收并处理这些转速信号。处理过程中，ECU 会将实时的转速数据与存储器内预设的理想转速参数进行详细比对。一旦 ECU 检测到实际转速与目标转速之间存在显著差异，且这个差异值达到预设的阈值（例如 20 转每分钟），ECU 便会立即采取行动。它会通过控制怠速控制阀，调节进入发动机的旁通空气量，从而精准地调整发动机的转速。这一过程的目的是确保实际转速能够与目标转速完全吻合，以此来优化发动机的性能和燃油经济性。

5. 应对负荷变化时的怠速控制

在驾驶过程中，当操作空调系统、启动动力转向系统、自动变速器开始工作或电气系统负荷增加时，发动机所承受的负荷会迅速改变。这种改变可能会导致发动机出现抖动甚至熄火的情况。为了避免这种情况的发生，ECU 必须在发动机转速发生变化之前，提前预测并作出反应。具体做法是 ECU 立即指令怠速控制阀进行调整，预先增加或减少一定程度的空气流量，这样可以有效地提升发动机的输出功率，确保在各种负荷变化情况下，发动机仍能保持平稳的怠速运转。

6. 学习控制机制

在 ECU 计算出理想怠速转速后，会通过控制怠速控制阀来调整并实现这一转速。然而，由于发动机在运行过程中可能会出现技术状况的变化，例如气缸内部积碳的积累、节气门积灰等问题，这些都可能导致原有的怠速控制阀开度不再适合当前发动机的实际需求。在这种情况下，如果怠速控制阀的开度依旧保持不变，那么实际怠速转速就可能与目标转速出现较大的偏差。为了解决这一问题，ECU 会采用反馈控制策略，调整怠速转速，使其重新与设定值保持一致。此时，ECU 会记录新的怠速控制阀开度位置，并将这些数据存储在自身的存储器中。在未来的怠速控制过程中，ECU 会参考这些存储的数据，以便更准确地调节发动机的怠速，确保发动机始终处于最佳的工作状态。

四、常见怠速控制阀的工作原理

（一）步进电机式怠速控制阀

步进电机式怠速控制阀是安装在节气门体上的一种重要的控制元件，其具体的位置、实物及构造分别如图 3-76、图 3-77、图 3-78 所示。步进电机主要由转子磁铁和定子线圈两个主要部分构成，它们共同协作，完成电机的旋转运动。转子磁铁内部带有内螺纹，这个内螺纹与阀芯螺杆的外螺纹相啮合,从而实现两者之间的传动。转子磁铁旋转时,通过螺纹的作用,将转子磁铁的旋转运动转换为阀芯螺杆的直线运动,这样就可以控制阀门的开关。控制阀的头部和阀芯螺杆是一体成型的,这样可以保证阀门的精准控制。

图 3-76 步进电机位置及旁通气道实物

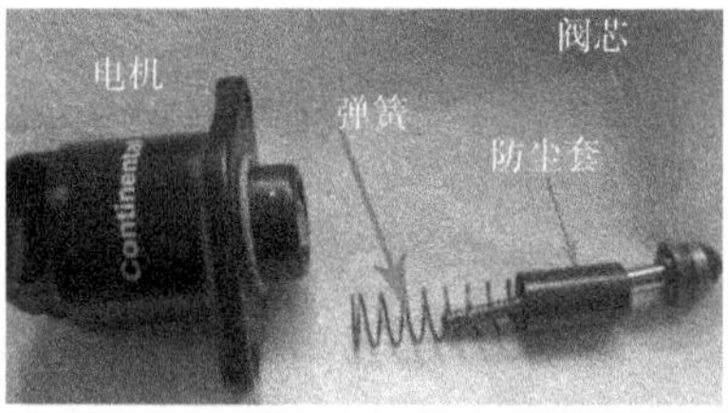

图 3-77 步进电机实物

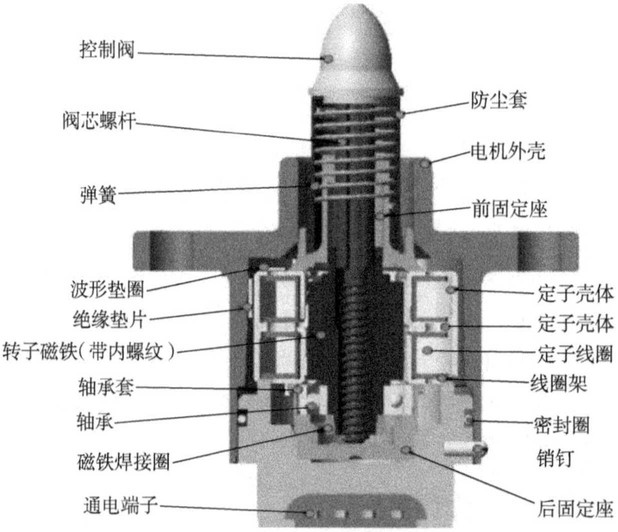

图 3-78 步进电机构造

控制阀头部被安装在节气门体上,并且通过连接件与安装在怠速空气道内的阀座连接。这样,当发动机在怠速运转时, ECU 就可以根据各个传感器的信号,精确控制步进电机转子磁铁的正反转向和转动角度。在 ECU 的控制下,螺杆会带动控制阀进行伸出或缩回的操作,以此来改变怠速空气道的流通截面。这种方式可以精确控制发动机在怠速工况下的空气供给量，保证发动机的稳定运行。

整个过程中，步进电机式怠速控制阀起到了至关重要的作用。其通过精确控制阀门的开度，保证了发动机在怠速运行时，能够获得适量的空气供给，以保证发动机的稳定性和经济性。同时，它还能够在发动机运行过程中，根据需要实时调整空气供给量，以适应不同的运行工况，提高发动机的性能和可靠性。

丰田公司在其产品中应用了一种步进电机，具体来说，这种步进电机的核心部件是由强力永磁铁材料构成的转子磁铁，其具备 16 个磁极，这些磁极按一定的几何布局排列，确保了电机的高效运作。转子磁铁在电机的运行过程中，与两个定子铁芯线圈相互作用，这两个定子铁芯线圈是电机能够产生旋转力的关键。

这两个定子铁芯线圈特别之处在于其结构设计，每个定子都由多个带爪极的铁芯交错组合而成，这种设计使得定子能够更有效地捕捉和转换磁力线。更为精细地是，每个定子上都精心绕制了两组线圈，这两组线圈的绕制方向是相反的，这样的设计是为了在电机运作中产生不同的电磁场，进而控制电机的转动。

当电子控制单元（ECU）接通电源并对步进电机发出工作指令时，其会向这些线圈输送脉冲电压。这些脉冲电压通过不同的线圈时，因线圈之间的相位差异，会导致步进电机的转动方向发生改变。因此，通过精确控制 4 个线圈的通电顺序，即改变线圈的相位，可以实现对步进电机转动方向的精细调控。

步进电机的转动精度是由输入的脉冲数量决定的，当 4 个线圈按照预设的顺序接收到一定数量的脉冲时，步进电机就会准确地转动一个特定的角度。这种转动原理的巧妙之处在于，通过改变输入的脉冲序列和数量，就可以控制步进电机的转动速度和角度，从而实现精密的运动控制。

步进电机的控制电路（图 3-79）以及运作原理（图 3-80）清晰地展示了步进电机的工作流程，包括线圈的通电顺序、相位变化以及其对电机转动方向和角度的影响。这种设计的电机不仅操作简便，而且精度高，因此在丰田公司的众多产品中得到了广泛应用。

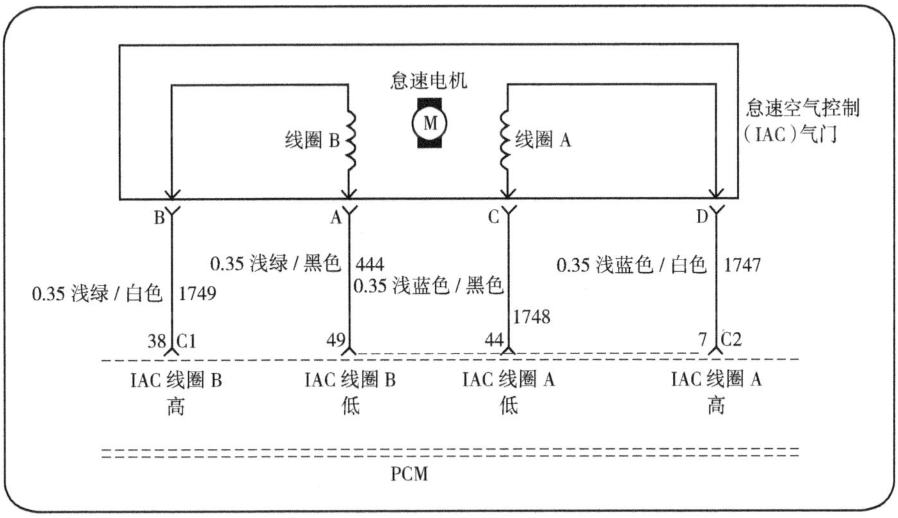

图 3-79　步进电机控制电路

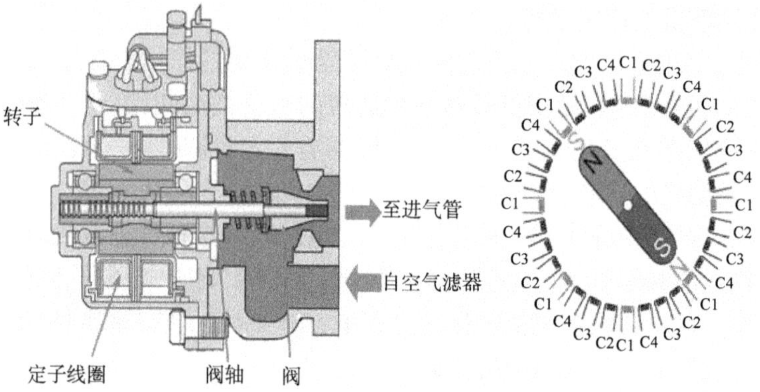

图 3-80　步进电机构造及运作原理

当 ECU 控制步进电机的线圈按 1—2—3—4 的顺序依次搭铁时，定子磁场与转子磁场间通过吸引、排斥相互作用，使转子随着定子磁场同步顺时针转动；当 ECU 控制步进电机的线圈按相反的顺序通电时，转子则随定子磁场同步反转，转子每转一步就会与定子错开一个爪极的角度。由于定子有 32 个爪极，所以步进电机每转一步为 1/32 圈（11.25° 转角），转子转动一周为 32 个步极，一般步进电机为 2~125 个步级。

（二）旋转电磁阀式怠速控制阀

旋转电磁阀式怠速控制系统包括两种，一是单线圈旋转电磁阀式怠速控制系统；二是双线圈旋转电磁阀式怠速控制系统。

1. 单线圈旋转电磁阀式

单线圈旋转滑电磁阀式怠速控制系统的构成较为复杂，其主要由转子电枢以及旋转滑阀、定子磁铁，旁通空气道等多个部分共同协作而成，具体的工作原理和构成如图 3-81 所示。在这个系统中，驱动电机的核心部分是由定子磁铁和转子电枢组成的，其中定子磁铁的内部墙壁上镶嵌有永久的磁铁，而转子电枢上则绕有线圈。

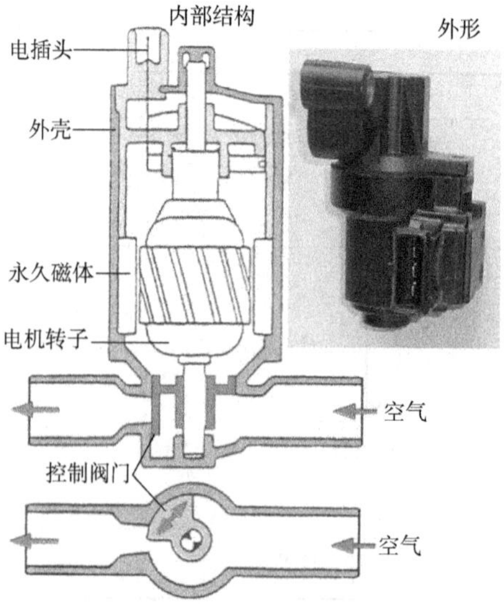

图 3-81　单线圈旋转电磁阀式怠速控制阀结构及工作原理

在实际的工作过程中，电子控制单元（ECU）会通过占空比信号来控制流入电磁线圈的电流的方向以及大小，进而控制滑阀的转动。通过这种方式，ECU 可以精确控制从节气门旁通道流入的空气量，达到调节发动机怠速的目的。

所谓占空比，指的是脉冲信号的通电时间与通电周期时长之比。占空比越高，代表实际通电时间越长，如图 3-82 所示。

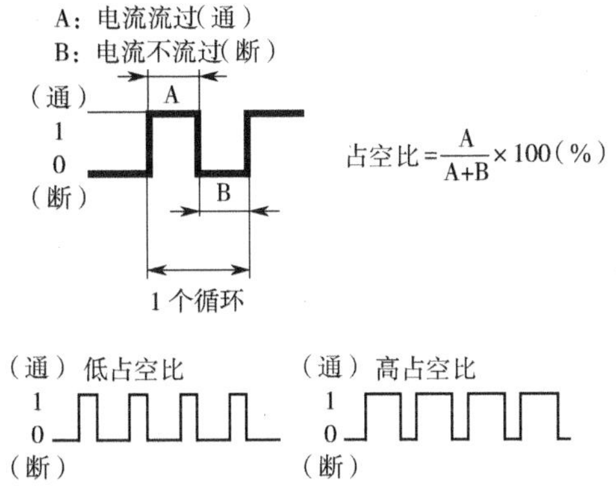

图 3-82　占空比的含义

具体来说，当占空比信号较高时，滑阀会向打开的方向转动；而当占空比信号较低时，滑阀则会向关闭的方向转动。这样，滑阀就会根据占空比信号的高低，不断地打开和关闭，以实现对发动机怠速的精确控制。

2. 双线圈旋转电磁阀式

如图 3-83 所示，双线圈旋转电磁阀式怠速控制阀主要由转子磁铁、两个定子线圈以及双金属片所组成。转子磁铁在电磁阀中起到转动的作用，而定子线圈则产生磁场，双金属片则起到开关的作用。旋转电磁阀被安装在节气门体上，通过控制两个线圈的平均通电时间（占空比）的比例，改变两个线圈的磁场强度，进一步控制阀门的旋转角度，从而改变怠速空气通道的截面积。双线圈旋转电磁阀的外形以及管道如图 3-84 和图 3-85 所示。

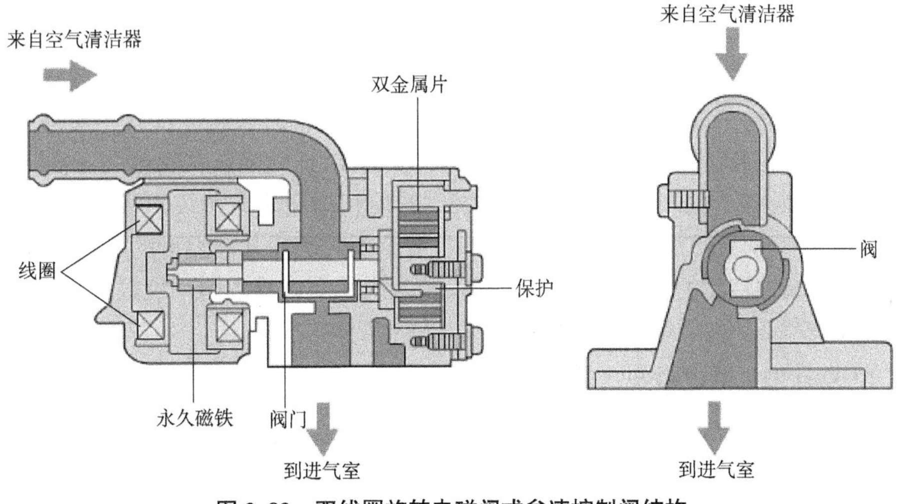

图 3-83　双线圈旋转电磁阀式怠速控制阀结构

图 3-84　旋转电磁阀实物外观

图 3-85　旋转电磁阀实物管道

ECU 控制脉冲信号的占空比大小，即控制线圈 1、2 中通电时间的比例，使电磁阀旋转一定的角度。当线圈 1、2 的通电占空比相等时，产生的磁场作用力互相抵消，阀轴停止转动。当线圈 2 占空比大于线圈 1，线圈 2 的磁场强度大于线圈 1 的磁场强度，阀门转过一定的角度，旁通道面积增大，反之减小。其工作原理如图 3-86 所示。

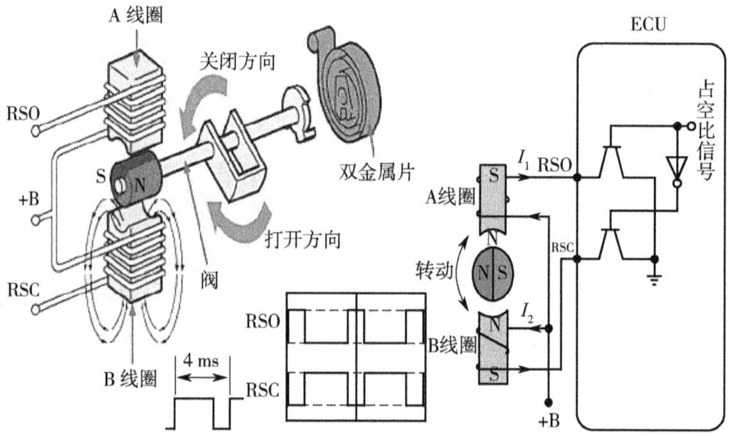

图 3-86　双线圈旋转滑阀式怠速控制阀工作原理

旋转电磁阀控制阀中有一个制成卷簧形的双金属片，外端固定在阀体上，内端与阀轴部的挡块相连接。阀轴上的限位杆穿过挡块的凹槽，使阀轴只能在挡块凹槽限定的范围内摆动。当流过阀体冷却液腔的冷却液温度变化时，双金属片随冷却液温度的变化而变形，带动挡块转动，改变阀轴转动的两个极限位置，进而控制怠速控制阀的两个极限开度。其主要目的是防止怠速控制电路系统出现故障时，发动机转速变化较大。

（三）占空比型平动电磁阀式怠速控制阀

占空比型平动电磁阀式怠速控制阀结构如图 3-87 所示。在占空比型平动电磁阀的工作中，电子控制单元（ECU）起着至关重要的作用。其负责根据发动机的实时运行状况以及负载设备的作业情况，精准地计算并确定执行器脉冲信号的占空比。这一比例的高低直接影响着电磁阀的工作效果。

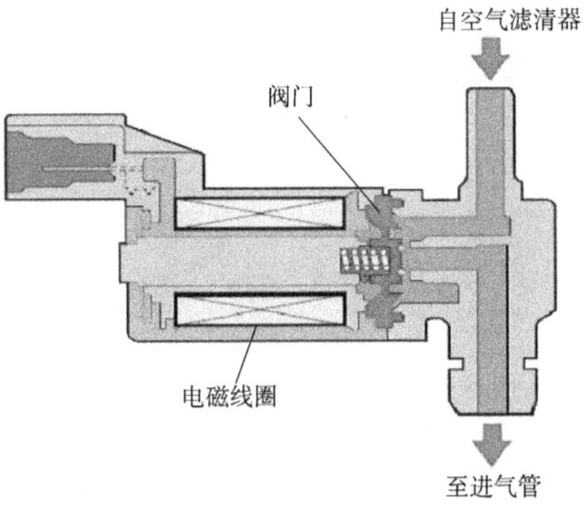

图 3-87　占空比型平动电磁阀式怠速控制阀结构

为了实现对怠速电磁阀的精确控制，ECU 通过 V-ISC 端子来调整怠速电磁阀的搭铁电路。占空比型平动电磁阀式怠速控制阀系统工作原理如图 3-88 所示。占空比信号的大小与线圈通电时间的长短成正比，占空比信号增大，线圈中的磁场强度也随之增大。这就像我们用力推门，用力越大，门开启的角度就越大一样。因此，当占空比信号较大时，阀门的开启行程也就相应增大，怠速通道的开度也随之扩大。反之，当占空比信号较小时，阀门的开启行程和怠速通道的开度就会减小。值得注意的是，当电磁线圈断电时，阀门会在复位弹簧的弹力作用下迅速复位，将旁通气道关闭。这一过程保证了系统的稳定性和安全性。

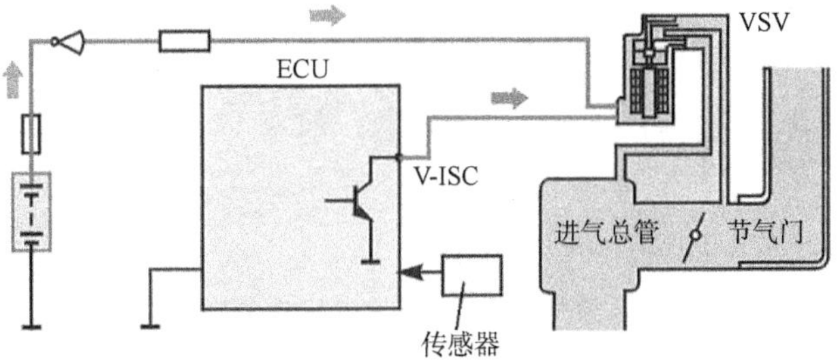

图 3-88　占空比型平动电磁阀式怠速控制阀系统工作原理

（四）节气门直动怠速电机式怠速控制

与先前描述的三种通过怠速控制阀（又称旁通阀）调节节气门旁侧旁通空气道的怠速控制系统相区别，节气门直动怠速电机式怠速控制装置采用了不设立旁通空气道的设计，该装置通过直接操控节气门体内的节气门开启程度，实现对怠速工况下进气量的精细调控，从而达到稳定怠速的目标。

以大众捷达所装备的节气门直动怠速电机式怠速控制系统为例，其核心构成元素包括怠速直流电动机（V60）、怠速开关（F60）、节气门控制器电位计（G88）、节气门电位计（G69）、应急装置以及减速齿轮机构等。系统的详细结构及实物如图 3-89 和图 3-90 所示。

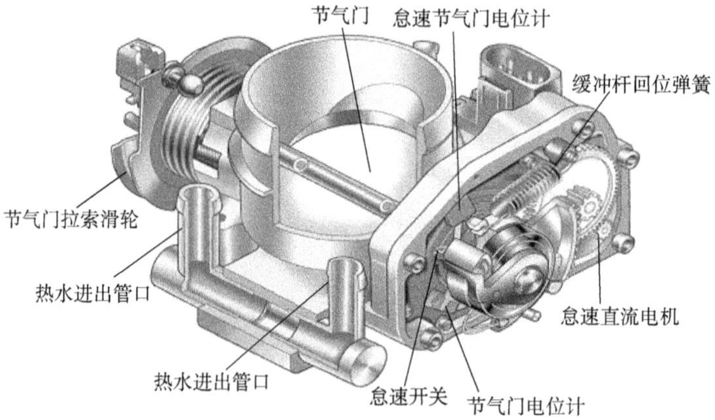

图 3-89　节气门直动(怠速电机式)结构示意图

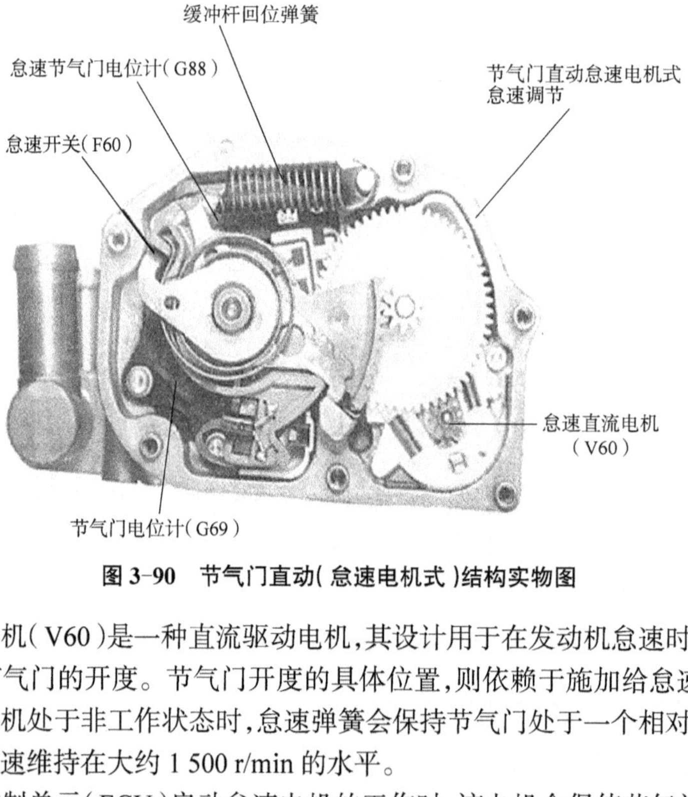

图 3-90　节气门直动(怠速电机式)结构实物图

怠速调节电机(V60)是一种直流驱动电机,其设计用于在发动机怠速时,通过齿轮驱动机制精细调整节气门的开度。节气门开度的具体位置,则依赖于施加给怠速电机的占空比信号。在怠速电机处于非工作状态时,怠速弹簧会保持节气门处于一个相对较大的开度,从而确保发动机转速维持在大约 1 500 r/min 的水平。

当发动机控制单元(ECU)启动怠速电机的工作时,该电机会促使节气门向关小的方向移动。当占空比信号保持恒定,且电机的转动力与弹簧的拉力达到平衡时,节气门的最终位置即被确定。占空比的调整直接影响节气门的开度,占空比减小,节气门开度增大;占空比增大,节气门开度减小。

若怠速电机出现损坏或相关电路发生故障, ECU 将自动切断对怠速电机的供电。此时,怠速弹簧将迅速将节气门拉回到初始位置,以确保车辆能够维持在一个较高的怠速状态下运行。具体的电路布局,可参照图 3-91 进行详细了解。

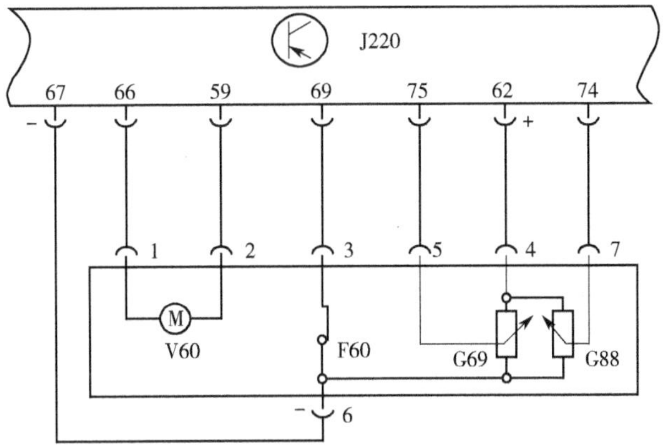

图 3-91　大众捷达等半电子节气门位置传感器电路图

1、2—节气门电动机控制；3—怠速信号开关；4—5 V 电源；5—节气门位置信号；6—接地端；7—怠速位置信号

暖机控制：发动机启动后，ECU 会根据发动机的实际温度，对怠速节气门的开度进行精准调控。在发动机温度较低时，节气门开度会相应增大；而当发动机温度逐渐升高时，节气门开度则会逐渐减小，这一变化过程与发动机水温的升高趋势保持一致。当水温达到 80 ℃这一关键节点时，发动机转速应稳定维持在 840 r/min，此时即进入目标转速控制阶段。

目标转速控制：ECU 会持续不断地采集发动机转速传感器反馈的实时转速信息，并将其与目标转速（即 840 r/min）进行对比分析。一旦发现转速偏差超出 ±50 r/min 的范围，ECU 便会迅速响应，通过调整怠速直流电机的工作状态来改变节气门开度，进而实现对怠速进气量的精确调控，确保发动机怠速转速能够迅速恢复至正常状态。

怠速提升控制：在特定工况下，如开启空调或方向盘转动时，ECU 会智能地调整怠速时的进气量及点火提前角，以维持发动机在各种工况下的怠速稳定性。此时，怠速开关 F60 会处于闭合状态，而怠速直流电动机（V60）的正反转则由电子控制单元中的双向驱动电路进行驱动。同时，节气门控制器电位计（G88）会实时监测并反馈节气门开度的变化信息。当驾驶员踏下加速踏板时，怠速电机（V60）会停止工作，而节气门开度的变化则转而由节气门电位计（G69）进行检测和反馈。

行驶中怠速控制：在车辆行驶过程中，当驾驶员突然放松加速踏板时，怠速开关（F60）会迅速闭合。此时，节气门的开度会在怠速电机未工作的情况下保持一段时间的最大开度，以实现发动机转速的平稳过渡。随后，怠速电机（V60）会逐步介入工作，逐渐关闭节气门直至达到目标怠速转速 840 r/min。

紧急运行状态下的控制：在极端情况下，如节气门体发生故障时，为确保发动机能够继续运行而不至于完全瘫痪，系统会迅速切断节气门控制部件的电源供应。此时，怠速弹簧会发挥关键作用将节气门定位在预先设定的运行位置以维持发动机的基本运转功能。

五、怠速控制系统故障与检测

（一）怠速控制系统故障

怠速控制系统故障时，最直接的影响是怠速转速不能得到有效、稳定控制。具体故障现象有怠速不稳、怠速忽高忽低、怠速熄火、怠速过低(汽车有时能打着火,有时打不着火,但是怠速非常低,需要踩点油门才能起步,有时开车松开油门挂空档发动机会熄火)及怠速过高(高于正常怠速,有时甚至会超过 2 000 r/min)等。对于不同种类怠速控制阀的怠速控制系统,其检修方法不同。以下仅以丰田公司怠速控制用步进电动机(6 线)为例,介绍最常见的步进电机式怠速控制阀的检修方法。

1. 检测发动机怠速运转状况

冷车状态下启动发动机,在暖机过程开始前,发动机的怠速转速应能达到规定的快怠速转速(通常为 1 500 r/min);在发动机达到正常工作温度后,怠速转速应能恢复正常(通常为 750 r/min)。如果冷车启动后怠速不能按上述规律变化,则怠速控制系统有故障。

2. 车上检查

发动机启动后再熄火时,2~3 s 内在怠速控制阀附近应能听到内部发出的"嗡嗡"响声;否则应进一步检查怠速控制阀、控制电路及 ECU。

3. 电源供电检查

拔下怠速控制阀线束连接器,将点火开关转至 ON,但不启动发动机,在线束侧分别测量 B1 和 B2 端子与搭铁间的电压,应为蓄电池电压,否则说明怠速控制阀电源电路有故障。

4. 步进电机线圈电阻检查

用万用表 Ω 挡测量步进电动机 B1 与 S1 和 S3,B2 与 S2 和 S4 之间的电阻,其阻值应在 10~30 Ω。如线圈电阻值不符合要求,应更换怠速控制阀。

5. 步进电机工作情况检查

拆下怠速控制阀后,将蓄电池正极接至 B1 和 B2 端子,负极按顺序依次接通 S1—S2—S3—S4 端子时,控制阀应向外伸出,如图 3-92(a)所示;若负极按反方向接通 S4—S3—S2—S1 端子,则控制阀应向内缩回,如图 3-92(b)所示。若工作情况不符合上述要求,应更换怠速控制阀。

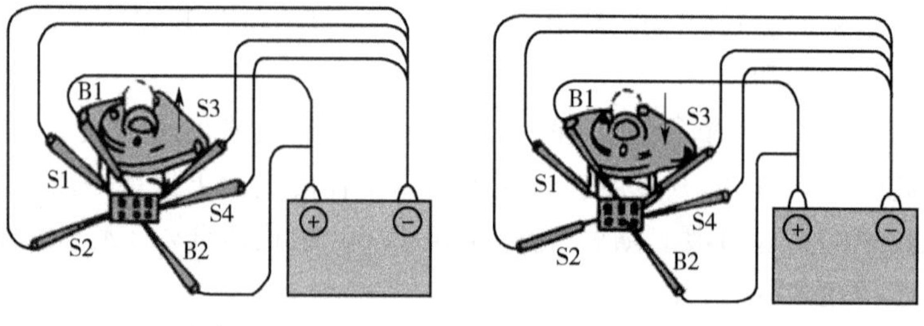

(a)　　(b)

图 3-92　怠速控制阀的动作检测

(a)检查步进电动机的伸出情况　(b)检查步进电机的缩回情况

6. 控制线束及 ECU 检查

若怠速控制阀正常,则检查其 S1、S2、S3、S4 端子到 ECU 的控制线路连接,是否存在断路或电阻过大、是否存在对搭铁短路或电阻过小以及是否存在对电压短路故障。若怠速控制阀以及线束检查都正常,则检查 ECU 信号输出。

（二）步进电机式怠速控制阀及电路检测

步进电机式怠速控制阀及电路检测操作步骤如下。

1. 车辆常规检查

（1）放置好车轮挡块，安装5件套（车身外部防护罩、地板垫、方向盘套、座椅套、换档杆套），确认驻车制动拉紧。

（2）检查机油、冷却液、制动液位是否符合要求。

（3）检查电瓶电压，应正常。

2. 用故障诊断仪检测（在线检测）（图3-93）

（1）点火开关置于OFF挡，连接诊断仪与汽车故障诊断座。

（2）点火开关置于ON挡，启动发动机怠速运转，打开诊断仪。

（3）进入故障诊断模块，读取故障码并记录。

（4）进入数据流模块，读取怠速控制阀开度相关数据流，记录数据并与标准值对比。

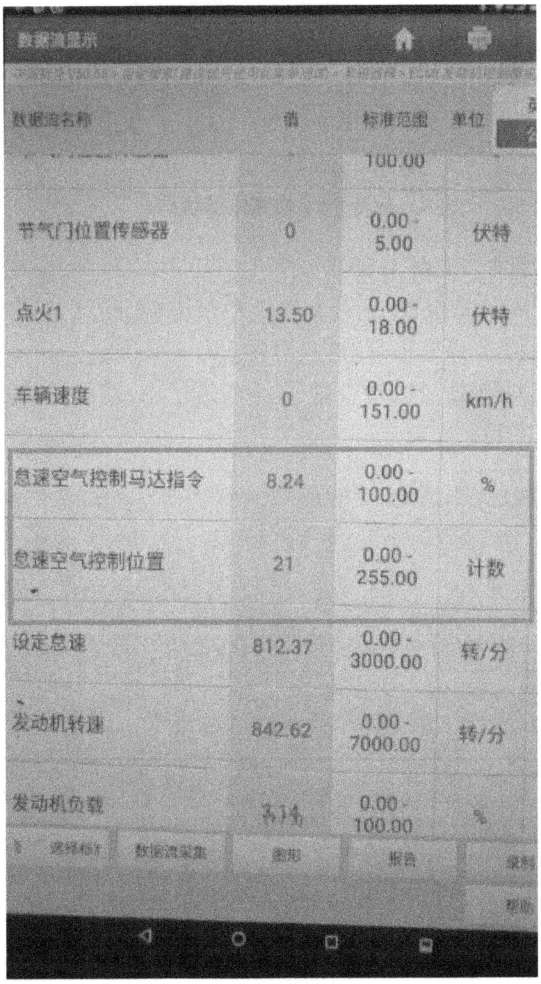

图3-93　用故障诊断仪检测（在线检测）

3. 检查电源供电(图 3-94)

(1)将点火开关置于 OFF 位置,断开蓄电池负极电缆,断开怠速电机线束连接器。

(2)连接蓄电池负极电缆,将点火开关置于 ON 位置。

(3)将万用表置于 20 V 直流电压挡,检测传感器连接器的端子 A、端子 B、端子 C、端子 D 之间电压,记录检测数据,标准值为 11~14 V。

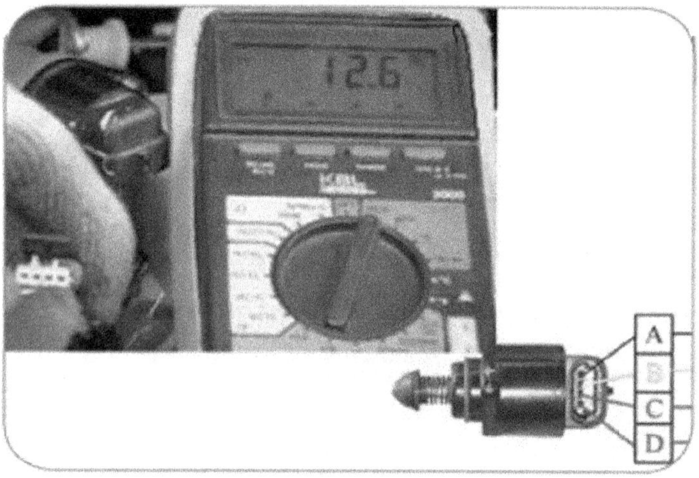

图 3-94　检查电源供电

4. 检查步进电机线圈电阻(图 3-95)

(1)将点火开关置于 OFF 位置,断开蓄电池负极电缆,断开怠速电机线束连接器。

(2)拆下怠速电机,检查其是否有破损、脏污。

(3)将万用表置于欧姆(Ω)挡,检查端子 A 与端子 B,端子 C 与端子 D 之间电阻,记录检测数据,标准为 52 Ω 左右。

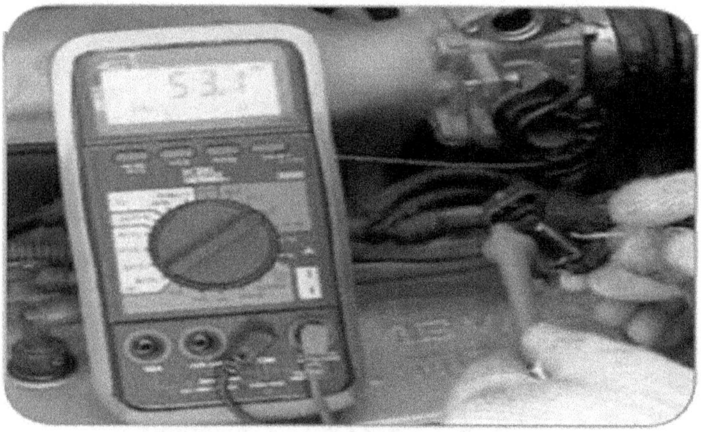

图 3-95　检查步进电机线圈电阻

5. 检查步进电机工作情况(图 3-96)

(1)将点火开关置于 OFF 位置,断开蓄电池负极电缆,断开怠速电机线束连接器。

（2）拆下怠速电机，给步进电机的端子 A、端子 B、端子 C、端子 D 按不同次序通电，观察其控制阀运动情况是否符合维修手册要求。

图 3-96　检查步进电机工作情况

6. 检查控制线束及 ECU（图 3-97）

（1）将点火开关置于 OFF 位置，断开蓄电池负极电缆，断开节气门体线束连接器，断开 ECU 连接器。

（2）检修其 A、B、C、D 端子到 ECU 的控制线路连接，看是否存在断路或电阻过大 / 过小、是否存在对搭铁短路或对电压短路故障。若怠速控制阀以及线束检查都正常，则检查 ECU 信号输出。

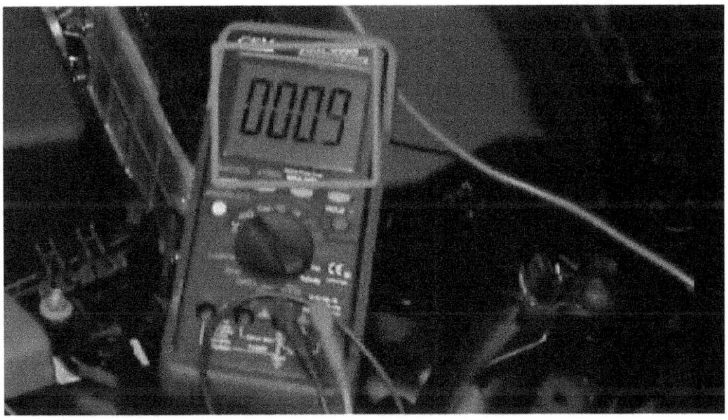

图 3-97　检查控制线束及 ECU

7. 整理工具，清洁场地

按汽车维修操作规范整理工具，清洁场地。

任务 8　发动机可变进气系统结构与原理

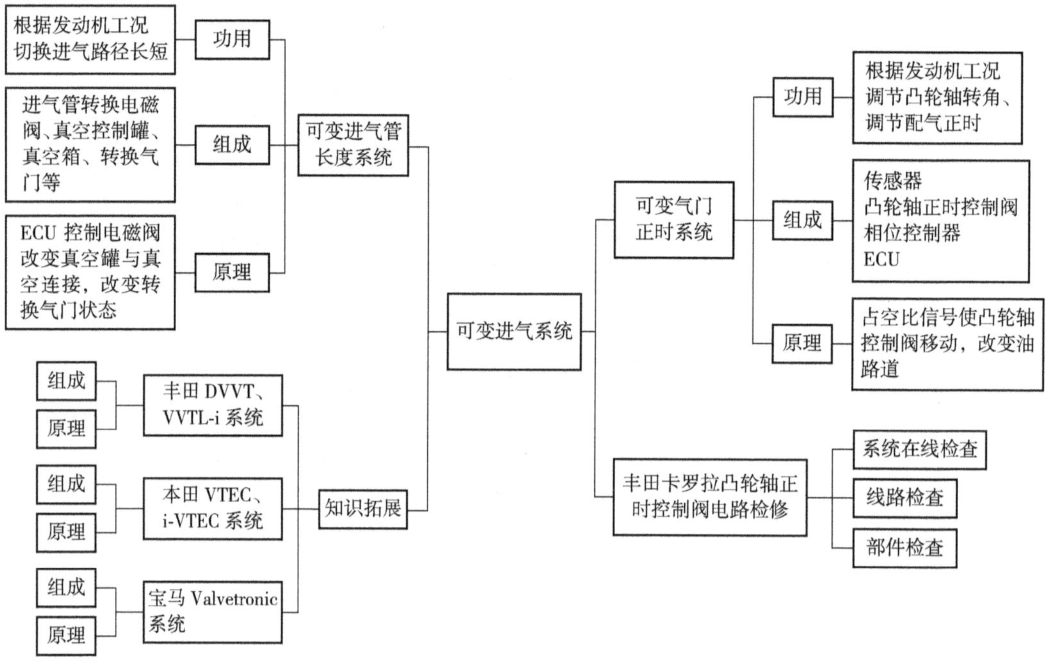

思维导图

一、可变气门正时系统

（一）可变气门正时系统的功用

可变气门正时系统（Variable Valve Timing，VVT）是一种可以根据发动机当前工作状态进行智能调控的系统。该系统能够精准控制进气凸轮轴的运动，通过实时调整凸轮轴的转角，对发动机的配气时机进行精确优化。这样的调整旨在获得最为理想的配气正时，进而实现发动机所有工作转速范围内扭矩的提高。可变气门正时系统不仅能够显著提升发动机的燃油经济性，还能有效增强汽车的功率和性能。此外，这一系统的应用，还有助于大幅降低汽车的油耗和废气排放，从而实现环保和节能的双重目标。总的来说，可变气门正时系统是一项重要的汽车技术，其通过优化发动机的配气时机，实现了燃油效率和性能的提升，同时也减轻了对环境的影响。

（二）可变气门正时系统的组成

可变气门正时系统是一个由多个部件构成的精密调控系统，其作用是对发动机的气门开启和关闭时机进行调节，以优化发动机的性能和燃油经济性。该系统主要包括各类传感器、发动机电控单元（ECU）、凸轮轴正时控制阀以及执行器（相位控制器）等关键组件，如图 3-98 所示。这些部件通过协同工作，对凸轮轴上的凸轮进行精准的控制，从而调整气门的开闭时间，以适应不同驾驶条件和发动机不同工作状态，确保发动机在各种工况下都能保持高效和稳定的运行。这一系统的应用，显著提升了发动机的响应速度和动力输出，同时也有助于降低排放和燃油消耗，是现代汽车发动机中不可或缺的技术之一。

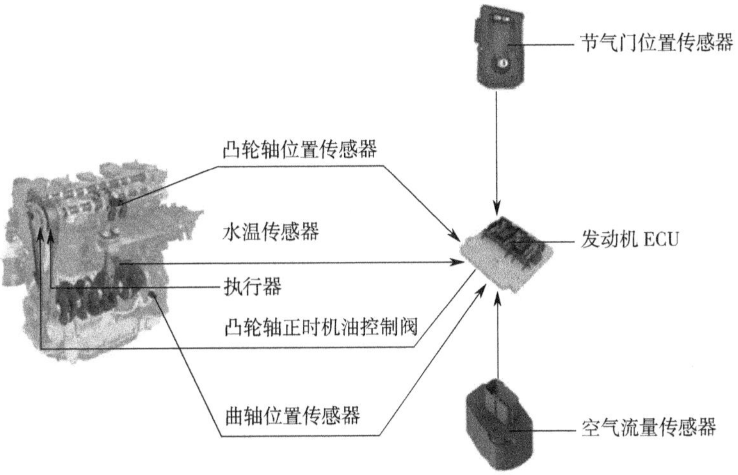

图 3-98　可变气门正时系统的组成

1. 传感器种类

传感器是现代汽车发动机控制系统中不可或缺的重要组成部分。其可以通过不同的方式感知发动机的工作状态，并将这些信息传递给发动机控制单元（ECU），其中包括凸轮轴位置传感器、曲轴位置传感器、节气门位置传感器、质量空气流量传感器、冷却液温度传感器等。这些传感器的功能多样，它们各自负责监测和传输不同的参数，以确保发动机能够高效、稳定地工作。如凸轮轴位置传感器主要负责监测凸轮轴的位置，以此来确定发动机的气门开启和关闭的时机；曲轴位置传感器监测曲轴的旋转位置，以此帮助 ECU 计算发动机的转速和活塞的位置；节气门位置传感器监测节气门的开度，提供给 ECU 发动机的空气需求量，以便调整燃油喷射量；质量空气流量传感器负责测量进入发动机的空气质量，以确保燃油与空气的混合比例正确；冷却液温度传感器监测发动机冷却液的温度，以调整点火时机和供油量，保持发动机在最佳工作温度。这些传感器的协同工作，保证了发动机运行的效率和可靠性。

2. 凸轮轴正时机油控制阀

凸轮轴正时机油控制阀是一个电磁阀。其作用是根据发动机的工作状态调节进气凸轮的正时。凸轮轴正时机油控制阀结构如图 3-99 所示，当发动机怠速或低速低负荷工作时，凸轮轴正时机油控制阀会让进气凸轮正时处于延迟位置。这样做是为了保证发动机能够稳定运行，避免因进气不足导致发动机抖动或熄火。

当发动机中低速高负荷工作时，进气凸轮正时会被调整到提前位置。这样做是为了增加发动机的扭矩输出，提供更大的动力。而在发动机高速低负荷工作时，进气凸轮正时再次调整到延迟位置，这是为了适应高速运转的需要，减少进气阻力，提高发动机的运行效率。

此外，当发动机温度较低时，进气凸轮正时也会处于延迟位置。这样做是为了稳定怠速，避免因温度过低导致的发动机启动困难或运行不稳定。同时，延迟进气凸轮正时还能降低油耗,提高燃油经济性。通过这样的调节,发动机在不同工况下都能保持最佳的性能表现。

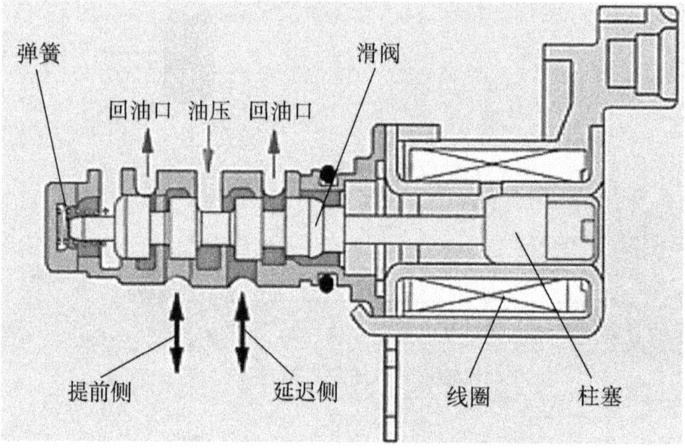

图 3-99 凸轮轴正时机油控制阀结构

3. 执行器(相位控制器)

执行器(相位控制器)的安装位置位于进气凸轮轴的前端。其具体的结构组成如图3-100所示。在这个结构中,叶片与进气凸轮轴是通过固定方式连接在一起的。在外壳内部,由于油压的作用,叶片可以在一定角度范围内进行前后移动,这样的移动会带动进气凸轮轴一起进行旋转,从而实现进气门正时的连续性变化。此外,在锁销的右侧有油压送入时,柱塞会通过克服弹簧力向左移动,从而与链轮盘分离,这样叶片就可以在执行器内部进行左右移动。但是,如果没有油压进入,柱塞会被弹出,此时叶片就会与链轮盘以及外壳等部分连接在一起进行旋转。

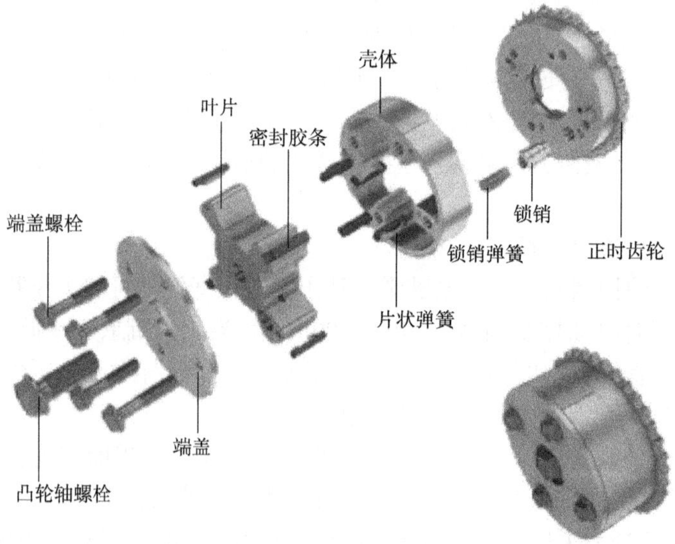

图 3-100 VVT 执行器(相位控制器)的具体结构

4. 电子控制单元(ECU)

电子控制单元(ECU)是整个系统的指挥中心。其负责接收来自各个传感器的信号，通过这些信号来确定气门正时的目标值。同时，电子控制单元还会对气门正时实际值的回馈进行修正，以确保系统的精确控制。为了实现这一目标，电子控制单元会以占空比的方式控制凸轮轴正时控制阀，通过改变油压的方向或者油比的进出，从而实现进气门正时的提前、延后或者固定控制。这样的控制方式可以确保发动机在不同工况下都能获得最佳的进气门正时，从而提高发动机的性能和燃油效率。

(三)可变气门正时系统的工作原理

1. 进气门正时提前(图 3-101)

进气门正时提前时，ECU 会发送出一个持续时间较长的占空比信号给凸轮轴正时电磁阀。这个信号会使得滑阀逐渐移至最左侧的位置。在滑阀到达最左侧位置之后，左油道就会与机油压力建立联系，而右油道则转变为回油道。因此，机油压力会对叶片产生作用，将其向凸轮轴的旋转方向推动。在这种推动力的作用下，进气凸轮轴会被推动向前旋转一个角度。这样一来，进气门就会提前开启，进而使得进、排气门的开启重叠角度达到最大。这个过程中，发动机的性能得到优化，从而提高了整个系统的运行效率。

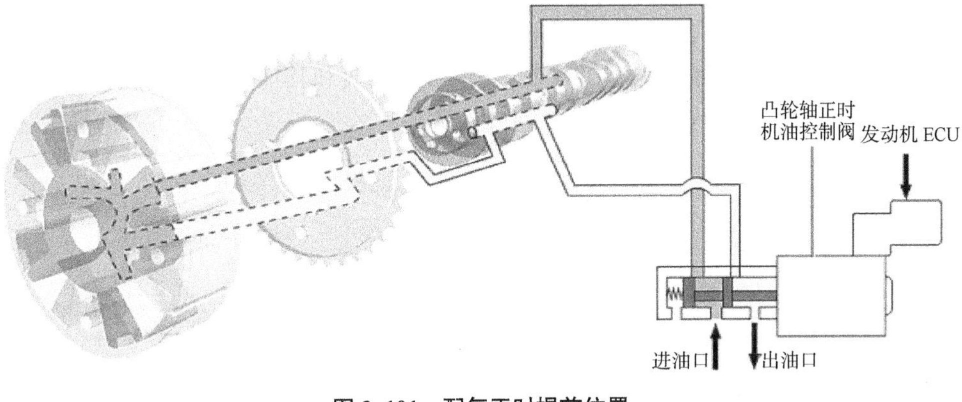

图 3-101　配气正时提前位置

2. 进气门正时延迟(图 3-102)

进气门正时延迟时，ECU 会发送出一个 ON 状态的时间相对较短的占空比信号，这个信号会发送给凸轮轴正时电磁阀。在接收到这个信号之后，凸轮轴正时电磁阀内的滑阀会缓缓移动到最右侧的位置。在这个时刻，左侧的油道开始回油，而右侧的油道则会与机油压力建立联系。因此，机油的压力会对叶片产生一个作用力，这个作用力会沿着逆着凸轮轴旋转的方向推动叶片。由于这个原因，进气门的开启提前角度会达到最小值。这就是 ECU 发送短时间占空比信号给凸轮轴正时电磁阀所引发的一系列反应和结果。

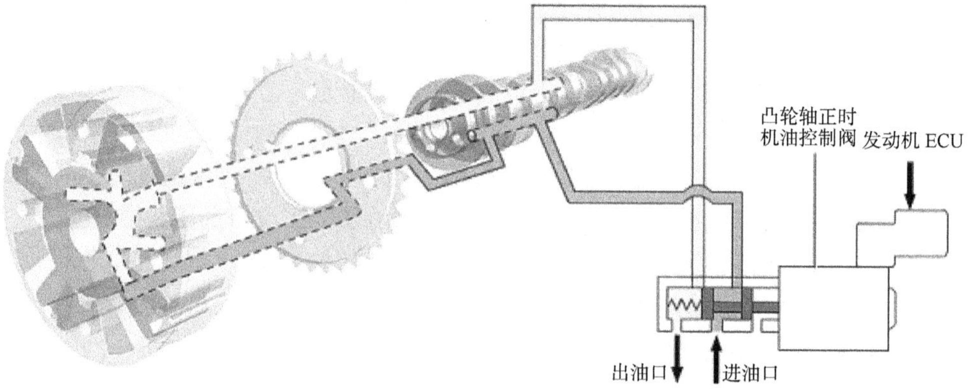

图 3-102　配气正时推迟位置

3. 进气门正时固定（图 3-103）

进气门正时固定时，ECU 会发送出一个保持恒定开启状态的时间一定的占空比信号给到凸轮轴正时油压电磁阀。这个信号使得滑阀处于固定位置，即中间位置，从而有效地封闭了左侧和右侧的油道，防止油液的流入或流出。在这种状态下，系统既不会注入新的油液，也不会排出任何油液，确保了油液的稳定保持在一个特定的水平线上。同时，由于滑阀的精准定位，叶片也被固定在了其活动范围的中间位置，不会发生任何的偏移，保障了系统的正常运作和平衡状态。这一系列的精准控制，确保了发动机和其他相关部件能够在最佳状态下工作，同时也提高了燃油效率和发动机的可靠性。

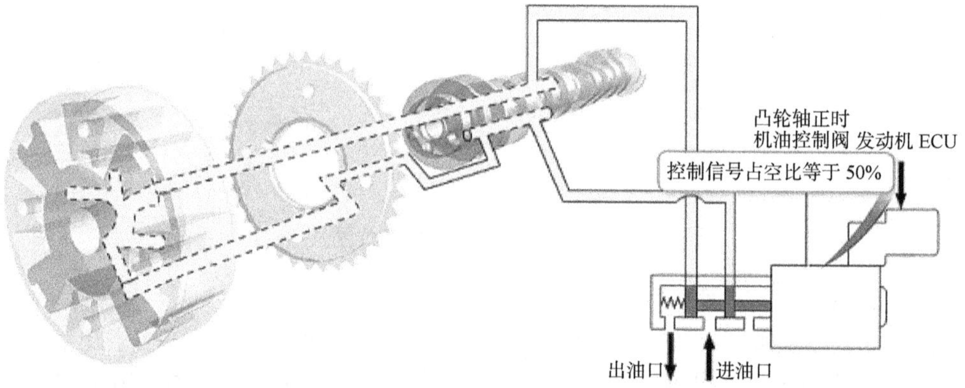

图 3-103　配气正时保持固定位置

二、可变进气管长度控制系统

（一）可变进气管长度控制系统的功用

在发动机运转于低转速区域时，采用细长的进气歧管设计，可以显著提升进气的气流速度以及气压强度。这样的设计对于促进燃油的细致雾化过程至关重要，进而优化燃烧效率，显著提升发动机在此状态下的扭矩输出。燃油与空气的混合质量直接关系到燃烧的充分程度，而气流速度和压强的提高，则能确保燃油雾化得更为细腻，燃烧更为完全，从而有效增强发动机在低速时的扭矩表现，使其动力输出更加有力。

当发动机运行在高速区间时，对进气量的需求显著增加。此时，进气歧管会相应地变粗变短，以减少进气阻力，确保发动机能够摄入更多的空气，从而有效提升其输出功率。这是因为在高转速下，发动机需要更多的空气来支持燃油的燃烧，以产生更大的动力，此时粗短的进气歧管能够提供更大的进气流量，满足发动机对空气的需求，进而提高发动机高速运行时的性能表现。

可变进气歧管技术能够在发动机的不同工作转速下，自动调整进气歧管的尺寸，以适应不同的进气需求。这种技术使得发动机无论在低速还是高速运行时，都能保持最佳的配气效果，进而确保了发动机在整个工作范围内的性能都得到优化，既保证了燃油经济性，又提升了动力输出，极大提高了发动机的整体性能表现。

（二）可变进气管长度控制系统的组成及工作原理

接下来，将详细阐述一种可变进气管长度控制系统的构成及其工作原理。如图 3-104 所示，该先进系统核心组件包括进气管转换电磁阀（图 3-105）、真空控制罐（图 3-106）、真空箱、精密的转换气门以及优化的进气管等。系统内的进气管转换过程巧妙地利用了真空原理，实现了气动化的高效运作。而这一切的操控核心，正是由发动机控制单元精准掌控的进气管转换电磁阀，它确保了系统能够按照预设的逻辑和指令，准确无误地完成每一次转换动作。

工作原理是进气管在主进气管、真空箱内接受真空，止回阀用于防止真空泄漏。当发动机关闭、怠速及低速运转时，进气管转换电磁阀阻断真空箱与真空控制罐的连接通道。弹簧向上支撑膜片和拉杆（远离真空侧），拉杆处于静止状态，转换气门处于静止状态，此时处于短进气道关闭，长进气道打开位置。当发动机处于中高速、大负荷运转时，进气管转换电磁阀接通真空箱与真空控制罐的连接通道，在真空吸力作用下，膜片和拉杆克服弹簧的外张力，向下（靠近真空侧）移动，拉杆处于动作状态，转换气门处于动作状态，此时进气管道处于较短进气道打开，长进气道关闭位置。

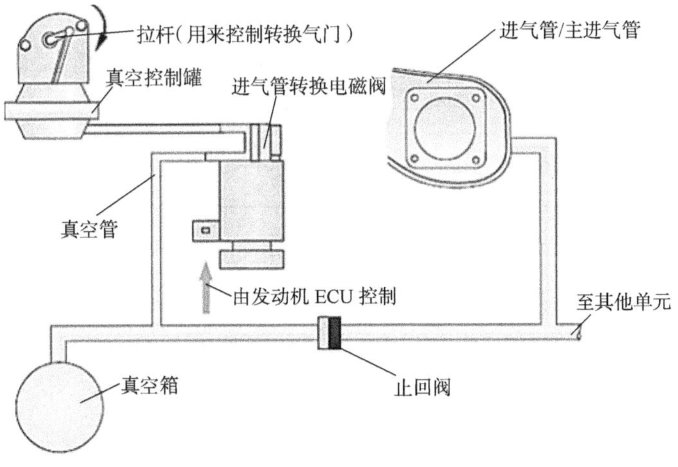

图 3-104　可变进气管长度控制系统构成

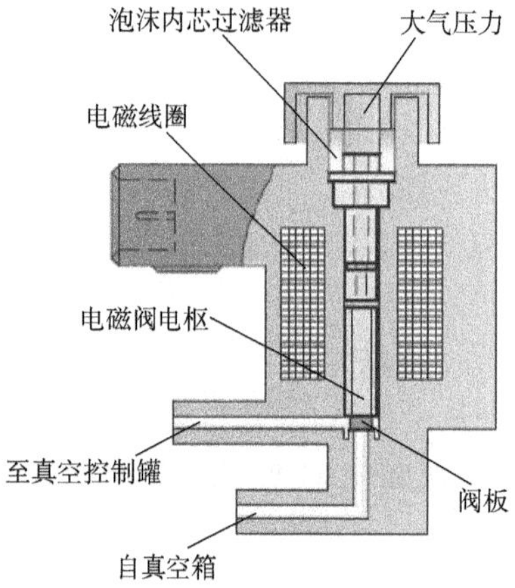

图 3-105　进气管转换电磁阀结构

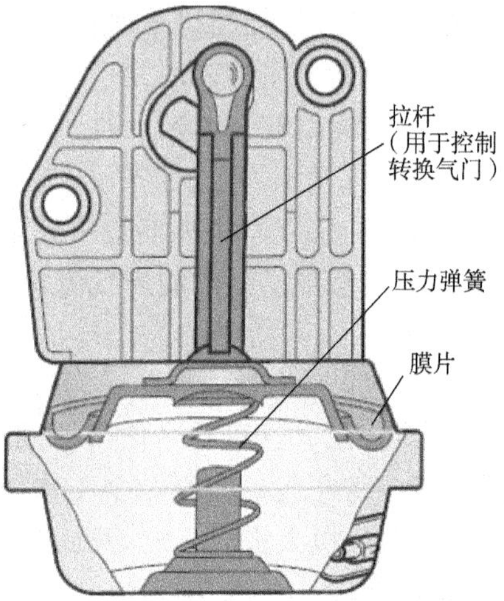

图 3-106　真空控制罐结构

工作原理：在发动机怠速及低速运转时，电磁阀接通真空箱与真空控制罐的连接通道，此时真空吸力作用下，膜片和拉杆克服弹簧的外张力，向靠近真空侧移动。拉杆处于动作状态，转换气门处于动作状态。此时最终效果与上述相同，同样是处于短进气道关闭，长进气道打开（图 3-107）。当发动机处于中高速、大负荷运转时，进气管转换电磁阀阻断真空箱与真空罐的连接通道，拉杆处于静止状态，转换气门处于静止状态。但此时最终效果，同样是短进气道打开，长进气道关闭（图 3-108）。有些可变进气系统，其进气管转换电磁阀及拉杆、转换气门的动作与上述相反，但最终在不同车速下长、短气道开启或关闭效果相同。

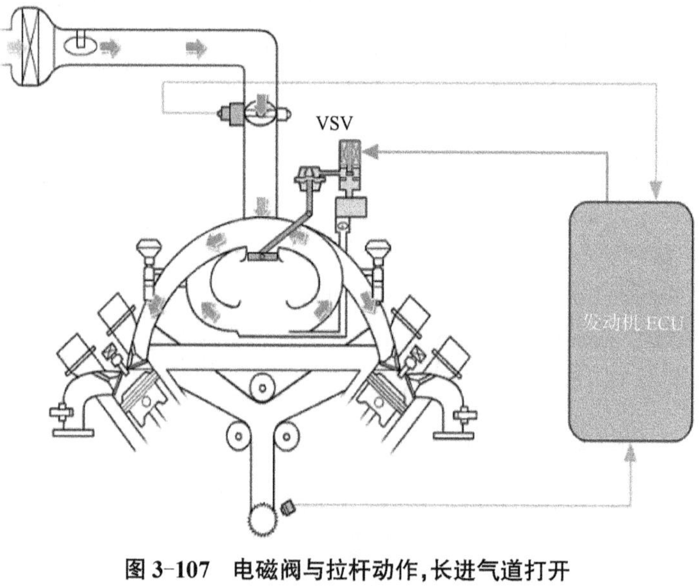

图 3-107　电磁阀与拉杆动作，长进气道打开

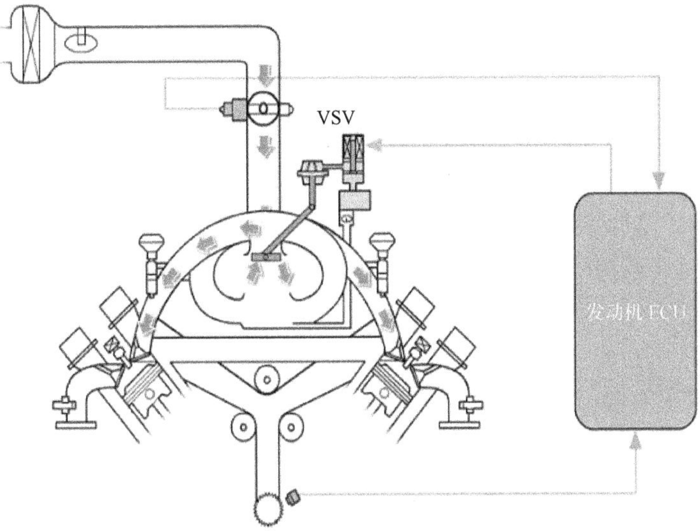

图 3-108　电磁阀与拉杆松开，短进气道打开

三、凸轮轴控制阀电路故障及检测

(一)凸轮轴控制阀电路故障

凸轮轴控制阀电路故障会引发的故障有发动机启动后仪表盘故障灯点亮、启动困难、加速无力、容易熄火等。如果凸轮轴控制阀部件存在故障或电路存在断路或短路故障，则该控制阀将不能正常执行发动机 ECU 的控制指令，进气侧凸轮轴控制阀电路将会在低速及低温状态下无法增大进气提前角，出现启动困难故障；在高速状态下无法减小提前角，出现加速无力故障。ECU 自诊断系统判断电路有故障时，会存储故障代码。故在出现上述症状时，首先通过诊断仪连接发动机 ECU，读取故障代码。如果存在相关故障代码，则按故障代码指示的内容，检修凸轮轴控制阀电路。如果没有发现相关故障代码，则需要进一步读取发动机运行状态数据流，必要时读取信号波形图，进行动作测试，以与维修手册标准值进行对比，从而发现异常数据并检修。如果电控系统检查并没有发现异常，则检查发动机机械部分。

1. 运行状态下检测(使用故障诊断仪、万用表、示波器)

首先，不拔下任何线束，连接测试仪器，使发动机处于通电或运行状态(即在线检测)。其次，使用故障诊断仪读取故障代码，看是否有关于凸轮轴控制阀(执行器)的故障代码。然后，使用故障诊断仪读取凸轮轴控制阀的数据流，看读取的数据是否符合维修手册的标准值，同时执行元件动作测试，看执行元件是否有相应动作。最后，使用示波器，读取执行器线束电压波形图，看是否符合维修手册标准值。

2. 检查凸轮轴控制阀线束

在进行具体的线束连接检查之前，首先应检查传感器和 ECU 的外观是否损坏、脏污，检查部件安装状态是否牢靠，连接器连接是否牢靠。然后，在断电状态下，断开传感器的连接器，检查传感器部件的端子以及连接器端子是否存在接触不良(端子损坏、松动、氧化、脏污等)。必要时拆下 ECU 的连接器，检查 ECU 部件的端子以及连接器端子是否存在接触不良（端子损坏、松动、氧化、脏污等）。最后，在断电状态下，断开凸轮轴控制阀的线束连接器，断开 ECU 连接器，用万用表测量线束的线路连接。

3. 检查凸轮轴控制阀部件

首先，在断电状态下，断开凸轮轴控制阀的线束连接器。其次，拆下凸轮轴控制阀，检查凸轮轴控制阀及油封相应部分是否有破损、脏污。然后，在常温（一般 20 ℃）下，检测部件的 1 号和 2 号端子之间的电阻值，与维修手册标准值对比。同时，在 1 号和 2 号端子之间，模拟电路连接，施加蓄电池电压，看凸轮轴控制阀是否按维修手册所示标准值进行移动。最后，采用部件替换法，更换新的凸轮轴控制阀至原车，清除故障码重新试车，观察故障现象及故障码是否排除。

（二）凸轮轴控制阀（进气侧）及控制电路检测

凸轮轴控制阀（进气侧）及控制电路检测操作步骤如下。

1. 车辆常规检查

（1）放置好车轮挡块，安装 5 件套（车身外部防护罩、地板垫、方向盘套、座椅套、换挡杆套），确认驻车制动拉紧。

（2）检查机油、冷却液、制动液位是否符合要求。

（3）检查电瓶电压，应正常。

2. 用故障诊断仪检测（在线检测）（图 3-109）

（1）点火开关置于 OFF 挡，连接诊断仪与汽车故障诊断座。

（2）点火开关置于 ON 挡（不启动），打开诊断仪。

（3）进入故障诊断模块，读取故障码并记录。

（4）进入数据流模块，读取相关数据流，记录数据并与标准值对比。

（5）启动发动机怠速运转，进行元件动作测试，看执行元件是否有相应动作。

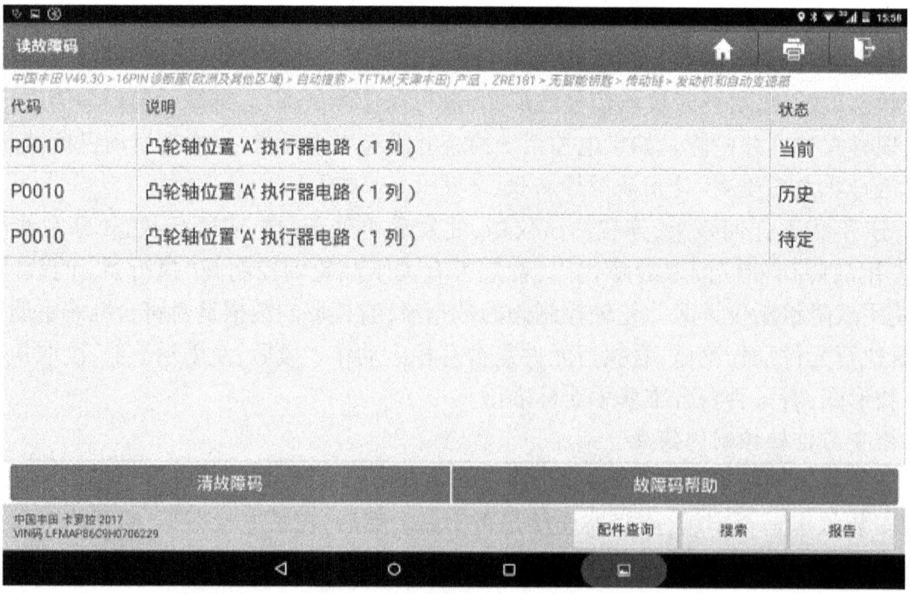

图 3-109　用故障诊断仪检测（在线检测）

3. 用示波器检测（在线检测）（图 3-110）

（1）用插针方式，将示波器正极连接凸轮轴正时控制阀连接器的 1 号（OC1+）端子示波器负极连接凸轮轴正时控制阀连接器的 2 号（OC1-）端子。

（2）启动发动机怠速运转，暖机至正常水温。打开示波器，调节示波器量程。推荐量程电压 5 V / 格，时间 1 ms / 格。读取控制信号电压波形。踩下油门踏板，观察波形变化，看是否符合维修手册标准值。

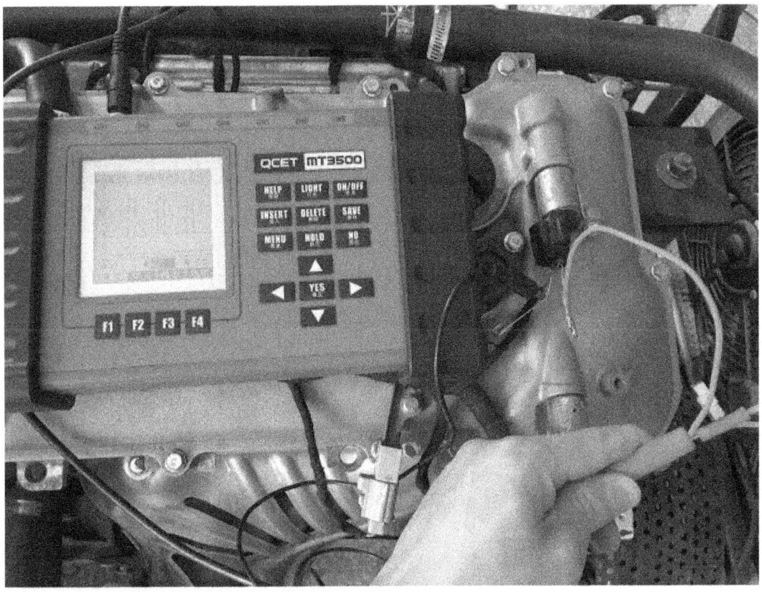

图 3-110　用示波器检测（在线检测）

4. 检查凸轮轴控制阀（进气侧）与 ECU 的线束连接（图 3-111）

（1）将点火开关置于 OFF 位置，断开蓄电池负极电缆，断开凸轮轴控制阀（进气侧）线束连接器，断开 ECU 连接器。

（2）将万用表置于欧姆（Ω）挡，检测控制阀线束连接器的 1 号（OC1+）端子到 ECU 线束连接器 B39-35 号端子之间的电阻，记录检测数据，标准值小于 1 Ω，否则说明线束存在断开或电阻过大故障。使用同样方法，检测凸轮轴控制阀线束连接器的 2 号（OC1-）端子到 ECU 连接器 B39-34 端子之间的电阻。

（3）将万用表置于欧姆（Ω）挡，检测传感器线束连接器的 1 号（OC1+）端子到车身搭铁之间的电阻，记录检测数据，标准值大于 10 kΩ，否则说明线束存在对搭铁短路或电阻过小故障。使用同样方法，检测凸轮轴控制阀线束连接器的 2 号（OC1-）端子到车身搭铁之间的电阻。

（4）连接蓄电池负极电缆，将点火开关置于 ON 位置。将万用表置于 20 V 直流电压挡，检测传感器线束连接器的 1 号（OC1+）端子到车身搭铁之间的电压，记录检测数据，标准值为 0 V，否则说明线束存在低电压短路故障。使用同样方法，检测凸轮轴控制阀线束连接器的 2 号（OC1-）端子到车身搭铁之间的电压。

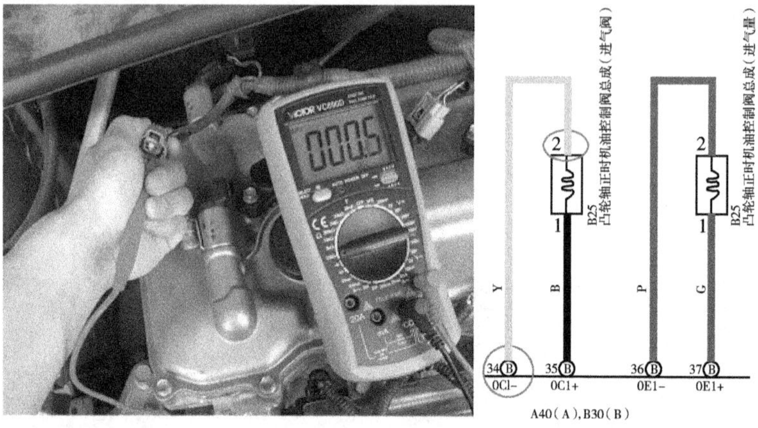

图 3-111　检查凸轮轴控制阀（进气侧）与 ECU 的线束连接

5. 检查凸轮轴控制阀（进气侧）部件（图 3-112）

（1）将点火开关置于 OFF 位置，断开蓄电池负极电缆，断开凸轮轴控制阀的线束连接器。

（2）拆下凸轮轴正时控制阀，检查其是否有破损、脏污。

（3）将万用表置于欧姆（Ω）挡，检查控制电机 1 号（OC1+）和 2 号（OC1-）端子之间电阻，记录检测数据，标准为 6.9~7.9 Ω。

（4）在部件的 1 号和 2 号端子之间，模拟电路连接，施加蓄电池电压，看凸轮轴控制阀是否按维修手册所示标准值进行移动。

图 3-112　检查凸轮轴控制阀（进气侧）部件

6. 整理工具，清洁场地

按汽车维修操作规范整理工具，清洁场地。

任务 9　涡轮增压器构造与检测

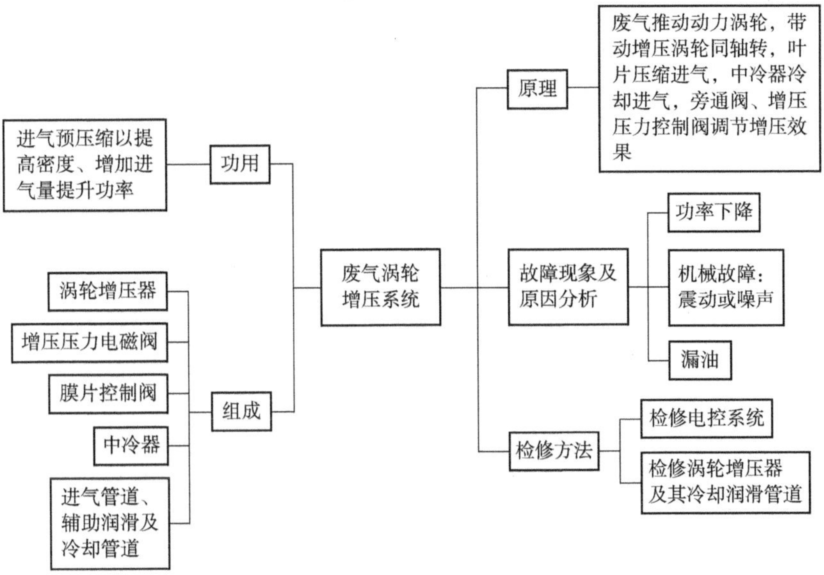

思维导图

一、废气涡轮增压系统

发动机增压技术的核心在于通过预先对新鲜空气进行压缩，提高其密度，将其送入气缸中，以此增加进气量。随着进气量的增加，循环供油量也可以相应增加，因此，这一技术能够有效提升发动机的功率输出。不仅如此，这项技术还能提高燃油的经济性，并对改善发动机的排放表现起到积极作用。在发动机的增压系统中，根据其动力驱动方式的不同，可以将其分为机械增压、涡轮增压、气波增压以及负复合增压等四种类型。接下来，我们将重点介绍在轿车中应用最为广泛，且效果最为显著的废气涡轮增压系统。

在国内，常见的奥迪 A6 的 1.8T 发动机、帕萨特 B5 的 1.8T 发动机、宝来以及日本的三菱、马自达、日产等轿车的汽油发动机，都曾经或者正在采用废气涡轮增压系统。这一系统的普及和应用，充分证明了其高效性和可靠性。

二、废气涡轮增压系统的组成

废气涡轮增压系统的主要部件包括涡轮增压器、增压压力电磁阀、膜片式控制阀和中冷器。这些部件共同协作提高了发动机的进气量，从而提高了发动机的输出功率和效率。

废气涡轮增压系统的工作原理是利用发动机排出的废气中蕴含的能量（以高压和高温的形式存在）。废气涡轮增压器中的动力涡轮利用这部分能量驱动，带动与动力涡轮同轴的增压涡轮（工作叶轮）一起旋转。增压涡轮通常位于空气流量传感器（MAF）和进气门之间的进气管道中。

当增压涡轮旋转时，它会对从空气滤清器进入的新鲜空气进行压缩，使其压力和密度增加。压缩后的空气随后被送入气缸，与燃油混合，进行燃烧。这样发动机可以更充分地利用燃料，提高燃烧效率和输出功率。为了确保废气涡轮增压系统正常工作，还需要增压压力电磁阀和膜片式控制阀的精确控制。增压压力电磁阀负责调节增压涡轮的压力，以适应不同的工作条件。膜片式控制阀则用于控制废气的流动，从而控制动力涡轮的转速。

此外，中冷器在废气涡轮增压系统中起到重要作用。由于增压涡轮对空气进行压缩，空气的温度会升高。中冷器用于冷却这部分高温的空气，使其温度降低，从而提高空气的密度，进一步提高发动机的进气效率。

总之，废气涡轮增压系统通过利用发动机排出的废气能量，提高发动机的进气量，进而提高发动机的输出功率和效率。这使得发动机在提供强大动力的同时，还能保持较高的燃油经济性，降低排放污染。

1. 涡轮增压器

涡轮增压器内部集成了动力涡轮与增压涡轮，此二者被巧妙地安装在同一根轴上。当废气自排气歧管奔腾而出，流经动力涡轮机叶轮时，其蕴含的压力能量驱动叶轮旋转，进而带动增压涡轮同步转动，这一过程犹如自然的呼吸，迫使空气进入气缸。图 3-113 为奥迪 A6 的 1.8T 发动机所配备的涡轮增压器。

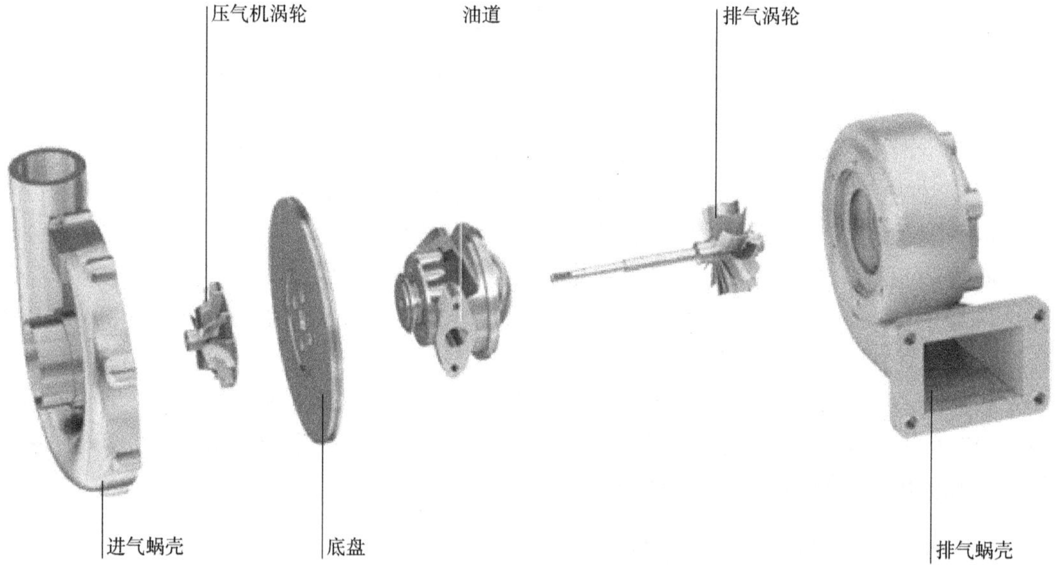

图 3-113　奥迪 1.8T 涡轮增压器

2. 增压压力电磁阀与膜片式控制阀

发动机电脑作为智能中枢，通过精确调控增压压力电磁阀，间接作用于膜片式控制阀，实现旁通阀门的灵活启闭。这一机制巧妙地调节了实际涡轮增压压力：阀门开启，增压压力降低；阀门闭合，增压压力随之攀升。

3. 冷却器

在废气涡轮增压系统中,冷却器(亦称中冷器)扮演着不可或缺的角色。其如同一位细心的调温师,能有效降低进气温度,对于消除发动机爆震现象、提升进气效率乃至优化发动机整体性能,均展现出了显著的积极作用。

三、涡轮增压系统的工作原理

首先,发动机排放的废气推动涡轮排气端的动力涡轮旋转。这一旋转动作进而带动与之紧密连接的另一侧增压涡轮同步转动。增压涡轮通过其强大的吸力,将空气从进风口强制吸入,并经过叶片的高速旋转进行初步压缩。随后,这些被压缩的空气进入管径逐渐缩小的压缩通道,进行二次深度压缩。由于空气的连续压缩,其温度会显著升高,远高于直接吸入时的温度。因此,这些高温高压的空气需要通过中冷器进行有效的冷却处理,以降低其温度,从而避免对发动机造成不利影响。经过中冷器降温后的空气,最终会被注入气缸内,与燃油混合后进行燃烧。上述过程循环往复,即构成了涡轮增压器的基本工作原理(图3-114)。

采用涡轮增压技术后,由于平均有效压力增加,发动机爆震倾向增大,热负荷偏高。为了保证发动机在不同转速及工况下都得到最佳增压值,并防止发动机爆震,限制热负荷,对涡轮增加系统增压压力必须进行控制。

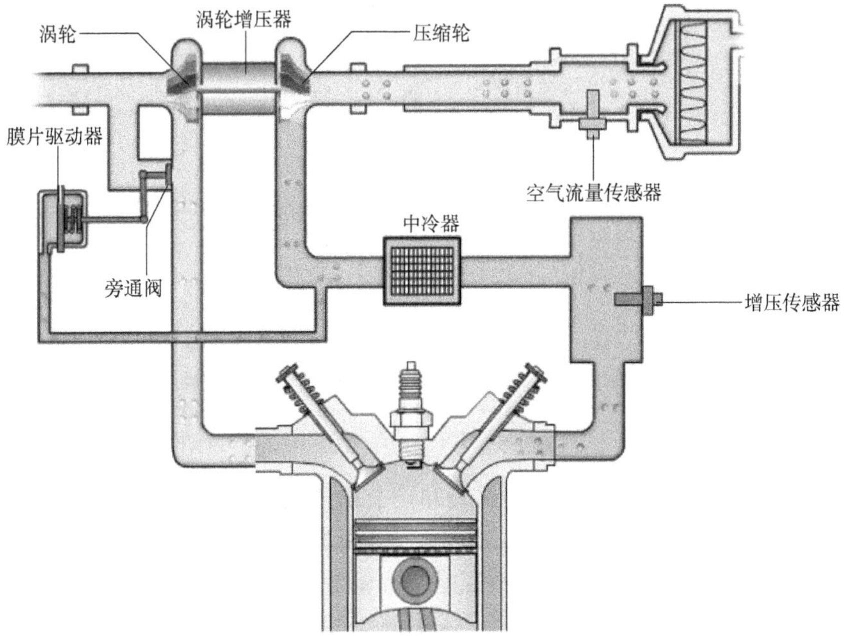

图 3-114　废气涡轮增压基本工作原理

目前多是采用旁通的方法,即调节进入动力涡轮室的废气量对增压压力进行控制。当需要增加进气压力时,排气歧管排出的废气进入涡轮增压器,经动力涡轮排出。随着节气门开度的增加和发动机转速的升高,动力涡轮的转速加快,与其同轴的增压涡轮的转速也加快,致使进气增压压力增大。如果此时旁通阀打开,通过动力涡轮的废气量和气压就会减小,动力涡轮和增压涡轮转速降低,进气增压压力就会减小。由此可见,通过控制旁通阀,就可改变通过动力涡轮的废气量,从而实现对增压压力的控制。通常旁通阀由膜片式控制阀控制,而膜片式控制阀则由发动机电脑通过增压压力控制电磁阀进行控制。

图 3-115 为带有废气涡轮增压的发动机电子控制系统。在发动机电脑的存储器中,存储着发动机增压压力特性图的有关数据,理论增压压力值随发动机转速变化。在发动机工作时,发动机电脑根据增压压力等传感器输入的信息,确定当时的实际进气增压压力,然后将实际进气压力与理论压力值进行比较。若实际增压压力值与理论压力值不相符合,发动机电脑就会输出控制信号,对增压压力电磁阀进行控制,改变膜片式控制阀上的压力,使旁通阀动作,改变实际增压压力。即当实际进气压力低于理论值时,旁通阀关闭;当实际进气压力高于理论值时,旁通阀打开。

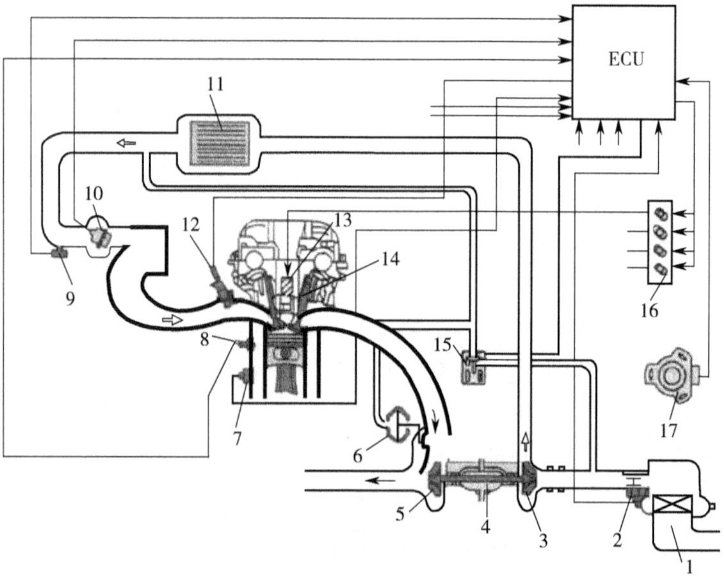

图 3-115　带有涡轮增压的发动机电子控制系统

1—空气滤清器;2—空气流量传感器;3—增压涡轮;4—涡轮增压器;5—动力涡轮;6—膜片式控制阀;7—爆震传感器;8—冷却液温度传感器;9—增压压力传感器;10—节气门位置传感器;11—冷却器;12—喷油器;13—点火线圈;14—火花塞;15—增压压力控制电磁阀;16—点火控制模块;17—曲轴位置传感器

在实际中,一般都是采用调节点火正时和调节增压压力相结合的办法来获得更好的控制效果。因为单一地通过降低增压压力的办法,会引起发动机运行性能降低。而采用涡轮增压后,发动机排气温度较高,所以也不宜只通过调节点火正时的办法来控制爆震,否则由于温度增高,对高温排气驱动的涡轮产生不利影响。因此,两种方法并用是最好的方法。实际应用中,当发动机电脑根据传感器输入的信号鉴别出发动机爆震时,即刻使点火提前角推迟,同时平行地降低增压压力。在这两方面调节生效(爆震消失)时,仍将增压压力慢慢降低,通过点火正时调节装置再将点火提前角调节至最佳值,以便发动机可能保持获得最大扭矩。当点火提前角达到最佳值时,再慢慢地增加增压压力。

四、涡轮增压系统常见的故障及检测

(一)涡轮增压系统常见的故障

涡轮增压系统常见的故障现象有涡轮增压器性能下降、涡轮增压器机械故障、涡轮增压器漏油等。解决涡轮增压系统故障,应该弄清楚增压原理,从浅入深找到故障的原因。

1. 涡轮增压器性能下降的故障原因与排除方法

涡轮增压器性能的变化或发动机供油系统及配气系统的故障,会直接影响增压发动机的功率、油耗和排气温度等性能指标。常见故障现象如下。

1)增压发动机功率下降

涡轮增压器本身及进气管路系统的故障会使增压压力降低,从而导致增压发动机功率下降。其故障原因及排除方法如下。

(1)旁通阀门关闭不严。一般是旁通阀处有积碳,过脏或增压压力控制电磁阀或膜片控制电磁阀损坏造成。

(2)空气进口阻力损失过大。应检查清洁空气滤清器及管道,减少阻力损失。

(3)增压器叶轮、壳体和流道脏污。应拆下增压器进行清洁。

(4)动力涡轮壳流道和叶轮上严重积碳。排除积碳的方法有:更换密封环、排除漏油故障;改变发动机的使用工况,如避免低负荷长时间运转、减少频繁的冷启动等;检查发动机供油系统和机油消耗情况,拆开涡轮增压器,清除动力涡轮端的积碳。

(5)增压涡轮出口管路漏气。产生这一故障的原因大多是软管接头松动脱开、管子焊接处损坏、锁紧机构松动失效等。应根据需要采取相应的措施加以排除。

(6)发动机排气管连接处漏气。这种情况比较常见,主要是由于发动机的排气歧管、排气管垫片或排气管与涡轮壳之间连接不紧、螺栓松动或垫片损坏,还可能是涡轮壳产生了裂纹引起的漏气。一般要针对故障原因,采取相应措施。但如若是涡轮壳产生裂纹引起的漏气,必须更换新的涡轮壳。

2)增压发动机进气压力上升

涡轮增压器及发动机供油系统、配气系统的故障,使增压发动机进气压力上升。但这种故障较前面所述的进气压力下降的故障要少得多。由涡轮增压器直接造成增压压力上升的原因一般是增压压力控制电磁阀或膜片控制电磁阀损坏,使旁通阀门不能适时打开。

2. 涡轮增压器机械故障原因与排除方法

涡轮增压器常见机械故障现象是其异常振动和异常噪声。

1)涡轮增压器的异常振动

涡轮增压器异常振动大部分是由于转子部件不平衡所引起的。虽然转子部件经过严格检测和精确平衡后才允许在涡轮增压器上使用,但在安装和使用中也有各种因素会破坏转子的平衡精度,从而引起增压器异常振动,比较常见的有以下几种情况。

(1)涡轮增压器转子部件不平衡引起的振动。转子部件上的各零件清洗不干净,或零件内孔与轴的配合不好,组装时产生的偏心等都会使转子轴弯曲,导致其平衡被破坏。因此,在转子部件组装前,必须认真地检查清洗转子部件上的所有零件。

（2）涡轮增压器工作时，异物进入涡轮的流道损坏了叶轮，使转子部件失去平衡。在安装涡轮增压器工作时，必须先将涡轮增压器的各进出口用封口罩盖好，待管路调整对好后，再将封口罩取掉，然后，连接好各管路。

（3）增压器叶轮叶片的疲劳断裂。如果出现叶片断裂故障，一律更换新的涡轮增压器。

（4）增压器叶轮叶片被严重沾污后，转子部件的平衡被破坏而产生异常振动。如果发动机长时间使用低质燃油，因其燃烧后的产物中含有五氧化二钒和硫化钠等物质，在一定的温度下，这些物质会粘在涡轮叶片上，形成污垢。排除这种故障时，必须拆开涡轮增压器，取出涡轮叶轮，轻轻地除掉五氧化二钒，但要小心不能碰坏叶片，并用水清除硫化钠和其他污垢。

2）涡轮增压器的异常噪声

增压发动机正常工作时，具有一定的噪声级，有经验的司机很容易就可分辨出来。如果噪声级发生变化或出现异常噪声，则说明有故障发生。产生异常噪声的原因与排除的方法如下。

（1）涡轮增压器的动力涡轮或增压涡轮的叶片损坏，导致平衡破坏，引起噪声。其原因与排除方法如前所述。

（2）涡轮增压器转子部件和固定件碰撞产生噪声。其主要原因是安装涡轮壳和压气机壳时，装配不正。可拆开增压器，检查内部是否有损伤、有脏污、转子转动是否平顺、转动时是否有响声等，确认有问题后进行适当的修复或更换。

3. 涡轮增压器漏油的原因及排除方法

涡轮增压器如有轻微的渗油，虽可继续工作但也应及时到维修站检查或维修，而严重的漏油必须立即加以排除。因为增压涡轮端严重漏油会使机油经增压涡轮进到进气管，最终进入发动机气缸内，造成发动机性能恶化、机油消耗量增大，并使发动机活塞顶部、喷油器、活塞环等零件严重积碳、胶结。涡轮增压器漏油原因及排除方法如下。

1）涡轮增压器外部漏油

外部漏油大多是机油进油管和回油管连接不牢固造成的。检查漏油部位之前，先擦干净涡轮增压器外部的油泥，然后再重新启动发动机，认真观察漏油部位。经常出现漏油的原因有：进、回油管接头松动，油管接头外垫片损坏及油管接头出现裂纹或损坏等。螺纹连接的锥形接头密封不好可修理接头或更换新的油管。如果垫片损坏，应更换新的垫片。

2）涡轮增压器内部漏油

涡轮增压器内部漏油是比较常见的故障，产生原因主要有以下几种。

（1）涡轮增压器密封装置（密封环）损坏引起漏油。

（2）发动机曲轴箱内的压力过高，使涡轮增压器回油不畅引起漏油。

（3）涡轮增压器回油管截面积小或过多地弯曲，使回油不畅引起漏油。

（4）发动机长时间空载运转，涡轮增压器容易漏油。排除故障时，根据漏油部位，进行维修。

（二）涡轮增压系统检测

涡轮增压系统检测操作步骤如下。

1. 车辆常规检查

（1）放置好车轮挡块，安装 5 件套（车身外部防护罩、地板垫、方向盘套、座椅套、换挡杆套），确认驻车制动拉紧。

（2）检查机油、冷却液、制动液位是否符合要求。

（3）检查电瓶电压，应正常。

2. 电控系统检查（使用故障诊断仪及万用表）（图 3-116）

（1）火开关置于 OFF 挡，连接诊断仪与汽车故障诊断座。

（2）点火开关置于 ON 挡（不启动），打开诊断仪。

（3）进入故障诊断模块，读取故障码并记录。

（4）进入数据流模块，读取增压压力相关数据流，记录数据并与标准值对比。

（5）执行元件主动测试。触发增压控制电磁阀 N75。若电磁阀将发出“咔嚓”声响并打开和关闭（通过向辅助软管吹气来检查），说明电磁阀工作正常。若电磁阀有“咔嚓”声，但不能正常打开和关闭，则更换增压控制电磁阀。若电磁阀无“咔嚓”声，对增压压力控制阀部件及控制线路进行检查。

（6）增压压力控制阀部件及控制线路进行检查。断电状态下，拔下增压控制电磁阀线束，用万用表欧姆（Ω）挡检测增压控制电磁阀部件，标准值为 25~35 Ω；断电状态下，拔下增压控制电磁阀线束，使起动机短时工作，用万用表测量增压控制电磁阀两端子之间电压，正常值是蓄电池电压。否则检查线束连接器到 ECU 之间的线路连接，以及 ECU 部件。

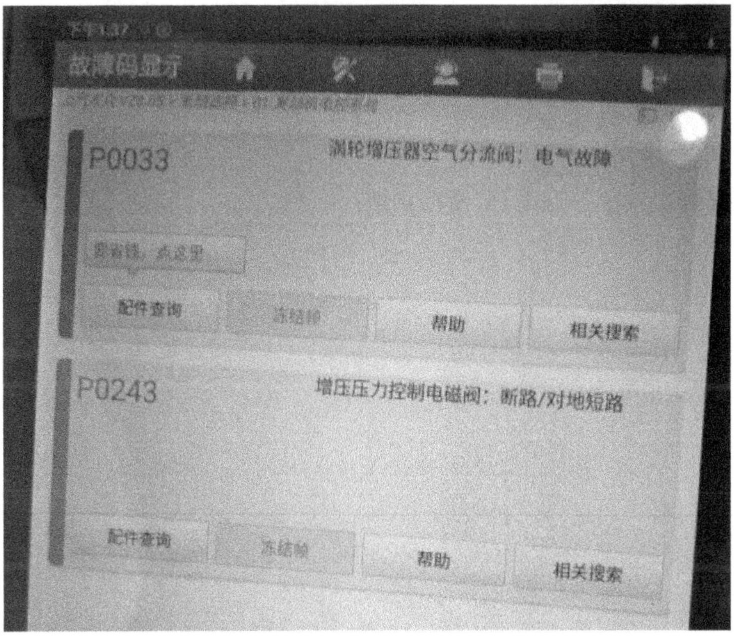

图 3-116　电控系统检查（使用故障诊断仪及万用表）

3. 检查涡轮增压器及润滑油管路（图 3-117）

（1）检查涡轮增压器的密封环是否密封良好。

（2）检查涡轮增压器有无异响或异常震动，润滑油管和接头有无渗漏。

（3）解体检查涡轮增压器。首先，在拆卸涡轮机之前，应将壳体和零件的相对位置，进行标记。检修过程中保证增压器内部清洁。其次，拆开涡轮，检查动力涡轮、增压涡轮是否存在弯曲、破裂、过度磨损、脏污。然后，转动涡轮，检查手感阻力是否均匀，转动阻尼适当，无黏滞。最后，必要时检查涡轮转动轴的轴向和径向间隙。将百分表插入涡轮机壳的孔中，使其接触轴端部，沿轴向移动涡轮机轴，测量其轴向间隙（参看维修手册标准）。若轴向间隙或径向间隙不符合维修手册标准值，则更换涡轮增压器。

图 3-117　检查涡轮增压器及润滑油管路

4. 整理工具，清洁场地

按汽车维修操作规范整理工具，清洁场地。

项目四

电控点火系统构造与维修认知

点火系统是汽车发动机中至关重要的组成部分,它主要由点火电子组件、点火线圈、火花塞以及高压导线等核心元件构成。这个系统的核心职能是在恰当的时刻通过点火电子组件产生电火花,点燃发动机气缸内的混合气体,从而引发燃烧反应,释放能量,驱动汽车的运动。在现代汽车中,电子燃油喷射系统(EFI)的引入,使得点火系统也相应地发展出两种不同的技术路径:第一种是传统的普通点火系统,第二种则是更加先进的微机控制点火系统。

普通点火系统通常依赖于机械式的点火提前装置,而微机控制点火系统则通过电子控制单元(ECU)来精确控制点火时机,以适应不同的工作条件,确保发动机能够在不同的工况下都能获得最佳的燃烧效率。微机控制点火系统通过计算大量的输入信息,如发动机负荷、转速、空气密度、温度等,来确定最理想的点火提前角,这样不仅能显著提升发动机的动力性能,还能有效降低燃油的消耗,减少有害气体的排放,符合现代节能减排的要求。

本项目重点探讨了电控发动机中微机控制点火系统的详细结构和运作原理。详细讲解了微机控制点火系统中各个关键元件的功能、工作原理以及检测方法,其中包括了火花塞、点火线圈、曲轴位置传感器、凸轮轴位置传感器、爆震传感器等关键部件的工作机制。通过对这些元件的深入了解和熟练操作,能够确保点火系统的正常工作,进而保障汽车发动机的高效和稳定运行。

任务1 发动机微机控制点火系统的认识

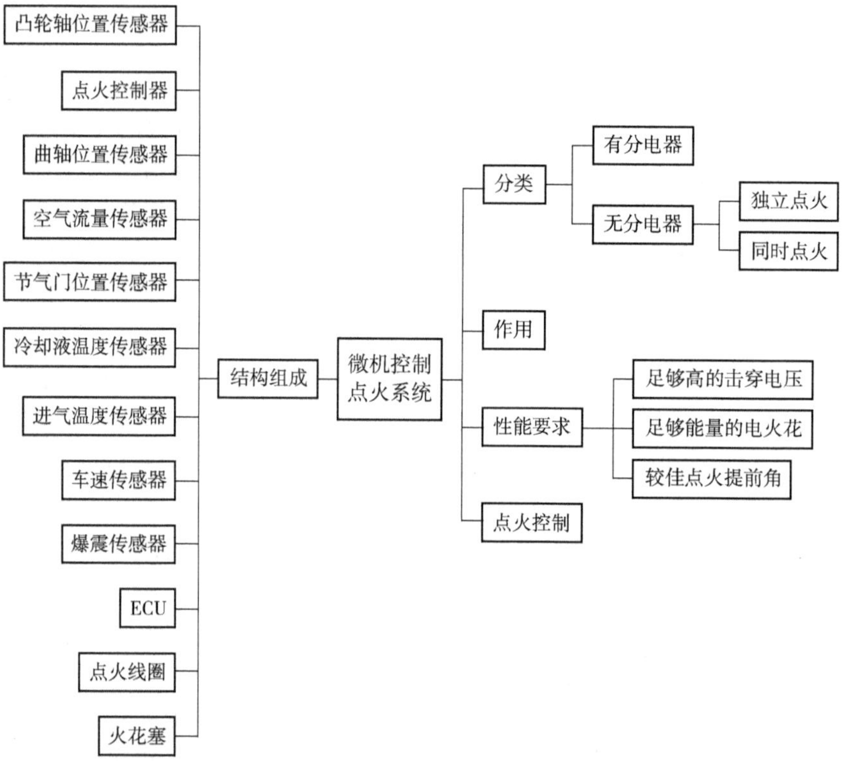

思维导图

一、点火系统

为了在气缸中定时地产生高压电火花，汽油发动机设置了专门的点火装置，称为发动机点火系统。点火系统的基本作用就是使火花塞产生火花，在气缸内点燃燃油混合气。要点燃压缩过的燃油混合气，火花塞的瞬间点火电压必须高达 2 000 V 以上，但汽车所用的蓄电池电压一般只有 12~14 V，所以点火系统必须将 12~14 V 的初级电压转换为 2 000 V 以上的次级高电压（一些新型的点火系统甚至能够产生高达 10 万伏的次级电压），并将这种高电压按照气缸的点火顺序分配到各个气缸的火花塞上，使其点火。汽车点火系统示意图如图 4-1 所示。

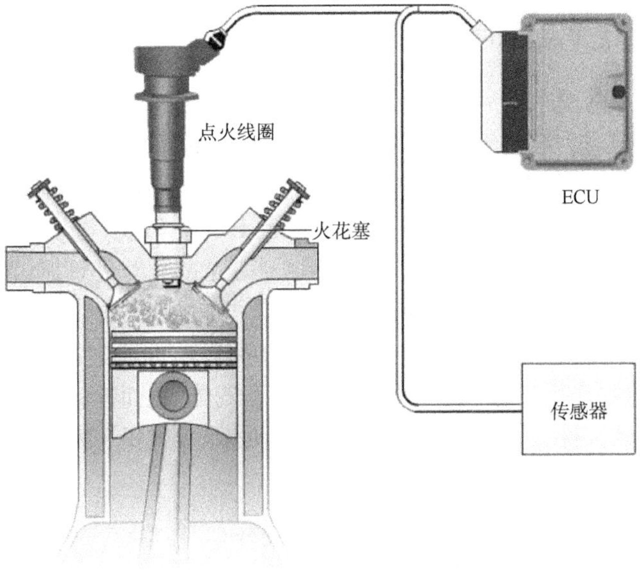

图 4-1　汽车点火系统示意图

二、对点火系统的要求

（1）点火系统必须向火花塞电极提供足够高的击穿电压，这是确保汽油机正常工作的重要条件。击穿电压，是指火花塞电极间产生火花时的电压。这种电压的大小与汽油机的运行工况密切相关，会随着发动机的工作状态发生变化。例如，在低速大负荷的情况下，所需的击穿电压通常在 8~10 kV；而在发动机启动的过程中，所需的击穿电压甚至会高达 17 kV。幸运的是，目前大多数电控汽油机点火系统所能提供的击穿电压已经超过了 28 kV，这为发动机的稳定运行提供了有力保障。

（2）火花塞电极间产生的火花必须具有足够的能量，这是确保混合气可靠点燃的关键因素。除了需要足够高的击穿电压外，火花塞产生的电火花还应具有足够的能量。这是因为电火花的能量越大，混合气的着火性能越好。为了使混合气有好的着火性能，电火花一般应具有 50~80 MJ 的点火能量。目前，电控的高能点火装置能够提供的点火能量都已经超过了 80~100 MJ，这为发动机的性能提升提供了有力支持。

（3）汽油机运行的大部分工况下，点火系统应始终具有较佳的点火提前角。点火提前角是指点火系统在活塞压缩行程中，提前于正时点火花塞电极产生火花的角度。较佳的点火提前角不仅能提高汽油机的动力性能，降低燃油消耗率，还能有效减少汽油机有害物的生成量。这对于发动机的环保性能和经济效益都有着重要意义。

对于以上三个要求，传统的机械式有触点点火系统只能基本满足，普通电子点火系统只能在提高击穿电压方面有所改善。而只有电控点火系统才有可能在以上三方面都取得突破，并在发展中不断提高。电控点火系统通过精确控制点火时机、电压和能量，实现了对发动机燃烧过程的精细化管理，从而提升了发动机的整体性能。

三、微机控制点火系统的结构组成

微机控制点火系统是一个由多个精密组件构成的复杂体系，其核心功能是确保内燃机能够高效、稳定地进行燃烧。该系统主要由以下几个关键部分构成：首先，与点火过程紧密相关的各类传感器，它们负责检测发动机的运行状态，如发动机温度、进气量、发动机转速等关键参数，并将这些信息实时传递给电子控制单元（ECU）；其次，电子控制单元（ECU）扮演着大脑的角色，接收来自传感器的信号，经过快速且复杂的计算处理后，发出指令给点火器；点火器接收 ECU 的指令后，会向点火线圈发出高压电信号；点火线圈则负责将低电压信号转换为高电压信号，以产生足够的电能；随后，这些高压电能通过高压线传输至火花塞；最后，火花塞在高压电的作用下，产生电火花，点燃混合气体，从而推动发动机的工作。这一系列精密且协同工作的部件，共同构成了微机控制点火系统，确保了发动机的高效与可靠。微机控制点火系统的组成如图 4-2 所示。

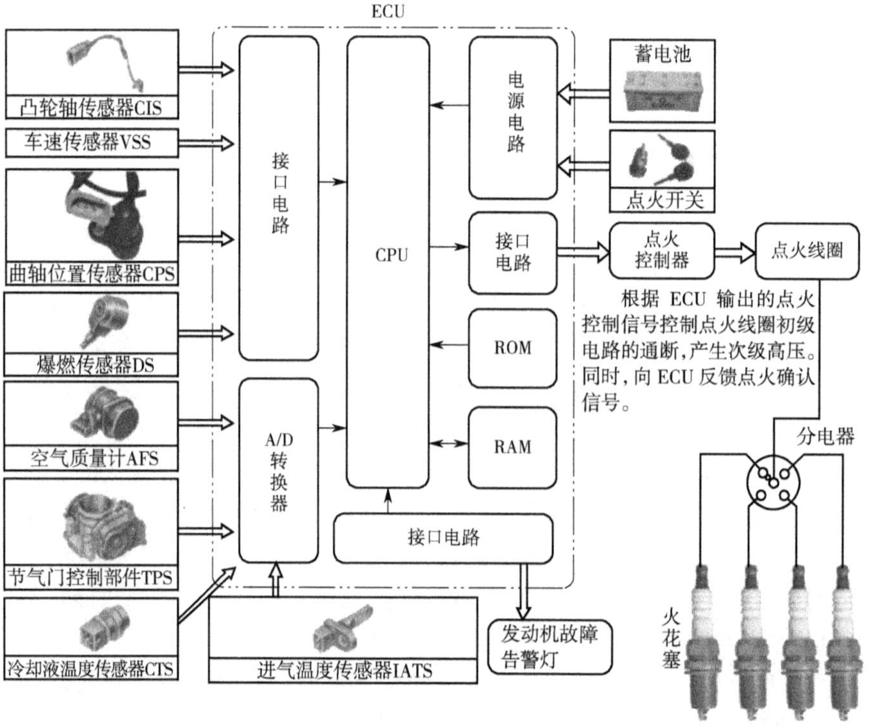

图 4-2　微机控制点火系统的组成

传感器用来检测与点火有关的发动机工作和状况信息，并将检测结果输入 ECU，作为计算和控制点火时刻的依据。虽然各型汽车采用的传感器的类型、数量、结构及安装位置不尽相同，但是其作用都大同小异，而且这些传感器大多与燃油喷射系统、怠速控制系统等共用。

四、点火系统分类

（一）有分电器式微机控制点火系统

保留分电器配置的微机控制点火系统被称作非直接点火系统。在这个系统中，点火线圈产生的高压电能是经过分电器中的配电器进行合理分配的。也就是说，由分火头和分电器盖构成的配电器根据预设的点火顺序，适时地将高压电分配至各个气缸，确保各个气缸的火花塞可以按照既定的顺序依次进行点火。这一过程可以通过图 4-3 进行形象展示，从中可以了解非直接点火系统的运作原理和机制。

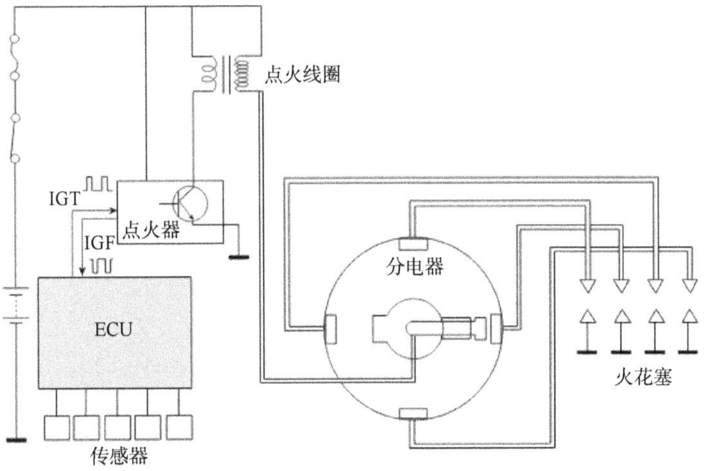

图 4-3　有分电器式微机控制点火系统

（二）无分电器式微机控制点火系统

无分电器式微机控制点火系统也称为直接点火系统，摒弃了传统的分电器（主要是指配电器），如图 4-4 所示。在工作过程中，点火线圈产生的高压电能直接传输至各个火花塞，由微机根据接收到的各传感器信息，按照发动机特定的点火顺序，精确控制各缸火花塞的点火时机。这种系统摒弃了传统的点火线圈和分电器，使得点火过程更加直接和高效，从而提高了发动机的性能和燃油效率。

无分电器式微机控制点火系统，根据点火的具体模式，可分为独立点火方式（图 4-5）和同步点火方式（图 4-6）这两大类。在独立点火方式中，每一个点火线圈都是单独与相应的火花塞直接连接的，这种模式的特点是一个点火线圈仅仅负责触发一个缸的火花塞。这种设计不存在高压线的设计，取而代之的是由微机来控制点火的顺序，实现了点火的精准控制和高效运作。

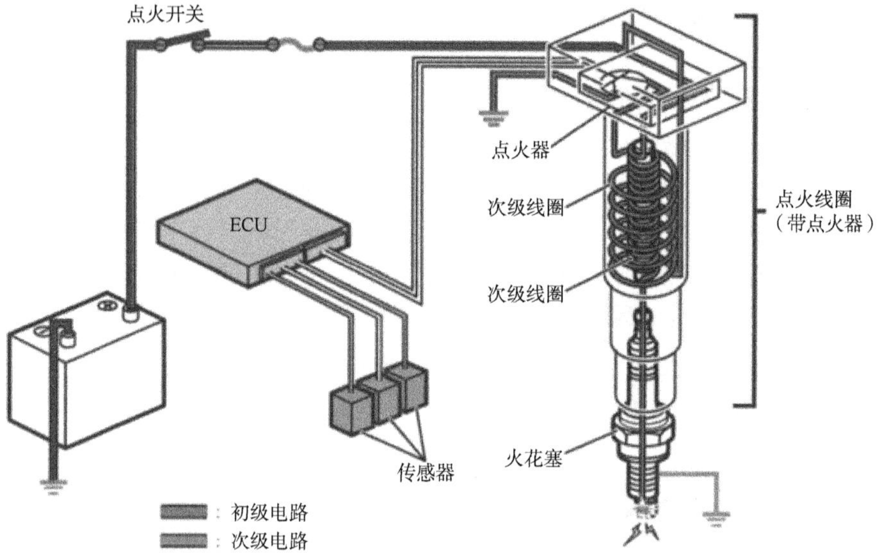

图 4-4　无分电器式微机控制点火系统

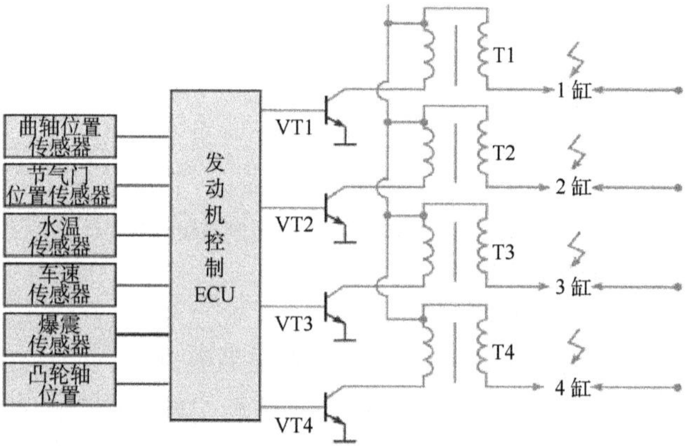

图 4-5　独立点火方式点火系统工作原理

同时点火方式点火系统中，点火线圈的高压线直接与火花塞相连，一个点火线圈连接两个缸的火花塞，两缸工作相位相差 360° 曲轴转角。

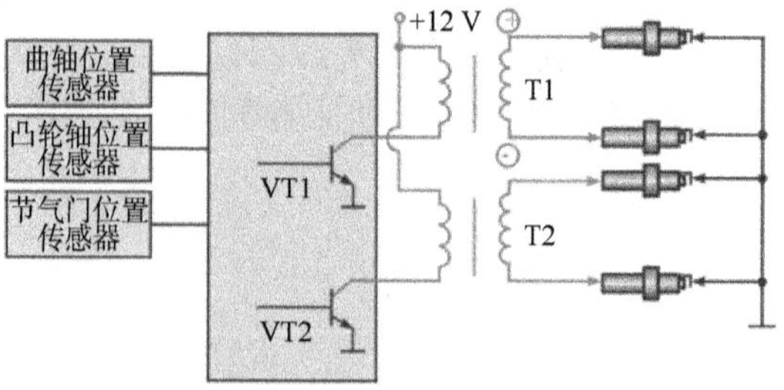

图 4-6　同时点火方式点火系统工作原理

五、点火控制的特点

在微机控制点火系统设计中，点火控制的实施涉及多个关键方面，其中包括点火提前角的精准控制、通电时间的精确调节以及爆燃控制的细致调整等。这些方面的控制实施，使得点火系统具备了以下显著特点。

（1）系统能够在任何工作状态下，面对各种不同的环境条件时，自动调整并获取到最理想的点火提前角。这一功能的实现，确保了发动机在动力输出、燃油经济性、排放水平以及工作稳定性等多个方面的表现都能达到最佳状态，从而提升了整车的性能表现。

（2）系统具备在整个工作范围内对点火线圈的导通时间进行细致控制的能力，这使得线圈中存储的点火能量能够保持在一个恒定且最优的水平，从而确保了点火效果的稳定性和一致性。

（3）通过采用闭环控制技术，点火提前角能够被控制在一个精准的状态，即刚好处于不会发生爆燃的临界点。这样的控制方式，可以提高燃烧效率，进而提升发动机的动力输出和经济性，同时也有利于降低排放，提高发动机的整体性能表现。

六、微机控制点火系统认知操作

1. 车辆防护与发动机常规检查

（1）放置好车轮挡块，安装三件套（翼子板、地板垫、方向盘套），拉紧手刹。

（2）检查机油、冷却液、制动液液位是否符合要求。

（3）检查电瓶电压，应正常。

2. 认识点火线圈以及各大传感器（图 4-7）

（1）找出凸轮轴位置传感器，观察其所在位置。

（2）找出爆震传感器，观察其所在位置。

（3）找出发动机舱内 ECU，观察其安装位置。

（4）拆卸点火线圈与火花塞，并观察其结构。

3. 找出曲轴位置传感器，观察安装位置（4-8）

（1）按照举升机的操作要求采取相应的安全防护措施，用举升机举起汽车。

（2）从汽车底部找出曲轴位置传感器。

（3）按照相反的顺序将汽车及举升机复位，并检查复位状况是否良好。

4. 整理工具，清洁场地

图 4-7　点火线圈以及各大传感器位置

图 4-8　曲轴位置传感器的安装位置

任务 2　火花塞功能、结构类型及检测

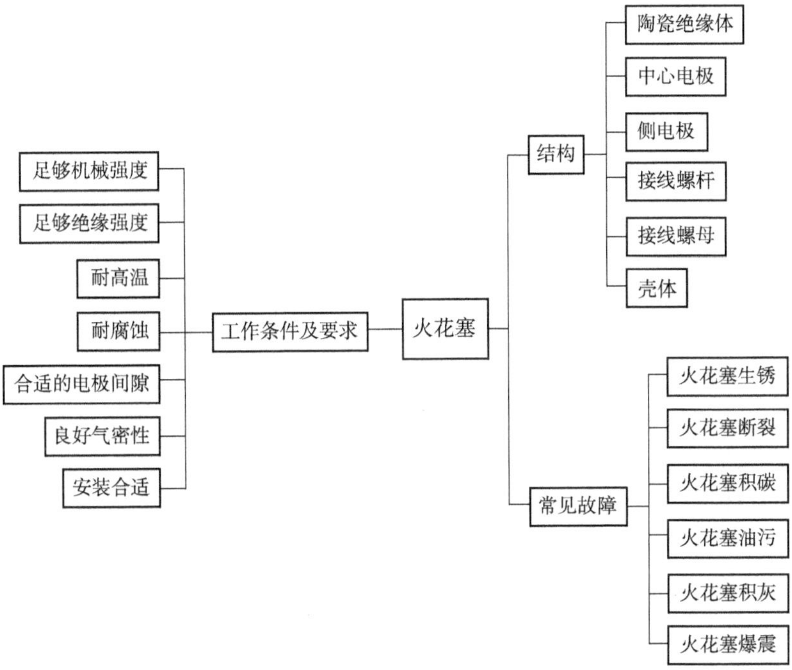

思维导图

一、火花塞

火花塞（图 4-9）是一种关键的汽车发动机零件，被仔细地拧入汽车发动机的气缸盖上的特设孔洞中。这个零件的设计使其下端的电极部分延伸进入燃烧室内。燃烧室是发动机内部的一个高温区域，负责将燃料点燃，从而推动汽车的运动。火花塞的上端与分缸高压线相连，将来自电池的高压电能传输到火花塞的重要任务。在火花塞的电极之间，由于电能的强烈放电，会形成明亮的火花，这个火花是点燃气缸内可燃混合气体的关键，这一过程极大地影响着发动机的性能和效率。

在制造火花塞时，通常会选用能够承受极高温度，并且能够抵抗发动机内部化学腐蚀的材料。镍锰合金钢、铬锰氮化物、钨、镍锰硅等合金因其出色的耐热和耐腐蚀特性而被广泛应用。除此之外，还有一些火花塞采用镍包铜的材料来制造，这种材料的选择是为了增强火花塞的散热能力，因为铜是一种良好的导热材料，能够帮助火花塞有效地散发掉在高温环境下产生的热量，从而保护发动机不至于过热。这些材料的选择和设计都旨在确保火花塞能够在汽车发动机处于极端环境时长期稳定地工作，保证汽车的可靠性和安全性。

图 4-9 火花塞实物图

二、火花塞的工作条件及要求

由于燃烧室在工作中要不断地承受周期性的高温、高压,以及燃烧产物所带来的强烈腐蚀。因此,对于火花塞的性能要求也就相应地变得更加苛刻,具体要求如下。

(1)当混合气体开始燃烧时,火花塞的下部将不可避免地承受来自高压燃气的强烈冲击,这就要求火花塞必须具备足够的机械强度,以防止在高压燃气的冲击下发生损坏。

(2)火花塞在工作中还要承受交变的高压电,这就要求它必须具备足够的绝缘强度,以保证在 30 kV 的高压环境下仍能正常工作,不会发生放电现象。

(3)混合气体燃烧时,燃烧室的温度可以迅速升高至 1 500～2 000 ℃,而在进气时又突然冷却至 50～60 ℃。这就要求火花塞不仅要具备耐高温的特性,还要能够承受这种剧烈的温度变化,防止出现局部过冷或过热的现象。

(4)混合气体燃烧后产生的物质非常复杂,其中包含多种活性物质,如臭氧、一氧化碳和氧化硫等,这些物质极易导致火花塞的腐蚀。因此,火花塞必须具备足够的耐腐蚀性。

(5)火花塞的电极间隙会对击穿电压产生影响。因此,需要确保电极间隙的大小合适,以保证正常的工作电压。

(6)火花塞的安装位置需要恰到好处,以保证火花塞能够在合适的位置引发燃烧,从而保证发动机的正常工作。

(7)火花塞的气密性必须足够好,以防止燃烧室发生漏气现象,从而保证燃烧的效率。

三、火花塞的结构

火花塞是一种重要的点火装置,它的构造由多个精密的部分组合而成,主要组成部分包括陶瓷绝缘体、中心电极、侧电极、接线螺杆、接线螺母以及壳体等。其结构如图 4-10 所示。

首先来说说壳体,它是由坚固的钢制材料制成,为火花塞提供了坚实的保护。在壳体的内部,固定有一颗氧化锆陶瓷绝缘体,这种绝缘体具有很强的耐高温性能和绝缘性能,可以保证火花塞在高温高压的环境下正常工作。

在绝缘体的中心孔上方,有一根金属杆,这根金属杆的上端连接着接线螺母,通过这个接线螺母,可以将高压导线与火花塞连接起来,从而完成电能的传输。金属杆的下端则连接着中心电极。中心电极是火花塞的核心部分,它的主要作用是在点火时产生高压电火花。

金属杆和中心电极之间的连接采用了特殊的导体玻璃,这种玻璃具有很好的密封性能和导电性能,可以确保电能的稳定传输。此外,在钢制外壳的上部设计有便于拆装的六角平面,这个六角平面可以方便工作人员对火花塞进行更换和维护。外壳的下部加工有螺纹,这是为了能够将火花塞旋装在发动机气缸盖内，确保安装的稳固性。

在外壳的下端，固定有弯曲的侧电极，这是火花塞的另一个重要部分。侧电极的主要作用是在点火时，与发动机气缸内的混合气体接触，产生电火花，点燃混合气体，从而推动发动机的工作。总的来说，火花塞的每一个部分都是精心设计的，它们共同工作，确保了发动机的正常运行。

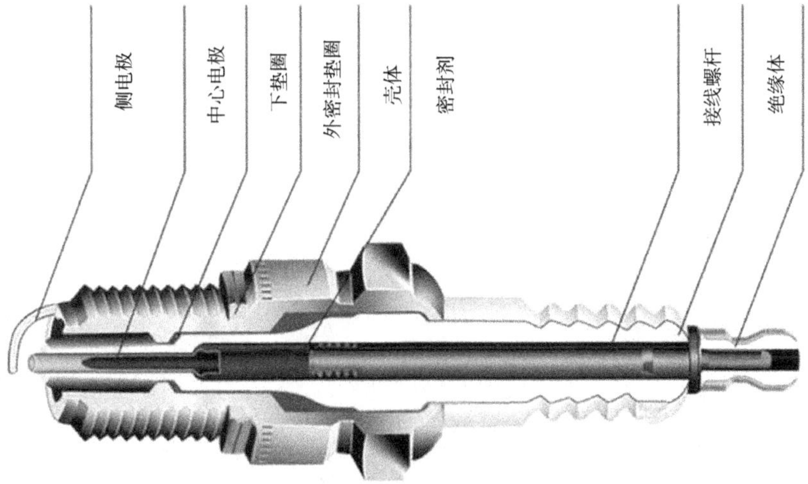

图 4-10　火花塞结构

四、火花塞的常见故障

1. 火花塞生锈

由于火花塞帽防水性能不佳等原因，当水渗入安装火花塞的位置时，如果由于安装火花塞的位置排水性能不好等原因而产生积水，火花塞的主体金属就会生锈（图 4-11）。火花塞的主体金属生锈，对火花塞的性能并没有太大的影响。然而，如果火花塞帽内部有水渗入，那么就有可能导致火花塞熄火。

图 4-11　生锈的火花塞

2. 火花塞断裂

加压部沟槽断裂的情况通常发生在取出火花塞的过程中。当火花塞螺丝因为长时间的使用而烧粘在一起,使得在取出时需要施加较大的扭矩力。这种异常大的扭矩力会导致主体金属加压部沟槽产生断裂,如图 4-12 所示。这种情况不仅会影响到汽车的正常运行,还可能带来安全隐患。

另外,绝缘体断裂也是一种常见的问题。这通常发生在火花塞扳手取出过程中。如果在使用火花塞扳手时不小心滑动,或者使用角度不正确,使得扳手内侧与火花塞头部发生碰撞,就可能导致绝缘体断裂。绝缘体的断裂会导致火花塞失去绝缘功能,进而影响到汽车的点火系统,可能会引发发动机性能下降甚至无法启动的问题。因此,在操作过程中,应该注意使用正确的方法和工具,避免对火花塞造成不必要的损伤。火花塞绝缘体断裂如图 4-13 所示。

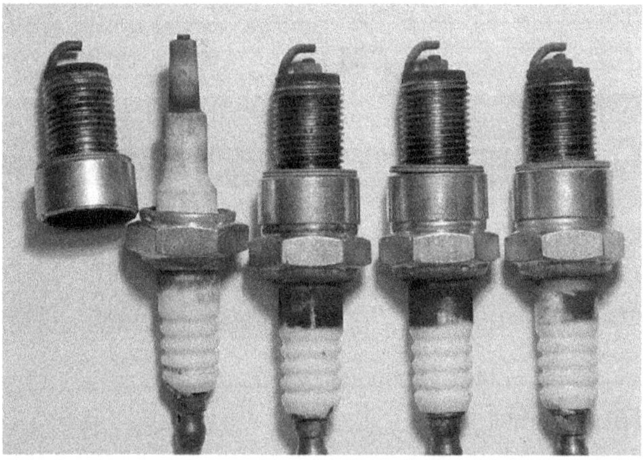

图 4-12　火花塞加压部沟槽断裂

图 4-13　火花塞绝缘体断裂

3. 火花塞积碳

火花塞上出现松软且乌黑的沉积物，这是积碳的明显迹象（图 4-14）。这种情况的出现通常有以下几个可能的原因。首先，混合气的比例可能过浓，这意味着燃油与空气的混合比例偏离了理想的燃烧状态，导致燃烧不完全。其次，发动机的运行温度可能过低，这会影响燃料的完全燃烧，从而在火花塞上形成积碳。此外，燃烧过程本身可能存在问题，比如燃烧不正常或者燃烧速度过慢，这些都会导致燃烧产物在火花塞上积累，形成积碳。

积碳的存在不仅会阻碍正常的燃烧过程，而且还具有导电性。当火花塞表面积累了一定量的积碳时，可能会引起火花塞失火，这是一种安全隐患，可能会对发动机的运行造成严重影响。因此，定期检查和清洁火花塞，以防止积碳的积累，对于保持发动机的良好性能和安全性至关重要。

图 4-14　火花塞积碳

4. 火花塞油污

火花塞的电极及其内部出现了油性沉积物（图 4-15），这说明机油进入了燃烧室内。如果只是个别火花塞上出现了油性沉积物，那么这可能是由于气门杆油封损坏所导致的。而如果每个缸体的火花塞都出现了油性沉积物，那么这就表明气缸出现了蹿油的现象。这种情况下，需要对发动机进行进一步的检查和维修，找出导致机油进入燃烧室的原因，并采取相应的措施进行修复，以确保发动机的正常运行。

5. 火花塞积灰

火花塞的中心电极以及周边的侧电极表面呈现出一种浅褐色的一致性沉积物，这种现象表明火花塞已经积累了大量的灰尘和污垢。这种积灰的现象通常是由于发动机内部使用了过量的机油添加剂所引起的。过多的机油添加剂会在火花塞的电极表面形成一层厚厚的沉积物，这不仅会降低火花塞的点火效率，甚至有可能在没有外部点火源的情况下，由于积灰过多而产生自点火现象。这种自点火不仅会导致发动机功率的损失，严重时甚至可能对发动机造成永久性的损坏。图 4-16 为积灰所引起的火花塞损坏情况，为我们敲响了警钟，提醒我们要对发动机的机油添加剂使用进行严格的控制。

图 4-15　火花塞油污

图 4-16　火花塞积灰

6. 爆震

火花塞绝缘体顶端破裂的主要原因是爆震燃烧。爆震燃烧是一种在发动机燃烧室内发生的异常燃烧现象,它会在点火时刻提前触发,导致燃烧过程失去控制,从而在火花塞绝缘体顶端产生过高的压力。这种异常燃烧通常与汽油的辛烷值有关,当汽油辛烷值低时,容易引发爆震燃烧。此外,燃烧室内温度过高也是导致火花塞绝缘体顶端破裂的重要原因。当燃烧室内温度超过一定阈值时,会加剧爆震燃烧的程度,使火花塞绝缘体顶端承受更大的压力,进而导致破裂。图 4-17 为爆震燃烧过程中燃烧室内压力的变化导致火花塞绝缘体顶端破裂的情况。从图中可以看出,爆震燃烧对火花塞绝缘体顶端的损坏是显而易见的。因此,在发动机运行过程中,应尽量避免爆震燃烧的发生,以延长火花塞的使用寿命,保证发动机的正常运行。

图 4-17　火花塞爆震

五、火花塞的检查与维修

1. 清洗火花塞

从发动机上拆下的火花塞先用铜丝刷清洗或用专用清洁仪清洗，如图 4-18 所示。

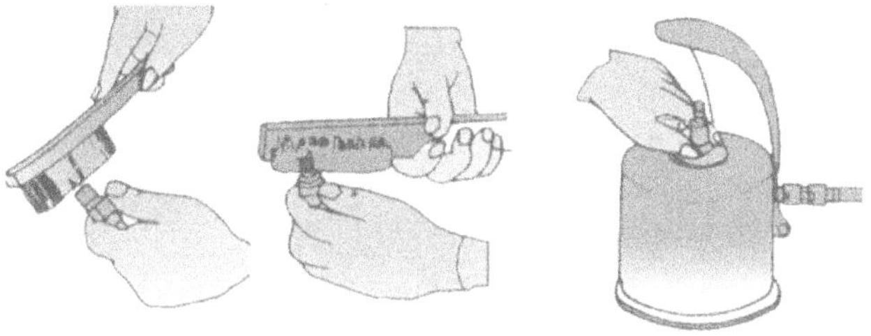

图 4-18　清洗火花塞

2. 检查火花塞外观

工作正常的火花塞其绝缘体裙部呈赤褐色，电极无烧损，且电极间隙正常。若火花塞绝缘体顶端起疤、破裂或电极融化、烧蚀，表明火花塞已经烧坏，应更换新件。

3. 火花塞电极间的检查与电极间隙的调整

（1）火花塞电极间的检查：首先用火花塞专用量规测量火花塞的电极间隙。其间隙一般为 0.6～0.8 mm，采用电子点火的火花塞的电极间隔可达 1～1.2 mm。如果不符合要求，应调整到标准值。

（2）火花塞电极间隙的调整：用钢丝式专用火花塞塞尺，小心地弯曲侧电极来调整间隙。注意不可通过敲击电极来调整，如图 4-19 所示。

图 4-19　火花塞电极间隙的调整

4. 测量火花塞绝缘电阻

如图 4-20 所示，用兆欧表测量火花塞电极间绝缘电阻值，正常应为 10 MΩ 以上。

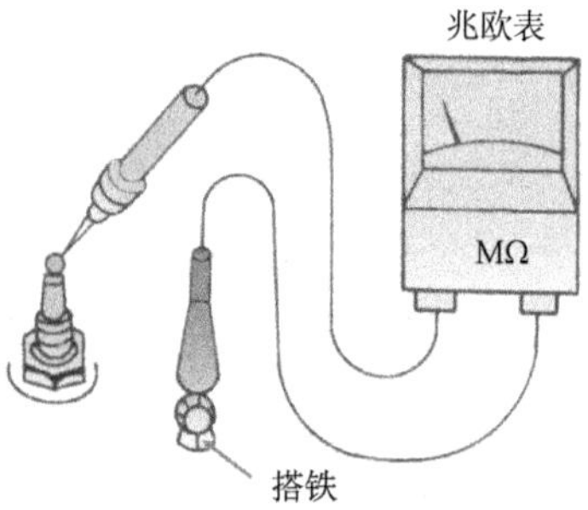

图 4-20　测量火花塞绝缘电阻

六、火花塞的检测

火花塞检测操作步骤如下。

1. 车辆防护与发动机常规检查

（1）放置好车轮挡块，安装三件套（翼子板、地板垫、方向盘套），拉紧手刹。

（2）检查机油、冷却液、制动液液位是否符合要求。

（3）检查电瓶电压，应正常。

2. 拆卸火花塞（图 4-21）

（1）断开点火线圈线束连接器，拆下点火线圈。

（2）使用火花塞套筒扳手拆下火花塞。

图 4-21　拆卸火花塞

3. 检测火花塞电极间隙（图 4-22）

使用塞尺测量拆下的火花塞电极间隙，记录数据并查阅维修手册，与标准数据进行对比。

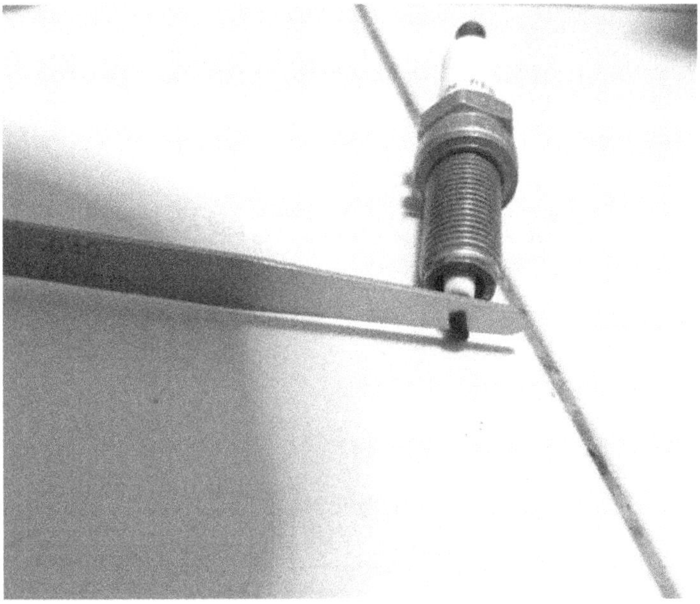

图 4-22　检测火花塞电极间隙

4. 检查火花塞外观（图 4-23）

（1）检查点火线圈与火花塞套接处是否生锈、烧蚀或损坏。

（2）检查点火线圈连接器是否变形、损坏或锈蚀。

（3）检查火花塞螺纹是否完好，陶瓷是否有裂纹。

（4）检查火花塞与点火线圈套接部位是否锈蚀或烧蚀。

（5）检查火花塞电极状况是否正常。若颜色不正常，应清洁或更换；若火花塞烧蚀严重，则必须更换火花塞。

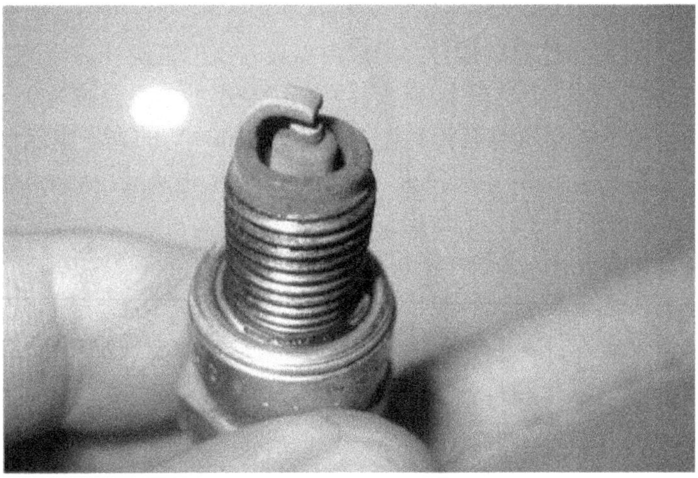

图 4-23　检查火花塞外观

5. 电阻检测

将万用表调至欧姆挡,检测火花塞电极与搭铁之间的电阻值,与维修手册标准值进行比对,不符合要求则更换火花塞。

6. 整理工具,清洁场地

任务3　点火线圈功能及检测

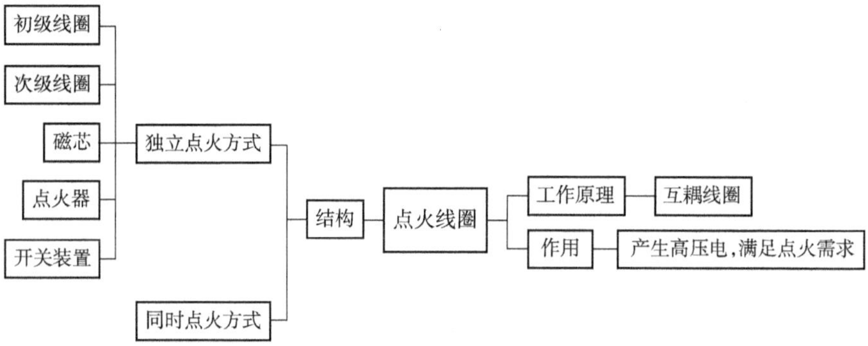

思维导图

一、点火线圈

点火线圈的主要功能是在点火开关被激活时,通过一系列复杂的电子控制过程,精确地触发点火。在此过程中,电子控制单元(ECU)扮演着至关重要的角色,它负责分析来自各种传感器的信号,其中包括曲轴位置传感器、凸轮轴位置传感器、节气门位置传感器以及温度传感器等。这些传感器的信号被ECU用来精确计算并确定最佳点火时刻,以确保发动机能够高效且平稳地运行。

当ECU接收到这些传感器的信号并完成对点火时机的精确计算后,它会立即控制脉冲三极管的导通与截止。在这个过程中,点火线圈初级绕组的电流会被切断,进而激活次级绕组。次级绕组的作用是将低压电能转换为15 000 ~ 40 000 V的高压电能,这种高压电能是点燃火花塞所需电能的几千倍,足以使火花塞产生强烈的电火花,从而点燃混合气体,推动活塞运动,最终转化为发动机的动力输出。

点火线圈作为发动机点火系统中不可或缺的一部分,安装在发动机内部,具体位置如图4-24所示。它通常安装在发动机的缸盖上,并与火花塞紧密相连。安装位置的选定旨在确保点火线圈能够高效地传递高压电能至火花塞,同时也要考虑到发动机的冷却和绝缘等问题,以保障发动机的安全稳定运行。

图 4-24　点火线圈安装位置

二、点火线圈结构

独立点火方式有两种类型：一种是点火线圈共用一个点火器；另一种是每个点火线圈都有一个单独的点火器，并且点火器和点火线圈集成一体，如图 4-25 所示。本节主讲独立点火方式点火线圈。

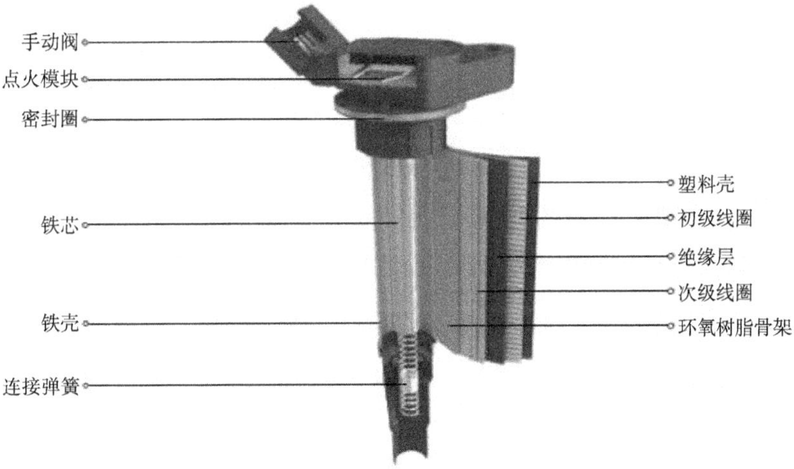

图 4-25　点火线圈示意图

点火线圈(4-26)是一种重要的电器元件，主要构成部分包括初级线圈和次级线圈。它的主要作用是将低压电能转化为能够击穿火花塞电极间隙的高压电能。点火线圈的内部结构主要由一个铁芯组成，铁芯上分别绕有初级绕组和次级绕组。其中，次级绕组的匝数大约是初级绕组匝数的 100 倍，这样的设计使得次级绕组上通过电磁感应生成的电压也是初级绕组电压的100倍。初级绕组的一端与蓄电池和点火器相连接,而次级绕组的一端则与火花塞相连接。这样点火线圈就能够将低压电能转化为高压电能,从而实现对火花塞电极间隙的击穿,进而实现点火。

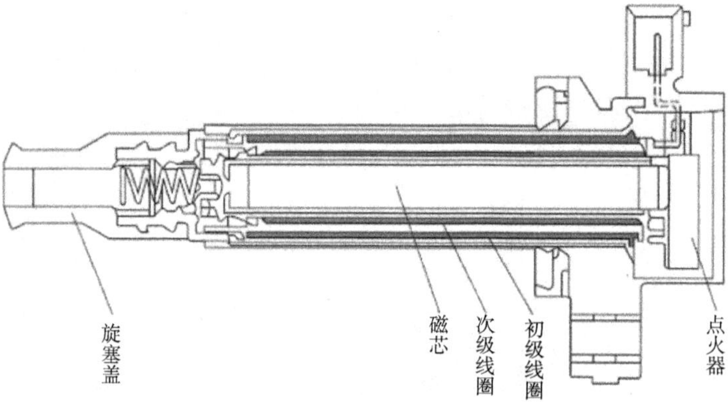

图4-26　点火线圈结构

三、点火线圈工作原理

独立点火方式是一种每个气缸都配置一个专门点火线圈的点火方式。这种点火线圈的数量与发动机的气缸数量是完全一致的。这些点火线圈被安装在火花塞的正上方,取消了传统的高压线,实现了由点火线圈直接向火花塞供电的功能。

当发动机开始工作时,电子控制单元(ECU)会根据每个气缸的工作顺序,向点火器发出相应的点火信号。在点火器内部,与信号对应的晶体管会截止,从而使得对应气缸的点火线圈初级绕组断开。

当初级绕组断开后,会在次级绕组上感应出高压电能。接着,火花塞就会产生电火花,点燃气缸内的可燃混合气体。这种点火方式是目前点火系统发展的最高阶段,它通过直接点火的方式,将高压电能的传递损失和对无线电的干扰降至最低。

图4-27为独立点火方式具体的工作原理。独立点火方式相比传统的点火方式,有着明显的优势。它不仅提高了点火效率,降低了能量损失,还减少了对无线电的干扰,提升了发动机的整体性能。

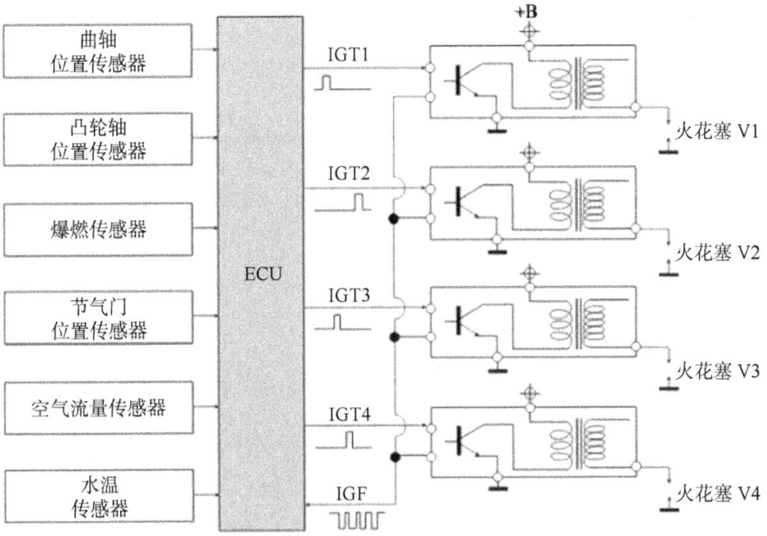

图 4-27　独立点火方式工作原理

四、点火线圈电路识别

对于丰田卡罗拉这款车型来说，其搭载的四缸发动机设计中，每个气缸都配备一个独立的点火线圈，这样的设计可以确保发动机的燃烧效率和性能。这些点火线圈的结构特点是每个都具备四个连接端子，这些端子发挥着不同的作用，共同协作以保证发动机的正常工作。点火线圈电路示意图如图 4-28 所示，第一个端子，即 1 号端子，它的职责是连接电源，为点火线圈提供必要的电压供应，确保点火线圈能够正常工作；第二个端子，也就是 2 号端子，被称为 IGF 端子，这个端子承担的是点火线圈反馈线的角色，通过这个端子，点火线圈可以将工作状态反馈给电子控制单元（ECU），以便 ECU 可以实时监控和调整点火线圈的工作；第三个端子，即 3 号端子，被称为 IGT 端子，它是点火线圈的信号线，承担着将 ECU 的指令传递给点火线圈的重要任务，从而控制点火线圈的点火时机和强度；最后一个端子，也就是 4 号端子，其功能是接地作为搭铁端子，它能够确保点火线圈和其他电路的安全接地，防止电气故障。IGF 端子和 IGT 端子都直接与 ECU 相连接，它们的存在对于点火系统的精确调控至关重要，确保了发动机能够高效、稳定地运转。

五、点火线圈的检查

1. 点火线圈电阻检测

为确保点火线圈能够正常工作，其 IGT 信号端子与 ECU 之间必须维持畅通的电路连接。检测点火线圈端子与 ECU 端子间的短路或断路情况，可将万用表调至欧姆挡进行检测。检测时，应确保各缸点火线圈的 IGT 信号端子与 ECU 对应端子之间的阻值低于 1 Ω。同时，点火线圈的 IGF 端子与对应 ECU 端子之间的阻值也应保持在 1 Ω 以下。

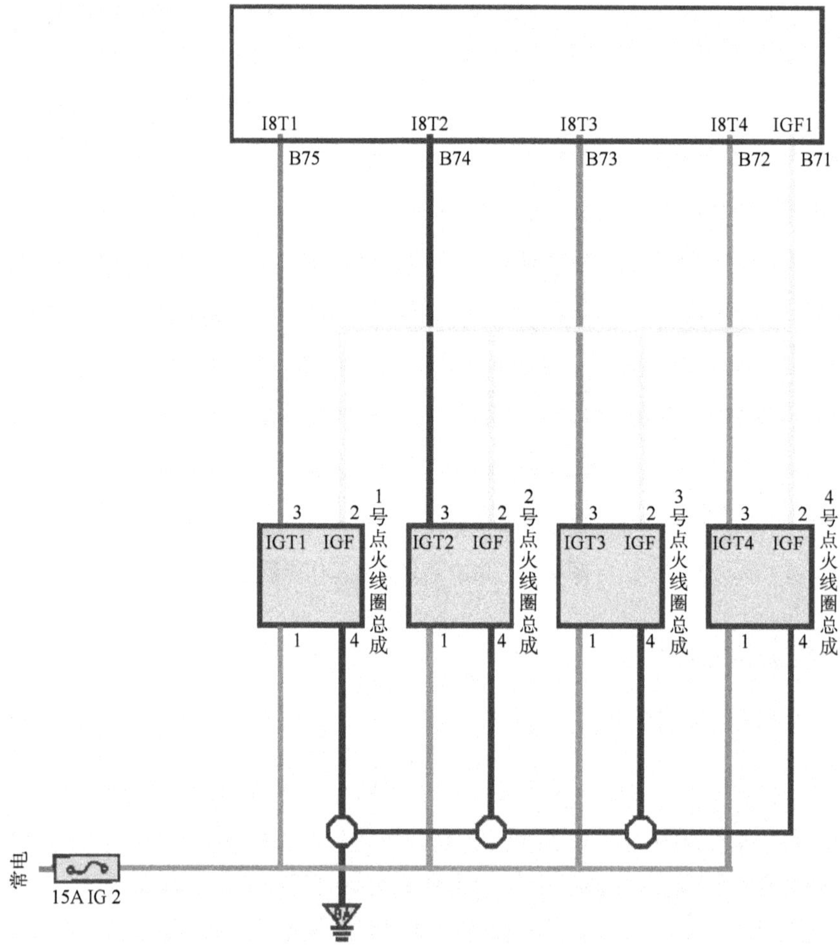

图 4-28　点火线圈电路示意图

2. 点火线圈电压检测

点火线圈在正常工作状态下，其内部电路应保持畅通无阻，且各端子间的电压需保持相对稳定。进行电压检测时，需将万用表调至电压挡，并确保点火开关置于 ON 位置。此时，检测 1 号电源端子与搭铁之间的电压，应等于蓄电池电压。当点火开关启动时，IGF 端子与搭铁端子间的电压应稳定在 5 V 左右，而 IGT 端子与搭铁端子间的检测电压则应为 0.5 V。若检测到的电压值出现较大波动，则表明点火线圈电路可能存在损坏。

3. 点火线圈波形检测

启动点火开关后，使用示波器对 IGT 端子的信号波形进行检测。将检测得到的波形与查阅维修手册获得的标准波形进行对比（图 4-29）。若检测波形与标准波形不符，则需考虑更换点火线圈。

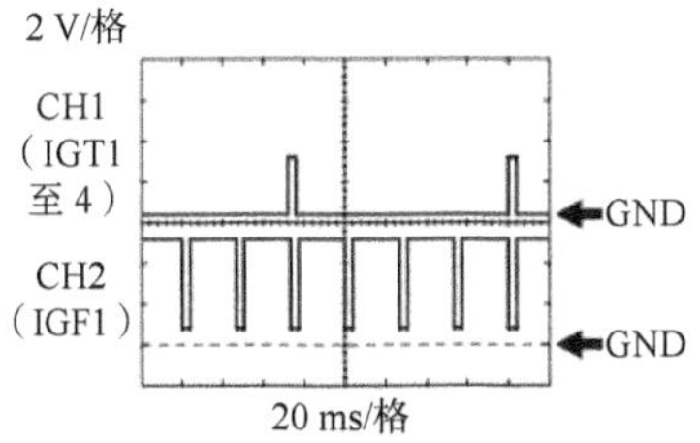

图 4-29　点火线圈标准波形

六、点火线圈的检测

点火线圈检测的具体操作步骤如下。

1. 车辆防护与发动机常规检查

（1）放置好车轮挡块，安装三件套（翼子板、地板垫、方向盘套），拉紧手刹。

（2）检查机油、冷却液、制动液液位是否符合要求。

（3）检查电瓶电压，应正常。

2. 检测点火触发信号 IGT 波形（图 4-30）

（1）启动发动机，并保持怠速运转。

（2）打开示波器，使用测量引针检测 IGT 各端子与搭铁间脉冲波形。

（3）比对正常波形并分析。

图 4-30　检测点火触发信号 IGT 波形

3. 检测点火线圈电压（图 4-31）

（1）断开点火线圈线束连接器，将点火开关置于 ON 位置。

（2）万用表置于电压挡，检测点火线圈电源端子与接地端子之间的电压，标准电压值应为 9～14 V。

（3）启动发动机，检测点火线圈 IGT 端子与接地端子之间电压，应为 0.5 V 左右；检测 IGF 端子与接地端子之间电压，应为 5 V 左右。

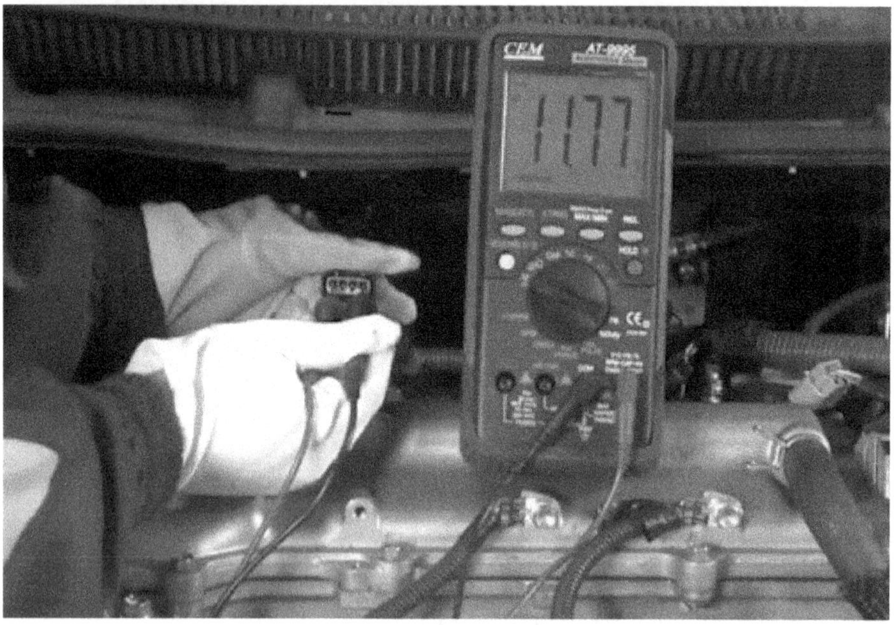

图 4-31　检测点火线圈电压

4. 检查点火线圈与 ECM 之间电阻

（1）断开蓄电池负极、点火线圈总成连接器和 ECM 连接器。

（2）万用表置于欧姆挡，分别检测点火线圈 IGT 端子与 ECM 的 IGT 端子之间、点火线圈 IGT 端子与搭铁之间、点火线圈 IGF 端子与 ECM 地 IGF 端子、点火线圈 IGF 端子与搭铁间的电阻，并与标准值比对。

5. 整理工具，清洁场地

任务 4　曲轴位置传感器结构原理及检测

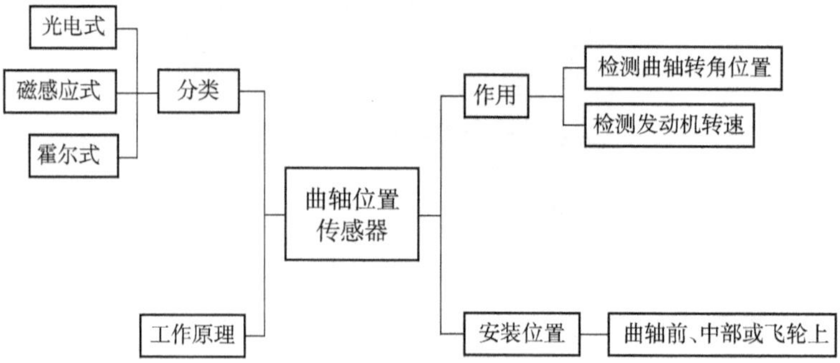

思维导图

一、曲轴位置传感器

曲轴位置传感器（Camshaft Position Sensor，CKP）是现代电控发动机系统中至关重要的感应装置，它在某些情况下亦被称作发动机转速传感器。该传感器的核心职能是实时监测曲轴的旋转角度以及发动机的转速，并将这些关键信息传递至电子控制单元（ECU）。这些数据对于 ECU 来说是至关重要的，因为它们是计算燃油喷射最佳时机和点火控制精准时刻的基础。

曲轴位置传感器的输出信号是确保曲轴位置和发动机转速被准确感测的关键，其对于发动机的管理系统来说是不可或缺的。发动机 ECU 利用这一信号来精确控制燃油的喷射量，确保喷油的正时准确性，控制点火的时机，还调节点火线圈充电闭合角度，以及维持怠速转速和电动汽油泵的顺畅运行。

除此之外，曲轴位置传感器还扮演着测量发动机转速（Neutral Engine，NE）的关键角色，其提供的信号也被称作 NE 信号。这一信号源为 ECU 提供了发动机转速的实时数据，这对于发动机的运行控制至关重要。图 4-32 展示了曲轴位置传感器在电控发动机系统中的重要地位和作用。

二、曲轴位置传感器的分类

根据信号形成的原理分类，曲轴位置传感器又可分为磁感应式、光电式、霍尔式三大类（图 4-33）。其中磁感应式曲轴位置传感器产生的是模拟信号，霍尔式曲轴位置传感器、光电式曲轴位置传感器产生的是数字方波信号。

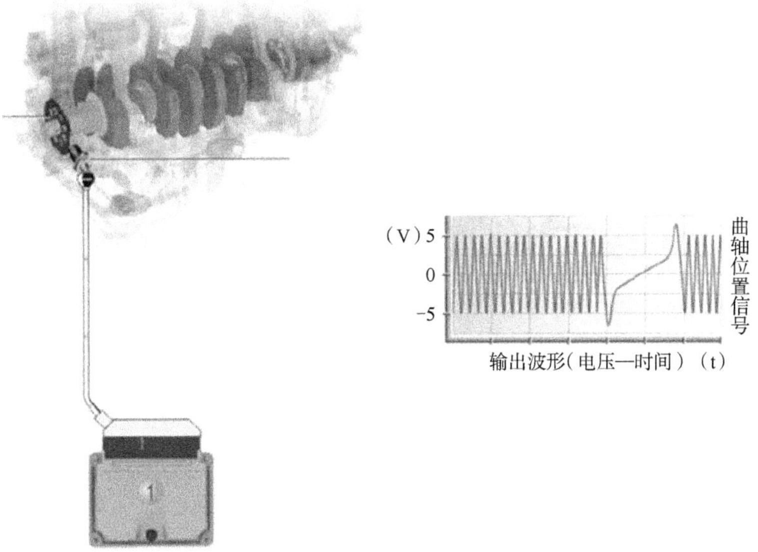

图 4-32　曲轴位置传感器的作用

（a）　　（b）　　（c）

图 4-33　曲轴位置传感器

（a）磁感应式　（b）光电式　（c）霍尔式

三、曲轴位置传感器工作原理

（一）磁感应式曲轴位置传感器

磁感应式曲轴位置传感器（图 4-34）的设计巧妙地运用了电磁学和机械运动原理，其核心部件可以被理解为一种将机械能转换为电信号的转换器。核心元件是一个精细构造的电磁线圈，这个线圈巧妙地缠绕在一个强力的永久性磁铁上。永久磁铁具有稳定的磁性，确保了传感器在长时间内的可靠性。这个结合体被巧妙地通过螺栓固定在传感器的安装支架上，确保了线圈与磁铁的紧密配合，同时支架的稳定性也保证了传感器的整体稳定性。

在电磁线圈的另一侧，一个精巧的磁阻轮被安装到位，这个磁阻轮不仅仅是一个简单的机械部件，还担任着信号发生器的重要角色。随着发动机曲轴的旋转，磁阻轮也随之转动，它上面的每一个凸齿对应发动机曲轴的每一个特定转角。这些凸齿在轮子转动时，以极其微小的间隙与传感器线圈接触，从而在线圈中产生微弱的电流，这个电流信号的变化正是发动机曲轴位置的真实反映。这样的设计使得传感器能够精确地检测曲轴的位置，为发动机控制单元提供准确的曲轴位置信息，确保发动机能够高效、稳定地工作。

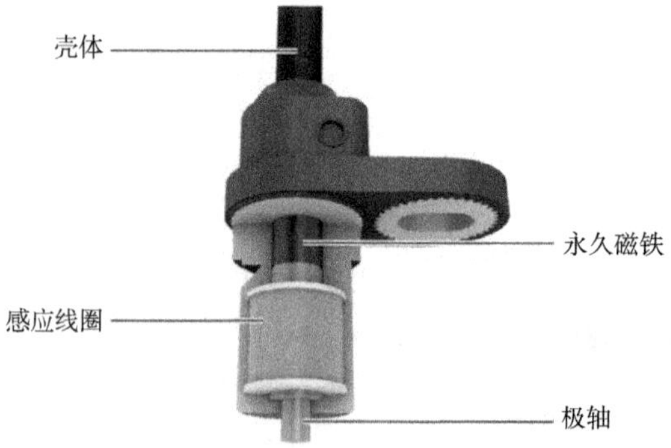

图 4-34　磁感应式曲轴位置传感器结构

当磁阻轮的凸齿与传感线圈之间存在不对称性时会引发一个明显的问题，即凸齿与感应线圈之间的空气间隙增大，这无疑会导致磁场的强度有所减弱。这是因为空气间隙的存在会对磁场的传播产生阻碍，使得磁场无法有效地穿过这个间隙，从而降低了感应线圈所接收到的磁通量，进一步使得感应线圈中的磁场强度减小。

当磁阻轮的凸齿逐渐接近传感器线圈，并与其对中时，情况会有所改变。此时，由于凸齿与感应线圈之间的空气间隙减小，磁场受到的阻碍作用减弱，从而使得围绕传感器的磁场强度得到增强。这种由于凸齿与感应线圈位置变化而引起的磁场强度变化，会不断交替出现，形成一个变化的磁场。

这种交替变化的磁场，会在传感器线圈中感应出交流电压信号。这是因为磁场发生变化时，会在感应线圈中产生电动势，而这个电动势的正负方向会随着磁场的变化而不断改变，从而形成一个交流电压信号。这个交流电压信号，可以被进一步地放大和处理，从而得到有用的信息，例如磁阻轮的位置、速度等。磁感应式曲轴位置传感器工作原理如图 4-35 所示。

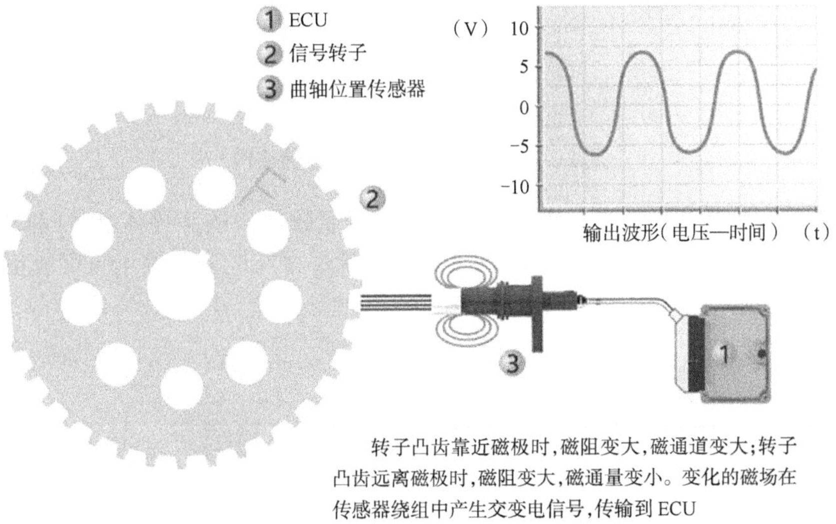

图 4-35　磁感应式曲轴位置传感器工作原理

磁感应式传感器的优点是价格低、尺寸小、自发交流信号无需外电源、具有良好的温度稳定性；缺点是信号转子在零转速时无信号输出，信号变化的幅度取决于信号转子的转速，需要另外的信号处理电路。

(二)霍尔式曲轴位置传感器

霍尔式曲轴位置传感器利用霍尔效应原理产生相对应的电压脉冲信号。其结构如图 4-36 所示。

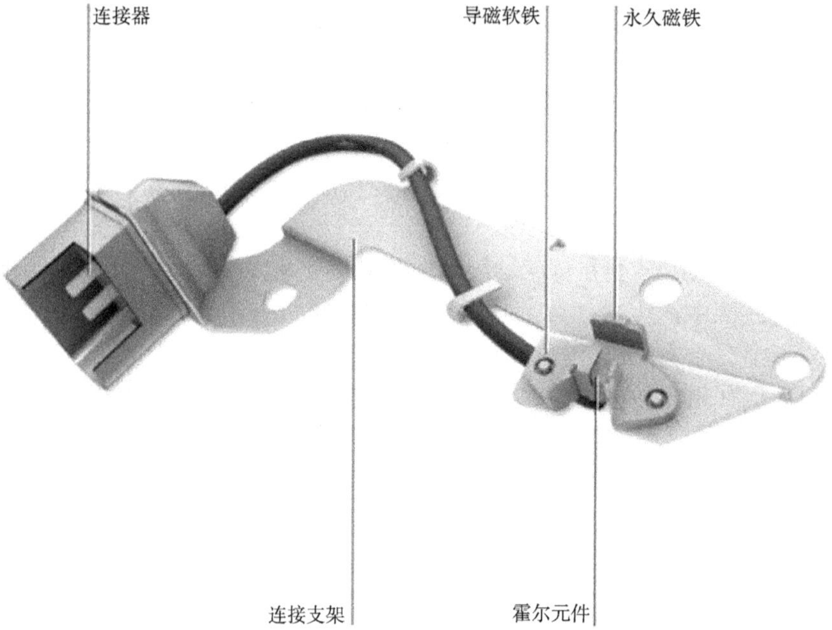

图 4-36　霍尔式曲轴位置传感器结构

霍尔效应是指当电流以垂直于磁场方向通过置于磁场中的半导体基片（称霍尔元件）时，在垂直于电流和磁场的霍尔元件横向侧面上产生一个与电流和磁场强度成正比的霍尔电压，如图 4-37 所示。

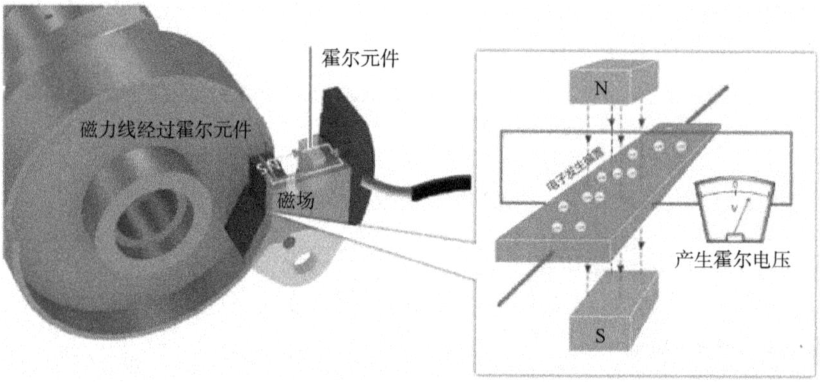

图 4-37　霍尔效应示意图

当叶片旋转到霍尔元件和磁铁之间时，由于磁场被隔离，霍尔元件上没有磁场通过，所以不产生霍尔电压；当叶片转到其缺口对着霍尔元件时，永久磁铁所产生的磁场在导板的引导下，垂直通过通电的霍尔元件，于是产生霍尔电压，再经信号处理后以整齐的矩形脉冲信号输出。其工作原理如图 4-38 所示。

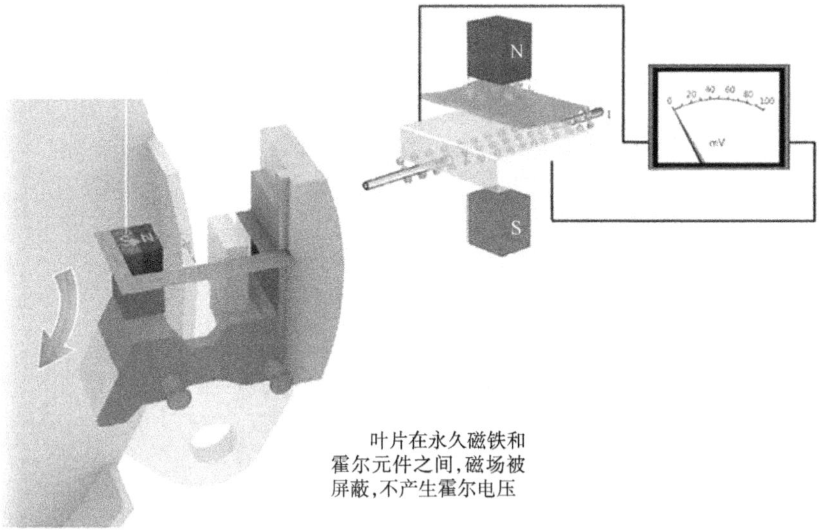

图 4-38　霍尔式曲轴位置传感器工作原理

（三）光电式曲轴位置传感器

光电式曲轴位置传感器是一种利用光电效应来监测曲轴旋转角度的传感器，其结构如图 4-39 所示。该传感器主要由几个核心部件构成，包括一个可遮住光线的转盘、若干发光二极管、光敏二极管以及一个用于信号放大的电路。在这个传感器中，转盘扮演着关键角色，其上均匀地分布着多个透光孔洞。

当曲轴旋转时，转盘随之转动，转盘上的透光孔洞依次遮挡住发光二极管发出的光线。每次光线被遮挡时，背后的光敏二极管因为无法接收光线信号就会停止导电。随着转盘的旋转，光线会再次出现，光敏二极管随之重新导电。这种光线的遮挡与透过，会在光敏二极管上产生一个脉冲信号。这个脉冲信号随后被送入放大电路中，电路会增强这个微弱的信号，使其被发动机控制单元（ECU）识别。通过分析这些脉冲信号，ECU 可以精确地知道曲轴的当前位置和转速，这对于发动机的准确控制至关重要。总的来说，光电式曲轴位置传感器通过一系列光学和电子的互动，实现了对曲轴旋转角度的高精度检测。

图 4-40 为光电式曲轴位置传感器的工作原理。当发光二极管的光束照射到光敏二极管上时，光敏二极管感光而导通并产生电压；当发光二极管的光束被遮档时，光敏二极管截止，产生电压为零。

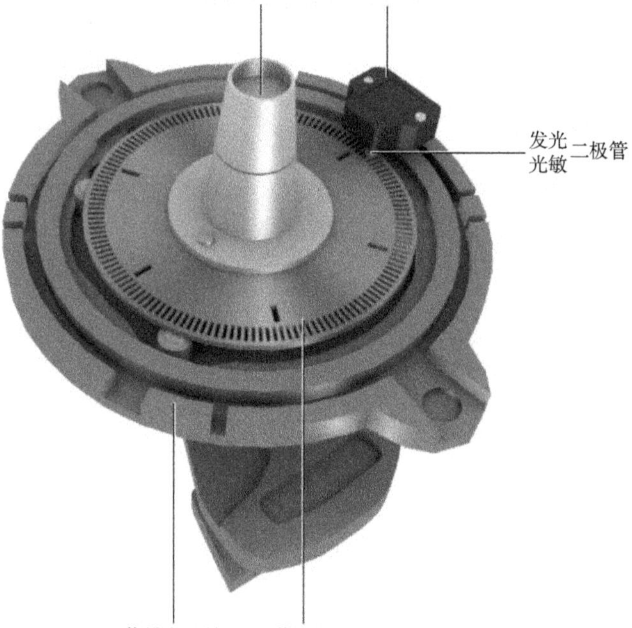

图 4-39　光电式曲轴位置传感器结构

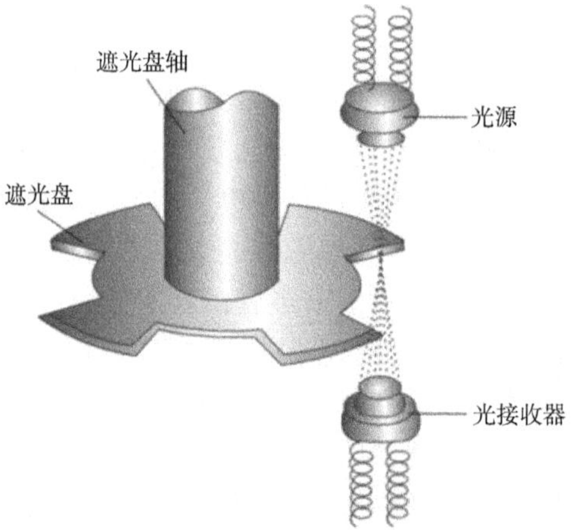

图 4-40　光电式曲轴位置传感器工作原理

四、曲轴位置传感器电路

丰田卡罗拉汽车所使用的发动机实训台架的核心部件之一便是电磁感应式曲轴位置传感器。该传感器的详细电路布局和连接方式,可以通过图 4-41 所示的电路示意图来进行清晰的认识和理解。在这个示意图中,我们可以看到曲轴位置传感器有两大功能信号线端子,这两大端子分别与电子控制单元(ECU)的两个相应信号端子进行紧密的连接。这样的设计架构,使得曲轴位置传感器能够有效且准确地完成对曲轴位置信号的捕捉和传递工作,确保了发动机控制系统的精准和高效。这一系列的信号传递过程，不仅对发动机的性能输出有着至关重要的影响，同时也保障了汽车行驶过程中的安全和稳定。

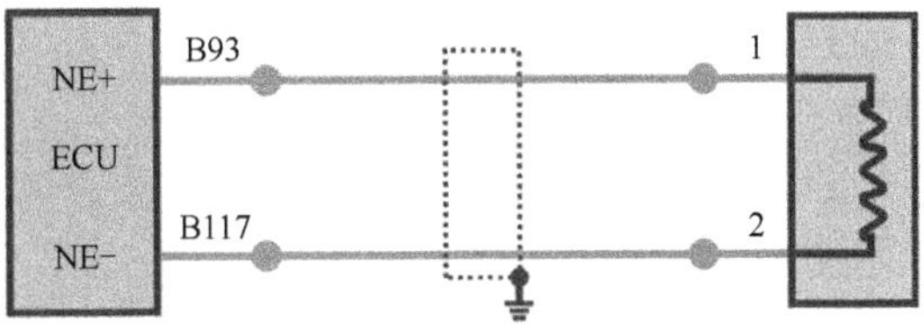

图 4-41　曲轴位置传感器电路示意图

五、曲轴位置传感器故障

当曲轴位置传感器故障时，ECU 检测到曲轴位置传感器故障后会存储故障码，控制不点火、不喷油。有些发动机可用凸轮轴位置信号控制使发动机能够继续运转，但性能下降。曲轴位置传感器检修步骤如下。

1. 读取故障代码和数据流

关闭点火开关，连接故障诊断仪，打开点火开关，读取故障代码，看是否有关于曲轴位置的故障代码。然后读取发动机转速数据流，看读取的数据是否与实际一致。若不一致，说明曲轴位置传感器或线路有故障。

2. 检测曲轴位置传感器脉冲波形

启动发动机至暖机状态，使用示波器测量曲轴位置传感器 1 号与 2 号端子之间的信号波形，查阅维修手册得到标准波形如图 4-42 所示。如果差别较大，则曲轴位置传感器功能出现故障。

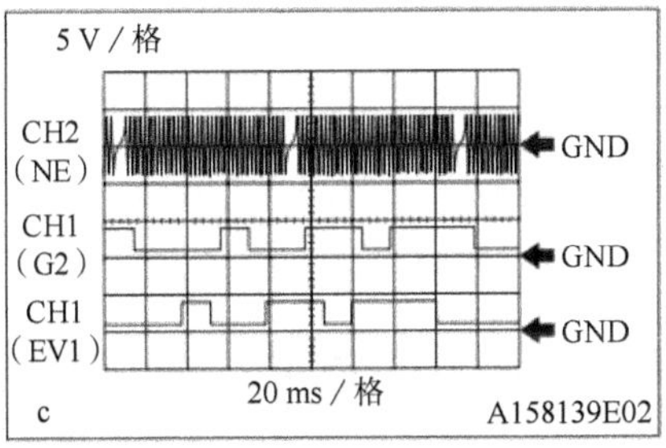

图 4-42　曲轴位置传感器标准波形

3. 检测曲轴位置传感器电阻

关闭点火开关，将万用表挡位打到电阻挡，断开曲轴位置传感器线束连接器。检测曲轴位置位置传感器 1 号与 2 号端子之间电阻，然后与标准值进行对比。如果不符合标准，则曲轴位置传感器损坏。

4. 检查曲轴位置传感器电路

关闭点火开关，断开曲轴位置传感器连接器和 ECU 线束连接器，将万用表挡位转到电阻挡，测量曲轴位置传感器 2 个信号端子与对应 ECU 端子之间的电阻值应小于 1 Ω，2 个信号端子与搭铁之间的电阻值应为 10 kΩ 或更大。否则，曲轴位置传感器损坏。

六、曲轴位置传感器的检测

曲轴位置传感器检测的具体操作步骤如下。

1. 车辆防护与发动机常规检查

（1）放置好车轮挡块，安装三件套（翼子板、地板垫、方向盘套），拉紧手刹。

（2）检查机油、冷却液、制动液液位是否符合要求。

（3）检查电瓶电压，应正常。

2. 读取故障代码及数据流

（1）启动发动机，用故障诊断仪读取故障代码并记录。

（2）选择读取数据流，选择读取发动机转速数值，记录检测值。

3. 检测曲轴位置传感器脉冲波形（图 4-43）

启动发动机，发动机怠速运转使发动机暖机，打开示波器电源开关，调整示波器量程为 5 V / 格、20 ms / 格，检测 NE+和 NE-端子之间的波形，并与标准波形对比。

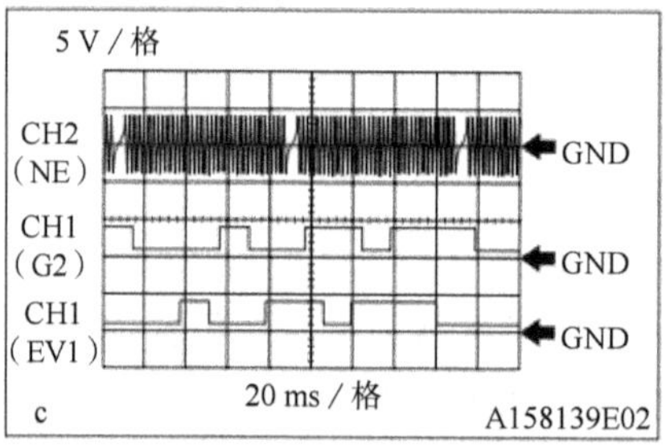

图 4-43　检测曲轴位置传感器脉冲波形

4. 检测曲轴位置传感器电阻（图 4-44）

（1）举升车辆至合适高度，断开曲轴位置传感器连接器，拆下螺栓和曲轴位置传感器。

（2）将万用表置于电阻 20 kΩ 挡，检测传感器两端子之间的电阻值，将测量值与标准值进行对比。

图 4-44　检测曲轴位置传感器电阻

5. 检查曲轴位置传感器电路(图 4-45)

(1)断开蓄电池负极,分离 ECM 线束连接器,断开曲轴位置传感器连接器。

(2)万用表旋至电阻挡,分别检测曲轴位置传感器 NE+端子至 ECM 的 NE+端子、曲轴位置传感器 NE-端子至 ECM 的 NE-端子之间的电阻,测量电阻应小于 1Ω。

(3)万用表旋至电阻挡,红色表针分别放在 NE+及 NE-端子,黑色表针与车身搭铁,测量两个端子与搭铁之间的电阻,测量电阻应为 10 kΩ 或更大。

(4)测量完成后重新连接 ECM 连接器及曲轴位置传感器连接器。

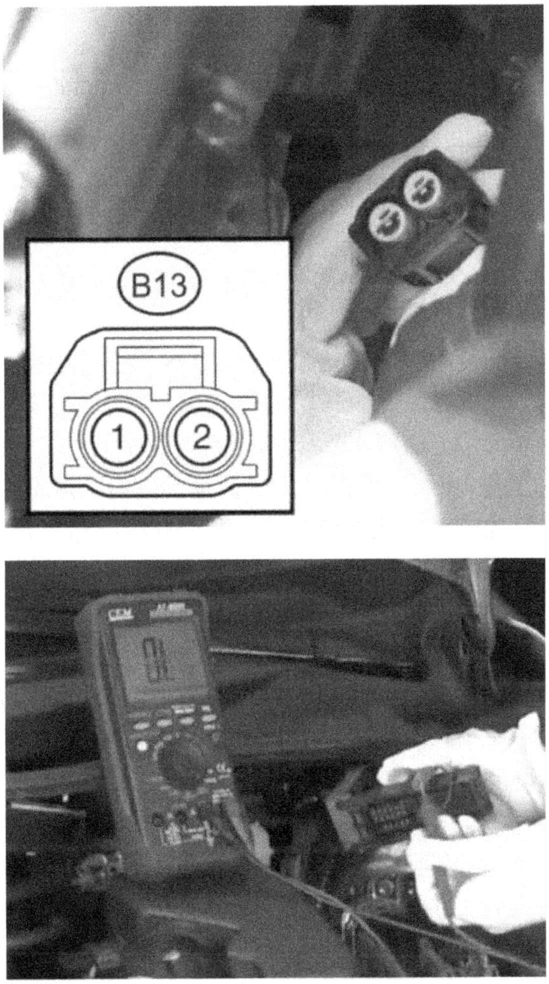

图 4-45　检查曲轴位置传感器电路

6. 整理工具,清洁场地

按汽车维修操作规范整理清洁工位。

任务 5　凸轮轴位置传感器结构原理及检测

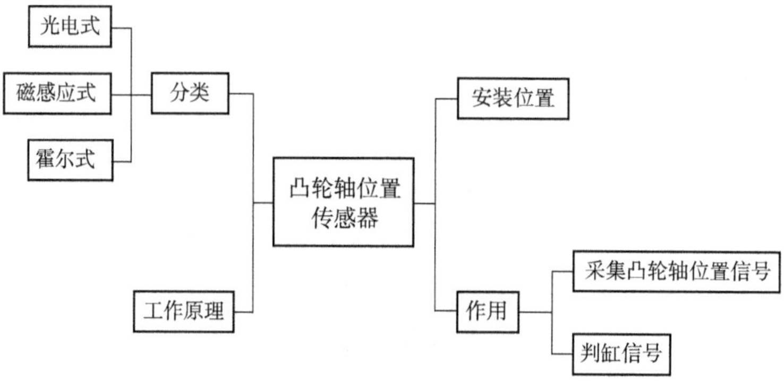

思维导图

一、凸轮轴位置传感器

凸轮轴位置传感器（Camshaft Position Sensor，CPS）是一款关键的发动机监测设备（图 4-46）。其主要功能是实时捕捉并传输凸轮轴的精确位置信息。这一信息是至关重要的，因为它能够向电子控制单元（ECU）提供发动机运行过程中的关键数据，这些数据包括发动机基准气缸当前所处的工作行程，以及活塞的具体运动方向。这类数据通常被统称为判缸信号。ECU 通过分析这些信号，可以准确地确定第一缸的压缩上止点，这是发动机精确控制的基础。基于此信息，ECU 可以对燃油喷射的顺序进行精确控制，以及对点火时刻进行精确调整，这两者对于发动机的性能和效率有着直接的影响。

在实际应用中，凸轮轴位置传感器通常被安装在凸轮轴罩盖的前端，具体位置是对准进排气凸轮轴的前端。这样的安装位置可以确保传感器能够最直接、最准确地监测到凸轮轴的位置变化，从而保证信号的准确性和实时性。这对于维持发动机的稳定运行和优化发动机的性能表现是极其重要的。

在采用顺序喷射方式的电控燃油喷射系统中，表明基准气缸所处工作行程和活塞位置的判缸信号是 ECU 进行喷油正时和顺序控制的唯一依据，因此在采用顺序喷射方式的电控燃油喷射系统中必须有凸轮轴位置传感器，对于采用分组喷射或同时喷射方式的电子燃油喷射系统则可省略。

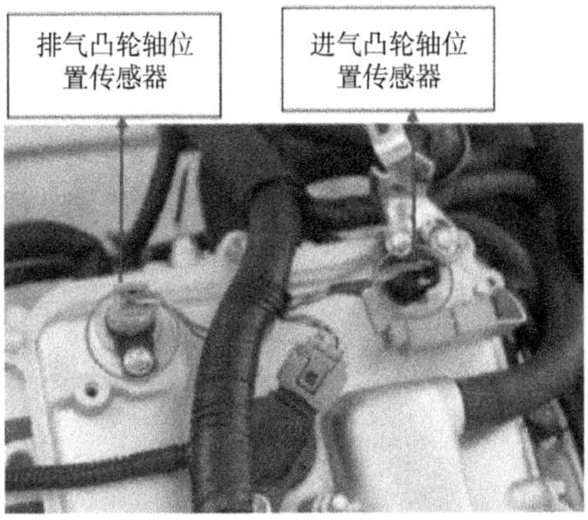

图 4-46　凸轮轴位置传感器

二、凸轮轴位置传感器分类

在现代电控燃油喷射系统中，凸轮轴位置传感器扮演着至关重要的角色。其功能是确定发动机凸轮轴的位置，以便电子控制单元（ECU）可以准确计算燃油的喷射时机。与它功能相似的曲轴位置传感器一样，凸轮轴位置传感器在确保发动机高效运行方面发挥着重要作用。根据它们的工作原理，凸轮轴位置传感器主要分为三类：电磁感应式、霍尔效应式和光电感应式。

电磁感应式凸轮轴位置传感器的工作原理是基于电磁感应。当凸轮轴上的凸轮转动时，传感器中的线圈切割磁力线，产生电动势，从而产生脉冲信号，ECU 通过这些脉冲信号可以计算出凸轮轴的位置。

霍尔效应式凸轮轴位置传感器的工作原理是利用霍尔效应。当传感器中的霍尔元件受到磁场的影响时，会在其输出端产生电压变化，这个电压变化与凸轮轴的位置有关，ECU 可以通过检测这个电压变化来确定凸轮轴的位置。

光电感应式凸轮轴位置传感器的工作原理是利用光电效应。当凸轮轴上的凸轮挡住光线时，传感器中的光敏元件就会产生信号，这个信号经过 ECU 处理后，可以确定凸轮轴的位置。

这三种类型的凸轮轴位置传感器，都可以通过不同的组合方式，完成对发动机关键参数的采集，为 ECU 提供准确的数据，以确保发动机能够高效、稳定地运行。在实际应用中，这些传感器都有着广泛的应用，它们的设计和制造都经过了严格的测试和认证，确保其在发动机运行过程中的稳定性和可靠性。

三、凸轮轴位置传感器工作原理

霍尔式凸轮轴位置传感器的工作原理主要是基于触发叶片对通过霍尔元件的磁场强度进行改变，从而触发霍尔元件产生脉冲式的霍尔电压信号。这一信号在被放大和整形处理之后，就可以形成凸轮轴位置传感器的磁场信号。具体的工作过程可以通过图 4-47 来了解。磁感应式凸轮轴位置传感器的工作原理如图 4-48 所示。需要说明的是，除了磁感应式传感器，还有其他类型的凸轮轴位置传感器。对于这些传感器的工作原理，可以参考曲轴位置传感器的相关内容进行理解。

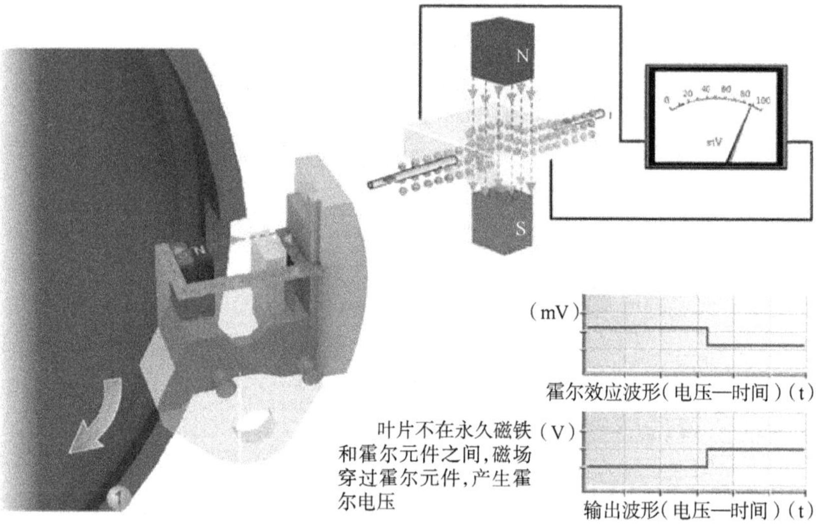

图 4-47 霍尔式凸轮轴位置传感器工作原理

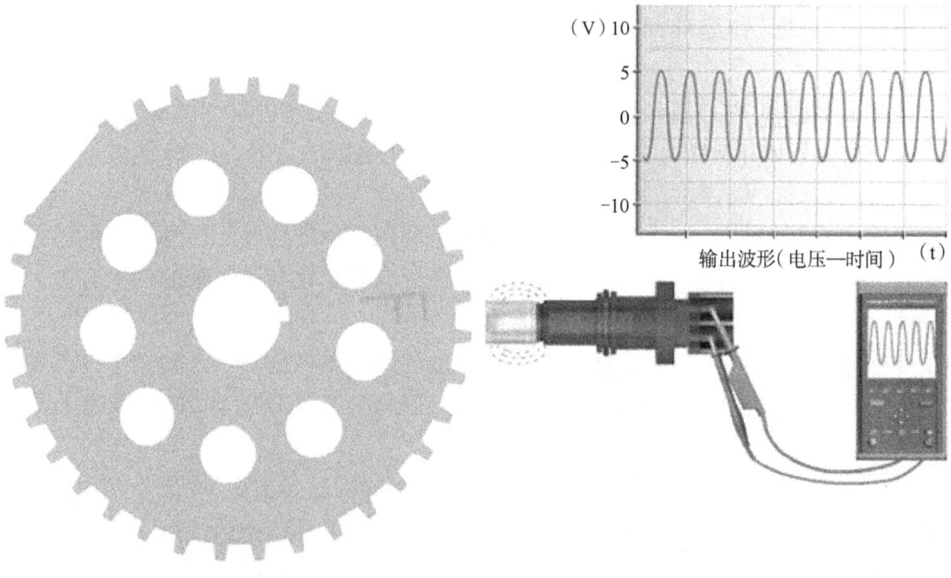

图 4-48 磁感应式凸轮轴位置传感器工作原理

四、凸轮轴位置传感器电路

丰田卡罗拉车型所使用的发动机凸轮轴位置传感器共有三个端子,这些端子分别承担着不同的功能。具体来说,进气侧和排气侧的凸轮轴位置传感器的端子功能是相同的,它们都按照相同的模式运作。具体的电路图可以在图 4-49 和图 4-50 中找到。在这两张电路图中,我们可以看到, 1 号端子是凸轮轴位置信号的输出端子,它的作用是输出凸轮轴的位置信号。2 号端子是搭铁端子,它的作用是提供接地功能,以确保电路的稳定性。3 号端子则是电源端子，它的作用是为凸轮轴位置传感器提供大约 5 V 的供电电压，以确保传感器能够正常工作。这三个端子共同协作，确保了发动机凸轮轴位置传感器的正常运作。

图 4-49　进气侧凸轮轴位置传感器电路示意图

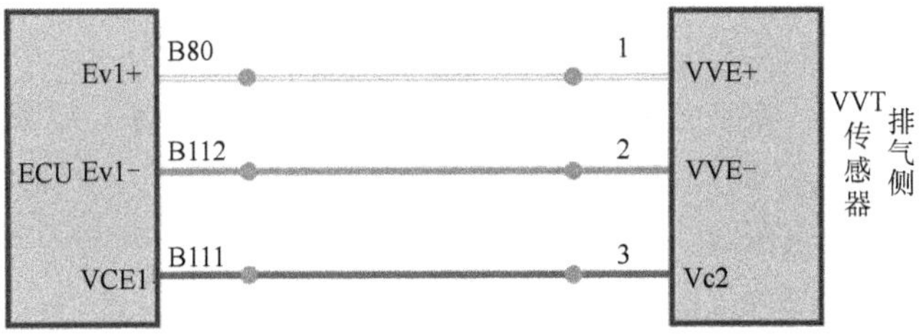

图 4-50　排气侧凸轮轴位置传感器电路示意图

五、凸轮轴位置传感器故障

凸轮轴位置传感器故障会存储故障码，不同控制系统会启动不同控制程序。其故障症状有发动机启动困难、大负荷功率下降、尾气排放超标、油耗增大等。凸轮轴位置传感器检测步骤如下。

1. 读取故障码

关闭点火开关，连接故障诊断仪，打开点火开关，读取故障代码，看是否有关于凸轮轴位置的故障代码。

2. 检测凸轮轴位置传感器脉冲波形

启动发动机至暖机状态，使用示波器测量凸轮轴位置传感器 1 号端子与搭铁之间的信号波形，查阅维修手册得到标准波形如图 4-51 所示。如果差别较大，则凸轮轴位置传感器功能出现故障。

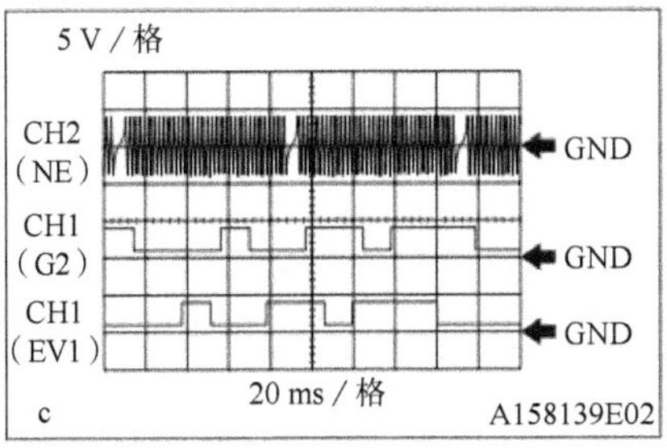

图 4-51　凸轮轴位置传感器标准波形

3. 检测凸轮轴位置传感器电阻

关闭点火开关，将万用表挡位打到欧姆挡，断开凸轮轴位置传感器线束连接器。检测凸轮轴位置传感器 1 号端子与搭铁之间、3 号端子与搭铁之间的电阻，然后与标准值进行对比，电阻值应为 10 kΩ 或更大。如果不符合标准，则凸轮轴位置传感器损坏。

4. 检查凸轮轴位置传感器与 ECM 间电路

关闭点火开关，断开凸轮轴位置传感器连接器和 ECU 线束连接器，将万用表档位转到电阻档，测量凸轮轴位置传感器 3 个信号端子与对应 ECU 端子之间的电阻值应小于 1 Ω。否则，凸轮轴位置传感器损坏。

六、凸轮轴位置传感器的检测

凸轮轴位置传感器检测的具体操作步骤如下。

1. 车辆防护与发动机常规检查

（1）放置好车轮挡块，安装三件套（翼子板、地板垫、方向盘套），拉紧手刹。

（2）检查机油、冷却液、制动液液位是否符合要求。

（3）检查电瓶电压，应正常。

2. 读取故障代码（图 4-52）

启动发动机，用故障诊断仪读取故障代码并记录。

图 4-52　读取故障代码

3. 检测凸轮轴位置传感器脉冲波形（图 4-53）

启动发动机，发动机怠速运转使发动机暖机，打开示波器电源开关，调整示波器量程为 5 V / 格、10 ms / 格，分别检测进气凸轮轴位置传感器和排气凸轮轴位置传感器 1 号与 2 号端子之间的波形，并与标准波形对比。

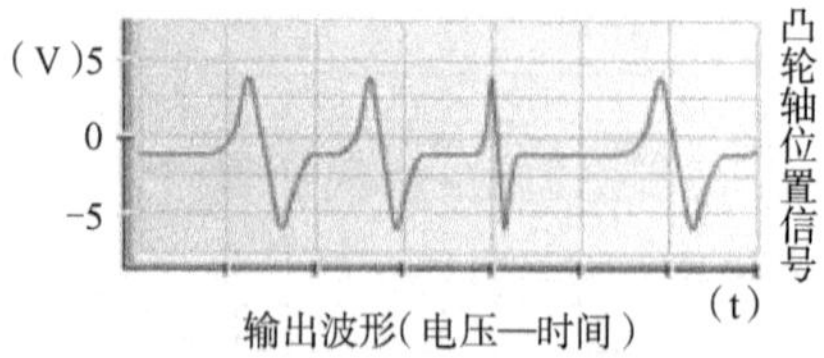

图 4-53　检测凸轮轴位置传感器脉冲波形

4. 检查凸轮轴位置传感器信号电压(图 4-54)

(1)分离凸轮轴位置传感器连接器,将点火开关置于 ON 挡,万用表置于电压挡。

(2)检测进、排气凸轮轴位置传感器信号端子与车身搭铁之间电压值,记录并与标准值比对。

图 4-54　检测凸轮轴位置传感器信号电压

5. 检查凸轮轴位置传感器线束和连接器(图 4-55)

(1)断开蓄电池负极,分离 ECM 线束连接器。

(2)将万用表置于电阻挡,检测进、排气凸轮轴位置传感器各端子与 ECM 对应端子之间电阻值,应小于 1 Ω.

(3)检测进、排气凸轮轴位置传感器各端子与车身搭铁之间电阻,阻值应为 10 kΩ 或更大。

(4)重新连接各连接器。

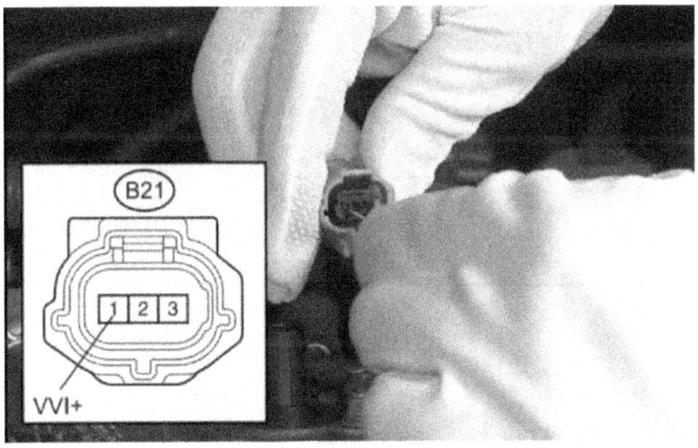

图 4-55　检测凸轮轴位置传感器线束和连接器

6. 整理工具,清洁场地

按汽车维修操作规范整理清洁工位。

任务6 爆震传感器结构原理及检测

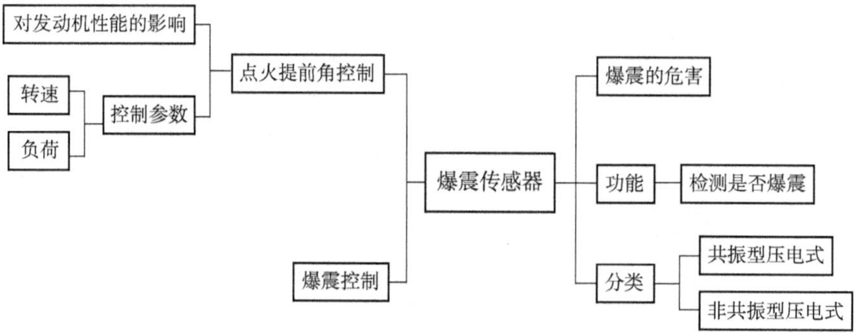

思维导图

一、爆震传感器

爆震指的是在汽油机的燃烧室内，末端的混合气体在正常点火之前便自发燃烧，从而引发的一种异常燃烧现象。这种现象不仅导致发动机产生刺耳的敲缸声，而且会对发动机内部的活塞、连杆、曲轴等关键机械部件造成额外的冲击。更为严重的是，爆震还会引起发动机温度急剧上升，进而可能引发发动机过热等问题。这些问题的存在，无疑会大幅缩短发动机的使用寿命。因此，对发动机爆震的防控，是保障发动机正常运行，延长其使用寿命的重要措施。

目前在汽车上都加装有爆震传感器，爆震传感器安装在发动机缸体上(图4-56)。ECU通过爆震传感器的输入信号，对发动机是否发生爆震作出判断，然后发出相应的执行指令。

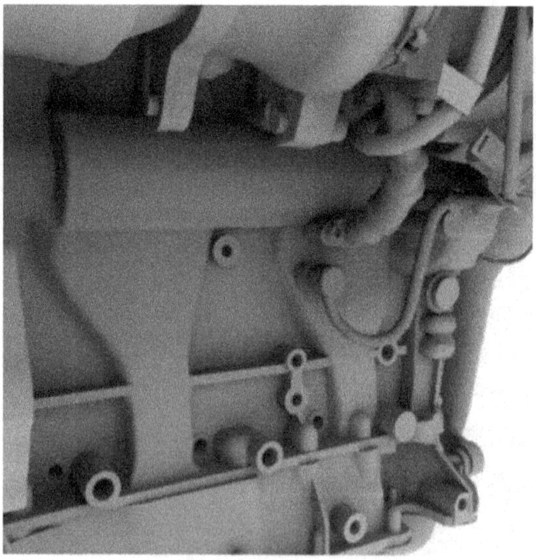

图4-56 爆震传感器安装位置示意图

二、爆震传感器分类

爆震传感器主要可以分为两大类，分别是磁致伸缩式爆震传感器和压电式爆震传感器。其中，压电式爆震传感器又可以进一步细分为共振型爆震传感器和非共振型爆震传感器。这三种爆震传感器各有特点，如图 4-57 所示，它们在汽车、船舶等领域的安全性能检测中发挥着重要作用。

（a）　（b）　（c）

图 4-57　爆震传感器

（a）磁致伸缩　（b）共振型　（c）非共振型

三、爆震传感器工作原理

（一）磁致伸缩式爆震传感器

磁致伸缩式爆震传感器被巧妙地安装在发动机上，其主要功能是将发动机产生的振动频率精准地转换为电压信号，进而将这些信号输送给 ECU，以便实时检测发动机爆震的强度。一旦发动机的爆震强度达到预设的阈值，爆震传感器便会输出一个峰值电压信号，这一信号明确指示出发动机因爆震而产生的异常振动频率。

图 4-58 直观展示了磁致伸缩式爆震传感器的内部结构，其核心组件包括永久磁铁、受永久磁铁激励的强磁性铁芯，以及紧密环绕铁芯的线圈。该传感器的工作原理是：当发动机气缸体产生振动时，传感器会在大约 7 kHz 的频率下与发动机产生共振效应。这一共振导致强磁性铁芯的导磁率发生显著变化，进而引发永久磁铁穿芯的磁通密度的波动。这一波动在铁芯周围的线圈中诱发出感应电动势。最终，这一电信号被精准地输入到 ECU 中，供其进行后续的分析与处理。

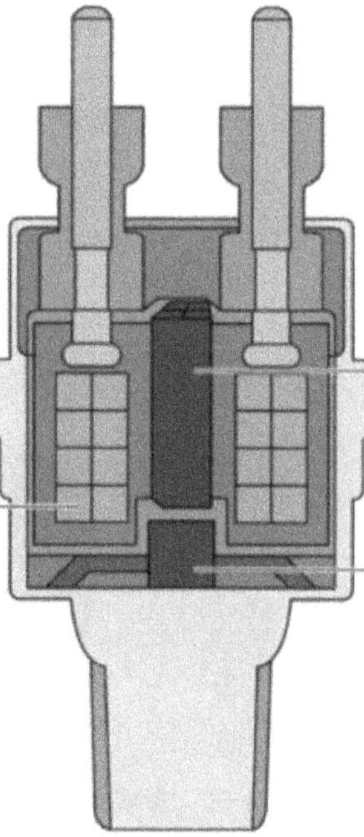

图 4-58　磁致伸缩式爆震传感器结构

(二)共振型压电式爆震传感器

共振型压电式爆震传感器,其工作原理是基于压电元件在外力作用下产生变形时,会相应地产生与变形大小成正比的电信号。这种传感器的设计巧妙地利用了物理现象,将机械能转化为电信号,从而实现对爆震事件的监测。

在共振型压电式爆震传感器中,使得压电元件产生变形的外力来自测振元件的变交振荡。这种传感器的工作原理示意图如图 4-59 所示。其检测组件主要由压电元件、振荡片(也称为振子)、基座等部分组成。压电元件与振荡片紧密贴合,振荡片被固定在传感器的基座上。

当发动机工作时,振荡片会随着机体壁面的振动而产生振荡。这种振荡是由于振荡片受到机体壁面振动的激励而产生的。振荡片的振荡作用使得与它紧密贴合的压电元件发生变形,进而产生交变的电压信号。这个输出的电压信号的高低与振荡片的振幅是成正比的,也就是说,振幅越大,输出的电压信号就越高;振幅越小,输出的电压信号就越低。这样,通过测量输出的电压信号,我们就可以了解到振荡片的振幅,进而可以得知压电元件的变形程度,从而实现对爆震事件的监测。

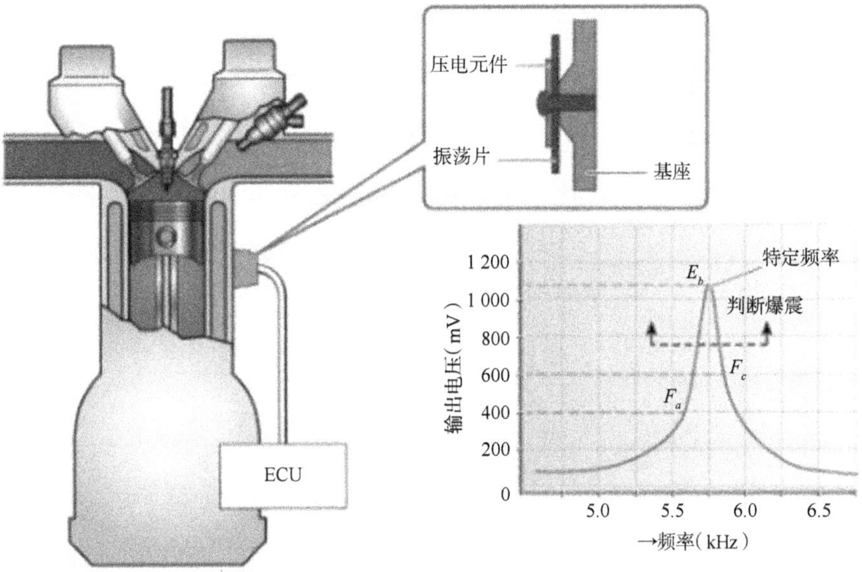

图 4-59　共振型压电式爆震传感器示意

当发动机发生爆震时，由于振荡片的自振频率与爆震时机体壁面的振动频率相同，振荡片在机体壁面振动激励下发生共振。在共振时，振荡片的振幅达到最大，使与它紧密贴合的压电元件产生最大的输出电压，如图 4-60 所示。共振型爆震传感器在共振区（即爆震时）的输出电压比非共振区的输出电压高得多，因此不需要借助滤波器，ECU 根据传感器的输出电压就能对发动机是否发生爆震作出准确判断。

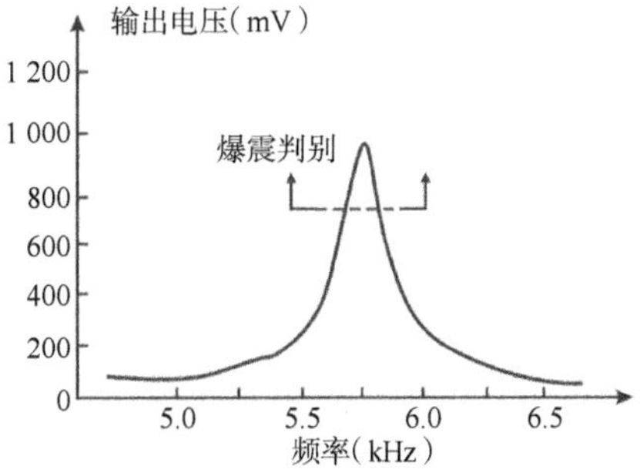

图 4-60　共振型压电式爆震传感器电压输出特性

（三）非共振型压电式爆震传感器

在非共振型压电式爆震传感器中，压电元件所受的外力来自测振元件交变振动中产生的惯性力，该传感器的基本结构如图 4-61 所示。

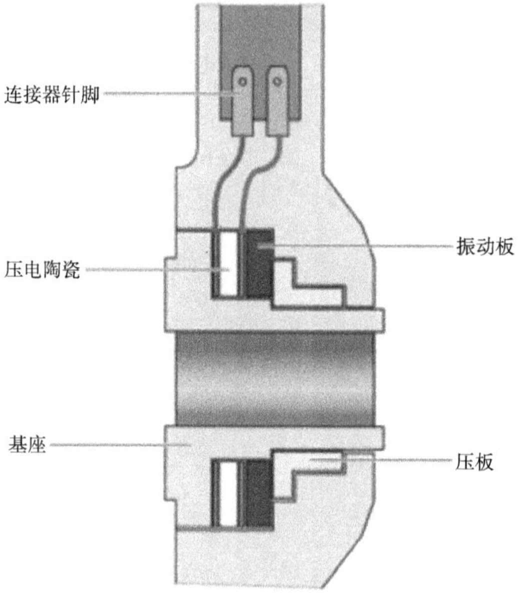

图 4-61　非共振型压电式爆燃传感器结构示意图

汽油机工作时，机体壁面的振动传递到传感器上，传感器内的配重在机体振动的激励下产生振动。由于非共振型压电式爆震传感器仅是把机体壁面的机械振动转化为相应的输出电压的变化，因此即使在爆震区域或该区域附近，传感器也不会产生很大输出信号，在工作频带宽度范围内，传感器具有较平的输出特性，如图 4-62 所示。为了能够根据该传感器输出的电压信号对汽油机是否发生爆震作出判断，必须对传感器的输入进行滤波处理，以提高对爆震信号识别的准确性。

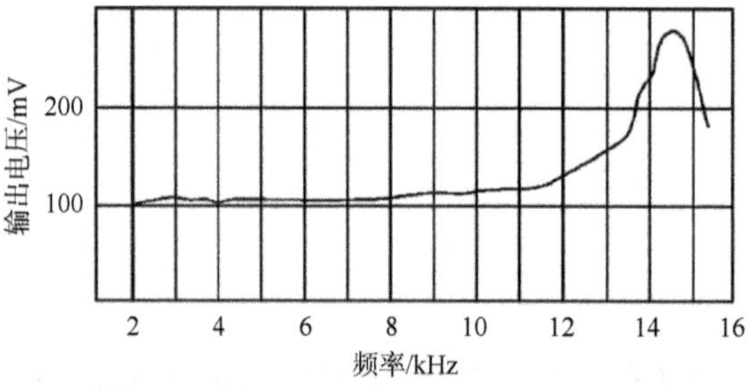

图 4-62　非共振型压电式爆震传感器输出电压特性

非共振型压电式爆震传感器工作频带宽度可以从零到数千赫，因此可检测具有较宽振动频率的发动机振动。当用于汽油机爆震检测时，只需要根据具体汽油机爆震时的振动频率，调整滤波器的过滤频率，即能满足不同类型汽油机的使用要求。通用性强、制造时不需调整、结构简单是非共振型压电式爆震传感器最突出的优点。

四、点火提前角控制

汽油机点火系统电子控制的核心问题是点火提前角电子控制（ESA）。点火提前角对发动机动力性、经济性和排放有十分重要的影响，是继燃油喷射量控制之后的第二个必不可少的控制参数。因此其应根据发动机负荷和转速加以优化。

点火提前角过大（点火过早），则大部分混合气在压缩过程中燃烧，活塞所消耗的压缩功增加，缸内最高压力升高，末端混合气自燃所需的时间缩短，爆震倾向增大。点火提前角过小（点火过迟），则燃烧延长至膨胀过程，燃烧最高压力和温度下降，传热损失增多，排气温度升高，功率、热效率降低，但爆震倾向减小，NO_x 排放量降低。试验证明，最佳的点火提前角，应是发动机气缸内的最高压力出现在上止点后 10° ~ 15°，如图 4-63 所示。

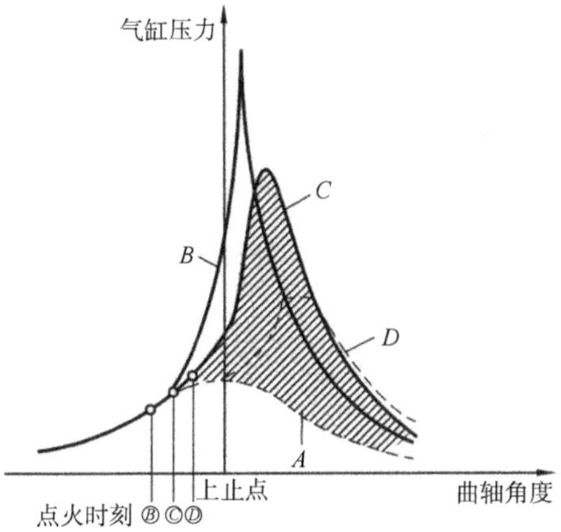

图 4-63　点火提前角对发动机性能的影响

五、爆燃控制过程

爆震控制系统组成如图 4-64 所示。

汽油机的爆震和点火提前角有非常密切的关系，一般情况下，随点火提前角增大，汽油机产生爆震的可能性增大；对已发生爆震的汽油机，减小点火提前角，即可消除爆震。

对于共振检测方法，ECU 首先把输入信号的最大值与爆震强度基准值进行比较，若输入信号最大值大于基准值，表示汽油机已发生爆震。然后 ECU 按预先设定的角度值逐步减小点火提前角，直至爆震消除。爆震消除后，ECU 将按预先设定的角度值逐步增大点火提前角，直至发生爆震，然后又逐步减小点火提前角直至爆震消除，如此周而复始地重复上述过程，把实际点火提前角控制在理想最佳点火提前角附近点火提前角的闭环控制过程如图 4-65 所示。

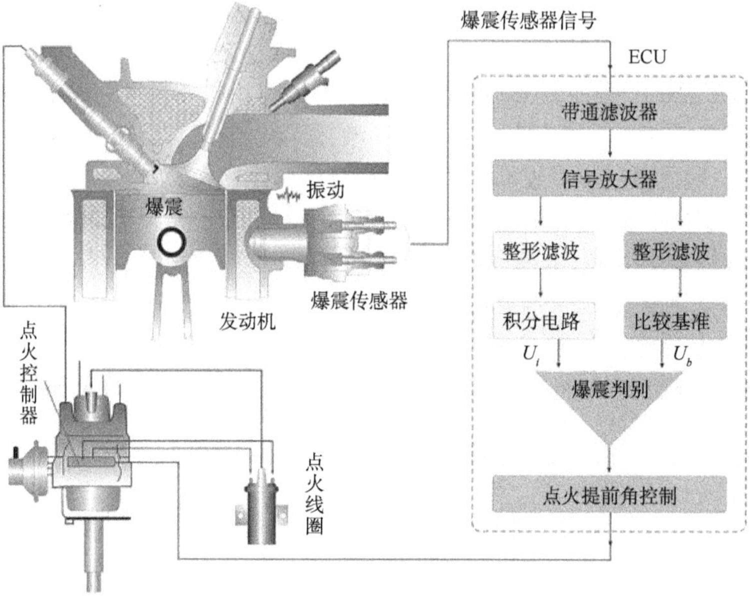

图 4-64　爆震控制系统组成

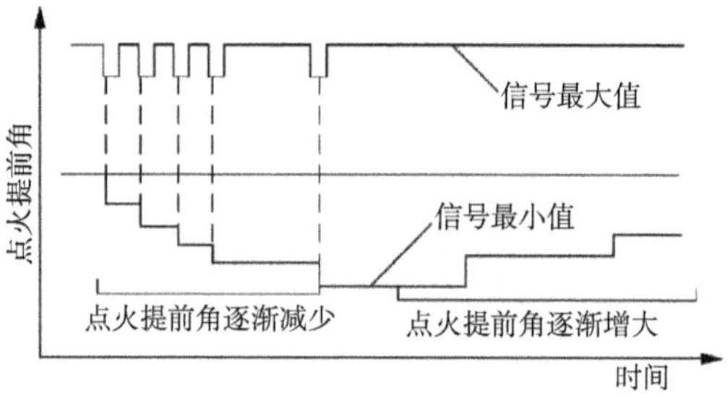

图 4-65　点火提前角的闭环控制过程

六、爆震传感器电路

丰田卡罗拉发动机采用压电式爆震传感器，电路图如图 4-66 所示。爆震传感器 1 号和 2 号端子分别通过线束与 ECU 的 B121、B122 插座连接。其中，1 号端子接地，2 号端子向爆震传感器提供约为 5 V 的参考电压。

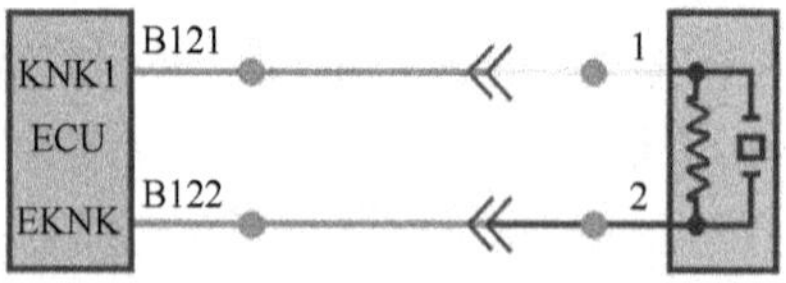

图 4-66　爆震传感器电路示意图

七、爆震传感器故障

爆震传感器是极耐用的，最常见的失效形式是传感器根本不产生信号，这通常是因为传感器的物理损坏（传感器内晶体断裂）造成的。爆震传感器故障检测步骤如下。

1. 故障代码读取

启动发动机至暖机状态，连接故障诊断仪，读取故障代码，检查是否有关于爆震传感器故障代码，若有则进行记录，并按照相关维修手册提示检测。

2. 示波器检测

当振动或敲缸发生时，爆震传感器产生一个小电压峰值，敲缸或振动越大，主峰值就越大。一定高的频率表明是爆震或敲缸。爆震传感器通常设计成测量 5~15 kHz 范围的频率。标准波形如图 4-67 所示。

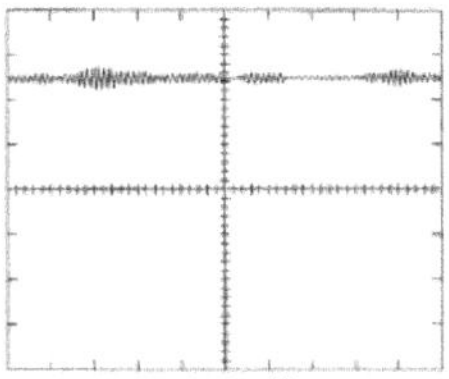

图 4-67　爆震传感器标准波形

3. 爆震传感器电阻检测

使用万用表欧姆挡检测爆震传感器 1 号与 2 号端子之间电阻，以及 1 号端子、2 号端子分别与搭铁之间电阻阻值，具体数值可参照相应维修手册。若不符合标准，则爆震传感器损坏。

4. 爆震传感器线路检测

使用万用表欧姆挡分别检测爆震传感器 1 号端子、2 号端子与 ECM 连接端子之间的电阻阻值，应小于 1 Ω，否则爆震传感器故障。

5. 电压检测

将点火开关开至 ON 挡位，断开爆震传感器线束连接器，测量 1 号与 2 号端子之间电压值，应约为 5 V。点火开关开至 ST 档位时，爆震传感器信号线 1 号与 2 号端子之间电压值，应为 0.1~0.9 V。若实测不符合，则爆震传感器损坏。

八、爆震传感器的检测

爆震传感器检测的具体操作步骤如下。

1. 车辆防护与发动机常规检查

（1）放置好车轮挡块，安装三件套（翼子板、地板垫、方向盘套），拉紧手刹。

（2）检查机油、冷却液、制动液液位是否符合要求。

（3）检查电瓶电压，应正常。

2. 读取故障码与数据流

(1)连接诊断仪到诊断接口,将点火开关置于 ON 位置,打开诊断仪。

(2)启动发动机。

(3)诊断仪功能选择故障代码读取并记录。

(4)数据流读取,选择爆震反馈值。

(5)驾驶车辆,并读取数据。

3. 检测爆震信号波形(图 4-68)

(1)启动发动机,发动机暖机后保持转速为 4 000 r / min。

(2)打开示波器电源开关,调整示波器量程为 1 V / 格、1 ms / 格。检测爆震传感器信号端子间的脉冲波形。

(3)查阅维修手册,比对正常波形并分析。

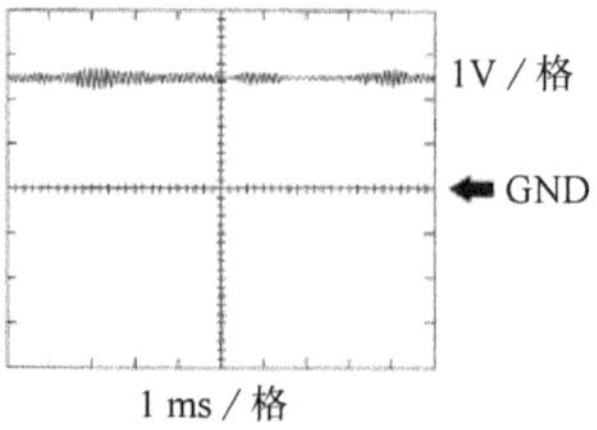

图 4-68 检测爆震信号波形

4. 电压检测(图 4-69)

(1)分离 ECM 线束连接器,断开爆震传感器连接器。

(2)将万用表置于电压挡,检测 ECM 爆震传感器两端子间电压并记录。检测值与维修手册标准值进行比对。

(3)连接线束连接器,启动发动机,再次检测爆震传感器两端子之间电压并记录。

图 4-69 电压检测

5. 检查爆震传感器与 ECM 之间电路(4-70)

将万用表置于欧姆挡,检测 ECM 相应端子与爆震传感器端子间电阻以及 ECM 端子与搭铁之间电阻,并与标准值比对。

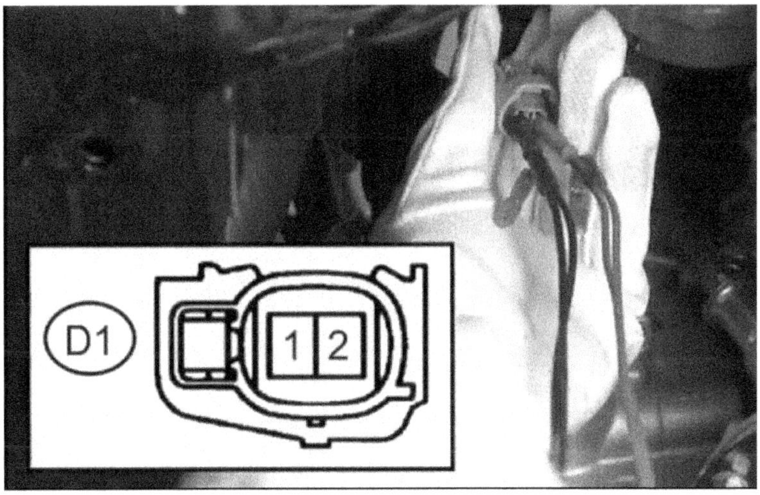

图 4-70　检查爆震传感器与 ECM 之间电路

6. 检查爆震传感器电阻(图 4-71)

(1)拆卸爆震传感器,将万用表置于欧姆挡,检测爆震传感器连接器针脚之间的电阻以及爆震传感器两端子对地电阻,记录检测数据并与标准值比对。

(2)检测完毕重新安装爆震传感器。

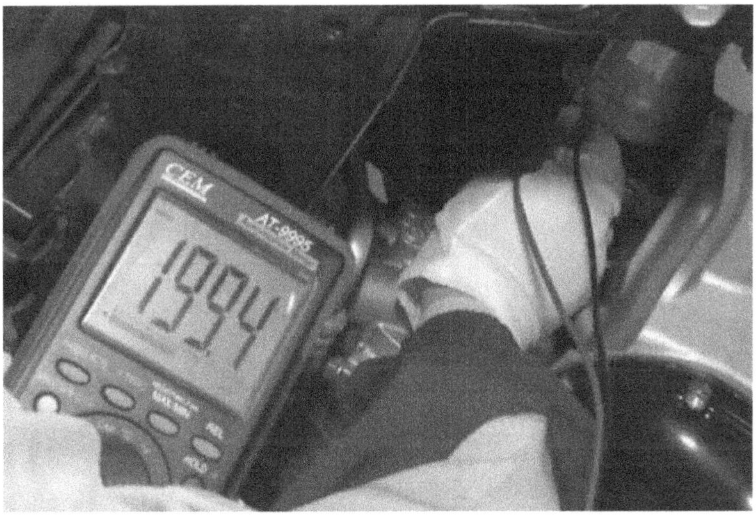

图 4-71　检查爆震传感器电阻

7. 整理工具,清洁场地

项目五 排放控制系统构造与维修认知

任务1 发动机尾气排放系统的认识

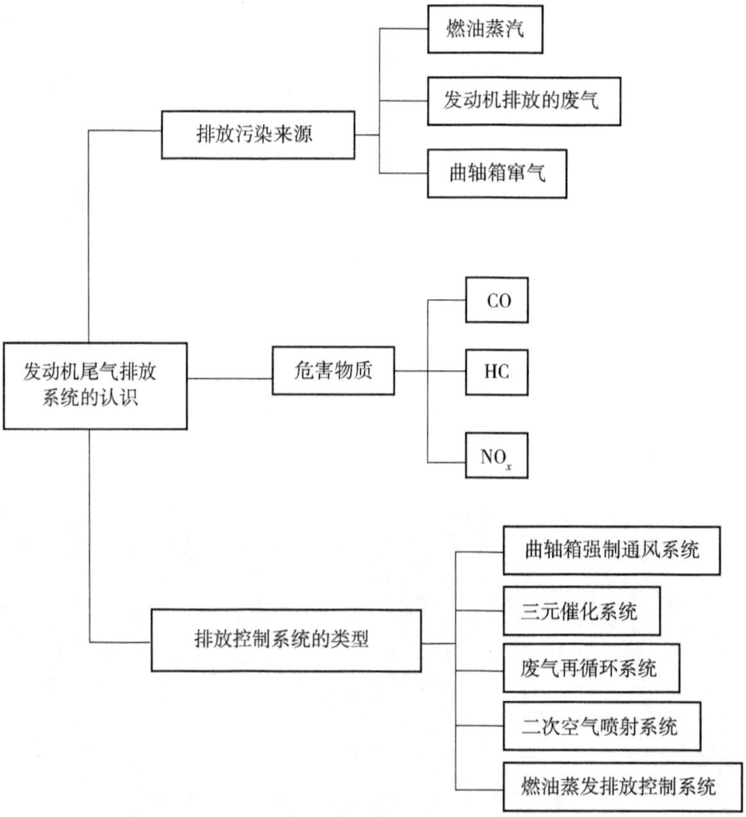

思维导图

一、汽车发动机尾气排放污染的来源

汽车发动机尾气排放污染的来源主要可以归结为以下几个方面。

(1)一氧化碳(CO):主要来源于燃料(如汽油、柴油)的不完全燃烧。当发动机内氧气供应不足时,燃料无法完全燃烧,从而产生大量的一氧化碳。这是尾气中最常见的污染物之一。

(2)碳氢化合物(HC):同样来源于燃料的不完全燃烧,包括烷烃、烯烃、炔烃等。在汽油发动机中，由于混合气可能过浓或过稀，导致燃烧不完全，从而产生碳氢化合物。

（3）氮氧化物（NO_x）：主要由发动机燃烧过程中空气中的氮气和氧气在高温下发生化学反应生成，包括一氧化氮（NO）和二氧化氮（NO_2）。柴油发动机由于燃烧温度高，产生的氮氧化物相对较多。

（4）二氧化硫（SO_2）：主要来源于燃油中的硫含量。部分燃油中的硫元素在燃烧过程中会转化为二氧化硫，这是尾气中的另一种有害气体。

（5）颗粒物（PM）：尾气中的颗粒物主要包括炭黑、硫酸盐、硝酸盐等，它们主要来源于燃料的不完全燃烧和冷却系统中的油泥、积碳等。此外，机油蒸发和燃烧过程中产生的微小颗粒也是颗粒物的重要来源。

（6）发动机技术：发动机的设计、制造和使用过程中的技术状况都会影响尾气排放。例如，老旧的发动机由于技术落后，燃烧效率低，尾气排放污染往往较为严重。

（7）燃油系统：燃油系统的性能也会影响尾气排放。例如，燃油喷射系统的精度、喷油压力等都会影响燃料的混合和燃烧过程，从而影响尾气排放。

（8）环境因素：如气温、湿度、气压等环境因素都会影响发动机的燃烧过程和尾气排放。

（9）使用条件：如车辆的行驶速度、载重、路况等都会影响发动机的负荷和燃烧状态，从而影响尾气排放。

综上所述，汽车发动机尾气排放污染的来源是多方面的。为了减少尾气排放污染，需要采取一系列措施，如改进发动机技术、提高燃油质量、加强车辆维护等。

二、汽车发动机尾气排放物的危害

汽车发动机尾气排放物中的一氧化碳（CO）、碳氢化合物（HC）和氮氧化合物（NO_x）对人类及环境造成的危害是多方面的，且影响深远。

1. 一氧化碳（CO）的危害

一氧化碳是一种无色、无味、无刺激性的有毒气体，极易与人体血液中的血红蛋白结合，形成稳定的碳氧血红蛋白（COHb），从而降低血液的携氧能力。当空气中CO浓度较高时，人体吸入后会导致组织缺氧，出现头痛、头晕、心悸、恶心等症状，严重时甚至可能导致昏迷和死亡。孕妇和儿童由于体质较弱，对CO的敏感性更高，更容易受到其危害。如果人体长期暴露于低浓度的CO环境中，还可能引发神经系统损伤、心血管疾病等慢性病。

虽然CO本身不是温室气体，但它在大气中的存在会干扰大气中的化学反应平衡，对全球气候变暖产生间接影响。

2. 碳氢化合物（HC）的危害

HC是形成光化学烟雾的主要前体物之一。在阳光紫外线的作用下，HC与大气中的氮氧化物（NO_x）发生一系列光化学反应，生成臭氧（O_3）、醛类、过氧乙酰硝酸酯等二次污染物，形成光化学烟雾。光化学烟雾具有强烈的刺激性和氧化性，对人体眼睛、鼻子、喉咙等器官造成刺激，引发呼吸道疾病和眼部疾病。此外，光化学烟雾还会降低大气能见度，影响交通和人们的日常生活。

HC对植物的生长和发育也有不利影响。高浓度的HC会破坏植物叶片的细胞结构，降低光合作用效率，导致植物生长受阻、产量下降。

3. 氮氧化合物(NO_x)的危害

NO_x 中的一氧化氮(NO)和二氧化氮(NO_2)都是有毒气体。NO_2 对人体健康的危害尤为严重,它可刺激呼吸道黏膜,引发呼吸系统疾病,如支气管炎、肺气肿等。如果人体长期暴露于 NO_2 环境中还可能增加患肺癌的风险。NO_2 还能与大气中的水分反应生成硝酸和亚硝酸,进而形成酸雨,对建筑物、土壤和水体造成腐蚀和污染。

除了形成酸雨外,NO_x 还是导致臭氧层破坏的重要物质之一。臭氧层是地球的重要保护屏障,能够吸收来自太阳的紫外线辐射,保护地球上的生物免受其害。在高空平流层中,NO_x 能与臭氧发生反应,消耗臭氧层中的臭氧分子,加剧臭氧层空洞的形成。

汽车发动机尾气排放物中的一氧化碳、碳氢化合物和氮氧化合物对人类及环境造成了严重的危害。为了减少这些危害,我们需要采取更加严格的排放标准和更加有效的控制措施,如推广新能源汽车、提高燃油质量、加强车辆维护等。同时,公众也应提高环保意识,减少不必要的汽车出行,共同为改善空气质量贡献力量。

三、排放控制系统的认识

汽车排放控制系统的设计和实现是为了减少汽车在运行过程中产生的污染物对环境的影响,保障人类健康和生态平衡。这些系统主要针对污染物的不同来源(如排气管、曲轴箱和燃油系统),以及其各自产生的特定条件而设计。具体来说,排放控制系统包括三元催化系统、废气再循环控制系统、二次空气喷射系统、曲轴箱强制通风系统和燃油蒸发控制系统等几个重要部分。

1. 三元催化系统

三元催化系统主要是通过催化剂的作用,将排气管中产生的有害气体如CO、氮氧化物和碳氢化合物等转化为无害的 N_2、H_2O 和 CO_2。这一过程不仅有效降低了污染物的排放,而且提高了能源的利用率。由于发动机工作时会产生一些有害的燃烧产物,因此当今汽车普遍安装三元催化转换器,这个装置串联在排气系统中,目的是催化排气气流的一系列化学反应,促使发动机排出废气中的有害气体转换为无害气体。图 5-1 为三元催化转换器安装位置。

图 5-1 三元催化转换器安装位置

2. 废气再循环控制系统

废气再循环控制系统,又称 EGR 系统。其主要功能是将曲轴箱中的一部分废气再循环至燃烧室内,与新鲜燃油混合气一起燃烧。这样可以有效地降低燃烧过程中产生的氮氧化物的排放,从而减少对环境的影响。图 5-2、图 5-3 分别为普通 EGR 控制系统和带位置传感器的 EGR 控制系统。

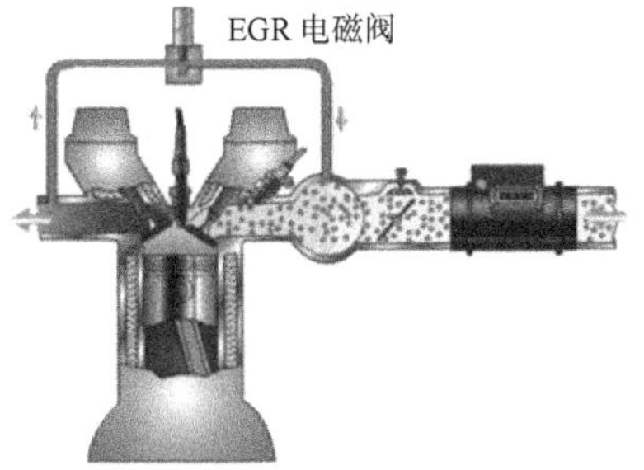

图 5-2　普通 EGR 控制系统

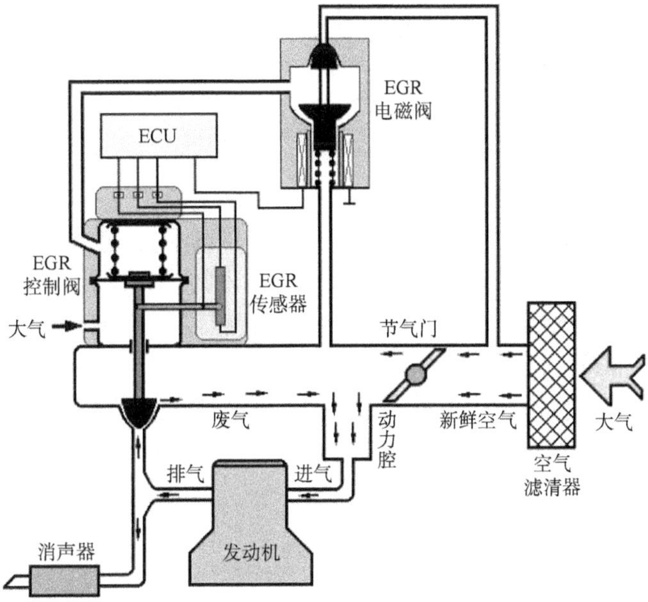

图 5-3　带位置传感器的 EGR 控制系统

3. 二次空气喷射系统

二次空气喷射系统主要是提高燃烧效率，减少废气排放。该系统在发动机运行过程中，向燃烧室内注入额外的空气，以提高燃烧效率，减少污染物的排放。在一定工况下，二次空气喷射系统将新鲜空气送入排气管，促使废气中的一氧化碳和碳氢化合物进一步氧化，从而降低一氧化碳和碳氢化合物的排放量，加快三元催化转换器的升温。图 5-4 为二次空气喷射系统。

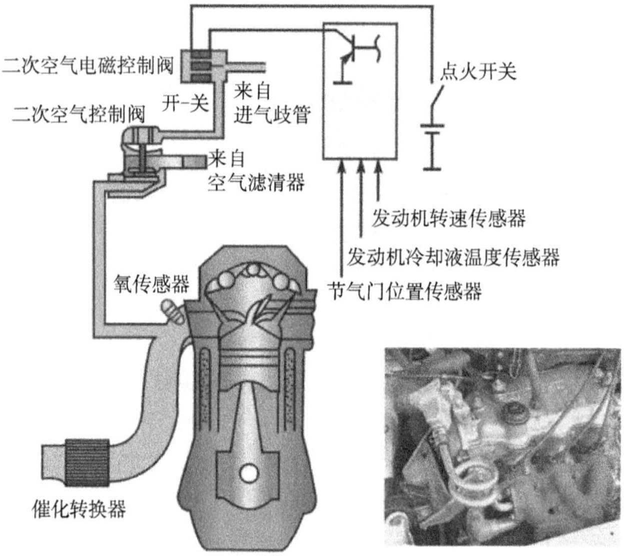

图 5-4　二次空气喷射系统

4. 曲轴箱强制通风系统

曲轴箱强制通风系统的主要作用是降低曲轴箱内的压力，防止曲轴箱内的油气混合物泄漏到大气中。这样可以有效地减少曲轴箱内的污染物排放，保护环境。若发动机燃烧室内的混合气和燃烧后的废气顺着活塞和气缸体的内壁漏入曲轴箱内，将稀释和污染机油，造成机油的润滑性能下降。同时，曲轴箱内的压力会随发动机转速升高而增加，若不通风，会将机油从油封或气缸垫压出。为使混合气不直接排入大气，现代汽车一般都采用曲轴箱强制通风（PCV）系统，将这些漏入曲轴箱的混合气导入进气歧管，使其重新燃烧。图 5-5 为 PCV 系统结构原理图。

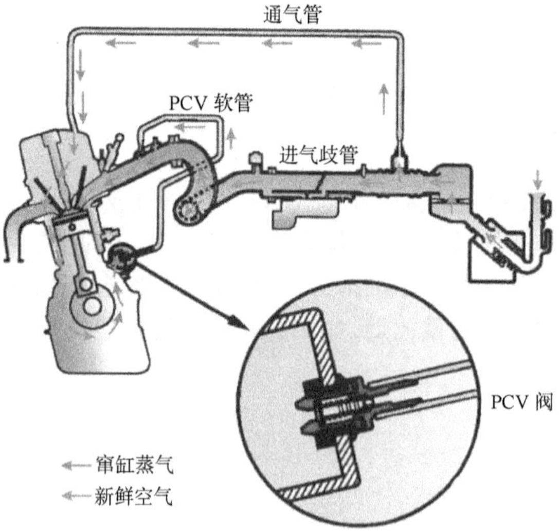

图 5-5　PCV 系统结构原理图

5. 燃油蒸发控制系统

燃油蒸发（EVAP）控制系统如图 5-6 所示，是为防止汽油箱内的汽油蒸气排入大气产生污染而设的。其功能是收集汽油箱内蒸发的汽油蒸气，并将汽油蒸气导入气缸参加燃烧，从而防止汽油蒸气直接排入大气而造成污染。

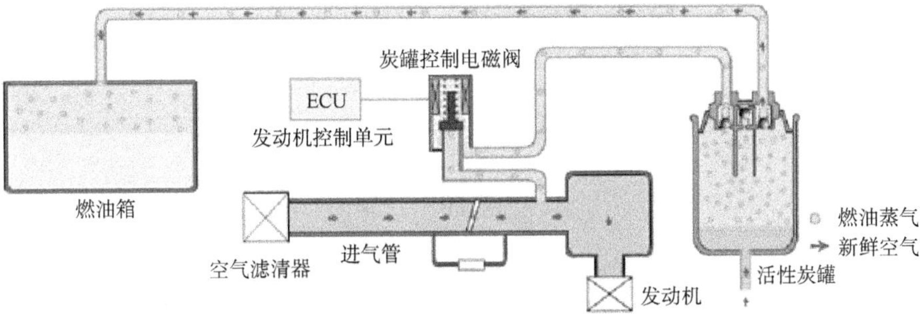

图 5-6　EVAP 控制系统

四、识别发动机排放控制系统的组成部件

发动机排放控制系统组成部件的识别如下。

1. 车辆防护与发动机常规检查

（1）放置好车轮挡块，安装三件套（翼子板、地板垫、方向盘套），拉紧手刹。

（2）检查机油、冷却液、制动液液位是否符合要求。

（3）检查电瓶电压，应正常。

2. 认识并找出氧传感器

按照举升机的操作要求采取相应的安全防护措施，用举升机举起汽车，认识并找出氧传感器，如图 5-7 所示。

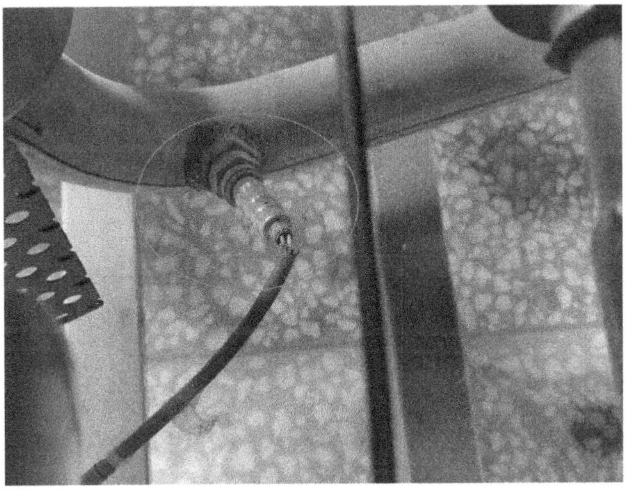

图 5-7　认识并找出氧传感器

3. 认识并找出三元催化器

举升车辆后，从车辆底部观察，认识并找出三元催化转换器，如图 5-8 所示。

图 5-8 认识并找出三元催化器

4. 认识并找出炭罐电磁阀

按举升机操作要求，拉下保险，放下车辆。然后打开发动机引擎盖，在发动机气门室盖右上角位置，介于炭罐及进气歧管之间有一个三通电磁阀，该电磁阀就为炭罐电磁阀，如图 5-9 所示。

图 5-9 认识并找出炭罐电磁阀

最后将汽车及举升机复位，并检查复位状况是否良好。

任务 2　燃油蒸发排放控制系统的构造与维修

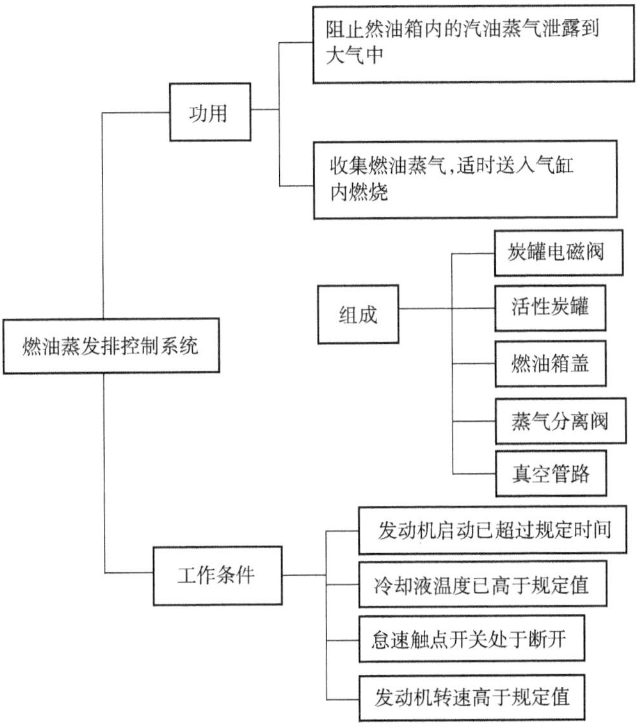

思维导图

一、燃油蒸发排放系统的作用

燃油蒸发排放(EVAP)系统在汽车中扮演着至关重要的角色，其主要作用归纳如下。

1. 环保减排

(1)防止燃油蒸气直接排放。EVAP 系统通过收集燃油箱内蒸发的汽油蒸气，并将其储存在活性炭罐内，有效防止了这些蒸气直接排入大气，从而减少了空气污染。

(2)提高燃油利用率。在发动机工作时，EVAP 系统将存储在活性炭罐内的汽油蒸气送入气缸参与燃烧，提高了燃油的利用率，减少了不必要的浪费。

2. 维持燃油箱压力稳定

EVAP 系统能够在保证燃油蒸气不泄漏的前提下，维持燃油箱内压力的稳定。这对于汽车的正常运行至关重要，因为过高或过低的燃油箱压力都可能对汽车的性能和安全性产生不利影响。

3. 监控与诊断

(1)全面监控 EVAP 系统。燃油蒸发排放系统还能使发动机控制单元(ECU)全面监控 EVAP 系统内部的堵塞、泄漏、阀门动作不良等异常情况。一旦发现问题，ECU 会及时发出警报或采取相应的补救措施，以确保系统的正常运行。

（2）提供故障代码。在 EVAP 系统运行过程中，如果发生故障，系统会产生相应的故障代码。这些代码为维修人员提供了关键的诊断线索，有助于维修人员快速准确地定位问题并采取相应的维修措施。

4. 协同作用与组件功能

（1）活性炭罐的关键作用。活性炭罐是 EVAP 系统中的核心组件之一。其安装在油箱通风管的末端，用于吸收燃油蒸气。活性炭罐内的活性炭颗粒具有强大的吸附能力，能够有效地收集和排除燃油蒸气。

（2）炭罐控制电磁阀的协同。炭罐控制电磁阀在 EVAP 系统中也起着至关重要的作用。其通过控制活性炭罐与发动机进气歧管之间的通道开闭，来调节进入发动机的燃油蒸气量。当发动机需要更多燃油蒸气时，电磁阀会打开通道；反之，则会关闭通道。

二、系统的组成

图 5-10 为燃油箱蒸气控制系统。燃油箱蒸气控制系统作为现代汽车排放控制体系中的关键一环，其设计和功能对于减少燃油蒸气排放、提升燃油经济性和保护环境具有重要意义。尽管不同汽车制造商可能会根据车型和排放标准的不同采用不同的结构，但该系统通常都包含几个核心组件：活性炭罐、放泄控制电磁阀、燃油箱盖、蒸气分离阀以及连接这些组件的管路。

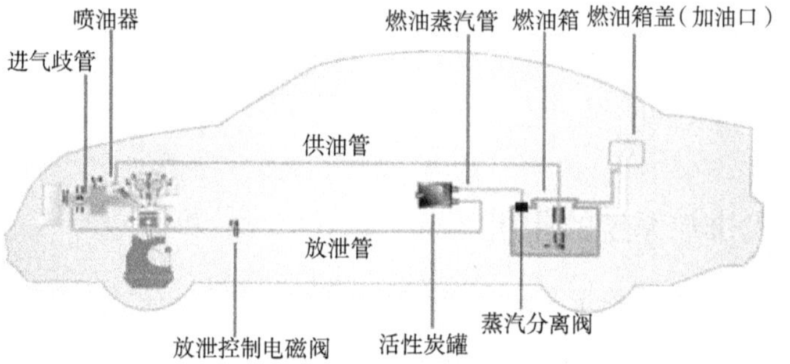

图 5-10　EVAP 系统的组成

1. 活性炭罐

活性炭罐（图 5-11）是燃油箱蒸气控制系统的核心部件，其本身是一个抗油性的尼龙或塑料容器，内部填充有高吸附性的活性炭颗粒。这些活性炭颗粒具有极大的比表面积和孔隙率，能够高效吸附燃油箱蒸发的汽油蒸气。当发动机运行时，特别是在需要额外混合气时，活性炭罐中的蒸气会被引入发动机燃烧室，从而实现蒸气的再利用，减少排放。此外，活性炭罐还起到缓冲作用，防止燃油箱因蒸气压力过高而损坏。

图 5-11　活性炭罐

2. 燃油箱盖

燃油箱盖不仅能是封闭燃油箱，还与蒸气控制系统紧密相连。现代燃油箱盖通常设计有密封垫圈和蒸气通道，以确保燃油箱在加注和运行时保持密封状态，同时允许燃油蒸气通过蒸气通道进入蒸气控制系统。一些高级系统还配备了压力释放阀，以防止燃油箱因内部压力过高而损坏。如图 5-12 所示，燃油箱盖起到密封 EVAP 系统，调节燃油箱的压力和真空的作用。当燃油箱内压力升至 55.16 kPa 时，压力释放阀打开，燃油箱压力释放。如果燃油箱内真空度大于 338 Pa 时，真空释放阀将真空泄放。

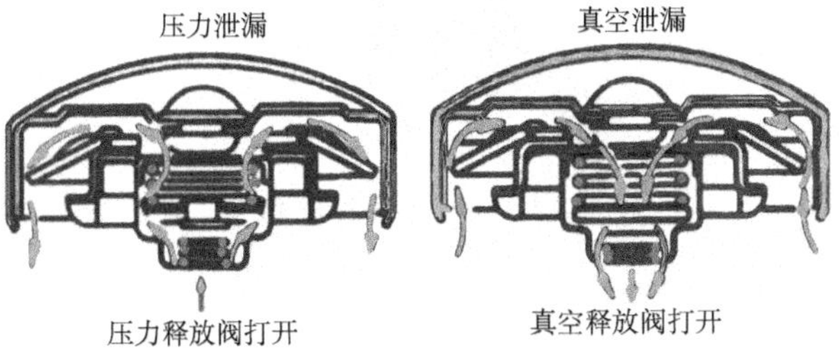

图 5-12　燃油箱盖上的压力阀、真空阀

3. 蒸气分离阀

蒸气分离阀，也称为单向阀，通常安装在燃油箱与蒸气控制系统之间的管路上。其主要作用是防止燃油回流到蒸气控制系统中，同时允许燃油蒸气通过。当燃油箱内的汽油因温度升高而蒸发时，产生的蒸气会经过蒸气分离阀进入活性炭罐，它只允许汽油蒸气进入炭罐，不允许液态汽油进入炭罐，否则当发动机运行时，一旦 EVAP 系统工作，液态燃油就会进入进气歧管，造成混合气浓，发动机工作不平稳等。如果车辆发生翻滚或倾斜，蒸气分离阀还能防止燃油从蒸气管道中泄漏出来，保障行车安全。蒸气分离阀主要有两种类型，即泡沫

式和浮子式蒸气分离阀，如图 5-13 所示。

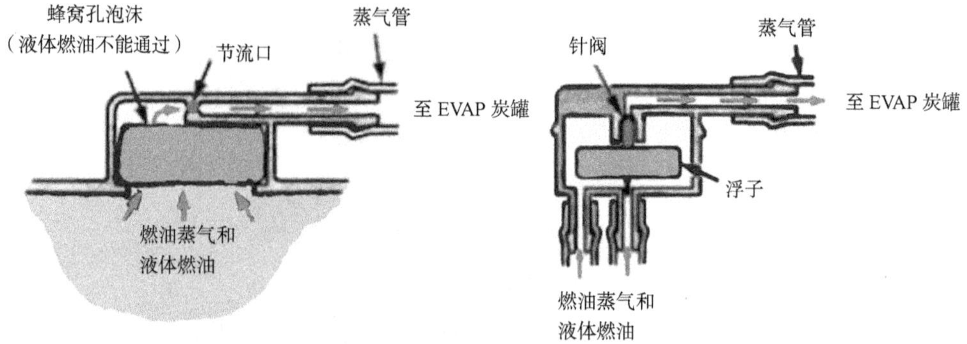

（a）　　（b）

图 5-13　蒸气分离阀

（a）泡沫式蒸气分离阀　（b）浮子式蒸气分离阀

4. 炭罐电磁阀

炭罐电磁阀实物图如图 5-14 所示，此电磁阀一端通过管路与进气道相接，另一端通过管路与炭罐相接（有的电磁阀直接制造在炭罐上，只有一根管通向进气道），汽车的电源电压供给电磁阀，发动机电脑用脉冲宽度调制控制其搭铁回路，即控制两根管路相通的大小，也就是控制了燃油蒸气的放泄量。

图 5-14　炭罐电磁阀

5. 放泄控制电磁阀

放泄控制电磁阀是控制活性炭罐与发动机进气系统之间蒸气流动的关键元件。其通常由一个电磁线圈和阀体组成，能够根据发动机控制单元（ECU）的指令开启或关闭。当 ECU 检测到发动机需要额外的混合气时，会向放泄控制电磁阀发送信号，使其开启，允许活性炭罐中的蒸气进入发动机进气歧管。反之，当不需要或不能接收蒸气时，电磁阀会关闭，防止蒸气泄漏到大气中。

三、燃油蒸发排放控制系统的工作原理

燃油箱蒸气控制系统的工作相对简单而高效。当燃油箱内的汽油蒸发产生蒸气时，这些蒸气首先通过蒸气分离阀进入活性炭罐。在活性炭罐中，蒸气被活性炭颗粒吸附并储存

起来。当发动机需要额外的混合气时，ECU 会向放泄控制电磁阀发送信号,使其开启。此时,在发动机进气歧管真空吸力的作用下,新鲜空气通过活性炭罐下方进入并穿过活性炭层,将吸附在活性炭上的汽油蒸气带出并送入发动机燃烧室进行燃烧。这样,既实现了燃油蒸气的再利用又减少了排放污染。

四、炭罐电磁阀(清污 VSV 阀)电路分析

图 5-15 为卡罗拉炭罐电磁阀电路,清污 VSV 阀 1 号脚为电源线路, 2 号脚为信号控制线路,ECU 的 B33(PRG)号脚为信号线,A1(+B)为电源线,A32(E1)为搭铁线。ECU 通过 B33(PRG)号脚发出脉冲信号,控制清污 VSV 阀工作。

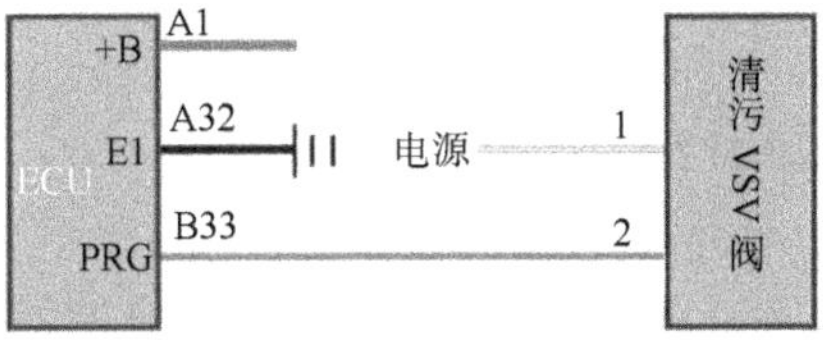

图 5-15　卡罗拉炭罐电磁阀(清污 VSV 阀)电路

五、EVAP 系统常见故障

1. EVAP 系统常见故障及故障现象

(1)炭罐饱和。由于使用时间过长或其他原因,炭罐内液态燃油过多,造成 EVAP 系统放泄时进入进气歧管的是液态燃油,混合气浓,发动机工作不平稳。

(2)新鲜空气管的空滤器脏污堵塞。其会造成 EVAP 系统放泄时进入进气歧管的是纯 HC(应是混合气),混合气浓,发动机工作不平稳。

(3)蒸气分离阀损坏。蒸气分离阀损坏后不能阻止液态燃油进入炭罐,造成炭罐饱和。

(4)软管开裂、断裂。其会造成额外空气进入进气道,混合气稀,怠速不稳,加速无力。

2. EVAP 的检修

1)EVAP 系统电气连接及外观检查

(1)EVAP 系统电气连接检查。检查 EVAP 系统中的电路连接是否松动,连接端是否腐蚀,绝缘部分是否磨损。如果炭罐控制电磁阀和相关电路发生故障,常常在发动机电子控制单元存储器内设置故障码。

(2)外观检查。检查管路有无破损或漏气,炭罐壳体有无裂纹,每行驶 20 000 km 应更换活性炭罐底部的进气滤芯。检查活性炭罐表面应无损坏或裂开。用低压空气吹入油箱接管,空气应无阻地从其他管子流出。用低压空气吹入排污接管,空气应不能从其他接管流出。如有问题,更换活性炭罐。清洗活性炭罐中的滤清器:堵塞排污管,用 294 kPa 的压缩空气吹入油箱接管,可清洗活性炭罐滤清器。不能用水清洗滤清器;同时要去掉没有活性的炭。

2)真空控制阀的检查

拆下真空控制阀,用真空泵由真空管接头给真空控制阀施加约 5 kPa 真空度,此时从活

性炭罐侧孔吹入空气应畅通；若不施加真空度，吹入空气则不通。

3）EVAP 电控电磁阀的检修

启动发动机，预热后怠速运转，拆下蒸气回收罐上的真空软管，管内应无吸力；当发动机转速提高到大于 2 000 r/min 时，软管内应有吸力。如果没有吸力而电磁阀线束插头内电压正常，则表明电磁阀有故障。当拆下电磁阀线束插头并向电磁阀吹气时，应不通气；当将电源接至电磁阀时，应能通气。

用万用表检查端子间电阻，电阻应为 19~33 Ω，如果电阻不符合规定，则更换燃油蒸发排放控制真空开关阀。检查每个端子和车身应不导通，如导通，则更换燃油蒸发排放控制真空开关阀。

六、炭罐电磁阀（清污 VSV 阀）的检修

炭罐电磁阀检修操作步骤如下。

1. 车辆常规检查

（1）放置好车轮挡块，安装三件套（翼子板、地板垫、方向盘套），拉紧手刹。

（2）检查机油、冷却液、制动液液位是否符合要求。

（3）检查电瓶电压，应正常。

2. 炭罐电磁阀工作状态检查（图 5-16）

检查炭罐电磁阀到进气管之间的真空管有无泄漏。

图 5-16　炭罐电磁阀工作状态检查

3. 炭罐电磁阀导线电阻检测（图 5-17）

（1）将万用表档位转到电阻挡（200 Ω 挡）。

（2）将红表笔放到进气侧清污 VSV 阀 2 号脚，黑表笔放到 ECU B33 脚检测导线之间电阻，正常值小于 1 Ω。

（3）将红表笔放到进气侧清污 VSV 阀 2 号脚，黑表笔接地，检测导线对地电阻，正常值为 10 kΩ 或更大。

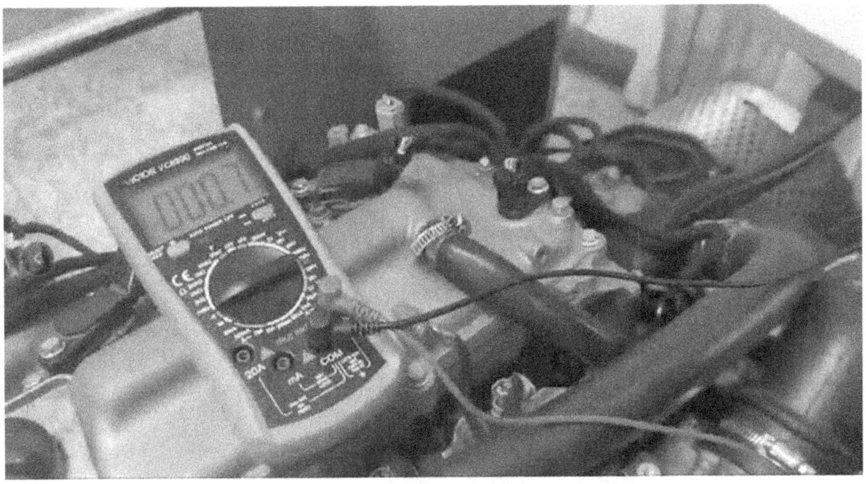

图 5-17　炭罐电磁阀导线电阻检测

4. 炭罐电磁阀电压检测（图 5-18）

（1）打开点火开关，将万用表挡位转到直流电压挡。

（2）将红表笔放到清污 VSV 阀 1 号脚，黑表笔放到 ECU 侧 E1 号脚，检测电压，电压值为 9~14 V 时确定传感器电源线正常。

（3）将红表笔放到清污 VSV 阀 2 号脚，黑表笔放到 ECU 侧 E1 号脚，检测电压，电压值为 9~14 V 时确定传感器信号线正常。

图 5-18　炭罐电磁阀电压检测

5. 波形检查（图 5-19）

启动发动机，将示波器红色表笔连接到清污 VSV 阀 2 号端子，黑色表笔连接 ECU 的 E1 号端子，测量清污 VSV 阀脉冲波形。

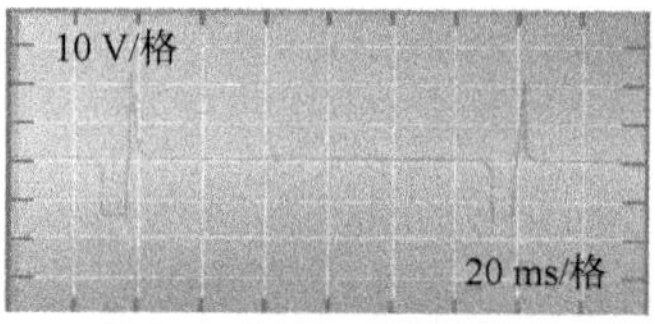

图 5-19　波形检查

6. 电磁阀元件电阻检查(图 5-20)

(1)断开清污 VSV 阀线束连接器。

(2)测量两端子间的电阻,其值应为 23~26 Ω。

图 5-20　电磁阀元件电阻检查

任务 3　废气再循环(EGR)控制系统的构造与维修

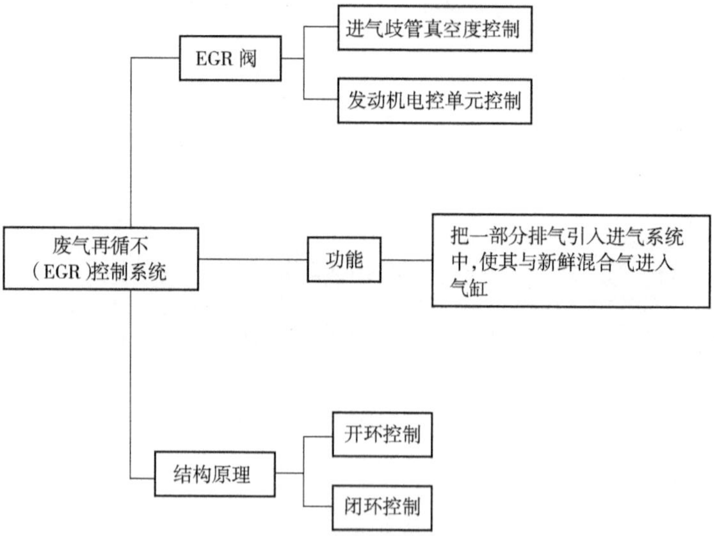

思维导图

废气再循环(Exhaust Gas Recirculation, EGR)是目前被广泛采用以减少氮氧化物

（NO_x）排放的有效技术手段之一。该技术的核心机制是，将发动机排放出的一定比例的废气重新引导回发动机的进气系统中，并与那里的空气和新混合气进行混合，之后再一同送入气缸中参与燃烧过程。通过这样的循环过程，不仅有效地降低发动机排放出的 NO_x 量，还能够对排入进气系统的废气进行精确的控制，以达到最佳的排放控制效果。

氮氧化物（NO_x）是空气中的氮气和氧气在高温和高压的环境下发生化学反应形成的产物。在发动机运行过程中，排放出的 NO_x 的量主要受到气缸内部最高温度的影响，气缸内部的温度越高，形成的 NO_x 量也就越多。因此控制 EGR 的比例，可以有效地降低气缸内的温度，从而减少 NO_x 的生成，达到减少排放的目的。这种方法不仅能够帮助减少环境污染，还能够提高发动机的燃油经济性，具有很好的环保和经济效益。

一、废气再循环控制系统的功能

废气再循环是现代汽车中一项重要的环保技术，旨在降低汽车尾气中的有害物质排放，提高发动机的燃烧效率和燃油经济性。

1. 作用

（1）减少排放。EGR 系统将部分废气重新引入发动机燃烧室，减少了燃烧过程中的氧气含量，从而降低了氮氧化物（NO_x）的生成。这是因为它降低了燃烧温度，减缓了氮气和氧气在高温下反应生成 NO_x 的速率。

（2）提高燃烧效率。虽然 EGR 系统减少了燃烧室内的氧气含量，但在适当的条件下，其可以改善混合气的燃烧质量，提高燃烧效率，从而减少燃料消耗。

（3）保护环境。EGR 系统通过减少尾气中的 NO_x 等有害物质排放对改善空气质量、降低环境污染具有积极作用。

2. 工作条件

（1）EGR 系统需要在发动机运行后才能开始工作。在车辆启动之前，EGR 系统处于关闭状态，以避免在冷启动阶段对发动机造成不利影响。

（2）EGR 系统需要在发动机温度达到一定范围内才能正常工作。这是因为过低的发动机温度会影响废气的再循环效果，而过高的温度则可能对系统造成损害。

（3）EGR 系统的工作还受到行驶条件的影响。例如在怠速、低速行驶或升降挡切换时，EGR 系统需要进行相应的调节以确保其正常工作。

3. EGR 率

EGR 率是指废气再循环量在进入气缸内的气体中所占的比率，是衡量 EGR 系统工作效果的一个重要指标。EGR 率的计算公式为

$$\text{EGR 率} = [\text{EGR 量} / (\text{进气量} + \text{EGR 量})] \times 100\%$$

EGR 率的大小直接影响发动机的燃烧过程和尾气排放。过高的 EGR 率会导致发动机燃烧不稳定，甚至熄火；而过低的 EGR 率则无法充分发挥 EGR 系统的减排效果。因此，现代汽车中的 EGR 系统通常配备有复杂的控制系统，以根据发动机的实时工况动态调整 EGR 率，以实现最佳的减排效果和燃烧效率。

二、废气再循环控制系统的主要组成

废气再循环控制系统是现代汽车排放控制系统中的重要组成部分,其主要功能是通过将部分废气重新引入发动机燃烧室,以降低燃烧室内的温度和氧含量,从而减少氮氧化物(NO_x)的生成和排放。该系统主要由废气再循环阀(EGR 阀)、EGR 电磁阀以及发动机控制单元(ECU)等关键部件组成。

(一)EGR 阀

EGR 阀安装在废气再循环通道中,通常位于进气歧管的右侧,靠近节气门体,并与排气歧管相连。EGR 阀是控制进入进气歧管废气量的重要部件,其通过精确控制废气的流量和引入时间,实现对再循环废气量的独立、准确调节。EGR 阀按控制方式的不同可分为进气歧管真空度控制的真空膜片式 EGR 阀和发动机电子控制单元控制的电磁式 EGR 阀。

EGR 阀根据 ECU 的指令,通过改变阀门的开度来调节进入进气歧管的废气量。当发动机处于高负荷、高温状态时, ECU 会发出指令使 EGR 阀开启,将部分废气引入燃烧室,降低燃烧温度和氧含量,从而减少 NO_x 的生成。

1. 进气歧管真空度控制的真空膜片式 EGR 阀

进气歧管真空度控制的真空膜片式 EGR 阀有气道式 EGR 阀(图 5-21)。气道式 EGR 阀膜片上方是密闭的膜片室,膜片室的真空入口与起控制作用的真空相通。膜片推杆下部有锥形阀。膜片上方的弹簧向下压迫膜片,并使锥形阀压在下阀体的阀座上。当真空传入膜片室后,膜片克服弹簧力向上提起,从而带动推杆及锥形阀均向上提起,使部分废气从排气管进入进气歧管。图 5-22 为气道式 EGR 阀工作过程。

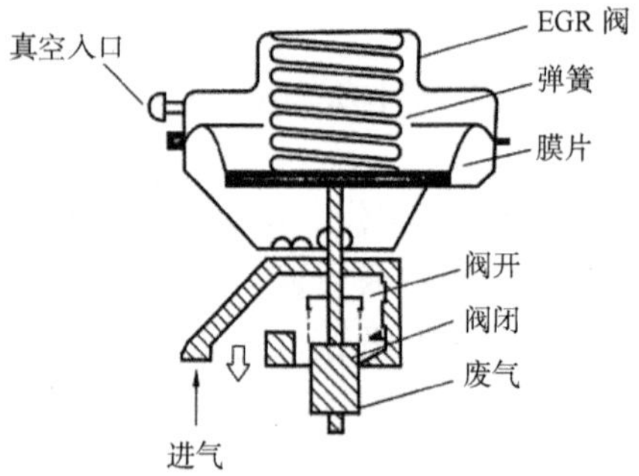

图 5-21　气道式 EGR 阀

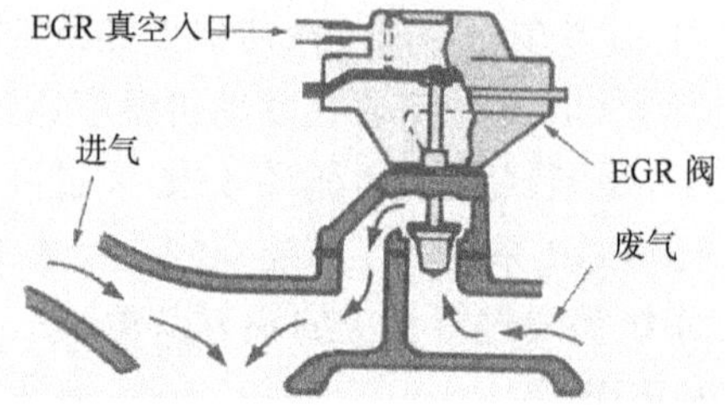

图 5-22　气道式 EGR 阀工作过程

2. 发动机电子控制单元控制的电磁式 EGR 阀

发动机电子控制单元控制的电磁式 EGR 阀有线性 EGR 阀(图 5-23)线性 EGR 阀有一个受 ECU 控制的电磁线圈组,枢轴的一端是锥形阀。ECU 控制电磁线圈通电,使枢轴及锥形阀抬起后,废气就可进入进气歧管进行再循环。因为线性 EGR 阀锥形阀的开启程度完全是线性渐变,所以其能够提供发动机全工况 NO_x 排放水平的最佳控制。线性 EGR 阀中装有 EGR 位置传感器,枢轴移动后其马上将实际枢轴的移动位置反馈给 ECU,实现了对废气再循环流量的精确反馈控制。

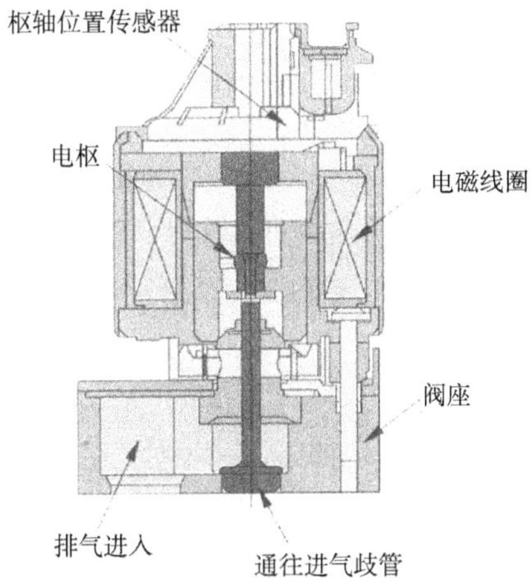

图 5-23 线性 EGR 阀

(二)EGR 电磁阀

EGR 电磁阀(图 5-24)安装在通向 EGR 阀的真空通道中,负责控制真空通道的通断,进而控制 EGR 阀的开闭。EGR 电磁阀是 EGR 系统中实现废气再循环量精确控制的关键部件之一。ECU 通过占空比信号控制 EGR 电磁阀,从而控制 EGR 阀的打开。

图 5-24 EGR 电磁阀

当 ECU 检测到发动机需要进行废气再循环时,会向 EGR 电磁阀发出指令,使其打开真空通道。此时,真空吸力作用于 EGR 阀,使 EGR 阀开启,废气得以进入进气歧管进行再循环。当 ECU 检测到不需要进行废气再循环或需要减少再循环量时,会关闭 EGR 电磁阀,切断真空通道,使 EGR 阀关闭或减小开度,从而减少或停止废气再循环。

三、废气再循环排放控制系统的原理

现代轿车的发动机废气再循环系统（EGR 系统）是一个由 ECU 精密控制的子系统，其核心作用是减少发动机排放中的氮氧化物（NO_x）污染物。该系统通过一个关键的组件——废气再循环阀，通常被称为 EGR 阀，来调节再循环的废气量。EGR 系统在不同工况下的运作机制如图 5-25 和 5-26 所示，其揭示了 EGR 系统将废气引导回燃烧室内，降低燃烧温度，减少 NO_x 生成的工作原理。

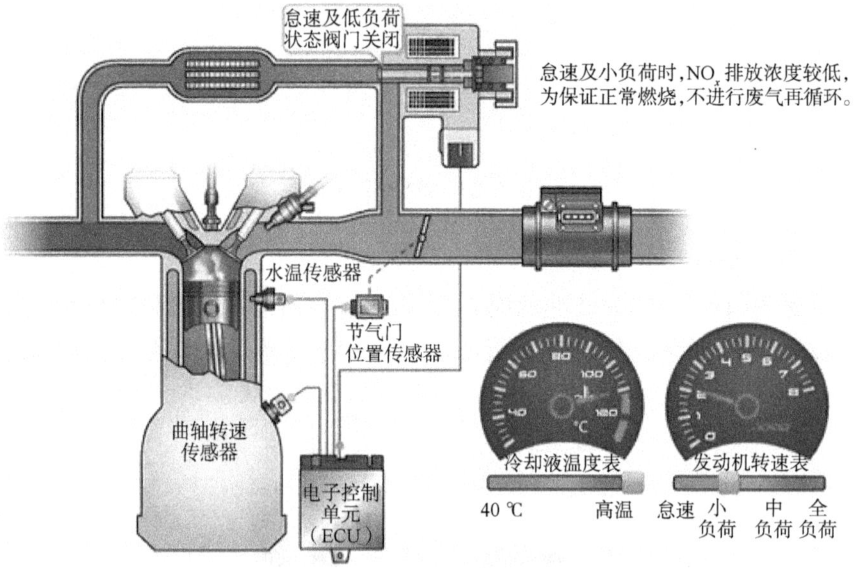

图 5-25　废气再循环系统工作原理（怠速及小负荷）

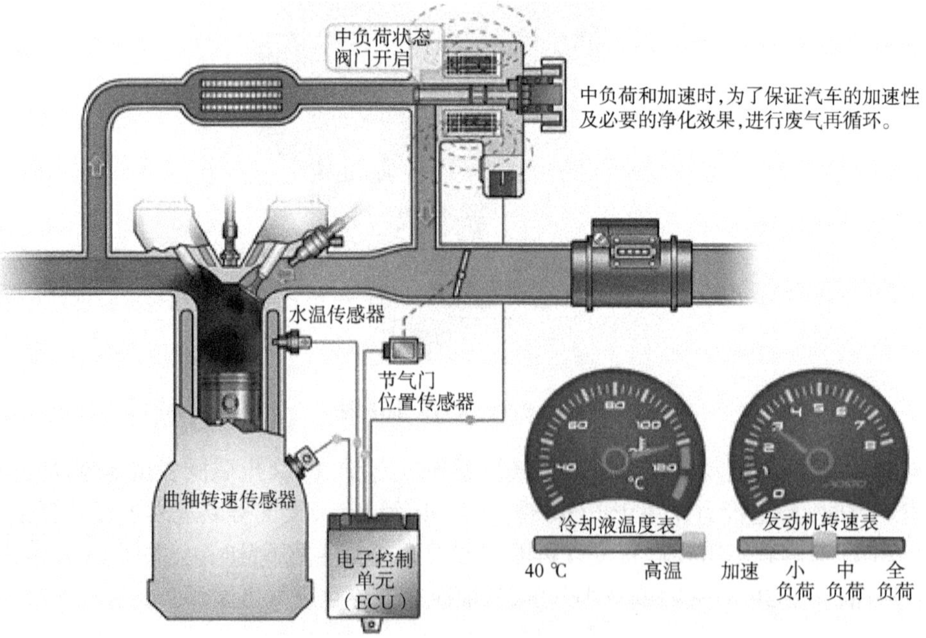

图 5-26　废气再循环系统工作原理（中负荷及加速）

当发动机运转时，ECU 会监测一系列的传感器信号，如冷却液温度、节气门的开度、发动机转速以及启动状态等。基于这些信号，ECU 会精确控制 EGR 电磁阀的搭铁电路，这直接影响 EGR 电磁阀的开闭程度。通过这种方式，ECU 间接控制着 EGR 阀的开度，进而调节进入 EGR 阀的真空度，改变参与废气再循环的废气量。

废气再循环的量是由 EGR 阀的开度决定的，而 EGR 阀的开度又是直接由真空度控制的。真空管口被设计在节气门附近，当节气门接近全闭状态时，真空管口处形成真空。随着节气门的开度增加，真空管口处的真空度会降低，这会导致 EGR 阀的开度减小；相反，当节气门开度减小，真空度增加，EGR 阀的开度也随之增大。

在一些发动机设计中，EGR 电磁阀采用占空比控制的方式来调节阀门开度。实现对废气再循环量的精细调节。不仅提高了 EGR 系统的控制精度，还有助于优化发动机的性能和减少排放，符合现代汽车工业对高效能和环保的要求。

四、废气再循环控制系统的分类

废气再循环控制系统（EGR 系统）根据控制方式的不同，主要分为开环控制 EGR 系统和闭环控制 EGR 系统。这两种系统都依赖于发动机控制单元（ECU）进行控制和调节，但它们在控制策略和精度上存在差异。

（一）开环控制 EGR 系统

开环控制 EGR 系统主要根据预设的参数和发动机工况（如转速、负荷、温度等）来控制 EGR 阀的开度，从而调节废气再循环量。在这种系统中，ECU 根据发动机的实时工况，通过预设的算法计算出所需的 EGR 率，并直接控制 EGR 阀的开度以实现该目标。由于缺乏反馈机制，开环控制 EGR 系统的控制精度相对较低，容易受到各种干扰因素的影响。

在开环控制 EGR 系统中，ECU 根据各传感器信号确定发动机工况，并按其内存的 EGR 率与转速、负荷的对应关系进行控制，而对其控制结果不进行检测。图 5-27 为开环控制 EGR 系统。

ECU 接收来自各种传感器的信号（如曲轴位置传感器、节气门位置传感器、氧传感器等），并根据这些信号计算出当前的发动机工况。根据预设的算法和当前工况，ECU 计算出所需的 EGR 率，并通过控制 EGR 电磁阀的通断或占空比来调节 EGR 阀的开度。废气通过 EGR 阀进入进气歧管，与新鲜空气混合后进入气缸进行再燃烧。

（二）闭环控制 EGR 系统

闭环控制 EGR 系统在开环控制的基础上增加了反馈机制，通过检测实际的 EGR 率或 EGR 阀开度来修正控制指令，从而提高控制精度。闭环控制 EGR 系统能够实时调整 EGR 阀的开度，以适应发动机工况的变化和外界干扰因素的影响。在闭环控制的 EGR 系统中，检测实际的 EGR 阀开度或 EGR 率作为反馈控制信号，其控制精度更高。

工作原理与开环控制类似，ECU 首先根据发动机的实时工况计算出所需的 EGR 率。但不同的是，闭环控制 EGR 系统还通过 EGR 阀开度传感器或 EGR 率传感器来检测实际的 EGR 率或 EGR 阀开度。ECU 将实际检测值与目标值进行比较，根据偏差大小调整控制指令，修正 EGR 阀的开度。通过这种反馈机制，闭环控制 EGR 系统能够更精确地控制废气再循环量,从而提高排放性能和燃烧效率。闭环控制 EGR 系统主要有以下两种类型。

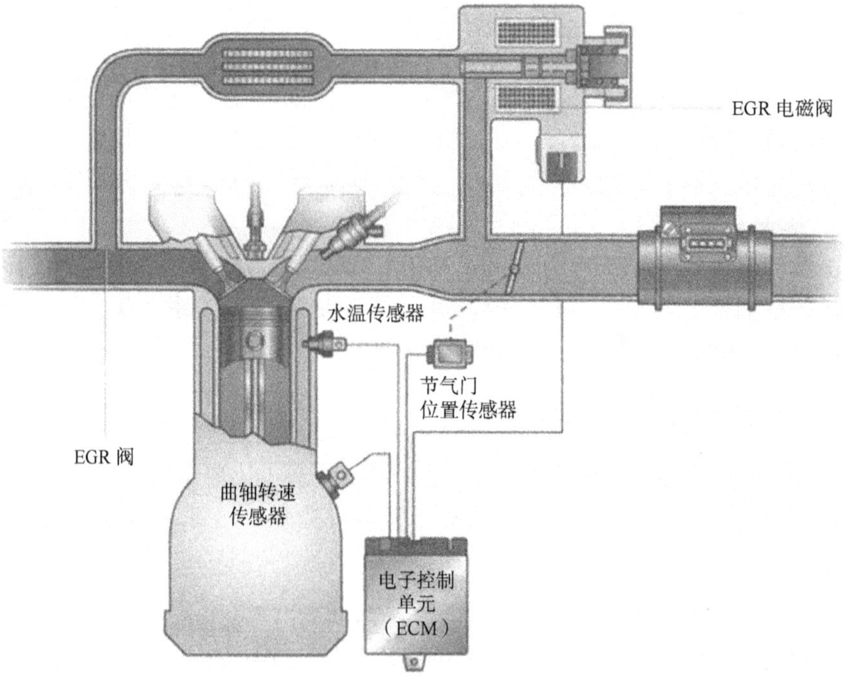

图 5-27　开环控制 EGR 系统

1. 用 EGR 阀开度作为反馈信号的闭环控制 EGR 系统

用 EGR 阀开度作为反馈信号的闭环控制 EGR 系统中,在 EGR 阀上增设了一个 EGR 阀开度传感器。EGR 阀开度传感器为电位计式,其工作原理与电位计式节气门位置传感器类似。EGR 阀开度传感器与 ECU 之间有三条连接线路,分别为电源线、搭铁线和信号线,ECU 通过电源线为传感器提供 5 V 标准电压。传感器将 EGR 阀开启高度变化转换为电信号经信号线输送给 ECU。

2. 用 EGR 率作为反馈信号的闭环控制 EGR 系统

用 EGR 率作为反馈信号的闭环控制 EGR 系统中，ECU 根据 EGR 率传感器信号对 EGR 电磁阀实行反馈控制。EGR 率传感器安装在进气总管中的稳压箱上,新鲜空气进入稳压箱,参与再循环的废气经 EGR 电磁阀也进入稳压箱。

EGR 率传感器检测稳压箱内气体中的氧浓度并将其转换成电信号输送给 ECU，ECU 根据此信号修正电磁阀开度,使 EGR 率保持在最佳值。

五、EGR 阀及 EGR 电磁阀故障

1. 废气再循环系统工作情况的检查

(1)启动发动机,并以怠速运转。将手指按在废气再循环控制阀膜片上,检查 EGR 阀有无动作。怠速时 EGR 系统不工作,EGR 阀应无动作。

(2)冷车状态下踩下加速踏板,使发动机转速上升到 2 000 r / min 左右,此时 EGR 阀

应不开启，手指上应感觉不到膜片的动作。

（3）在发动机热车后，踩下加速踏板，使发动机转速上升到 2 000 r / min 左右，此时废气再循环控制阀应开启，手指应感觉到膜片的动作。

若废气再循环控制阀不能按上述规律动作，则说明该系统工作不正常。此时，应首先检查废气再循环系统的真空管路有无破损、泄漏。若真空管路完好，则应检查该系统的 EGR 阀等零部件有无故障。

2. EGR 阀的检修

怠速时，拆下 EGR 阀上的真空软管，发动机转速应无变化，用手触试真空管口应无吸力；转速达规定转速以上，同样拆下此真空软管，发动机转速应明显升高。给 EGR 阀施加规定真空，EGR 阀应能开启；不施加真空时，EGR 阀应能完全关闭。

3. EGR 电磁阀的检修

（1）冷态下测量电阻值为规定范围内。

（2）电磁阀不通电时，从通进气管侧接头吹入空气应畅通，从通大气的滤网处吹入空气应不通；当给电磁阀接通蓄电池电压时，吹气通畅情况应相反。

六、EGR 阀及 EGR 电磁阀的检修

EGR 阀及 EGR 电磁阀的检修操作步骤如下。

1. 车辆常规检查

（1）放置好车轮挡块，安装三件套（翼子板、地板垫、方向盘套），拉紧手刹。

（2）检查机油、冷却液、制动液液位是否符合要求。

（3）检查电瓶电压，应正常。

2. 废气再循环系统工作情况的检查

废气再循环控制阀是否按其固定的规律动作，若不能，则说明系统不正常。此时检查真空管路有无破损泄漏。若管路完好，继续检查 EGR 阀与 EGR 电磁阀。

3. EGR 阀的检修（图 5-28）

使发动机怠速运转，拔下 EGR 阀上的真空管，用手动真空泵对 EGR 阀施加 19.95 kPa 的压力。此时，若发动机的转速明显降低，甚至熄火，则说明 EGR 阀工作正常；反之，若发动机转速无变化，说明 EGR 阀损坏，应更换。

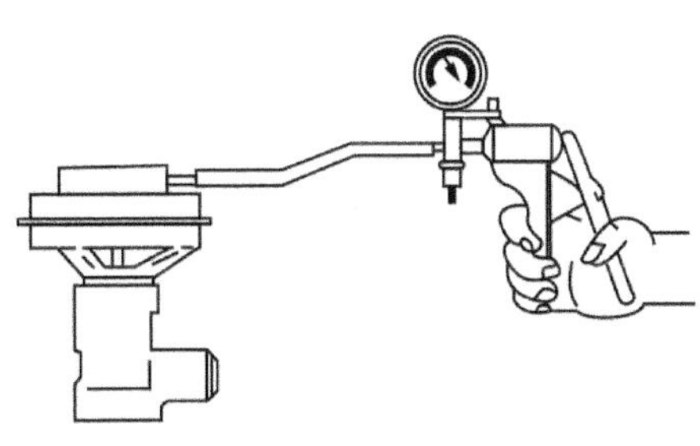

图 5-28　EGR 阀的检修示意图

4. EGR 电磁阀电阻检查

（1）断开点火开关，拔下电磁阀的插接器，用万用表欧姆挡测量电磁阀插孔上两端子间

的电阻,电磁阀线圈正常时,其电阻值应符合标准,否则应更换 EGR 电磁阀。

(2)用万用表欧姆挡测量电磁阀插孔上两端子与阀壳间的电阻,正常时应不导通。否则应更换 EGR 电磁阀。

5. 电磁阀通气情况检查(不通电检测)

拔下电磁阀的线束插接器及真空软管,拆下 EGR 电磁阀,将压缩空气从 B 口吹入。不通电时,A—B 之间应通气,A—C、B—C 之间应不通气。

6. 电磁阀通气情况检查(通电检测)

当电磁阀通电时,B—C 之间应通气,A—B、A—C 之间应不通气(B 口接进气管;A 口接 EGR 阀;C 口通大气)。

任务 4　氧传感器结构原理及电路的检修

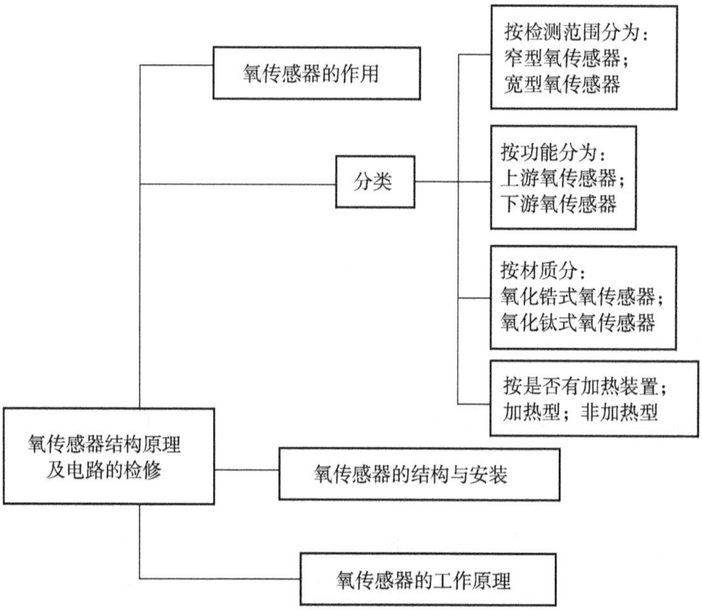

思维导图

一、氧传感器

在当前的汽车工业中,现代汽车所配备的发动机均安装了一种关键的排放控制设备——三元催化转换器。该设备的核心作用是执行一项至关重要的化学反应,即把发动机排出的三种主要的有害物质 CO、HC 以及 NO_x 通过一系列复杂的催化作用转化为水蒸气(H_2O)、CO_2 以及 N_2,这些转化后的物质对环境的危害大大降低,从而达到了保护环境的目的。

三元催化转换器的效率并不是固定不变的,其与发动机内部混合气体的空燃比有着直接的关系。空燃比,就是混合气体中空气与燃料的比例。理论上存在一个最佳的空燃比范围,当混合气体在这个范围内时，三元催化转换器的效率会达到最高。因此，为了确保转换效率，必须采用空燃比闭环控制系统，这个系统能够精确地将空燃比控制在一个理想范围内。

空燃比闭环控制系统由几个关键部件构成，包括氧传感器、动力控制模块（PCM）以及喷油器等。其中氧传感器被安装在汽车的排气管上，其作用是监测排气中氧气的含量。当氧传感器检测到氧气含量时，会将这个信息转化为电信号，并传递给 PCM。PCM 接收到这些信号后，会根据预设的算法判断当前混合气体的空燃比是否合理，然后对喷油器的喷油量进行相应的调整。通过这样的方式，PCM 能够控制空燃比逐渐稳定在理论上的最佳值（14.7∶1）。当空燃比被精确控制后，三元催化转换器的效率就能得到最大化的发挥，发动机的排放性能也会因此达到最佳状态。

二、氧传感器的作用

氧传感器的主要功能是精确测量发动机燃烧后排放气体中氧气的过量情况，也就是氧气的实际浓度。这一测量过程至关重要，因为它能够直接反映发动机燃烧效率的高低。通过准确获取氧气含量，氧传感器将这一信息转化为电压信号，这一信号随后被传递到发动机计算机中。发动机计算机接收到这些信号后，会进行复杂的数据处理和计算，以此调整发动机的燃油供应，确保发动机运行在理论空燃比之下。理论空燃比是一种理想的燃烧比例，能够使发动机在燃烧燃料时达到最高效的能量输出和最低的污染排放。

此外，氧传感器的反馈机制还能确保三效催化转化器（TWC）能够高效地转化排气中的三种主要污染物：HC、CO 和 NO_x。这种转化效率的最大化，意味着发动机排放出的有害物质能够得到最大程度的转化和净化，从而大幅减少对环境的污染。总的来说，氧传感器在提高发动机效率和减少环境污染方面发挥着至关重要的作用。

三、氧传感器的分类

氧传感器是汽车电喷发动机控制系统中关键的反馈传感器，主要用于检测和控制汽车尾气中的氧气含量，从而优化燃油燃烧过程，减少污染物排放。根据功能和特性的不同，氧传感器可以分为以下几类。

（一）普通氧传感器

1. 分类

普通氧传感器是汽车上应用最广泛的氧传感器类型，主要分为二氧化锆式和二氧化钛式两种。两者又可根据是否带有加热元件分为加热型和不加热型，其中加热型氧传感器在汽车上使用较多。

2. 工作原理

普通氧传感器通过测量排气中的氧气含量，将电信号反馈给电控单元（ECU）。ECU 根据这些信号调整燃油喷射量，使混合气达到最佳空燃比，从而提高燃烧效率，减少废气排放。

3. 应用

普通氧传感器广泛应用于各种汽油发动机中，是控制燃油喷射和尾气排放的关键部件。

（二）空燃比传感器

1. 特点

空燃比传感器能够连续检测混合气从浓到稀整个范围的空燃比。与普通氧传感器相比，空燃比传感器具有更宽的检测范围和更高的控制精度。

2. 工作原理

空燃比传感器也是通过测量排气中的氧气含量来工作的，但其能够更精确地反映混合气的空燃比变化并将数据反馈给 ECU。ECU 根据空燃比的变化调整燃油喷射量，以实现发动机全工况范围内的最佳油耗、最佳排放和最佳运转性能。

3. 应用

空燃比传感器通常用于对排放和性能要求较高的汽车发动机中，如高端轿车和跑车等。

（三）氮氧化物传感器

1. 功能

氮氧化物传感器主要用于识别和检查三元催化器的功能是否正常。三元催化器是汽车尾气处理系统中的重要组成部分，用于减少有害气体的排放。

2. 工作原理

氮氧化物传感器通过测量排气中的氮氧化物含量来判断三元催化器的工作效率。如果传感器检测到三元催化器失效或效率降低，ECU 将采取相应的措施（如增加燃油喷射量或调整点火提前角等）来保证尾气排放的达标。

3. 应用

氮氧化物传感器广泛应用于装备有三元催化器的汽车中，是确保尾气排放达标的重要部件之一。

四、普通氧化锆式氧传感器结构组成与工作原理

（一）普通氧化锆式氧传感器的安装位置

如图 5-29 所示，普通氧化锆式氧传感器位于排气管的第一节，在催化转化器的前面。有些车在三效催化转化器后还安装有氧传感器，此氧传感器称为副氧传感器或下游氧传感器；安装在三效催化转化器前的氧传感器称为主氧传感器或上游氧传感器。

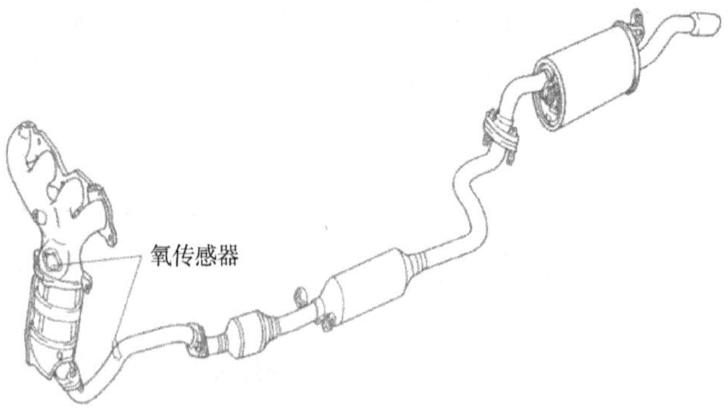

图 5-29　普通氧化锆式氧传感器的安装位置

（二）普通氧化锆式氧传感器的结构

普通氧化锆式氧传感器的结构如图 5-30，敏感元件是氧化锆陶瓷管（固体电解质），也称锆管，锆管内侧通大气，外侧通废气。锆管内外表面覆盖一层铂膜电极，起催化作用。铂膜外覆盖一层多孔氧化铝陶瓷层，陶瓷层外加有带槽口的套管，防止铂膜被废气腐蚀，并保证废气与锆管接触。氧传感器的信号线由锆管内外两侧引出，接线端有一个金属护套，其上开有一个小孔，使锆管内侧与大气相通。

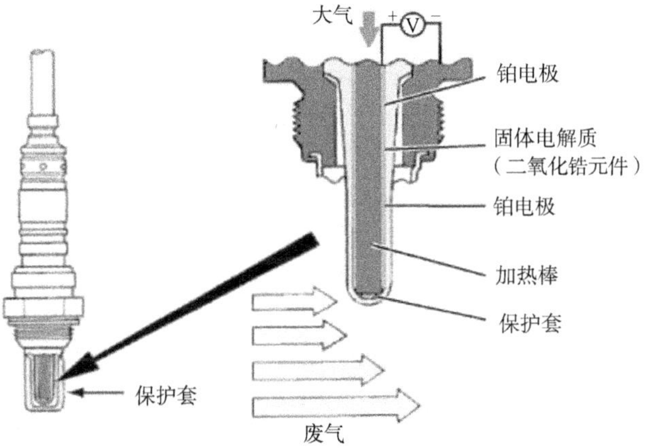

图 5-30　普通氧化锆式氧传感器的结构

（三）普通氧化锆式氧传感器的工作原理

氧化锆（ZrO_2）为固态电解质的一种，在高温时氧离子易于移动。普通氧化锆式氧传感器将氧化锆烧结成管状，并于内层与外层涂上铂（Pt），这就是氧化触媒的作用，当氧离子移动时即会产生电动势，而电动势的大小是依氧化锆两侧的所接触到的氧而定，最外层则覆盖一层保护壳。内层铂（Pt）面与大气接触，所以氧气浓度高，外层铂（Pt）与排气接触，氧气浓度低。当混合比较高时，排放的废气所含的氧相对地减少，因此氧化锆两侧的铂（Pt）所接触到的氧气高低落差大，所产生的电动势也相对高（接近 1 V）；当混合比稀时，燃烧完所多余的氧气较多，氧化锆两侧的铂（Pt）层的氧气落差小，因此所产生的电动势低（接近 0 V）。图 5-31 为普通氧化锆式氧传感器工作原理。

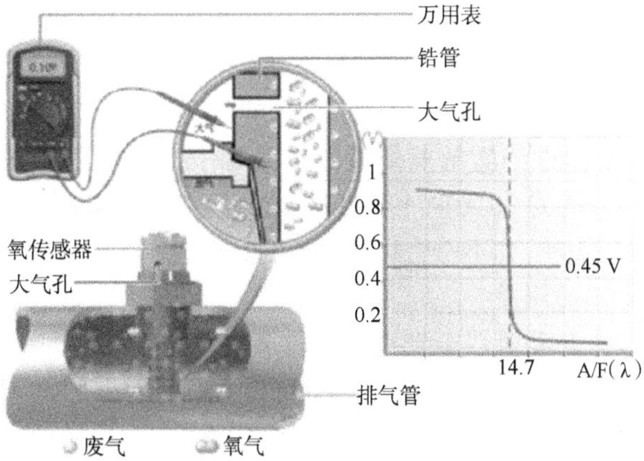

图 5-31　普通氧化锆式氧传感器工作原理

五、氧传感器电路分析

图 5-32 为氧传感器电路图，S1 为空燃比传感器，安装在发动机三元催化前面，监测废气中氧的浓度并将信号发送给 ECM，ECM 根据信号分析调整发动机空燃比到最佳比例。S1 空燃比传感器四个端子为电源端+B，接地端 HA1A，传感器阳极 A1+，传感器阴极 A1-。S2 为加热型氧传感器，安装在发动机三元催化后面，用于检测费经过三元催化后废气中氧的浓度，补偿主空燃比控制中出现的偏差。HT1B 与+B 为加热器端子，E2 为打铁端子，OX1B 为信号端子。

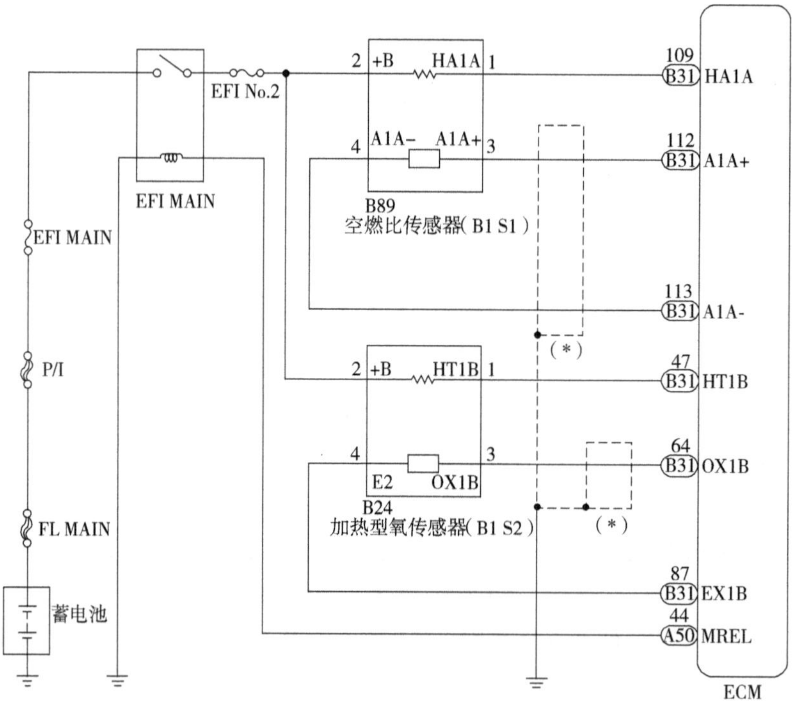

图 5-32 氧传感器电路图

六、氧传感器检测

(一)氧传感器的初步检查方法

1. 氧传感器加热器电阻的检查

用万用表电阻挡(欧姆挡)测量氧传感器接线端中加热电阻接柱(白色)与搭铁接柱(白色)之间的电阻，其阻值为 20 ℃时 1~6 Ω 或 12 Ω(参考具体车型维修手册)。电阻值若为无穷大，则是加热电阻烧断，如不符合标准，应更换氧传感器。

2. 氧传感器反馈电压的测量

(1)万用表检测。将发动机热车至正常工作温度且稳定运转时(氧传感达到工作温度 350 ℃或启动后以 2 500 r / min 的转速运转 3 min)，对氧传感器的输出电压进行测试，在接线正常情况下用万用表检测氧传感器信号线(灰色和黑色)间电压应在 0.1~0.9 V 快速波动(跳变周期 3 s 左右)。

（2）用故障诊断仪检测。将发动机热车至正常工作温度，观察氧传感器电压项显示数值应在 0.1~0.9 V 快速波动（跳变周期 3 s 左右）。

3. 氧传感器接地方式的判断

打到万用表蜂鸣挡，一支笔接灰色插脚，另一支笔接传感器本体外壳，若蜂鸣则判定此传感器为线壳共地方式，若无蜂鸣，则一般认定为独立接地式。

（二）氧传感器及其电路的检修

氧传感器及其电路的检修操作步骤如下。

1. 读取氧传感器输出电压

（1）将故障诊断仪连接到汽车的 DLC3 诊断接口。

（2）将点火开关置于 ON 位置，启动发动机，并打开故障检测仪。

（3）选择以下菜单项：Powertrain / Engine and ECT / Data List / A / FControl System / O2S BI S2。

（4）暖机之后，使发动机以 2 500 r / min 的转速怠速运转三分钟。

（5）踩油门踏板，将发动机转速快速提高至 4 000 r / min，反复操作三次，读取氧传感器的输出电压。正常情况下，输出电压值在 0.4~0.55 V 范围内波动，否则，氧传感器存在故障。

2. 检查氧传感器脉冲波形（图 5-33）

（1）启动发动机 20~30 s，使发动机以 2 500 r / min 的转速怠速运转三分钟。

（2）打开示波器电源开关，调整示波器量程为 0.2 V / 格、200 ms / 格。检测两端子 B31-64（OX1B）与 B31-87（EX1B）之间的脉冲波形。

（3）对比正常波形，分析检测波形。

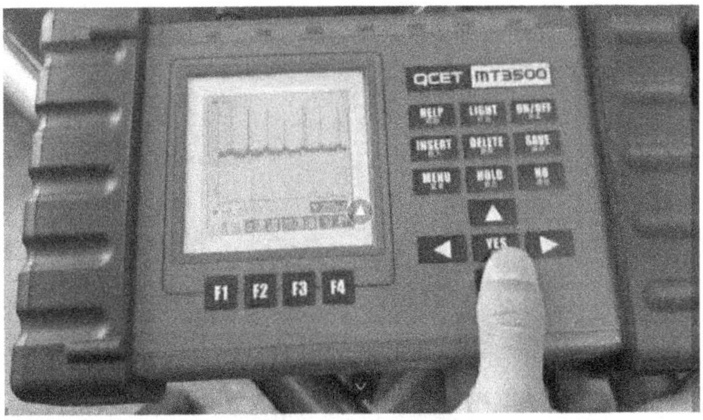

图 5-33　检查氧化感器脉冲波形

3. 检测氧传感器电源电压（图 5-34）

（1）举升车辆至合适的操作位置，分离氧传感器线束连接器。

（2）将万用表置于直流电压（V）档，按图中检测仪连接方式检测两端子之间的电压，记录检测数据，将检测数据与标准数据进行比对，如果检测数据不在规定范围内，则维修或更换线束连接器。

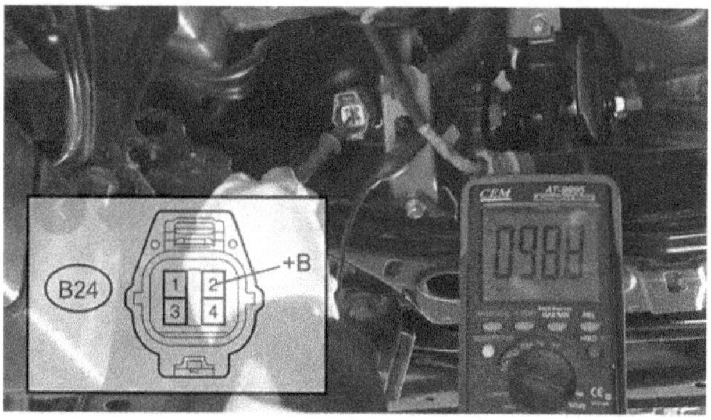

图 5-34　检测氧传感器电源电压

4. 检查氧传感器线束和连接器(图 5-35)

(1)断开蓄电池负极电缆。

(2)分离 ECM(B31)线束连接器。

(3)将万用表置于欧姆挡,按图中检测仪连接方式检测两端子之间的电阻,记录检测数据,然后与标准数据进行对比。

图 5-35　检查氧传感器线束和连接器

5. 检测氧传感器加热器电阻(图 5-36)

(1)断开蓄电池负极电缆。

(2)将万用表置于欧姆挡,检测两端子之间的电阻,记录数据,然后将数据与标准数据对比。

（3）连接氧传感器连接器。

（4）降下车辆，连接 ECM（B31）线束连接器。

（5）连接蓄电池负极端子。

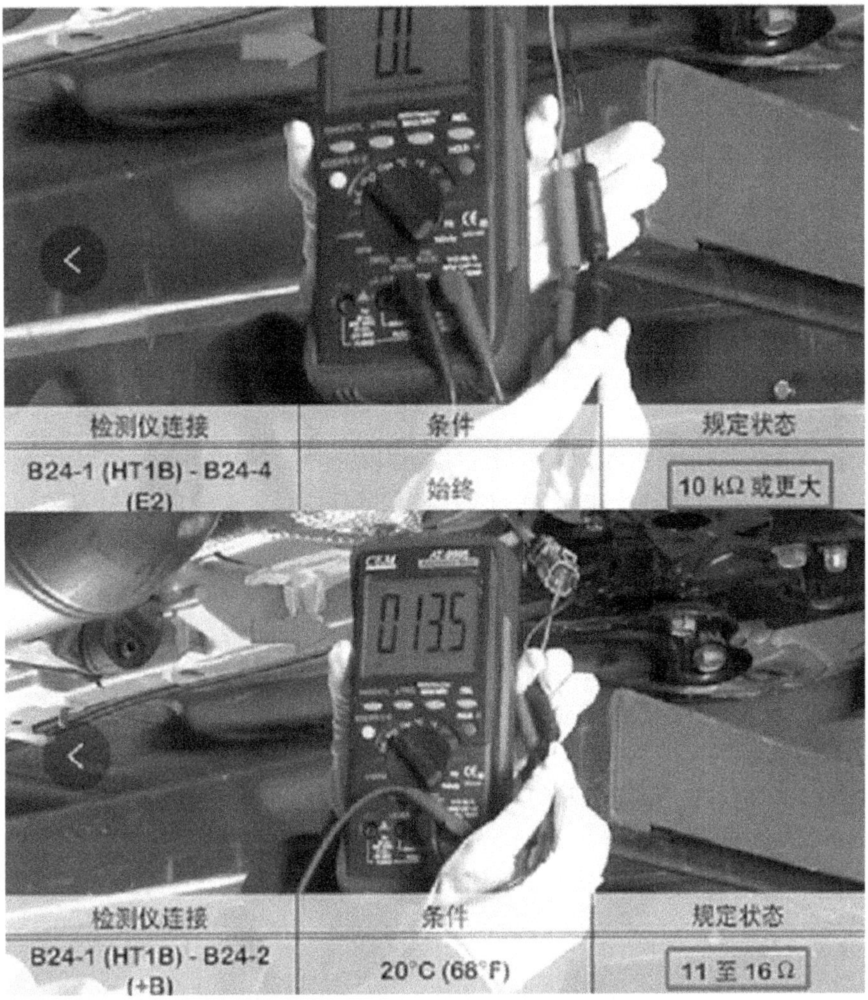

图 5-36　检测氧传感器加热器电阻

项目六 发动机技术发展趋势与展望

一、发动机技术的重要性

发动机技术作为现代工业的心脏，其重要性不言而喻。它不仅直接关系到交通运输的效率和安全性，更是推动节能减排、实现可持续发展的关键力量。据国际能源署统计，全球交通运输领域的碳排放量占全球碳总排放量的近四分之一，而发动机作为交通运输的主要动力源，其技术革新对于减少碳排放具有决定性作用。例如通过采用高效燃烧技术和排放后处理技术，现代汽车发动机的燃油效率较传统发动机提高了近 30%，同时大幅降低了有害物质的排放。

在智能化浪潮的推动下，发动机技术正逐步向智能化方向发展。特斯拉作为电动汽车领域的领军企业，其自主研发的电动驱动系统不仅实现了高效能输出，还通过智能控制系统实现了能量回收和智能分配，进一步提升了能源利用效率。这种智能化技术的应用，不仅提升了驾驶体验，更为节能减排提供了有力支持。此外，发动机技术的不断革新还促进了新材料、新工艺的应用和发展。例如，采用轻质合金材料替代传统钢铁材料，可以显著降低发动机重量，提高燃油经济性。同时，通过优化设计和精密制造，发动机的性能和可靠性也得到了显著提升。这些技术革新不仅推动了汽车产业的转型升级，更为其他工业领域提供了有益的借鉴和启示。

发动机技术的重要性不仅体现在其作为动力源的基础作用上，更体现在其对节能减排、智能化发展以及新材料、新工艺应用的推动作用上。随着科技的不断进步和全球对可持续发展的重视，发动机技术将继续迎来更加广阔的发展前景。

二、发展趋势

在当今全球汽车工业的浪潮中，发动机技术的革新正以前所未有的速度推动着行业的绿色转型与智能化升级。随着环保意识的增强和能源结构的调整，节能减排已成为发动机技术发展的核心驱动力。据国际能源署预测，到 2030 年，全球范围内新能源汽车的渗透率将达到 30%以上，这一趋势无疑加速了发动机技术向更高效、更清洁方向的迈进。

智能化则是发动机技术另一大不可逆转的趋势。随着物联网、大数据、人工智能等技术的飞速发展，发动机不再仅仅是机械部件的集合体，而是成为能够自我学习、自我优化甚至与驾驶员进行深度交互的智能系统。例如，通过集成高精度传感器和先进的算法，发动机能够实时监测运行状态，提前预测并避免潜在故障，从而大幅提高了运行效率和安全性。

展望未来，发动机技术的革新将更加注重电动化转型、轻量化与材料科学的应用以及网络安全与数据安全的保障。纯电动汽车和燃料电池汽车作为新能源汽车的代表，其发动机技术正逐步成熟并商业化应用。据特斯拉官方数据，其最新一代电动驱动单元的能量密度较上一代提升了 20%，续航里程显著增加。同时，轻量化材料如铝合金、碳纤维等的应用，不仅减轻了发动机重量，还提高了燃油经济性和动力性能。

然而，发动机技术的革新也面临着诸多挑战。技术瓶颈的突破需要持续投入大量研发资源，法规政策的调整则要求企业快速适应市场需求变化。此外，国际合作与竞争态势的复杂化也为企业带来了前所未有的压力。

任务1　发动机节能减排技术

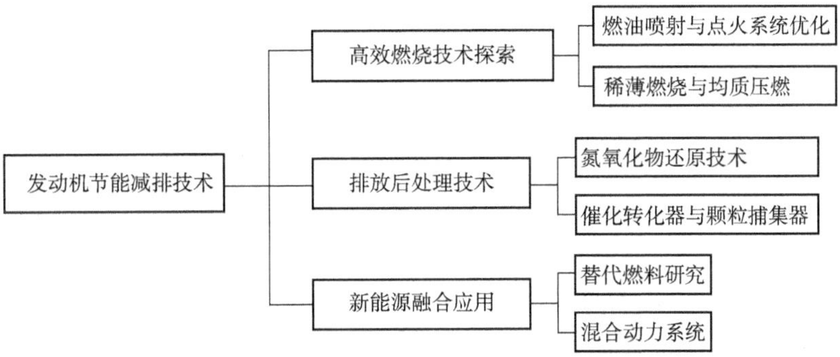

思维导图

一、高效燃烧技术探索

（一）稀薄燃烧与均质压燃

在发动机节能减排技术的探索中，稀薄燃烧与均质压燃技术作为两大核心策略，正引领着内燃机行业的绿色革命。稀薄燃烧技术通过提高进气中的空气与燃油比例，即空燃比，有效降低了燃烧过程中的燃油消耗和碳排放。据研究表明，当空燃比提升至理论空燃比的 1.4 倍以上时，燃油经济性可提升约 15%，同时可减少氮氧化物和颗粒物排放。丰田公司的 D-4S 双喷射系统便是一个成功应用案例，该系统结合了进气道喷射与缸内直喷技术，实现了更为精准的燃油喷射控制，促进了稀薄燃烧的实现，显著提升了发动机的热效率和环保性能。

均质压燃（HCCI）技术则进一步推动了内燃机燃烧方式的革新。它摒弃了传统的火花塞点火方式，通过高温高压的缸内环境使混合气自发着火，实现均质、柔和且高效的燃烧过程。HCCI 技术能够大幅度降低氮氧化物和颗粒物排放，同时提高燃油经济性。然而，HCCI 技术的实现难度较大，需要精确控制缸内温度、压力和混合气浓度等多个参数。为此，科研人员提出了多种控制策略，如可变气门正时、可变压缩比以及外部 EGR（废气再循环）等，以优化 HCCI 的燃烧过程。例如马自达公司的 Skyactiv-X 发动机便采用了 SPCCI（Spark Controlled Compression Ignition）技术，即在均质压燃的基础上引入火花塞辅助点火，实现了 HCCI 燃烧模式的灵活控制，既保留了传统汽油机的动力响应性，又大幅提升了燃油经济性和排放性能，如图 6-1。

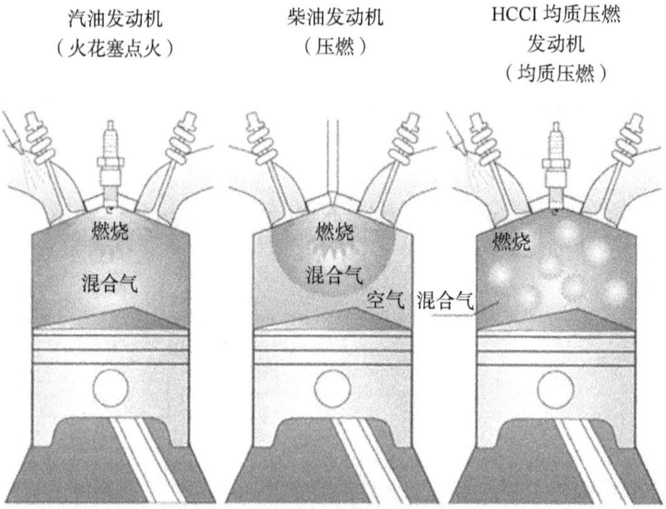

图 6-1　HCCI 技术燃烧模式对比

稀薄燃烧与均质压燃技术的结合应用，更是为发动机节能减排开辟了新的途径。这些技术通过优化燃烧过程，减少能量损失和污染物生成，不仅响应了全球节能减排的迫切需求，也为内燃机行业的可持续发展提供了有力支撑。

（二）燃油喷射与点火系统优化

在发动机技术的革新中，燃油喷射与点火系统的优化扮演着至关重要的角色。随着电子控制技术的飞速发展，现代发动机普遍采用高压共轨燃油喷射系统（图 6-2），该系统通过精确控制燃油喷射的时机、压力及量，实现了燃油的高效利用与排放的显著降低。例如某知名汽车制造商通过引入先进的压电式喷油器，实现了燃油喷射压力高达 2 500 bar，相比传统喷油系统，燃油雾化效果显著提升，燃烧效率提高了约 5%，同时氮氧化物和颗粒物排放大幅降低。

点火系统的优化同样不容忽视。现代发动机普遍采用独立点火系统，每个气缸配备一个点火线圈，实现了点火能量的精确控制。此外，通过引入先进的点火提前角控制算法，发动机能够根据实时工况调整点火时刻，确保在最佳点火角下工作，从而进一步提升燃烧效率和动力性能。据实验数据显示，优化后的点火系统可使发动机功率提升约 3%，同时燃油经济性改善约 2%。

在智能化发展的背景下，燃油喷射与点火系统的优化更是融入了大数据与 AI 技术。通过收集发动机运行过程中的海量数据，利用机器学习算法对燃油喷射和点火参数进行持续优化，实现了发动机性能的动态调整与自我优化。这种智能化的优化方式，不仅提高了发动机的工作效率，还降低了维护成本，为用户带来了更加卓越的驾驶体验。

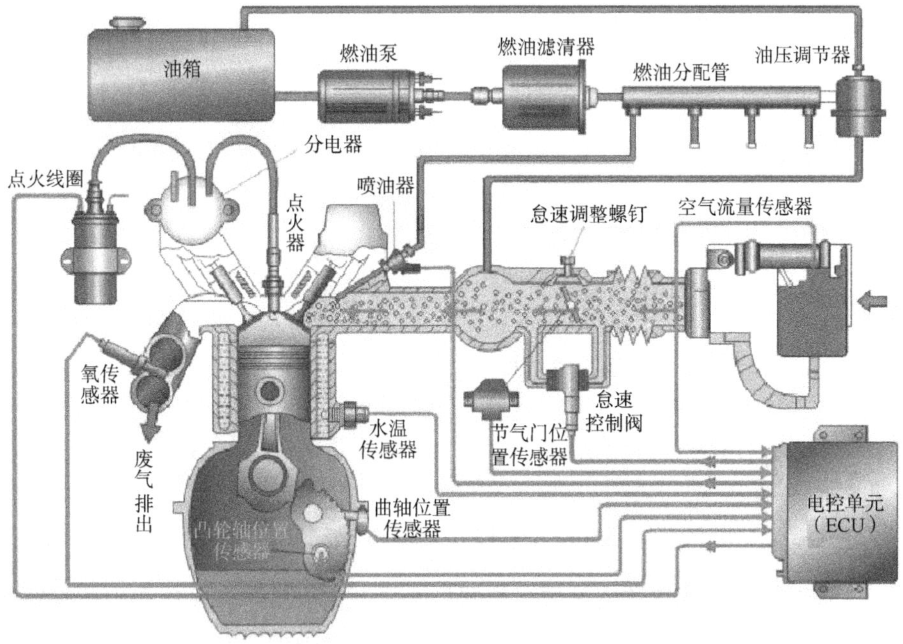

图 6-2　高压共轨燃油喷射系统

二、排放后处理技术

（一）催化转化器与颗粒捕集器

在发动机节能减排技术的关键环节中，催化转化器与颗粒捕集器扮演着不可或缺的角色。催化转化器作为尾气处理系统的核心部件，通过贵金属催化剂的作用，有效降低了尾气中的 CO、HC 和 NO_x 等有害物质的排放。其结构如图 6-3 所示。研究表明，现代高效催化转化器能将这些有害物质的排放量降低至法规要求的极限以下，甚至在某些先进系统中，其转化效率可高达 90%以上。例如欧洲某知名汽车制造商采用的先进三元催化转化器，在严格的欧 VI 汽车排放标准下，依然能够保持卓越的排放控制性能。

颗粒捕集器（Diesel Particulate Filter，DPF）是针对柴油发动机尾气中颗粒物（PM）排放的专项解决方案。它通过物理拦截和催化氧化的方式，将尾气中的炭黑颗粒捕集并存储在过滤器内部，随后在特定条件下进行再生处理，将积累的颗粒物转化为无害的二氧化碳和水蒸气。据行业数据显示，装备了高效颗粒捕集器的柴油发动机，其颗粒物排放量可降低至接近零的水平，这对于改善城市空气质量、保护公众健康具有重要意义。例如某重型卡车制造商推出的新款柴油车型，通过集成先进的颗粒捕集器技术，成功实现了在复杂工况下的超低颗粒物排放，赢得了市场的广泛认可。

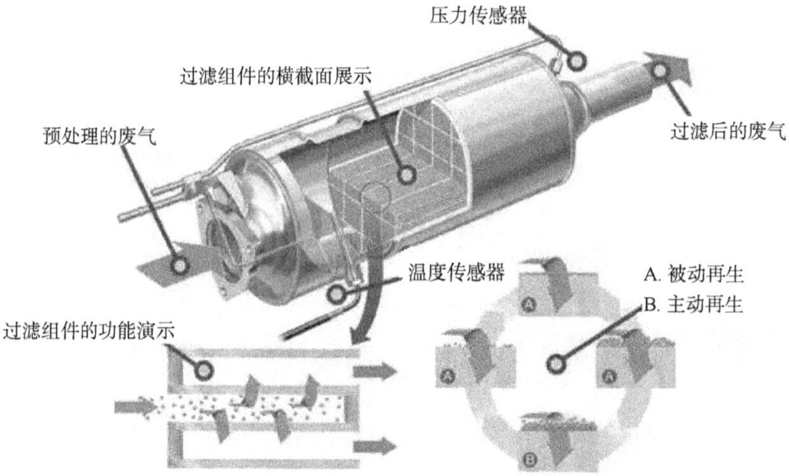

图 6-3　催化转化器结构示意图

值得注意的是，催化转化器与颗粒捕集器的性能不仅取决于其设计和制造水平，还受到发动机运行工况、燃油品质以及后处理系统整体匹配度等多种因素的影响。因此，在实际应用中，需要综合考虑各种因素，通过优化发动机控制策略、提升燃油清洁度以及加强后处理系统的维护保养等措施，来确保催化转化器与颗粒捕集器持续发挥最佳的排放控制效果。

（二）氮氧化物还原技术

氮氧化物还原技术作为发动机节能减排技术的关键一环，对于降低汽车尾气排放、改善空气质量具有重要意义，如图 6-4 所示。当前，选择性催化还原（Selective Catalytic Reduction，SCR）技术已成为氮氧化物减排的主流方案，其通过向排气系统中注入尿素溶液，在催化剂的作用下将氮氧化物转化为无害的氮气和水。据研究表明，采用 SCR 技术的柴油发动机，其氮氧化物排放量可降低至欧 VI 汽车排放标准的限值以下，甚至更低。

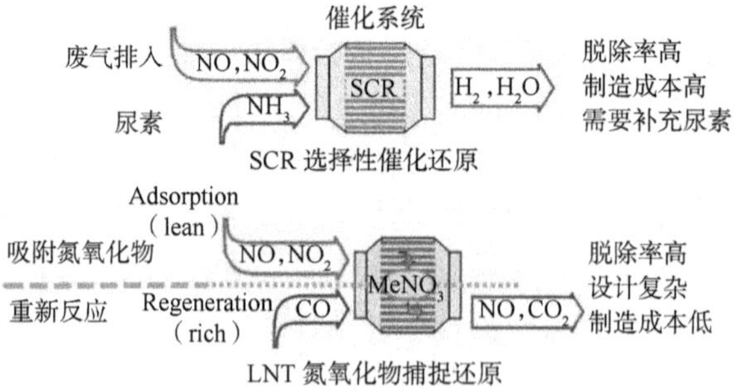

图 6-4　氮氧化物还原示意图

以某知名汽车制造商为例，其最新一代柴油发动机搭载了先进的 SCR 系统，通过优化催化剂配方和尿素喷射策略，实现了氮氧化物排放的显著降低。据官方数据显示，该发动机在 NEDC 循环测试中的氮氧化物排放量较上一代产品降低了近 50%，充分展示了氮氧化物还原技术的有效性。此外，该制造商还采用了闭环控制系统，实时监测排气中的氮氧化物浓度，并据此调整尿素喷射量，确保排放性能的稳定性和可靠性。在氮氧化物还原技术的研发过程中，科学家们不断探索新的催化剂材料和反应机理，以提高转化效率和耐久性。例如，一些研究团队正在开发基于纳米技术的催化剂，通过调控催化剂的微观结构和表面性质，实现更高的催化活性和选择性。同时，随着大数据和人工智能技术的发展，智能化控制策略也被引入到 SCR 系统中，其通过数据分析和机器学习算法优化尿素喷射策略，进一步提高减排效果。

值得注意的是，氮氧化物还原技术的推广和应用还面临着一些挑战。一方面，尿素溶液的储存和加注需要额外的空间和设备，增加了车辆的成本和复杂性；另一方面，尿素溶液的消耗也会增加车辆的运行成本。因此，未来在氮氧化物还原技术的研发和应用中，需要综合考虑技术经济性、环保效益和用户体验等多个方面，以实现可持续发展。

三、新能源融合应用

（一）混合动力系统

混合动力系统（图 6-5）作为发动机技术革新中的重要一环，正引领着汽车行业向更加环保、高效的方向迈进。该系统通过结合传统内燃机与电动机的优势，实现了动力输出的灵活调控与能源利用的最大化。以丰田普锐斯为例，作为全球首款大规模商业化的混合动力车型，其搭载的混合动力系统通过智能控制，能够在不同驾驶工况下自动切换或同时利用内燃机与电动机的动力输出，从而显著降低燃油消耗与尾气排放。数据显示，相比同级别传统燃油车，普锐斯在综合工况下的燃油经济性可提升约 30%，这无疑为混合动力技术的发展树立了标杆。

图 6-5　混合动力系统

混合动力系统的核心在于其能量管理策略，它通过内燃机与电动机之间协同工作以达到最佳效能。现代混合动力系统普遍采用先进的控制算法，如模糊逻辑控制、神经网络控制等，实现动力系统的实时优化。这些算法能够根据车辆行驶状态、驾驶员意图及外部环境条件等因素，精确计算并分配内燃机与电动机的功率输出，确保动力系统的整体效率与性能。例如，在低速或怠速工况下，混合动力系统可优先使用电动机驱动车辆，减少内燃机的运行时间，从而降低油耗与排放；而在加速或高速行驶时，则可通过内燃机与电动机的联合工作，提供更为强劲的动力输出。

此外，混合动力系统还促进了新能源技术的融合应用。随着电池技术的不断进步与成本的降低，混合动力车型中的电动机与电池系统性能得到了显著提升。这不仅使得混合动力车型在纯电模式下的续航里程得到了延长，还为其在更多场景下实现零排放驾驶提供了可能。同时，混合动力系统也为后续向纯电动化转型奠定了坚实基础。通过逐步增加电动机与电池系统的比例，并优化内燃机的性能与效率，混合动力车型可逐步过渡为插电式混合动力车型乃至纯电动车型，从而最终实现汽车行业的全面电动化转型。如图 6-6 所示为第二代 DM 混动系统和 DM-p 混动系统示意图。

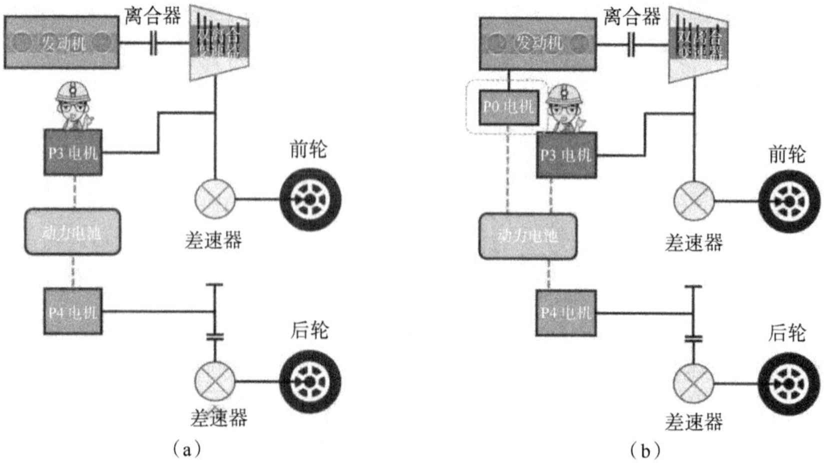

图 6-6　两种混动系统示意图

(a)第二代 DM 混动系统　(b)DM-p 混动系统

在混合动力系统的发展过程中，技术创新与市场需求是推动其不断前进的重要动力。一方面，随着全球对环境保护与节能减排的日益重视，各国政府纷纷出台相关政策法规以推动新能源汽车的发展。这为混合动力系统提供了广阔的市场空间与发展机遇。另一方面，汽车企业也在不断加大研发投入力度，致力于提升混合动力系统的性能与可靠性。通过采用更先进的控制算法、更高效的能量转换装置以及更环保的材料与工艺等手段，混合动力系统正逐步向更加智能化、高效化、环保化的方向发展。

(二)替代燃料研究

在发动机技术的革新浪潮中，替代燃料研究作为节能减排的重要一环，正逐步展现出其巨大的潜力和价值。随着全球对环境保护意识的增强，传统化石燃料的局限性日益凸显，而替代燃料如生物燃料、氢能源及合成燃料等，正成为行业关注的焦点。据国际能源署预测，到 2050 年，替代燃料在全球能源消费中的占比有望超过 30%，这一数据充分说明了替代燃料研究的紧迫性和重要性。

以生物燃料为例，其作为可再生资源，具有减少温室气体排放、促进农业废弃物利用等多重优势。瑞典的 Volvo 集团已率先在重型卡车上实现了生物柴油的商业化应用，通过优化燃烧系统和燃料配方，不仅显著降低了尾气排放，还提高了燃油经济性。这一成功案例为生物燃料在发动机领域的广泛应用提供了有力支撑。

氢能源作为另一种极具潜力的替代燃料，其燃烧产物仅为水，实现了真正的零排放。丰田 Mirai 作为全球首款量产氢燃料电池汽车，其搭载的氢燃料电池发动机在续航里程、加速性能等方面均表现出色，为氢能源在发动机技术中的应用树立了标杆。此外，日本政府的大力推广和基础设施建设也为氢能源汽车的普及奠定了坚实基础。

在替代燃料的研究过程中，合成燃料作为一种新兴选择，正逐渐进入人们的视野。合成燃料通过化学方法将二氧化碳、水等原料转化为燃料，不仅实现了碳的循环利用，还减少了对化石燃料的依赖。壳牌等能源巨头已投入巨资进行合成燃料的技术研发和市场推广，旨在为全球能源转型贡献力量。

任务 2 发动机智能化发展

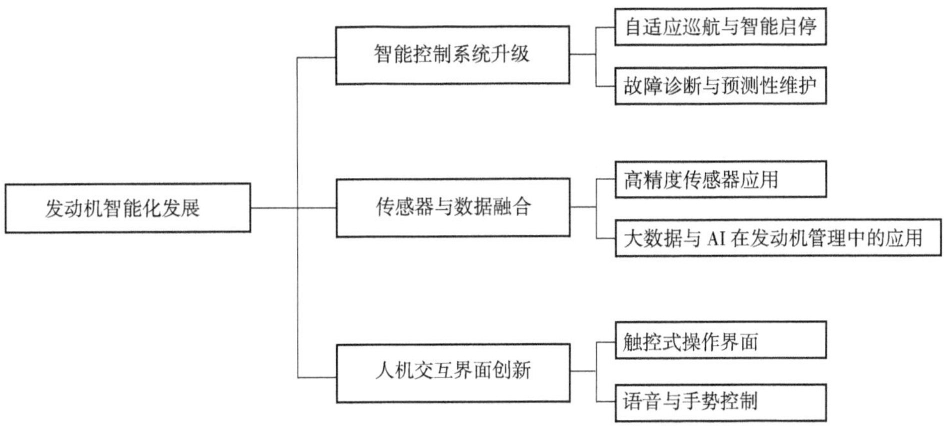

思维导图

一、智能控制系统升级

（一）自适应巡航与智能启停

在发动机技术的智能化发展中，自适应巡航与智能启停系统作为智能控制系统的关键组成部分，正引领着汽车行业向更高效、更智能的方向迈进。自适应巡航系统（图 6-7）通过集成雷达、摄像头等传感器，实时监测前方车辆的距离与速度，自动调整车速以保持安全车距，有效减轻了驾驶者的负担，显著提升了行车安全性。研究表明，采用自适应巡航系统的车辆在高速公路上的事故率可降低约 30%。

图 6-7　自适应巡航系统

智能启停系统（如图 6-8）是节能减排的又一利器。该系统在车辆静止且满足一定条件时，自动关闭发动机以节省燃油，并在需要时迅速启动发动机，实现无缝衔接。以某知名汽车制造商为例，其搭载智能启停系统的车型，在城市拥堵路况下，燃油经济性可提升约 5%~10%。这一技术的广泛应用，不仅降低了消费者的用车成本，也为全球节能减排事业做出了积极贡献。

图 6-8　智能启停系统

自适应巡航与智能启停系统的结合，更是实现了驾驶体验与燃油经济性的双重优化。当车辆处于自适应巡航状态时，智能启停系统能够更精准地判断停车与启动的时机，避免不必要的燃油消耗，如图 6-9 所示。同时，这种智能化的协同工作，也提升了车辆的整体智能化水平，使驾驶过程更加轻松愉悦。

图 6-9　智能控制系统精准判断停车与启动

（二）故障诊断与预测性维护

在发动机技术的智能化发展中，故障诊断与预测性维护扮演着至关重要的角色。随着大数据与人工智能技术的深度融合，现代发动机管理系统能够实时采集并分析海量运行数据，从而实现对潜在故障的精准预测和及时干预。据行业报告显示，采用预测性维护策略的企业，其发动机故障率可降低约 30%，维护成本减少约 20%。这一显著成效得益于先进的算法模型，如机器学习中的随机森林和神经网络，它们能够从复杂的数据中集中挖掘出故障发生的早期迹象。

以某知名汽车制造商为例，其通过部署智能传感器网络，实现了对发动机运行状态的全面监控。当系统检测到异常数据如油温异常升高或振动频率变化，会立即触发预警机制，并自动分析可能的故障原因。结合历史故障案例库和专家知识库，系统能够迅速生成维修建议，甚至提前安排维修资源，确保发动机在最佳状态下运行。此外，预测性维护还注重对发动机健康状态的持续评估。通过构建健康指数模型，系统能够量化发动机的性能衰退程度，为决策者提供直观的参考依据。这种基于数据的决策支持，不仅提高了维护效率，还延长了发动机的使用寿命，降低了整体运营成本。

二、传感器与数据融合

（一）高精度传感器应用

在发动机技术的智能化发展中，高精度传感器的应用扮演着至关重要的角色。这些传感器不仅提升了发动机的性能与效率，还为实现更精细化的控制与管理提供了可能。以燃油喷射与点火系统优化为例，高精度压力传感器和温度传感器能够实时监测燃烧室内的压力与温度，确保燃油在最佳时机以最佳状态喷入，从而实现更为精准的燃烧控制。研究表明，采用高精度传感器后，燃油效率可提升约 5%，有害排放物减少达 30%以上。

此外，在故障诊断与预测性维护方面，高精度传感器同样展现出其独特的优势。例如，通过集成在发动机关键部件上的振动传感器和温度传感器，可以实时监测发动机的运行状态，及时发现潜在故障并预测维护需求。这种预测性维护策略不仅降低了因突发故障导致的停机时间，还显著减少了维护成本。据行业数据显示，采用高精度传感器进行预测性维护的企业，其设备维护成本可降低约 20%，设备利用率提高达 10%以上。

在大数据与 AI 技术的加持下，高精度传感器收集的海量数据得以充分发挥其价值。构建复杂的数据分析模型，可以深入挖掘发动机运行过程中的潜在规律与趋势，为发动机性能优化与故障预防提供有力支持。高精度传感器在发动机技术中的应用（图 6-10），正是这一理念的生动体现。它们不仅让我们对发动机的运行状态有了更为深入的了解，更为发动机技术的持续创新与发展提供了源源不断的动力。

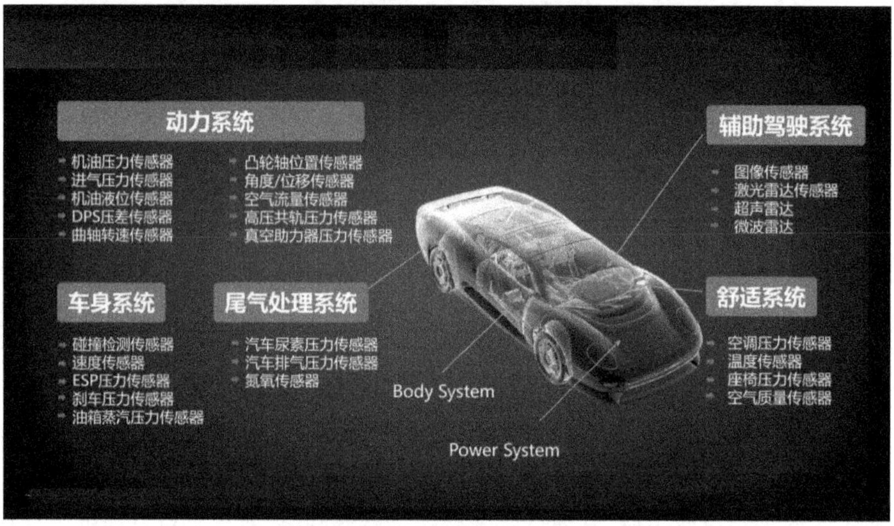

图 6-10　高精度传感器在汽车系统的应用

值得一提的是，高精度传感器在新能源汽车领域的应用同样引人注目。在混合动力系统中，高精度电流传感器和电压传感器能够实时监测电池组的充放电状态，确保能量转换的高效与安全。而在纯电动汽车中，高精度速度传感器和加速度传感器则成为实现精准动力分配与能量回收的关键。这些传感器的应用不仅提升了新能源汽车的续航里程与驾驶体验，更为新能源汽车产业的快速发展奠定了坚实基础。

（二）大数据与 AI 在发动机管理中的应用

在发动机管理的智能化进程中，大数据与 AI 技术的应用正引领着一场深刻的变革。通过集成车辆传感器网络收集的海量数据，AI 算法能够实时分析发动机的运行状态，实现精准调控与优化。例如，某知名汽车制造商利用深度学习模型，对发动机运行数据进行深度挖掘，成功预测了发动机故障发生的概率，并提前采取了预防性维护措施，显著降低了因故障导致的停机时间和维修成本。这一案例不仅展示了大数据与 AI 在提升发动机可靠性方面的巨大潜力，也体现了其在优化运营效率和降低成本方面的显著优势。

进一步地讲，大数据分析还助力发动机管理系统实现了更加精细化的燃油喷射与点火控制。通过对驾驶习惯、路况信息及发动机实时运行数据的综合分析，AI 算法能够动态调整燃油喷射量和点火时机，以达到最佳燃烧效率，减少燃油消耗和尾气排放。据研究，这种基于大数据与 AI 的智能控制策略，可使发动机燃油经济性提升约 5%~10%，同时显著降低氮氧化物和颗粒物等有害物质的排放。

此外，大数据与 AI 在发动机管理中的应用还促进了人机交互界面的创新。通过集成先进的语音识别和自然语言处理技术，驾驶员可以更加便捷地与发动机管理系统进行交互，实现语音控制发动机启停、调整驾驶模式等功能。这种创新不仅提升了驾驶的便捷性和安全性，也进一步推动了发动机技术的智能化发展。

综上所述，大数据与 AI 在发动机管理中的应用，不仅提升了发动机的性能和可靠性，还促进了节能减排和智能化发展。随着技术的不断进步和应用场景的拓展，我们有理由相信，未来的发动机将更加高效、环保、智能。

三、人机交互界面创新

（一）触控式操作界面

在发动机技术的智能化发展中，触控式操作界面作为人机交互的重要创新，正逐步成为现代汽车发动机控制系统的标配。这一界面设计不仅提升了驾驶的便捷性，还通过直观的操作体验，增强了用户对发动机性能及状态的掌控能力，如图 6-11。据市场研究机构预测，到 2025 年，全球超过 80%的新车型将配备触控式操作界面，这一数据充分显示了触控技术在汽车行业中的广泛应用前景。

触控式操作界面通过集成高清触控屏，实现了对发动机各项参数的实时监控与调节。例如，在宝马的最新车型中，驾驶员可以通过触控屏轻松调整发动机的工作模式，从经济模式到运动模式，只需指尖轻触即可完成，大大提升了驾驶的灵活性和个性化体验。此外，触控界面还具备高度自定义功能，用户可以根据自己的驾驶习惯，设置发动机启动声音、动力响应速度等参数，使发动机性能更加贴合个人需求。

图 6-11　触控式操作界面

在提升用户体验的同时，触控式操作界面还借助大数据分析技术，实现了对发动机运行状态的智能监测与预测性维护。通过收集并分析发动机运行过程中的海量数据，系统能够提前识别潜在故障，并向驾驶员发出预警，有效避免了因突发故障导致的安全隐患。特斯拉的电动汽车便是一个典型案例，其先进的触控式操作界面与车辆管理系统深度融合，实现了对电池组、电机等关键部件的实时监控与智能维护，显著提高了车辆的安全性和可靠性。

此外，触控式操作界面还促进了发动机技术的智能化升级。通过集成先进的传感器和AI算法，系统能够实时分析发动机的工作状态，并自动调整燃油喷射、点火时机等参数，以实现最优化的燃烧效率和排放性能。

（二）语音与手势控制

在发动机技术的智能化浪潮中，人机交互界面的创新尤为关键，其中语音与手势控制技术的引入，不仅极大地提升了驾驶的便捷性与安全性，还预示着未来汽车操控方式的新变革。据市场研究机构预测，到2025年，全球超过80%的新车型将配备先进的语音控制系统，而手势识别技术也将在高端车型中逐步普及。这一趋势的背后，是消费者对更加自然、直观交互方式的强烈需求。

以特斯拉为例，其Model S车型搭载的Autopilot自动驾驶辅助系统中，就深度融合了语音与手势控制功能。驾驶员可以通过简单的语音指令，如导航至最近的充电站，实现车辆导航的设定，无需分心操作触摸屏。同时，特斯拉还探索了手势识别技术，允许驾驶员通过特定手势控制车辆的部分功能，如调节音量或切换歌曲，进一步提升了驾驶的专注度，如图6-12所示。

在语音控制方面，现代汽车厂商普遍采用先进的自然语言处理技术，确保系统能够准确理解并响应驾驶员的复杂指令。例如，宝马的iDrive系统支持多轮对话，能够根据上下文理解驾驶员的意图，并提供相应的反馈。此外，随着AI技术的不断进步，语音控制系统还具备自我学习和优化的能力，能够根据驾驶员的使用习惯，提供更加个性化的服务

。

图6-12　手势识别技术的应用场景

手势控制技术的引入，则是对传统触控操作方式的一次革命性突破。通过高精度传感器和先进的图像处理算法，系统能够实时捕捉并分析驾驶员的手势动作，实现精准控制。例如，在驾驶过程中，驾驶员可以通过简单的手势动作，如挥手或握拳，来控制车辆的某些功能，如开启／关闭车窗或调整空调温度。这种非接触式的控制方式，不仅减少了物理按键的使用，降低了操作复杂度，还提高了驾驶的安全性。

未来，随着技术的不断成熟和成本的进一步降低，语音与手势控制技术将在汽车领域得到更广泛的应用。同时，随着 5G、物联网等技术的快速发展，汽车将成为一个更加智能化的移动空间，而语音与手势控制作为人机交互的重要方式之一，将在这个空间中发挥更加重要的作用。

任务 3　发动机技术的未来发展趋势

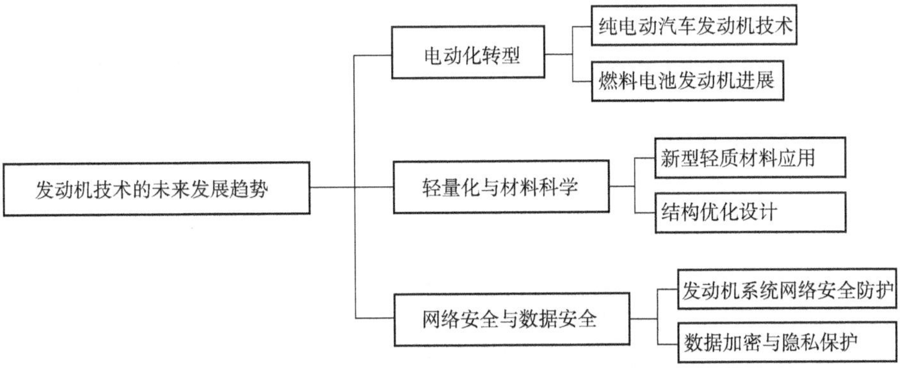

思维导图

一、电动化转型

（一）纯电动汽车发动机技术

纯电动汽车发动机技术作为汽车动力系统的革新方向，正引领着汽车行业向更加环保、高效和智能的未来迈进。其核心在于电动机技术的不断突破与优化，为纯电动汽车提供了强劲而持久的动力源。特斯拉作为该领域的佼佼者，其电动机技术尤为引人注目。特斯拉的电动机不仅具备高功率密度和扭矩输出，还通过先进的热管理系统和高效的能量回收机制，实现了能源的最大化利用。据特斯拉官方数据显示，其电动机的能效比传统内燃机高出数倍，显著降低了能耗和排放。

在纯电动汽车发动机技术的发展过程中，电池技术的进步同样至关重要。现代锂离子电池技术以其高能量密度、长循环寿命和快速充电能力，为纯电动汽车提供了可靠的能源保障。宁德时代作为全球领先的电池制造商，其研发的 CTP（Cell to Pack）电池技术，通过优化电池包结构，进一步提升了电池的能量密度和安全性，为纯电动汽车的续航里程和安全性能提供了有力支持。据宁德时代官方介绍，采用 CTP 技术的电池包相比传统电池包，体积能量密度可提升 15%~20%，续航里程显著提升。

此外，纯电动汽车发动机技术的智能化发展也是不可忽视的趋势。通过集成先进的传感器、控制器和算法，纯电动汽车发动机能够实现更加精准的控制和监测，提高动力系统的效率和可靠性。例如智能热管理系统能够根据车辆行驶状态和外部环境，自动调节电动机和电池的温度，确保其在最佳工作状态下运行。同时，故障诊断与预测性维护技术的应用，能够提前发现并解决潜在问题,降低故障率和维修成本。这些智能化技术的应用,不仅提升了纯电动汽车的性能和可靠性,还为用户带来了更加便捷和舒适的驾驶体验。

展望未来,纯电动汽车发动机技术将继续向更高效、更智能、更环保的方向发展。随着材料科学、电子技术和信息技术的不断进步,电动机、电池和控制系统等关键部件的性能将得到进一步提升。同时,随着全球对环保和可持续发展的重视,纯电动汽车发动机技术将成为汽车行业转型升级的重要驱动力。在这个过程中,我们期待看到更多像特斯拉和宁德时代这样的企业,通过不断创新和突破,为纯电动汽车发动机技术的发展贡献智慧和力量。

(二)燃料电池发动机进展

燃料电池发动机作为未来发动机技术的重要发展方向,近年来取得了显著进展。其高效、环保的特性,为汽车行业的节能减排和可持续发展提供了有力支持。以质子交换膜燃料电池(Proton Exchange Membrane Fuel Cell, PEMFC)为例,其凭借高功率密度、快速启动和低温工作能力等优势,已成为新能源汽车领域的核心动力源,如图 6-13 所示。

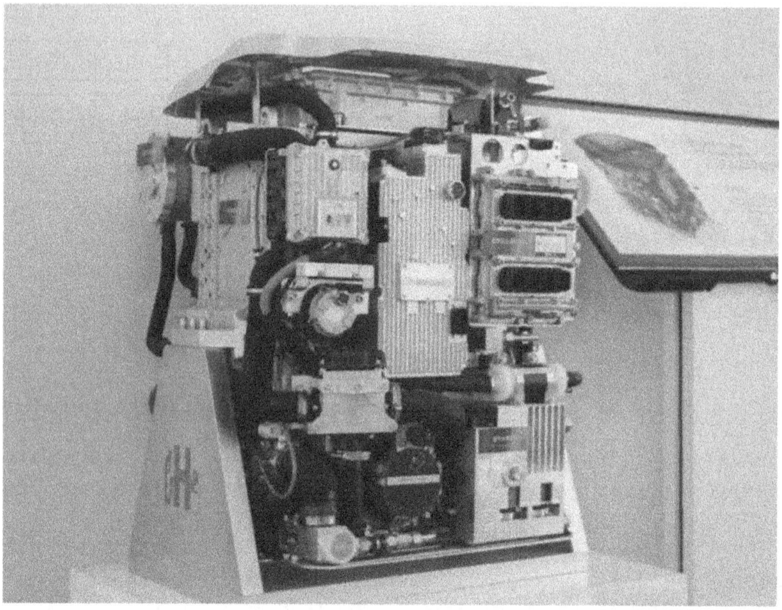

图 6-13　质子交换膜燃料电池

据行业数据显示, PEMFC 的功率密度在过去十年间实现了大幅提升,从最初的不足 1 kW / L 提升至当前的 3 kW / L 以上,部分先进产品甚至突破了 5 kW / L 的技术瓶颈。这一进步直接推动了燃料电池汽车续航里程的增加,使得其在实际应用中更具竞争力。例如丰田 Mirai 燃料电池(图 6-14)汽车,凭借其高效的 PEMFC 系统,实现了单次加氢续航里程超过 650 km 的优异成绩。

图 6-14　Mirai 燃料电池

在燃料电池发动机的研发过程中，技术创新是关键驱动力。国内外多家企业纷纷加大研发投入，致力于提升燃料电池的性能和可靠性。例如中国航天汽车旗下的航天三菱公司，成功研发出新一代大功率氢燃料电池发动机（图 6-15），其功率水平处于业内第一梯队，成功应用于中重型商用车领域。该发动机通过集成控制器、集成气液分离引射器等先进技术，取得了功率提升 61%的显著成效，为燃料电池发动机的商业化应用提供了有力支撑。

图 6-15　氢燃料电池

此外，燃料电池发动机的产业化进程也在加速推进。随着生产成本的降低和产业链的不断完善，燃料电池汽车的市场规模正在逐步扩大。据国际能源署预测，到 2030 年，全球燃料电池汽车的保有量将达到数百万辆级别，燃料电池发动机市场将迎来爆发式增长。

展望未来，燃料电池发动机的发展将更加注重系统集成和智能化。例如通过优化燃料电池系统与动力总成、热管理系统等关键部件的匹配，提升整车的综合性能；借助大数据、人工智能等先进技术，实现燃料电池发动机的智能化管理和维护，进一步提高其可靠性和经济性。这些努力将共同推动燃料电池发动机技术的不断进步和广泛应用,为汽车行业的绿色转型和可持续发展贡献力量。

二、轻量化与材料科学

(一)新型轻质材料应用

在发动机技术的未来发展中,新型轻质材料的应用扮演着至关重要的角色。随着材料科学的不断进步,诸如铝合金、镁合金以及碳纤维复合材料等轻质高强材料正逐步取代传统的钢铁材料,成为发动机制造的新宠。这些新型轻质材料的应用,不仅显著减轻了发动机的重量,提高了燃油效率,还增强了发动机的耐用性和性能表现。

以碳纤维复合材料为例,其密度仅为钢的 1 / 4,但强度却是钢的 7~9 倍。宝马公司在其 i 系列电动车中便大量采用了碳纤维复合材料制造车身和底盘部件,包括发动机支架等关键结构件。这一举措使得车辆整体重量大幅降低,从而提升了车辆的续航里程和加速性能。据宝马官方数据显示,采用碳纤维复合材料的车型相比传统车型,重量减轻了约 30%,续航里程则提升了近 50%。

此外,铝合金作为另一种广泛应用的轻质材料,也在发动机制造中发挥着重要作用。铝合金不仅具有较低的密度和良好的导热性,还具备较高的抗腐蚀性和可回收性。通用汽车在其 Ecotec 系列发动机中便大量使用了铝合金材料,包括缸体、缸盖和活塞等关键部件。这一举措不仅减轻了发动机的重量,还提高了发动机的散热效率和燃油经济性。据通用汽车官方介绍,采用铝合金材料的 Ecotec 系列发动机相比传统铸铁发动机,重量减轻了约 20%,燃油经济性则提升了约 10%。

值得注意的是,新型轻质材料的应用并非一蹴而就,需要克服诸多技术难题。例如,碳纤维复合材料的加工成本较高,且对制造工艺要求极为严格;而铝合金材料则存在热膨胀系数较大、易产生热应力等问题。因此,在推动新型轻质材料应用的过程中,需要不断加强材料科学研究和技术创新,提高材料的加工性能,降低成本。

正如著名材料科学家师昌绪先生所言:“材料是科技进步的基石。”新型轻质材料的应用不仅推动了发动机技术的革新与发展,也为整个汽车行业的节能减排和智能化转型提供了有力支撑。未来随着材料科学的不断进步和技术的日益成熟,新型轻质材料将在发动机制造中发挥更加重要的作用。

(二)结构优化设计

在探讨发动机技术的结构优化设计时,我们不得不提及其在节能减排与智能化进程中的关键作用。结构优化不仅关乎发动机的物理形态与材料选择,更深入到其运行效率与环保性能的全面提升。以丰田汽车的混合动力系统为例,其通过精细的发动机与电动机协同工作设计,实现了动力输出的无缝切换与能量回收的最大化,显著降低了燃油消耗与排放。这种设计思路,正是结构优化在节能减排领域的一次成功实践。

在智能化方面,结构优化设计同样展现出巨大潜力。现代发动机通过集成高精度传感器与先进的控制算法,实现了对运行状态的实时监测与精准调控。例如宝马的 iDrive 系统,不仅通过触控式操作界面与语音控制技术的结合,提升了驾驶者的操作便捷性,还通过大数据分析优化发动机运行参数,进一步提升了燃油经济性与动力性能。这种智能化与结构优化的深度融合,为发动机技术的发展开辟了新路径。

展望未来,随着材料科学的不断进步,发动机的结构优化设计将更加精细化与高效化。新型轻质材料如碳纤维、铝合金等的应用,将大幅降低发动机重量,提升其功率密度与燃油效率。同时,基于大数据与人工智能的仿真分析技术,将能够更准确地预测发动机在不同工况下的性能表现,为结构优化提供有力支持。

三、网络安全与数据安全

(一)发动机系统网络安全防护

随着汽车智能化与网联化的深入发展,发动机系统网络安全防护已成为不可忽视的关键领域。据行业报告,近年来因网络安全漏洞导致的汽车黑客攻击事件频发,其中不乏针对发动机系统的恶意操控案例。这不仅威胁到车辆行驶安全,更对乘客生命财产安全构成重大隐患。因此,加强发动机系统网络安全防护,构建全方位的安全防护体系,已成为汽车制造业的共识。

在发动机系统网络安全防护中,采用先进的加密技术至关重要。其通过实施端到端的数据加密,确保发动机控制单元(ECU)与车辆其他系统之间的通信数据不被非法截获或篡改。例如 AES-256 位加密算法强大的加密能力能有效抵御各种破解尝试,为发动机系统提供坚不可摧的数据保护屏障。此外,定期更新加密密钥,防止因密钥泄露导致的安全风险,也是保障发动机系统网络安全的重要措施。

除了加密技术外,构建多层次的防御体系也是发动机系统网络安全防护的关键。这包括在硬件层面采用安全芯片,在软件层面实施严格的访问控制和权限管理以及在网络层面部署防火墙和入侵检测系统等。通过这些措施,可以形成一道道坚固的防线,有效抵御来自外部的网络攻击和恶意入侵。例如某知名汽车制造商就曾在发动机 ECU 中集成了安全芯片,通过硬件级别的安全保护,成功抵御了多次针对发动机系统的黑客攻击。

此外,加强网络安全意识培训也是提升发动机系统网络安全防护水平的重要手段。通过定期对汽车制造企业的技术人员和驾驶员进行网络安全知识培训,提高他们对网络安全威胁的认识和应对能力,可以有效减少人为因素导致的网络安全风险。

(二)数据加密与隐私保护

随着发动机技术的智能化发展,尤其是大数据与 AI 技术在发动机管理中的广泛应用,数据加密与隐私保护成了不可忽视的重要环节。在高度互联的汽车生态系统中,发动机作为核心部件,其运行数据不仅关乎车辆性能优化,更涉及用户隐私安全。据行业报告显示,每年因数据泄露导致的经济损失高达数十亿美元。因此,加强发动机系统的数据加密与隐私保护刻不容缓。

在数据加密方面,现代发动机管理系统普遍采用高级加密标准(AES)等成熟算法,对传输和存储的敏感数据进行加密处理。例如某知名汽车制造商在其最新一代发动机中集成了硬件级加密模块,确保从传感器收集到的实时数据在传输至云端或车辆其他系统时,即使被截获也无法轻易解密。这种端到端的数据加密机制,有效降低了数据泄露的风险。

隐私保护方面，汽车制造商和科技公司正积极探索更加精细化的数据访问控制策略。通过引入差分隐私、联邦学习等先进技术，可以在不泄露用户原始数据的前提下，实现数据的共享与分析。例如一家领先的发动机技术公司利用联邦学习技术，联合多家汽车制造商共同训练发动机故障诊断模型。其无需将各自的数据集集中到一个中心服务器，保护了各参与方的数据隐私。

此外，随着欧盟《通用数据保护条例》（GDPR）等全球性数据保护法规的出台，汽车制造商在发动机技术研发过程中也更加注重合规性。他们不仅加强了对内部员工的数据安全培训，还建立了完善的数据保护政策和流程，确保从数据采集、处理到销毁的每一个环节都符合相关法律法规的要求。在发动机技术的智能化进程中，如何安全、合规地利用这些数据，将是决定行业未来发展的重要因素之一。因此，加强数据加密与隐私保护，不仅是技术进步的必然要求，也是企业社会责任的重要体现。

任务 4　挑战与应对策略

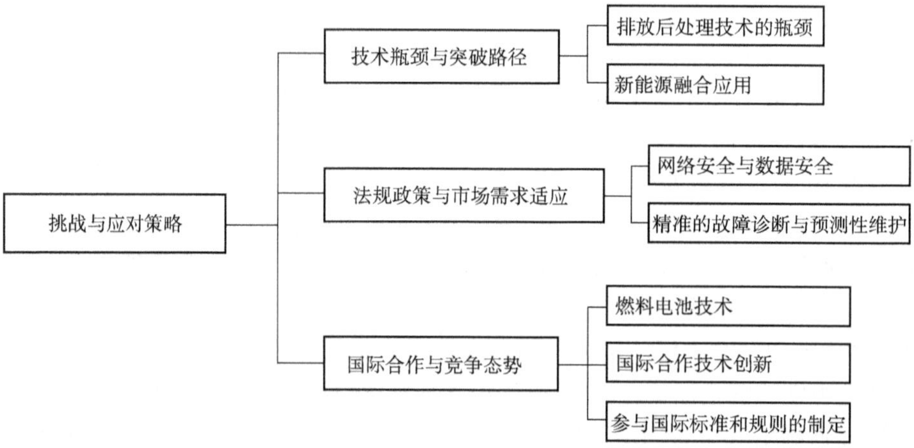

思维导图

一、技术瓶颈与突破路径

在发动机技术的革新征途中，技术瓶颈与突破路径是驱动行业前行的关键要素。当前，高效燃烧技术虽已取得显著进展，但稀薄燃烧与均质压燃技术在实际应用中仍面临点火控制复杂、燃烧稳定性差等挑战。为突破此瓶颈，科研人员正致力于开发更先进的点火系统与燃烧室设计，如通过引入激光点火技术，实现超精准点火，结合优化的燃烧室几何形状，提升燃烧效率与稳定性。据国际内燃机学会的研究报告，采用此类技术的发动机，其燃油经济性可提升约 10%，有害排放物减少 30%以上。

排放后处理技术的瓶颈则主要体现在催化剂的耐久性与再生效率上。随着排放标准的日益严格，如何延长催化剂使用寿命并提高其净化效率成为亟待解决的问题。特斯拉等电动汽车制造商通过采用先进的催化转化器与颗粒捕集器组合技术，结合智能再生策略，有效提升了系统的整体性能。据特斯拉官方数据，其最新一代车型的尾气净化效率较上一代提升了 25%，催化剂寿命延长了 15%。

新能源融合应用方面，混合动力系统虽已商业化多年，但如何进一步优化能量管理策略，实现动力性与经济性的最佳平衡，仍是技术突破的重点。宝马公司推出的 iHybrid 系统，通过深度学习算法优化发动机与电动机的协同工作，实现了能耗的显著降低。据宝马官方测试，搭载 iHybrid 系统的发动机（图 6-16），在综合工况下较传统燃油车油耗降低，节油率高达 30%。

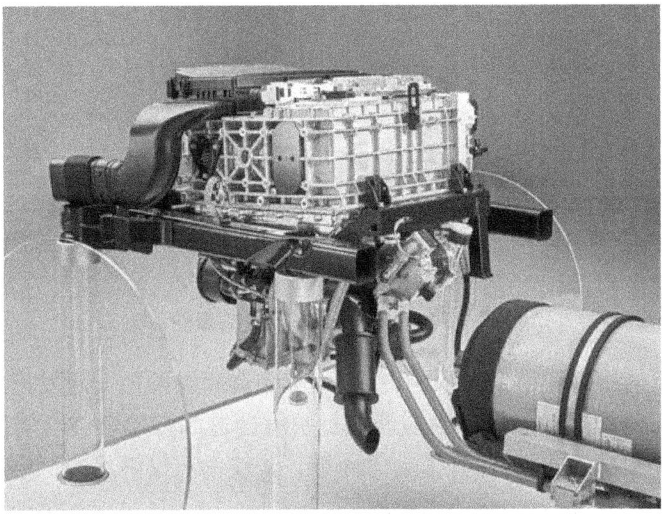

图 6-16　搭载 iHybrid 系统的发动机

智能化发展如传感器精度提升、数据处理速度加快以及网络安全防护等同样面临诸多挑战。在传感器技术方面，德国博世公司推出的新一代高精度压力传感器，其测量精度达到微帕级，为发动机精准控制提供了坚实基础。在数据处理与网络安全方面，行业正积极引入边缘计算与区块链技术，以提高数据处理效率与数据安全性。正如 IBM 前 CEO 郭士纳所言："数据是新的石油，而分析则是引擎。"通过这些技术的融合应用，发动机智能化水平将得到质的飞跃。

展望未来，电动化转型将是发动机技术发展的必然趋势。然而，纯电动汽车发动机技术（如电机、电池系统）与燃料电池发动机均面临成本高昂、续航里程有限等瓶颈。为解决这些问题，各国政府与企业正加大研发投入，推动技术创新与产业升级。例如中国政府提出的"新能源汽车产业发展规划"，明确了到 2035 年新能源汽车核心技术达到国际先进水平的目标，为行业突破技术瓶颈提供了有力支持。

二、法规政策与市场需求适应

在发动机技术的革新进程中，法规政策与市场需求适应是不可或缺的关键因素。随着全球对环境保护意识的增强，各国政府纷纷出台严格的排放法规，如欧盟的 Euro 6d-TEMP 及 Euro 7 标准，对汽车尾气排放提出了更为严苛的要求。这些法规不仅推动了发动机节能减排技术的快速发展，也促使汽车制造商不断调整产品策略，以满足市场需求。

以中国市场为例，近年来政府大力推广新能源汽车，实施了一系列补贴政策和限行限购措施，极大地促进了电动汽车和混合动力汽车的市场需求。据中国汽车工业协会数据显示，2022 年中国新能源汽车销量超过 680 万辆，同比增长近一倍，市场占有率达到 25.6%。新能源汽车月度销量如图 6-17 所示，这一趋势不仅反映了市场需求的变化，也体现了法规政策对汽车产业的深远影响。

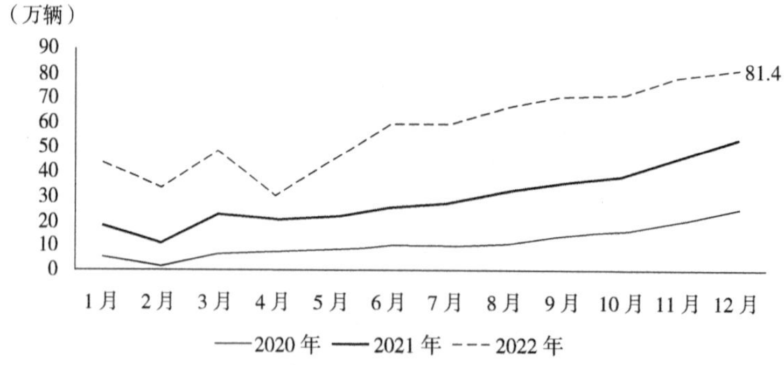

图 6-17　新能源汽车月度销量图

面对法规政策的压力和市场需求的转变，汽车制造商纷纷加大研发投入，致力于发动机技术的创新升级。例如某知名汽车制造商通过引入先进的稀薄燃烧与均质压燃技术，成功降低了发动机油耗和排放，同时提升了动力性能。该技术不仅满足了严格的排放法规要求，还赢得了市场的广泛认可，成为行业内的标杆。

此外，随着智能网联技术的快速发展，消费者对汽车智能化、网联化的需求日益增强。汽车制造商在发动机智能化发展方面也作出了积极探索。通过集成高精度传感器、大数据分析和 AI 算法，发动机管理系统能够实现更精准的故障诊断与预测性维护，提高车辆运行的安全性和可靠性。同时，人机交互界面的创新设计也提升了驾驶体验，满足了消费者对智能化、便捷化驾驶的需求。

在法规政策与市场需求的双重驱动下，发动机技术的未来发展将更加注重电动化转型、轻量化与材料科学以及网络安全与数据安全等方面。例如，纯电动汽车发动机技术和燃料电池发动机技术的不断进步将推动汽车产业向更加清洁、高效的方向发展；新型轻质材料的应用和结构优化设计则有助于降低车辆重量、提高燃油经济性；发动机系统网络安全防护和数据加密与隐私保护的加强也是未来发展的重要趋势。

三、国际合作与竞争态势

在全球发动机技术的革新浪潮中，国际合作与竞争态势日益显著，成为推动行业发展的关键力量。随着技术的不断革新和市场需求的多元化发展，各国企业纷纷加强国际合作，共同应对技术瓶颈和市场挑战。

一方面，国际合作促进了发动机技术的快速传播与融合。例如在新能源汽车领域，多国企业携手研发燃料电池技术，通过共享研究成果和试验数据，加速了燃料电池发动机的商业化进程。据国际能源署统计，截至 2023 年，全球已有超过 30 个国家和地区在燃料电池技术研发上展开了深度合作，共同推动了该领域的快速发展。

另一方面，国际竞争也日趋激烈。各国企业为了抢占市场份额，不断加大研发投入，提升产品性能和质量。以德国和日本为例，这两个国家在汽车发动机技术方面一直处于领先地位，其企业不仅拥有强大的自主研发能力，还积极寻求国际合作，以巩固和扩大其市场优势。同时，新兴经济体如中国、韩国等也在加快追赶步伐，通过引进先进技术、加强人才培养和加大研发投入等方式，不断提升自身竞争力。

面对这样的国际合作与竞争态势，中国发动机企业需要采取更加积极的策略。首先，要加强与国际领先企业的合作与交流，引进先进技术和管理经验，提升自身技术水平；其次，要加大研发投入，加强自主创新，形成具有自主知识产权的核心技术。同时，还需要密切关注国际市场需求变化和政策动态，灵活调整产品结构和市场策略，以适应国际市场的竞争环境。最后，中国发动机企业还应积极参与国际标准和规则的制定工作，提升自身在国际舞台上的话语权和影响力。通过与国际同行共同制定标准和规则，推动全球发动机技术的规范化、标准化发展，为中国企业走向世界创造更加有利的条件。

总之，国际合作与竞争态势是推动发动机技术革新的重要力量。中国发动机企业需要积极应对这一态势带来的机遇和挑战，加强国际合作与交流、加大研发投入、提升自主创新能力、关注市场需求变化和政策动态、积极参与国际标准和规则的制定工作等措施并举，以推动中国发动机技术的持续进步和发展。

参考文献

[1] 蔡兴旺. 汽车构造与原理[M]. 北京：机械工业出版社，2004.

[2] 斯卡沃勒尔. 汽车构造原理与维修应用（发动机篇）[M]. 吴友生，译. 北京：机械工业出版社，2004.

[3] 人力资源和社会保障部教材办公室. 汽车电控发动机构造与维修[M]. 北京：中国劳动社会保障出版社，2009.

[4] 冯健璋. 汽车发动机原理与汽车理论[M]. 北京：机械工业出版社，2003.

[5] 中华人民共和国国家质量监督检验检疫总局. 机动车辆及挂车分类：GB / T 15089—2001[S]. 北京：中国标准出版社，2002.